Jule Meeringa

Single, alleinerziehend … und dann auch noch Seeluft!

Das Buch

Nele – alleinerziehende Mutter einer siebenjährigen Tochter, getrieben von Fernweh und dem Wunsch, aus allem auszubrechen – begegnet während eines Nordsee-Urlaubs dem 25 Jahre älteren Mathis. Gemeinsam verbringen sie ein paar romantische Urlaubstage, in deren Verlauf Mathis beginnt, Nele seine Lebensgeschichte zu erzählen. Nele erkennt, dass Mathis sich, ebenso wie sie selbst, wie ein Gefangener seines eigenen Lebens fühlt. Nach den gemeinsam verbrachten Urlaubstagen ist sie sich sicher, in ihm die große Liebe gefunden zu haben. Nach einiger Zeit aber begreift sie, was ein Leben mit einem »sesshaften Nomaden« wirklich bedeutet und ihr kommen Zweifel. Denn da ist ja auch noch Steffen, der ihr ein sicheres und ruhiges, aber auch angepasstes Familienleben bieten könnte …

Die Autorin

Jule Meeringa, Jahrgang 1968, ist in Ostfriesland aufgewachsen und hat hier, in der wundervollen Weite der von Windmühlen, Leuchttürmen, Deichen, Schafen und Kühen geprägten Landschaft, auch das Lesen gelernt. :)

Inspiriert von den Büchern Enid Blytons hat sie schon sehr früh beschlossen, Schriftstellerin zu werden. Gesagt, getan – nur rund 30 Jahre später veröffentlichte sie ihr erstes Buch.

Die Autorin schreibt unter dem Namen Elke Bergsma Ostfriesland-Krimis und unter dem Namen Jule Meeringa Romane, die von Liebe, Trauer, Humor, Freundschaft, Eifersucht und der lieben Familie handeln.

JULE MEERINGA

Single, alleinerziehend …
und dann auch noch Seeluft!

Die Erstausgabe erschien 2013 unter dem Titel
»Single, alleinerziehend … und dann auch noch Seeluft!«
im Selbstverlag.

Veröffentlicht bei
Tinte & Feder, Amazon EU S.a.r.l.
5 Rue Plaetis, L-2338, Luxemburg
September 2014

Copyright © der Originalausgabe 2013
by Jule Meeringa
All rights reserved.

Umschlaggestaltung: bürosüd⁰ München, www.buerosued.de
Lektorat: Asta Hemmerlein
Satz: Monika Daimer, www.buch-macher.de

Gedruckt durch:
Amazon Distribution GmbH
Amazonstraße 1
04347 Leipzig, Deutschland

ISBN: 978-1-47782091-9

www.amazon.de/tinteundfeder

Für Janka

1

Die Sitzung ging in die dritte Stunde. Sehnsüchtig blickte ich aus dem Fenster, das einen herrlichen Ausblick über den Stadtpark bot. Die halbe Stadt schien da draußen den warmen Sommernachmittag zu genießen. Mütter mit Kinderwagen, in ein Gespräch vertiefte Senioren auf einer Parkbank, Jugendliche, die es sich auf der Wiese bequem gemacht hatten oder ihre Füße im kalten Brunnenwasser abkühlten, lachende Kinder beim Ballspiel.

Wie gerne hätte ich mich ihnen angeschlossen!

Mit einem tiefen Seufzer zwang ich mich, wieder der Besprechung zu folgen.

»… sollten wir langsam zu einem Beschluss kommen«, hörte ich einen meiner Gesprächspartner im nächsten Moment sagen.

Na endlich! Wer hatte diese schlauen Worte gesprochen?

Aha, der Architekt.

Ich blickte in die Runde. Allenthalben wurde durch eifriges Kopfnicken Zustimmung signalisiert. Also, auf geht's!

»Aber wenn ich noch eine Sache anmerken dürfte. Meines Erachtens ist ein Punkt in der Diskussion bisher noch gar nicht angeklungen …«, gab im nächsten Augenblick der Stadtrat zu bedenken.

Ich sackte in mich zusammen. Es war mindestens die hundertste Sitzung zu diesem Thema und deshalb war es unmöglich, dass irgendetwas an Argumenten noch nicht »angeklungen« war. Allenfalls hatte es keinen Anklang gefunden.

Ich blickte zu meinem Kollegen Marco hinüber. Er kritzelte mit schnellen Strichen irgendwas in seinen Notizblock. Hm. Streber!

Als ich noch grimmig zu ihm hinüberschaute, wurde mir plötzlich ganz heiß.

Oh Mist, ich hatte Paula vergessen! Sie musste dringend aus dem Hort abgeholt werden. Ich sprang vom Stuhl hoch und rannte hinaus auf den Gang.

Bevor die Tür wieder ins Schloss fiel, hörte ich gerade noch »… denn jetzt passiert?«. »Bitte, Sandra, geh' ran«, flehte ich mein Handy an, »… bitte, bitte …« Aber da meldete sich meine Freundin auch schon.

»Nele? Hab' sie schon eingesammelt. Dachte mir schon, dass du's nicht schaffst!«

Pffff! »Du bist ein Schatz! Wo bist du denn jetzt?«

»Ich stehe noch vorm Hort und wollte dich gerade anrufen.«

»Ist Paula sehr stinkig?«

»Nee, überhaupt nicht. Wir fahren jetzt nach Hause und ich fütter' sie ab. Brauchst sie dann nachher nur noch ins Bett zu legen. Bis dann!« Sie legte auf.

»Na, durchgeknallt oder schwanger?« Marco stand mit seinem breitesten Grinsen hinter mir.

»Kind vergessen.«

»Und jetzt?«

»Sandra hat alles im Griff. Seid ihr da drinnen schon weiter?«

»Du träumst wohl?« Er nahm mich am Arm und zog mich zum Sitzungssaal zurück. Als wir eintraten, richteten sich alle Blicke auf mich.

»Tschulligung, war dringend«, murmelte ich schwach und setzte mich zurück auf meinen Platz.

»Also, wie soeben beschlossen, wird das Projekt Kindertagesstätte Lärchenweg bis auf Weiteres verschoben. Sollten die Unklarheiten ausgeräumt sein, sind wir gerne zu neuen Gesprächen bereit. Vielen Dank!« Baudezernent Schlüter räumte seine Sachen zusammen und verließ schnellen Fußes den Raum.

Ich war platt. Unklarheiten? War ich im falschen Märchen? »Was ist denn hier los?«, zischte ich in Marcos Richtung.

Er zuckte nur lahm mit den Schultern. »Was soll hier los sein!? Es ist wie immer. Du hattest doch nicht ernsthaft etwas anderes erwartet, oder?«

»Ehrlich gesagt, das hatte ich allerdings. Und jetzt?«

»Gehen wir nach Hause.«

»Das meine ich nicht, und das weißt du auch!«

»Nele, nimm es nicht so krumm. Wir werden es nicht ändern können. Du nicht und ich nicht und vermutlich keiner.«

»Aber woran lag's denn nun schon wieder?«

»Der Bürgermeister hat den Bau der Kindertagesstätte ausdrücklich begrüßt.«

»Ja, dann ist doch alles prima.«

»Nele«, Marco sah mich mitleidig an, »bist du wirklich so begriffsstutzig?«

»Ich, wieso, wenn der Bürgermei…« Ich schlug mir mit der flachen Hand vor die Stirn. Klar, wenn der Bürgermeister Ja sagte, konnte der Baudezernent unmöglich ebenfalls zustimmen. Sie waren ja in unterschiedlichen Parteien. Marco hatte recht. Ich hätte gleich drauf kommen können.

»Hat's gebimmelt?« Marco läutete ein unsichtbares Glöckchen.

Ich nickte. »Logisch. War dumm von mir. Aber was machen jetzt die Kinder?«

»Wieso, Schlüters Kinder haben doch einen Kitaplatz.«

»Okay, ich frag' nicht mehr.«

Beim Rausgehen warf ich einen Blick auf Marcos Block. Was hatte er sich wohl so eifrig notiert? Ich las: Tomaten, Zahnpasta, Müllbeutel …

»Interessante Mitschrift!«

»Hab' meine Zeit halt sinnvoll genutzt.«

»Und, was hat die Sitzung ergeben?« Sandra sah mich erwartungsvoll an, als ich schließlich abgehetzt bei ihr aufs Sofa fiel.

»Einen Einkaufszettel.«

»Wie bitte?«

»Marco wollte noch einkaufen gehen.«

»Häh?« Sandra schien an meiner Zurechnungsfähigkeit zu zweifeln. »Ich meine, wann wird gebaut?«

»Gar nicht.«

»Wie jetzt?! Aber in der Zeitung stand doch letzte Woche, die Planungen für die Kindertagesstätte seien abgeschlossen.« Sandra ließ sich mit einem ungläubigen Gesichtsausdruck in einen Korbsessel fallen.

Chic sah sie heute aus, in ihrem kurzen, blassgelben Sommerkleid. Die helle Farbe bildete einen angenehmen Kontrast zu ihrer sonnengebräunten Haut und dem schulterlangen, kastanienbraunen Haar.

»Sind sie ja auch.«

»Ja, und?«

»Ach, vergiss es einfach. Man spielt eben lieber Kindergarten, als dass man einen baut.«

»Ich versteh' nur Bahnhof.«

»Nimm's einfach als gegeben hin, Sandra. Es wird keine Kita geben. Jetzt nicht und in fünf Jahren nicht.«

»Aber Anke braucht doch so dringend einen Platz. Sie steht doch schon auf der Warteliste. Der kleine Nico ...«

»... kann sich ja schon mal im geplanten Seniorenwohnheim anmelden.«

»Ich hol' uns mal 'nen Kaffee.«

Paula und Anneke, Sandras Töchter, kamen auf Hüpfbällen ins Zimmer gehopst. Zwei blonde und zwei dunkle Zöpfe flogen ihnen bei jedem Hopser um den Kopf.

Sofort meldete sich wieder mein schlechtes Gewissen, weil ich mein Kind nicht pünktlich abgeholt hatte.

»Hallo Paula, tut mir wirklich leid, aber ich ...«

»Oh Mann, Mama, du kommst viel zu früh! Wir spielen doch gerade so schön.«

Sie warfen mir beide einen empörten Blick zu und hüpften dann in die andere Richtung wieder davon.

Sandra drückte mir einen Kaffee in die Hand und stellte eine Packung Pralinen auf den Tisch.

»Nervennahrung. Und nun erzähl' mal, was da eigentlich los war.«

Ich erzählte. Als ich geendet hatte, sah sie mich fassungslos an.

»Wo leben wir eigentlich?«, fragte sie entgeistert.

»In einem wundervollen Häuschen am Stadtrand mit Garten, entzückenden Nachbarn …«, antwortete Christoph, Sandras Angetrauter, der unbemerkt den Raum betreten hatte, »… und herrlich leckeren Pralinen.« Sprach's und schob sich eine in den Mund. Er drückte Sandra ein Küsschen auf die Stirn und sah dann von einer zur anderen. »Krisenstimmung?«

»Stell dir vor, die Kita wird nicht gebaut!«, rief Sandra.

»Kita? Unsere gehen doch schon zur Schule.«

»Männer!«

Christoph zuckte nur mit den Schultern und verschwand wieder zur Tür hinaus.

»Ich geh jetzt auch«, verkündete ich, »wir sehen uns morgen. Danke fürs Mitnehmen.«

Meine Tochter bekam ich nur unter lautem Protest mit. Hatten die zwei doch gerade beschlossen, dass zu zweit zu übernachten »viel cooler ist, als doof nach Hause zu gehen«.

Ich muss hier raus! Nicht zum ersten Mal wachte ich am nächsten Morgen mit diesem Gedanken auf. Mein Kopf surrte etwas, da ich aus lauter Frust nicht nur wie gewohnt meine Wärm-, sondern auch die Rotweinflasche mit ins Bett genommen hatte.

Vom Kinderzimmer her ertönte gerade ein »*Kikeriki! Kikeriki! Kikerr… Guten Morgen!*«, Paulas Wecker.

Es dauerte nicht lange, dann stand mein zerzaustes Kind in der Tür. Wortlos ging sie zum Schrank und kramte sich ein paar bunt geblümte Söckchen, ein blau geblümtes T-Shirt und eine gelb-grün geblümte Leggins hervor.

»Guck mal, Mama, alles geblümt! Passt toll zusammen.« Sie strahlte angesichts der bestechenden Kleiderwahl.

Dann platschte sie mit bloßen Füßen zum Bad.

»Wo sind deine …?«, setzte ich an, ließ mich dann aber resigniert zurück in die Kissen fallen. Ach, was soll's, dachte ich. Den Streit um die Hausschuhe wollte ich jetzt nicht ausfechten. Warum auch? Der kam von selbst wieder.

Ich quälte mich aus dem Bett, um Paula ihr Schulbrot zu machen. Meine geblümte Tochter kam kurz darauf auch in die Küche gelaufen.

»Cornflakes?«, fragte ich, obwohl ich die Antwort bereits kannte.

Erwartungsgemäß schüttelte sie den Kopf. Sie frühstückte nie zu Hause.

Paula schlich wieder hinaus, und etwas später hörte ich sie am Telefon sagen: »Nee, die Rechen-Hausaufgaben habe ich nicht gemacht, die konnte ich nicht, und Mama kam ja erst so spät.« Kurze Pause. »Okay, dann bis gleich.«

Na prima! Keine Hausaufgaben gemacht, weil Rabenmutter mit Karriere beschäftigt.

»Ich geh' dann jetzt.« Paula hatte bereits ihre Schultasche geschultert.

»Warum denn so früh? Du hast noch ewig Zeit.«

»Anneke und ich müssen Juliane noch abholen.«

»Aber das ist doch ein riesiger Umweg«, bemerkte ich mit Nachdruck, während ich ihre Brotdose in die Schultasche stopfte.

»Wir sind aber jetzt eine Bande, und da macht man das so.« Sie blickte mich an, als wollte sie sagen: *Aber was weißt du schon von Banden!*

»Ach so, na dann. Aber zieh dir eine Jacke an, es ist frisch draußen.«

Mit Gemaule zog sie von dannen und – kam nicht wieder. Ich fand sie im Schlafzimmer, fast komplett im Kleiderschrank versunken. Nur zwei geblümte Füße zappelten in der Luft.

»Was suchst du denn? Deine Jacke hängt ...«

»Hab's schon gefunden!« Triumphierend hielt sie ein längst vergessenes Sweatjäckchen in die Höhe. Es war geblümt.

Nach einer heißen Dusche ging ich raus und fischte die Tageszeitung aus dem Briefkasten.

Es wurde bereits auf der Titelseite angekündigt: *Kita am Lärchenweg wird nicht gebaut.*

Ich schlug die angegebene Seite auf und las:

Wie nach einer mehrstündigen Sitzung des Ausschusses *Kita Lärchenweg* gestern Abend bekannt gegeben wurde, wurde der Bau der seit Längerem geplanten Kindertagesstätte »bis auf Weiteres verschoben«. Aus dem Baudezernat verlautete, es herrsche noch »dringender Abstimmungsbedarf«, was die Finanzierung und auch die tatsächlich zu erwartende Auslastung anginge. Man habe den Bauträger aufgefordert ... *bla, bla, bla*

Ich knallte die Zeitung auf den Tisch. Wenigstens ehrlich könnten sie sein. *Die tatsächlich zu erwartende Auslastung.* Pah!

Die Kinder standen schon so weit Schlange, dass sie genauso gut die Kita im Nachbarort hätten besuchen können. Wenn's da denn 'ne Kita gäbe!

Seit sechs Jahren planten wir. Seit genauso langer Zeit freuten sich die Eltern auf einen Platz für ihren Nachwuchs.

Für viele hatte sich das Problem zwischenzeitlich demografisch gelöst, die Kinder waren bereits schulpflichtig. Andere hatten ein zweites Kind bekommen und hofften, dass zumindest dieses untergebracht werden konnte.

Diese Hoffnung war unlängst mit dem Regierungswechsel gestorben. Das Projekt hatte auf der Kippe gestanden. War ja ein Projekt der feindlichen Fraktion gewesen.

Man hatte das Gesicht gewahrt, indem man das geplante Projekt im Tulpenweg einstampfte, um es im Lärchenweg wieder neu entstehen zu lassen.

Und nun das!

Ich folgte einer spontanen Eingebung und griff zum Telefon.

»Marco, ich fahre heute in Urlaub! Rechne die nächsten zwei Wochen nicht mit mir«, rief ich schlecht gelaunt in den Hörer.

»Du hast ein schulpflichtiges Kind, Schätzchen.«

Pause.

»Nele?«

»Ich ... ähm ... wollte sagen, ich fahre dann in zwei Wochen in Urlaub. Weil Sommerferien sind.«

»Schon gut. Bis später.« Er legte auf.

Ich versank in Selbstmitleid. Kein Urlaub. Keine Kita. Kein Mann.

Kein Mann? Ich schluckte. So weit war es mit mir also schon gekommen.

Schon als ich Paulas Erzeuger vor drei Jahren vor die Tür gesetzt hatte, war ich mir, einem Schwur gleich, sehr sicher gewesen, nie wieder einen Mann an mich heranzulassen.

Aber dann war Steffen gekommen, mein Traummann, wie ich damals dachte, was sich aber ebenfalls als falsch herausstellte.

Und jetzt, wegen dieser blöden Kita fing ich wieder an, meine Männerlosigkeit zu bedauern?

Das konnte ja wohl nicht sein! Ich brach in Tränen aus. So konnte es auf keinen Fall weitergehen. Irgendetwas musste ich ändern in meinem Leben. Nur was?

Meine Wohnung? Meinen Job? Meine Frisur? Ich ging alle Möglichkeiten durch und kam schließlich zu dem Schluss: *Alles!*

Sehr zufrieden mit mir, dass ich eine Entscheidung getroffen hatte, fuhr ich ins Büro.

Nachdem ich lustlos in meinen E-Mails geblättert und festgestellt hatte, dass nichts Wichtiges dabei war, beschloss ich, den ersten Schritt zu meinem neuen Leben sofort in die Tat umzusetzen.

Ich ging zum Friseur. Aber als die notorisch grienende Friseurin eine meiner Haarzotteln zwischen Daumen und Zeigefinger in die Luft hielt und mit zuckersüßer Stimme fragte: »Heute mal 'ne Dauerwelle für ein bisschen mehr Fülle?«, war ich mir nicht mehr so sicher, ob dieser Schritt die klügste Wahl gewesen war, mein neues Leben einzuläuten.

Dauerwelle. Ich hatte mal eine gehabt. Da lief ich rum wie der Wischmopp von Tante Hilde. »Nein, keine Dauerwelle, lieber nur nachschneiden.«

»Gerade oder lieber ein wenig stufig?«

»Eher gerade.«

»Also mehr so wie bei Frau Merkel.«

Merkel! Ich sollte rumlaufen wie Frau Merkel!? Stand es wirklich schon so schlimm um mich?

Jetzt wurde ich ein bisschen böse.

»Nein, mehr in Richtung Claudia Schiffer, bitte«, säuselte ich perwollweich zurück.

»Dafür reicht aber die Länge nicht.« Die dumme Kuh biss sich mit gespielter Verzweiflung auf die Lippen.

»Ach, na so was, dann komme ich wohl besser später noch mal wieder.«

»Tja!« Sie hob doch tatsächlich bedauernd die Schultern.

»Falsche Schlange!«, zischte ich, als ich unverrichteter Dinge wieder auf dem Bürgersteig stand.

Ich kramte meinen Haargummi wieder aus der Tasche und band meine Haare zum gewohnten Zopf zusammen.

Etwas ziellos wanderte ich durch die Fußgängerzone. Für eine Weile drückte ich mich in meiner Lieblingsbuchhandlung herum. Als Erstes zog es mich immer zu den Reisedokumentationen. Ich wollte sehen, ob es wieder jemandem gelungen war, sich zumindest für eine Weile aus den Fesseln der Zivilisation zu befreien. Ob es Sibirien war oder Alaska, Patagonien oder die Sahara.

Auf welche Reise mich der Autor oder die Autorin mitnahm, war mir eigentlich egal. Hauptsache weit weg.

Diesmal faszinierte mich der Buchtitel einer Afrika-Dokumentation. Ich nahm sie mit.

Als ich an der Kinderbuchabteilung vorbeikam, beschloss ich, für Paula noch ein Buch aus ihrer geliebten *Conni*-Reihe zu kaufen.

»Die für zum Selberlesen wünsch ich mir schon seit ich lebe, Mama. Aber nicht so'n Kickikram, wie ich damals hatte, als ich noch sechs war!« Das hatte sie mir erst kürzlich gesteckt.

Und dieser Wunsch war durchaus verständlich ... schließlich war sie schon seit einem Monat sieben.

Nichts Böses ahnend schlenderte ich durch die Fußgängerzone, als auch schon das nächste Übel in Gestalt meines ewigen Verehrers Herbert meinen Weg kreuzte.

»Hallo Nele, was treibst du dich denn hier herum, noch dazu am helllichten Tag. Hast du nichts zu tun? Dann gehst du ja sicher mit mir einen Kaffee trinken?«

»Hallo Herbert. Ich hab's leider furchtbar eilig.« Ich unterstrich die Dringlichkeit durch ein wildes Klopfen auf meine Armbanduhr. »Bin gerade auf dem Weg zu einem wichtigen Termin. Marco wartet bestimmt schon.« Ich zwang mir ein Lächeln ab. Auf diesen Kerl hatte ich nun wirklich keine Lust.

»Marco hab' ich gerade getroffen. Hatte seinen Sohn dabei. Sagte, er müsse jetzt mit dem Kleinen zum Kinderarzt.«

Mist! »Dann ... dann ist ihm wohl was dazwischengekommen. Das ist doof. War echt wichtig.«

Irgendwie guckte Herbert, als wollte er mir nicht ganz glauben. Aber er gab nicht auf. »Na, dann hast du ja jetzt Zeit.«

Was nun? Gerade als ich resigniert mit den Schultern zucken wollte, klingelte mein Handy. Die Rettung!

»Ja, klar!«, rief ich ins Handy. »Kein Problem. Klingt ja spannend. Ich komme sofort. Danke, Vera.« Als ich aufgelegt hatte, hob ich in gespieltem Bedauern die Arme. »Tut mir leid, Herbert. Wurde gerade von unserer Sekretärin abberufen. Klang dringend. Bis dann!«

Zu meinem Unglück meinte Herbert doch tatsächlich, mir noch ein schmatziges Küsschen auf die Wange drücken und ein »Schade, bis bald!« ins Ohr säuseln zu müssen.

Ich beeilte mich wegzukommen, als mein Handy erneut klingelte.

»Sag mal, Nele, hast du 'nen Knall? Was war denn das gerade für ein Auftritt? Wieso nennst du mich Vera?«, schimpfte Sandra am anderen Ende.

»Tut mir leid. Aber ich hatte gerade Herbert getroffen. Weißt schon, den schrägen Kerl, der sich für unwiderstehlich hält. Wollte mich zum Kaffee abschleppen. Da kam dein Anruf gerade recht, und um es wichtig zu machen, habe ich den Namen meiner Sekretärin genannt. Entschuldige!«

Ich kramte ein Taschentuch aus meinem Rucksack, um mir Herberts Sabber von der Wange zu wischen.

Sandra lachte. »Arme Nele! Aber wieso sagst du ihm nicht endlich, dass er die Biege machen soll?«

»Trau' mich nicht. Er meint's ja nicht böse.«

»Dann ist dir auch nicht zu helfen. Aber weswegen ich eigentlich anrufe: Wir wollen heute Mittag ins Schwimmbad gehen, und Anneke würde Paula gerne mitnehmen. Ist das okay?«

»Klar, ich pack' gleich die Schwimmsachen und bring sie dir rüber. Bist du zu Hause?«

»Ja, bis gleich.«

Ich rief bei Vera an und sagte ihr, dass ich heute nicht mehr ins Büro käme.

Zu Hause packte ich schnell Paulas Schwimmsachen und überlegte kurz, ob ich nicht auch mitgehen sollte. Etwas Bewegung könnte mir nicht schaden. Aber ich verwarf den Gedanken wieder. Ein freier Nachmittag für mich allein hatte auch seinen Charme.

Als ich bei Sandra ankam, saß sie gedankenverloren auf ihrer Terrasse und blickte ins Nirgendwo.

»Hi, wo bist du denn gerade?« Ich stellte die Tasche mit den Schwimmsachen auf einen Stuhl.

»Machen wir eigentlich alles richtig?«, fragte Sandra.

»Was meinst du?«

»Ich meine, ist das, was wir machen, eigentlich das, was wir wollen?«

War Sandra unter die Philosophen gegangen?

»Geht's ein bisschen genauer?«, wollte ich von ihr wissen.

»Wir leben hier und arbeiten hier und haben unsere Familie. So vergeht Tag für Tag. Wird das jetzt so weitergehen, und eines Tages sind wir tot?«

Ich kannte Sandra nun schon ziemlich lange. Aber das war neu! Sie stellte ihr behütetes Dasein infrage? Sie war doch glücklich – dachte ich zumindest immer. Sie hatte ein entzückendes Kind, einen wirklichen Traummann und, wie Christoph gesagt hatte, ein wundervolles Häuschen am Stadtrand mit Garten und entzückenden Nachbarn (das waren Paula und ich!).

Wenn sie von mir gesprochen hätte, so mit vaterloser Tochter und gartenloser Mietwohnung, dafür aber ohne Kita und ohne Urlaub – aber so ...

»He, Sandra, seit wann bist du denn auf diesem Trip?« Ich tätschelte freundschaftlich ihr Knie. »Ist irgendwas passiert?«

»Nein, nichts ist passiert, aber das ist es ja gerade! Hast du denn mit dieser Situation kein Problem?«

»Ich? Mit welcher Situation?«

»Was würdest denn du jetzt tun, wenn du plötzlich frei wärest? Stell dir vor, du könntest tun und lassen, was du wolltest, und hättest auch ausreichend Geld, dir alles zu erfüllen?« Sie drehte den Kopf und blickte mich fragend an.

Das kam nun doch ein wenig plötzlich. Sicherlich, ich hatte schon oft darüber nachgedacht, was ich lieber täte, als hier zu hocken. Aber eigentlich hatte ich mich in meinen Träumen nie so weit vorgewagt.

Es hätte beim Aufwachen zu wehgetan.

»Vermutlich würde ich verreisen und mir die Welt anschauen«, antwortete ich ihr.

Sie nickte. »Eben! Aber auf keinen Fall würdest du hierbleiben, stimmt's?«

»Bleiben? Niemals!« Ich sagte es im Brustton der Überzeugung. Denn wenn mir auch sonst nicht vieles klar war – das jedenfalls stand fest!

»Siehste!«

»Was heißt hier *Siehste*? Bei mir ist es ja auch verständlich, weil … aber du hast doch alles! Du hast …«

»Ich weiß, was ich habe!« Sie schlug mit der Hand auf den Tisch. Ach herrjemine, sie meinte es wirklich ernst. »Aber vielleicht will ich auch mal etwas anderes, etwas Neues?«

»Ach so, natürlich … ähm …« Was um alles in der Welt sollte ich darauf erwidern?

Es war nicht so, dass ich sie nicht verstand. Es gab sicherlich kaum einen, der den Wunsch, aus allem auszubrechen, besser verstand als ich. Aber es aus Sandras Mund zu hören, das überraschte mich nun doch. Ich kannte sie wohl doch nicht so gut, wie ich immer gedacht hatte.

»Ich will zurück in den Norden. Das Meer fehlt mir so.« Sie sagte es ganz leise, mehr zu sich selbst.

Ich schluckte. Sandra war an der Küste aufgewachsen. Ein richtiges Friesenmädchen. Das Studium hatte sie hierherverschlagen, genauso wie mich. Daher kannten wir uns. Dann kam Christoph, dann das Kind … und wie's dann eben so geht. Wuppsdich! Falle schnappt zu.

»Und was sagt Christoph dazu?«

»Er weiß es eigentlich nicht. Zumindest habe ich es ihm noch nie so deutlich gesagt. Ich will ihn nicht unter Druck setzen. Er hat hier seinen Job, seine Freunde. Es wäre nicht fair.«

»Aber so bist *du* unglücklich! Zählt das weniger?«

Sie zuckte nur müde mit den Schultern. »Vielleicht wenn Anneke mal groß ist …«

»Anneke ist sieben Jahre alt. Bis sie aus dem Haus ist, vergehen locker noch zwölf Jahre. Sandra, bis dahin stirbst du an Heimweh!«

»Ich hab es mir doch so ausgesucht.«

»Du hast dir Christoph ausgesucht und dich für ein Kind entschieden. Aber deswegen musst du doch nicht auf immer und ewig hierbleiben. Ich würde mir die Kugel geben, wenn mir das jemand sagte.«

»Ach ja? Und was unternimmst du so großartig, um diesem Schicksal zu entgehen?«

Da hatte sie nun auch wieder recht. Wie kam ich dazu, ihr gute Ratschläge zu geben?

Sandra blickte auf die Uhr. »Ich hole jetzt die Kinder ab, sonst wird's zu spät fürs Schwimmbad.«

»Ich glaube, ich komme doch mit. Warte, ich hol schnell mein Zeug.«

Ich rannte los und war nach fünf Minuten wieder da.

»Dann kann's ja losgehen.« Sandra blickte mich traurig an. »Da gibt's wenigstens ein bisschen Wasser.«

Arme Sandra!

Im Schwimmbad war nicht viel los und die Mädchen genossen das fast leere Nichtschwimmerbecken. Sie rutschten und tobten mit ihren Stangen herum und waren mit sich und der Welt zufrieden. Sandra und ich gingen in die Cafeteria und wählten einen Tisch, von dem aus man das Becken gut im Blick hatte.

Sandra nippte an ihrem Milchkaffee.

»Für wann hast du eigentlich deinen Urlaub geplant?«, fragte sie nach einer Weile.

Ich dachte an den peinlichen Auftritt von heute Morgen und zupfte mit den Fingerspitzen verlegen an meinen Haaren herum.

»Ähm, ich glaube, wir werden wohl gleich zu Beginn der Ferien fahren.«

»Wohin?«

»Weiß noch nicht. Irgendwohin, wo es ruhig ist. Vielleicht ans Meer.« Ups! Ich schlug die Hand vor den Mund. Ich Trottel! »Entschuldige, das hätte ich in deiner Gegenwart vielleicht besser nicht gesagt.«

Sandra lachte. »Ist schon gut, so schlimm steht es ja nun auch wieder nicht um mich. Außerdem fahren wir auch ans Meer. An die Ostsee, nach Rügen. Wir wohnen in einem herrlichen

Ferienhaus. Mit Reetdach und direkt am Strand. Himmlisch! Wollte ursprünglich ein Kollege von Christoph hinfahren, aber die Frau hat sich einen ziemlich komplizierten Knochenbruch zugezogen und kann jetzt nicht weg. Und so haben wir die Wohnung kurzerhand übernommen.«

»Und wann fahrt ihr?«

»Auch die ersten zwei Wochen. War ein ganz spontaner Entschluss. Christoph hat noch so viele Überstunden, die er abfeiern muss.« Sie schlug plötzlich mit der Hand auf den Tisch. »Mensch, wenn du dann auch Urlaub hast, wollt ihr da nicht einfach mitkommen? In der Wohnung sind noch zwei Betten frei!«

Ich überlegte. Ach nee, dachte ich. So als fünftes Rad am Wagen. Christoph und Sandra sollten ruhig mal alleine fahren. Sie hatten sonst doch auch nicht so viel voneinander. Da würde ich nur stören. Wenn ich auch einen Partner gehabt hätte, ja, dann ... *Nie wieder einen Kerl im Haus!,* meldete sich meine Erinnerung. Tja, klar, war ja beschlossen – aber manchmal wär's halt praktisch.

»Nee, lass nur. Fahrt ihr mal schön allein. Tut euch auch mal gut, Zeit für euch zu haben.«

»Falls du es dir noch anders überlegst, das Angebot steht.«

»Danke, echt lieb von dir.«

Wir schauten eine Weile schweigend auf unsere kleinen Wasserratten. Sie tauchten immer wieder mit dem Kopf unter Wasser, sodass nur noch ihre kleinen Knackärschchen zu sehen waren. Aber kurz darauf schien auch ihnen die Lust am Planschen zu vergehen. Sie stiegen aus dem Becken und kamen, mit ihren Schwimmnudeln bewaffnet, in kleinen Trippelschritten auf uns zugerannt. Beide bibberten und klapperten mit den Zähnen, sodass wir sie schnell in große kuschelige Badetücher hüllten.

»Hab' Durst!«, maulte Paula.

»Ich auch. Und ich will Pommes!«, setzte Anneke noch eins drauf.

»Ich will Cola und Pommes und Eis und Bonbons!« Mit einem fast so motzigen Blick, wie ihn meine Tochter zur Schau stellte, sah ich Sandra herausfordernd an.

Sie ging auf mein Spiel ein, verschränkte die Arme vorm Körper und zog schmollend die Unterlippe runter. »Und ich will außerdem noch Schokolade, eine ganze Tafel für mich allein!«

Unsere Töchter guckten erst uns und dann sich mit offenen Mündern an. Waren die Alten jetzt total übergeschnappt?

Anneke ging auf einmal ein Licht auf. Sie stieß Paula an. »Die wollen bestimmt, dass wir *bitte* sagen.«

Kluges Kind! Also? Wir warteten und verharrten in unserer Schmollstellung.

»Dürfen wir bitte Pommes und was zu trinken haben, Mama?«, brachte Paula schließlich etwas gedrungen hervor.

»Ach, ihr wollt gerne etwas essen und trinken? Warum sagt ihr das nicht gleich?«

Ich schlurfte in meinen Badeschlappen in Richtung Theke und winkte den Kindern, mitzukommen. Erleichtert kamen sie hinter mir hergetrippelt und halfen mir sogar freiwillig, die Errungenschaften zum Tisch zu balancieren.

Paula und Anneke schoben sich schweigend die ketchupgetränkten Pommes in den Mund und tranken ihre Apfelschorle. Als alles vernichtet war, wischte sich Paula mit dem bis dahin gelben Badetuch über den Mund.

»Darf ich mit Anneke nach Rügen fahren?« Paula sagte es so harmlos, als würde sie um eine weitere Portion Pommes bitten, und sah abwechselnd mich und Sandra an.

»Nach Rügen?« Diese Frage stellte ich nur, um Zeit zu gewinnen.

»Anneke fährt in den Sommerferien auf eine Insel mitten im Meer und will mich mitnehmen. Allein ist es da nämlich voll langweilig, sagt sie. Und darum soll ich mit, weil's dann nämlich viel lustiger ist. Bitte, Mama, darf ich? Bitte, bitte!«

Nun war es an mir, mit offenem Mund dazusitzen. Meine kleine Paula wollte ohne mich in Urlaub fahren!? Immer hatte ich mit Stolz beobachtet, wie sie Schritt für Schritt selbstständiger wurde. Nicht zuletzt, weil ich dadurch auch Stück für Stück meine Freiheit zurückerlangte. Aber hier konnte man unmöglich mehr von einem Schritt reden. Sie hatte soeben ohne Vorankündigung einen Meilenstein passiert. Und ich fiel um Längen zurück.

Sandra eilte mir zu Hilfe. »Ich habe Mama auch schon gefragt, ob ihr mit nach Rügen wollt. Aber sie wollte nicht so gerne. Sie möchte lieber woanders hin.«

»Kann sie ja. Aber ich fahr lieber mit euch mit.«

Ich sackte innerlich zusammen. Was hatte ich nur falsch gemacht? Nicht persönlich nehmen, sagte ich mir dann, bloß nicht persönlich nehmen. Eigentlich hatte das Kind ja recht. Natürlich war es für sie viel lustiger, ihre Freundin dabeizuhaben, als mit ihrer Mutter gelangweilt irgendwo durch die Gegend zu fahren. Aber trotzdem ...

»Hör mal, Nele«, meldete sich Sandra zögerlich zu Wort, »ich finde Paulas Idee gar nicht so schlecht ...«

Was? Hatten sich nun alle gegen mich verschworen? Plötzlich sah ich es ganz deutlich vor mir: Nele, Mitte dreißig, alleine, von Kind und Freunden verlassen, zusammengesunken auf einer Parkbank sitzend und griesgrämig die Enten fütternd, während alle Welt fröhlich lachend an ihr vorbeiging, ohne sie auch nur eines Blickes zu würdigen. Ein Tag war wie der andere ...

»... du hättest mal Zeit für dich, könntest ausschlafen, lange Spaziergänge machen, Bücher lesen ...«

Meine Lebensgeister meldeten sich schlagartig wieder zurück.

Was sagte Sandra da?

Ausschlafen, lesen, spazieren gehen? *Wow!*

Das alles hatte ich seit bestimmt hundert Jahren nicht mehr gemacht. Meine klügste aller Freundinnen hatte vielleicht doch gar nicht so unrecht.

Aber mussten es gleich zwei ganze Wochen sein? Gingen nicht vielleicht erst mal ein paar Tage, so zum dran Gewöhnen ...

»Und wenn Paula Heimweh bekommt?«

»Mensch, Mama, ich bin doch kein Baby mehr. Heimweh. Pah! So'n Kickikram! Komm, Anneke, wir gehen wieder ins Wasser.« Für meine Tochter schien die Sache damit erledigt.

Und Sandra? Konnte ich ihr das wirklich zumuten?

Aber Sandra saß breit grinsend auf ihrem Stuhl.

»So, nun haben wir doch mal wieder die ideale Lösung gefunden, oder?«, bemerkte sie selbstzufrieden.

Die Tage bis zum Urlaub vergingen rasend schnell. Fand ich zumindest. Nur Paula wurde von Tag zu Tag nervöser. Sie strich jeden Abend einen Tag auf dem Kalender ab.

»Wie viel Mal jetzt noch schlafen?«, fragte sie immer und immer wieder, und als schließlich der Abreisetag angebrochen war, hatte sie bereits morgens um sechs ihren kleinen Rucksack mit allem gepackt, was im Kinderzimmer Rang und Namen hatte: Teddy Paul, Stoffhund Plim und Puppe Hildegard-Sophie. Nur Knut, den Elch, den drückte sie mir in die Hand.

»Damit du nicht traurig bist ohne mich!«, sagte sie mit kritischem Blick, als erwartete sie jeden Moment, dass ich in Tränen ausbrechen würde. Was ihr natürlich unendlich peinlich gewesen wäre.

Aber ich hielt mich tapfer.

Gegen neun Uhr klingelte Anneke an der Tür und die Reise konnte losgehen. Alle schienen sehr gut gelaunt, und so wollte auch ich nicht als Spaßbremse dastehen. Ich drückte schnell mein Kind an mich und gab ihm einen dicken Kuss auf die Wange, der natürlich prompt mit dem Handrücken abgewischt wurde.

Als Paula und Anneke in ihren Kindersitzen saßen, nahm Sandra mich in den Arm und klopfte mir aufmunternd auf den Rücken. »Ich pass gut auf sie auf, versprochen. Erhol dich gut und denk mal nur an dich. Ich ruf dich an, wenn wir da sind!«

Dann ein kurzes Hupen, zwei wild winkende und glücklich strahlende Kinder und –

Allein!

Und jetzt? Ich schlich, Knut fest an meine Brust gedrückt, ins Haus zurück. Ziellos ging ich von Zimmer zu Zimmer und wusste nichts mit mir anzufangen.

Am liebsten hätte ich mich aufs Bett geschmissen und »*Gebt mir mein Kind zurück!*« geschrien, was natürlich an Dramatik einiges hergemacht hätte, mangels Publikum aber ziemlich für die Füße gewesen wäre.

So beschloss ich, mir erst mal einen Milchreis zu kochen. Der half gegen alles. Als ich zwei Teller davon gegessen hatte, ging's mir auch schon viel besser, und ich machte mich daran, jetzt auch meine Koffer zu packen und mich auf den Single-Urlaub zu freuen.

Ich hatte eine kleine Ferienwohnung an der Nordsee gebucht. Direkt am Deich. Ich war als Kind mal an der Küste gewesen, konnte mich aber kaum noch daran erinnern. Nur dass ich beeindruckt gewesen war von der scheinbaren Unendlichkeit des Meeres. Das wusste ich noch. Zum ersten Mal hatte ich bewusst erfahren, dass es einen Horizont gab.

Auf meine Frage, was hinter dem Horizont wäre, hatte mein Vater nur gesagt: »Die große, weite Welt.«

Und schon damals hatte ich mir vorgenommen, eines Tages zurückzukehren und hinter den Horizont zu schauen, um zu sehen, wie die große, weite Welt aussah.

2

Mein Kleinwagen war bis oben hin beladen. Vom leichten Sonnentop bis zum Wollpullover hatte ich alles wahllos in die Taschen gestopft. Natürlich hatte ich auch den obligatorischen Friesennerz nicht vergessen. »An der See musst du mit allem rechnen«, hatte Sandra gesagt, »scheint jetzt noch die Sonne, kann es schon gleich in Strömen gießen – und umgekehrt. Das geht bei uns sehr schnell.«

»Bei uns«, hatte sie gesagt, »bei uns«. Darum hatte ich sie schon immer beneidet: Sie hatte eine Heimat.

Wenn sie von ihrer See sprach, leuchteten ihre Augen und sie fiel beim Erzählen automatisch zurück in den norddeutschen Slang. Ich hörte ihren Geschichten gerne zu. In ihnen lag so viel Wärme und Geborgenheit. Heimat eben.

»Du hast doch auch eine Heimat«, sagte Sandra immer, wenn ich bei ihren Erzählungen ganz melancholisch wurde.

Klar, ich war irgendwo geboren worden und aufgewachsen. Hatte Eltern, Geschwister und Freunde gehabt. Aber ich hatte das Gefühl, dass das auch an jedem anderen Ort hätte sein können. Für mich war das alles austauschbar. Für Sandra nicht.

Auch verspürte ich beim Nachhausekommen kein Kribbeln in der Magengegend, von dem Sandra immer befallen wurde, sobald das *Flache Land* mit seinen Häusern aus rotem Klinker in Sichtweite kam.

Im Gegenteil: Ich verspürte nur ein Kribbeln, wenn ich von zu Hause fortdurfte, um andere Länder oder Landstriche zu erkunden.

So kam es, dass ich früher sehr viel gereist war, meistens in ferne Länder. Meine Sehnsucht nach der Ferne gab es immer noch. Sie hatte sich mit dem Kennenlernen von immer mehr Ländern und deren Menschen sogar gesteigert.

Und dann war Paula gekommen, und alles andere war in den Hintergrund geraten. Doch je größer und selbstständiger Paula wurde und je mehr Zeit ich wieder für mich alleine hatte, desto mehr drängte sich das Fernweh wieder an die Oberfläche. Die Versuche, es zu ignorieren, scheiterten kläglich. Manchmal krampfte sich mein Herz regelrecht zusammen, und ich rannte wie ein eingesperrtes Tier durch die Wohnung in der Gewissheit, nicht ausbrechen zu können.

Und nun fuhr Paula alleine in Urlaub. Ich hatte, zumindest für zwei Wochen, wieder die Möglichkeit, ein Stück meiner unterdrückten Neugierde zu befriedigen. Immer hatte ich mir ausgemalt, wie ich in laute Jubelschreie ausbrechen würde, wenn ich diese Freiheit wieder zurückerobert hätte.

Aber jetzt, wo es so weit war, jubelte ich trotzdem nicht. Denn es war anders als früher. Paula gehörte jetzt zu meinem Leben. Und ich hätte sie gerne dabeigehabt, um ihr alles zu zeigen und meine Begeisterung mit ihr zu teilen.

Welch schwermütige Gedanken! Ich schüttelte mich. Um mich abzulenken und auf Urlaub und Freiheit einzustimmen, legte ich die Hits der Siebzigerjahre in meinen CD-Player und sang lautstark mit. Begleitend trommelte ich fröhlich im Takt auf mein Lenkrad.

Oh Mist, Stauwarnung! Na ja, dachte ich, war sicherlich schon vorbei. Es dauerte doch immer ewig, bis die ihre Schilder wieder eingesammelt ... – Warnblinker. Oh nein! So viel zum Thema Freiheit! Auf Deutschlands Autobahnen sollte man nicht einmal den Gedanken daran aufkommen lassen.

Ich suchte verzweifelt nach einem Radiosender, der mir über mein weiteres Stauschicksal Bericht erstatten konnte.

Knister, rausch, knack ... »Zwischen Kassel und Hannover zwanzig Kilometer Stau. Wir wünschen weiterhin ... *gute Fahrt!*«

»Zwanzig Kilometer? Und ich ganz am Ende? Und was hieß hier überhaupt *gute Fahrt!*? Ihr mich auch! Was soll ...!«, plärrte ich meine Windschutzscheibe an, versuchte dann aber, mir gut zuzureden. Bleib locker und trag's mit Fassung! Du hast Urlaub und alle Zeit der Welt – und eine Klimaanlage!

Es wirkte. Ich schaltete meine CD wieder ein und trommelte weiter munter auf dem Lenkrad herum. Fröhlich schaute ich nach links und rechts, um meinen Schicksalsgenossen ein aufmunterndes Lächeln zu schenken. Aber das kam wohl nicht so gut an.

Mein Blick traf auf ein wutentbranntes Gesicht, dessen dazugehöriger knallroter und schweißüberströmter Kopf jeden Moment zu platzen drohte. Aber, aber, dachte ich, wer wird sich denn so über einen kleinen Stau ...! Der Wagen des Unholds fuhr ein kleines Stück vor. Jetzt erblickte ich hinter diesem Ausbund an schlechter Laune zwei schweißgebadete schreiende Kleinkinder, die mit ihren Füßen die Sitze von Mama und Papa traktierten.

Nele, sagte ich mir, man sollte den Begriff der Freiheit nicht zu eng fassen. Ich lachte, und dann durfte meine Reihe sich um eine halbe Autolänge vorschieben.

Als ich mit mehreren Stunden Verspätung an der See ankam, wurde die flache Landschaft bereits in ein warmes Abendlicht getaucht.

Nachdem ich ausgestiegen war, fiel mir als Erstes die unglaubliche Stille auf. Nur vereinzeltes Vogelgezwitscher war noch zu hören. Selbst der Wind war eingeschlafen. Während ich meine versteiften Gliedmaßen streckte, sog ich kräftig die frische Seeluft in meine stadtluftgeschädigten Lungen. Ja, dachte ich, dies war der richtige Flecken Erde, um mal so richtig auszuspannen!

In meiner kleinen Ferienwohnung angekommen, machte ich mir als Erstes einen kräftigen Ostfriesentee. Ich fand, das gehörte einfach dazu, wenn man sich an der Nordsee aufhielt. Bestimmt trank hier kein Einheimischer Kaffee. Das nahm ich zumindest an, denn in Sandras Erzählungen war immer nur von Tee die Rede.

Mit meiner Tasse Tee in der Hand machte ich mich auf zur Erkundungstour durch meine kleine Bleibe. Die Einrichtung war in hellem Kiefernholz gehalten und entzückt stellte ich fest, dass es sogar einen offenen Kamin gab. Die Wände waren mit gerahmten Fotos geschmückt, die das Meer zu unterschiedlichen Jahreszeiten zeigten. Mal lag es still glitzernd in der Sonne, mal war es rau und aufgepeitscht, dann wieder von treibenden Eisschollen bedeckt.

Die Bilder stimmten mich nachdenklich. Die Menschen, deren Lebensunterhalt unmittelbar vom Meer abhing, mussten sich tagtäglich seinen Launen stellen. Hier war man darauf angewiesen, sich den Naturgewalten unterzuordnen und seinen Tagesablauf an ihnen auszurichten. Der einzige Widerstand, den man der Natur entgegensetzte, war der Bau von Deichen.

Wie anders war hingegen das Leben in der Stadt. Die Natur wurde hier einfach ausgesperrt und trat lediglich noch in Form wechselnden Wetters in Erscheinung. Aber egal, für welchen Auftritt sich das Wetter auch entschied, es hatte keinerlei Einfluss darauf, ob und wann ich ins Büro ging, um zu arbeiten.

Ich trat auf den Balkon, was mich einiges an Überwindung kostete. Denn ich befand mich im vierten Obergeschoss und litt schon immer unter extremer Höhenangst. Als Kind geriet ich schon in Panik, wenn mich mein Vater auf seine Schultern hob. Wo normal konzipierte Kinder vor Freude juchzten, begann ich schon beim Abheben zu hyperventilieren.

Aber der Ausblick, der sich mir beim Betreten des Balkons bot, war einfach fantastisch. Das musste selbst ich, in unvorstellbaren Höhen über dem sicheren Erdboden schwebend, zugeben.

Ich sah direkt über den nahen Deich hinweg aufs Meer. Es lag ganz ruhig da. Einzelne Spaziergänger genossen die Strahlen der Abendsonne und schlenderten am Strand entlang. Zahlreiche rote, blaue und gelbe Strandkörbe standen verlassen und bunt durcheinandergewürfelt im Sand. Große und kleine Schiffe fuhren wie an einer Perlenkette aufgereiht durch die Fahrrinne ins offene Meer hinaus. Ich entdeckte einen großen roten Ball, der in einigen Metern Höhe an einer Schnur hing. Was der wohl zu bedeuten hatte?

Da ich nichts zu essen mitgenommen hatte, beschloss ich, mich auf die Suche nach einem netten Restaurant zu machen. Vorher aber wollte ich unbedingt noch am Wasser spazieren gehen.

Mit Rucksack und Fotoapparat bewaffnet schlenderte ich den kurzen Fußweg zum Strand hinunter. Dort angekommen, zog ich meine Sandalen aus. Der Sand war noch ganz warm. Ich setzte mich hin und ließ die Wellen meine Zehen umspielen.

Der Strand war inzwischen beinahe menschenleer und ich genoss die Stille. Mit geschlossenen Augen ließ ich die sanfte Abendstimmung auf mich wirken. Ich atmete ein paarmal tief durch und meinte förmlich zu spüren, wie sich die klare Luft in meinen Lungen ausbreitete.

Entspannt ließ ich mich rücklings mit weit geöffneten Armen in den Sand fallen. Bei dieser Bewegung kam mir plötzlich ein Werbespot aus dem Fernsehen in den Sinn:

»Endlich Zeit, nur für mich ...«, sang ich leise vor mich hin und sah vor meinem geistigen Auge einen glücklich lachenden Mann in teuren Klamotten, der sich in eine Sanddüne fallen ließ. Ich überlegte eine Weile, welches Produkt es war, für das sich dieser durchgestylte Mann derart gehen ließ. Kaffee? Markenklamotten? Sonnencreme? Hm. Na ja, ich würde es schon noch herausfinden. Und dann der Firma sofort den Vorschlag unterbreiten ...

... anstelle eines durchgestylten, gut verdienenden und sonnengebräunten jungen Mannes doch lieber eine doppelbelastete alleinerziehende Mutter mit nach Friseur schreienden Haarzotteln und Fingerfarbklecksen im Gesicht mit dieser Entspannungsnummer zu betrauen. Mit ihr würde sich eine viel breitere Zielgruppe erreichen lassen, so viel war mal sicher.

Das zeigte schon die Statistik. Denn wie viele Armani-gestylte Traummänner liefen einem schon tagtäglich über den Weg? Und wer identifizierte sich dann mit ihnen?

Aber eine geplagte Frau mittleren Alters, die sich einfach mal fallen lassen wollte – in ihr fanden sich wohl viele wieder. Es sei denn, der Spot warb für Aftershave.

Ein verliebt turtelndes Paar lief unmittelbar an mir vorbei. Sie blieben stehen und verloren sich in einem endlos erscheinenden Kuss.

Wie würden sie wohl in fünf Jahren hier entlanglaufen, überlegte ich mir?

Wahrscheinlich mit jeweils einem anderen Partner.

Sei nicht so gehässig!, wies ich mich gleich darauf zurecht. *Bist ja nur neidisch auf so viel Liebesglück!*

Liebesglück – Glück in der Liebe. Ein paarmal schon hatte ich gedacht, ich hätte sie gefunden, die große Liebe. Aber letztlich war ich nach ein paar Jahren immer wieder allein gewesen. Zumindest ohne Partner.

Nach den letzten Beziehungscrashs hatte es ja immer noch Paula gegeben. Was aber nichts daran geändert hatte, dass sich auch ihr Erzeuger für immer von uns verabschiedet hatte, ohne an Unterhaltszahlungen bis heute auch nur einen Gedanken, geschweige denn einen Euro verschwendet zu haben.

Aber mir war's recht, so hatten wir wenigstens unsere Ruhe.

Genau wie mein Privatleben hatte auch mein beruflicher Werdegang einige Windungen durchlaufen.

Bis ich mich vor vier Jahren nach zahlreichen befristeten Arbeitsverträgen und genauso vielen *Tut uns wirklich sehr leid, Sie sind unsere engagierteste Kraft, aber eine feste Anstellung ist leider nicht drin, Sie wissen ja, die Wirtschaftslage/Arbeitsmarktsituation/ Konjunktur/Globalisierung/politische Konstellation* ... flöt, flöt,

flöt ... *macht es auch uns nicht leicht, Sie haben sicherlich Verständnis, wir wünschen Ihnen für die Zukunft nur das Beste* entschlossen hatte, mich gemeinsam mit meinem ehemaligen Kommilitonen Marco selbstständig zu machen.

Wir hatten ein Projektbüro mit dem Schwerpunkt *Nachhaltige Stadtentwicklung* gegründet. Aufgrund einiger guter Kontakte in die Kommunalpolitik war unser Geschäft sehr gut angelaufen, was uns bald erlaubt hatte, eine Bürokraft einzustellen. Wir hatten viele öffentliche und auch kleinere private Aufträge bekommen, waren mit Feuereifer an die Arbeit gegangen und hatten uns für die Glückskinder der Nation gehalten.

Damit standen wir nicht allein. Auch das Finanzamt konnte sein Glück kaum fassen und erkor uns dazu aus, dem Finanzminister aus der Patsche zu helfen.

Das Haushaltsloch wurde um einen erheblichen Betrag kleiner. Von dem, was für uns übrig blieb, konnten wir drei uns und unsere Familien einigermaßen über Wasser halten, und ein jährlicher Urlaub war auch noch drin. Eigentlich konnten wir zufrieden sein.

Noch schöner wäre es allerdings gewesen, wenn die von uns auf dem Papier konzipierten Projekte etwas häufiger auch die Phase der Umsetzung hätten erleben dürfen. Aber wir mussten die Erfahrung machen, dass unsere Projektkonzeptionen zwar anstandslos bezahlt, deswegen aber noch lange nicht der Umsetzung zugeführt wurden. Bis die Konzeption alle Gremien und Ausschüsse passiert hatte, vergingen Monate.

Man stimmte den von uns gemachten Vorschlägen in der Regel als *inhaltlich sehr kreativ* zu. Aber entweder fühlte sich ein Entscheidungsträger in den *vorgeschalteten Gesamtprozess nicht ausreichend miteinbezogen* und konnte daher abschließend leider seine Zustimmung zu diesem Projekt nicht erteilen. Oder die Projektidee kam von Hinz, mit dem aber Kunz schon in der Grundschule nicht konnte, weil jener nie den Ball abspielte und dieser sich deswegen immer noch übergangen fühlte. Oder aber ein ähnliches Vorhaben war in der Stadt xyz gerade ebenfalls in

Angriff genommen worden, der dortige Entscheidungsträger gehörte aber der falschen Partei an, und damit konnte die Idee unmöglich gut sein und deshalb wolle man hier *mit solch einem Unsinn gar nicht erst beginnen*. Oder aber die Fristen konnten nicht eingehalten werden, da Müller gerade in Urlaub, Meier von ihm *wie immer über nichts informiert worden war* und Schulze sich deswegen leider nicht in der Lage sah, eine Unterschrift zu leisten.

Nun hätten wir ja trotzdem zufrieden sein können. Das Geschäft lief, auch wenn viele unserer schwer erarbeiteten geistigen Ergüsse in der Tonne landeten, kaum dass sie das Licht der Welt erblickt hatten. Viele unserer Bekannten und Freunde beneideten uns um die abwechslungsreiche Arbeit.

Nur je mehr ich von diesen Grabenkämpfen mitbekam, desto eingeengter und ausgelieferter fühlte ich mich.

Es war inzwischen fast dunkel geworden und mein Magen verlangte nach einem ausgiebigen Mahl. Ich blieb kurz auf dem Deich stehen, um mich zu orientieren, und entdeckte ein Restaurant mit Namen *Seestern*, auf dessen Terrasse noch reger Betrieb herrschte. Dort angekommen, setzte ich mich an einen der freien Tische und bestellte ein großes Krabbenbrot.

Als ich gerade anfangen wollte zu essen, klingelte mein Handy.

»Hallo Mama, wir standen ganz lange im Stau und wohnen in einem ganz tollen Haus, das viel schöner ist als unseres, mit so Stroh aufm Dach, und morgen gehen wir an den Strand und gerade waren wir essen und ich hab Tomatensuppe und Fischstäbchen gehabt und Anneke auch und ich bin noch gar nicht müde ... Tschü-üss!«

»Paula?«

»Nele, ich bin's, Sandra. Paula ist schon wieder abgehauen, die wollten Christoph beim Bettenbeziehen helfen. Bist du auch gut angekommen?«

»Ja. Und, Sandra, du hattest recht. Das Meer ist wirklich wundervoll.«

»Genieß es, Nele, du hast es dir verdient. Wir melden uns wieder. Gute Nacht!«

»Schlaft schön und gib Paula ein Küsschen. Ciao!«

Ich schaltete mein Handy ab und machte mich mit wahrem Heißhunger über mein Krabbenbrot her. Zufrieden kauend lächelte ich vor mich hin. Sollten die sich zu Hause doch zerfleischen. Ich lebte jetzt in einer anderen Welt, und das alles ging mich überhaupt nichts mehr an.

Ich wurde von warmen Sonnenstrahlen geweckt, die mich im Gesicht kitzelten. Nach drei Gläsern Wein zu meinem Krabbenbrot hatte ich tief und fest geschlafen und fühlte mich wunderbar frisch. Gestern Abend hatte ich mir vorgenommen, noch vor dem Frühstück am Strand entlang zur nächsten Ortschaft zu laufen und dort ein Frühstücksbüfett aufzutun. Erstaunlicherweise fand ich die Idee auch jetzt noch gut und machte mich nach einer schnellen Dusche gleich auf den Weg.

Es waren erst wenige Menschen am Strand, der sich vor mir jetzt bis zum Horizont auszudehnen schien. Das Wasser war weg, es war Ebbe. Ich sah die Umrisse einzelner Gestalten, die sich anscheinend auf den Weg zu einer kleinen Insel gemacht hatten, die bei Ebbe in fußläufiger Entfernung zur Küste lag. Das war mir auf leeren Magen aber entschieden zu weit, und so lief ich lediglich ein kleines Stück ins Watt hinaus.

Der Wattboden fühlte sich unter den Füßen himmlisch weich und warm an, und ich erinnerte mich, dass ich mir als Kind bei Wattspaziergängen immer vorgestellt hatte, ich sei ein Engel und würde auf weichen Schäfchenwolken leicht und beschwingt dahinwandeln.

Mein Bruder hatte mich dann ruckzuck in die Realität zurückgeholt, indem er mir eine Portion Schlick ins Gesicht geschleudert hatte.

Beim ersten Mal hatte ich noch gedacht, die kleinen spaghettiartigen Häufchen an der Oberfläche des Watts seien tatsächlich Wattwürmer, und war in hysterisches Geschrei ausgebrochen.

Mein Vater hatte damals viel Geduld aufbringen müssen, bis ich mich einigermaßen beruhigt und zudem davon Abstand davon genommen hatte, meinen Bruder zu gegebener Zeit in die ewigen Jagdgründe zu befördern.

Mein Bruder Frank war damals mein Feindbild Nummer eins gewesen, so wie eigentlich alle meine drei Geschwister. Viel lieber wäre ich Einzelkind gewesen wie meine Freundin.

Ich war damals davon überzeugt gewesen, dass ich dann auch all die schönen Dinge gehabt hätte, die jedes Kinderherz höher schlagen ließen. Auch hätte ich mein Kinderzimmer mit niemandem teilen müssen – und vor allem nicht Mama und Papa.

Ich hatte mich als Kind auf ganzer Linie zu kurz gekommen gefühlt. Mit zehn Jahren hatte ich dann den Entschluss gefasst auszuziehen, wie ein Vagabund durch die Gegend zu stromern und mich von wilden Beeren zu ernähren. Es sollten schon alle sehen, dass mir durch die Geburt so vieler Geschwister schweres Unrecht zuteilgeworden war. Außerdem hatte ich endlich wissen wollen, was Vaters *große, weite Welt* hinter dem Horizont zu bieten hatte.

Bei meinen Eltern war diese Idee aber nicht so gut angekommen, und nachdem sie mich eines Abends an einem Brombeerbusch nicht weit von zu Hause aufgelesen hatten, war ich von ihnen zu allem Übel auch noch zu einer Woche Hausarrest verdonnert worden.

Diese Woche hatte ich dazu genutzt, mir meinen Schulatlas einmal genauer anzusehen, und war zu dem Schluss gekommen, dass Äquator wahrscheinlich ein anderes Wort für Horizont war und ich diesen nur überschreiten musste, um in die *große, weite Welt* zu kommen. Ich hatte geguckt, welche Länder das Glück hatten, sich dort zu befinden, und in meinem Länderlexikon nachgeschaut, wer da so wohnte.

Aha, alles dunkelhäutige Menschen. Das hatte mir gut gefallen, denn da würde mich bestimmt keiner mehr übersehen. Für die nächsten Jahre hieß mein Ziel Afrika, auch wenn ich zwischenzeitlich lernen musste, dass Horizont und Äquator zwei durchaus unterschiedliche Dinge waren.

Diese Erinnerungen ließen mich im Laufen innehalten, und ich blickte hin zum Horizont. Er erschien mir immer noch unendlich, und ich meinte sogar, die Erdkrümmung erkennen zu können. Die allgegenwärtige Sehnsucht nach der Ferne ergriff erneut von mir Besitz, und ich wandte meinen Blick schnell wieder in Richtung Küste.

Es wurde Zeit fürs Frühstück. Es war warm genug, um draußen zu sitzen. Ich wählte ein Restaurant, von dessen Dachterrasse aus man über den Deich aufs Meer hinaus schauen konnte. Nachdem ich mich am Büfett bedient und an einen Tisch mit genügend Abstand zur Reling gesetzt hatte, verfolgte ich mit den Augen eine bunte, scheinbar endlos sich dahinwindende Menschenschlange, die sich auf den langen Fußmarsch Richtung Insel gemacht hatte. Von hier oben sah sie aus wie eine Ameisenautobahn. Wie vom Deich ausgespuckt, ergänzte plötzlich auch ein Treck von Kutschen die Szenerie. Auch er schlug den Weg zur Insel ein. Jede Kutsche wurde von zwei Pferden gezogen und war mit ungefähr zehn Personen besetzt. Ich seufzte.

Solch eine Fahrt hätte Paula mit Sicherheit auch gefallen. Ich sah ihre großen dunkelbraunen Augen vor mir, die vor Begeisterung sprühten, und nahm mir vor, mit ihr zusammen eines Tages wieder hierherzufahren und solch einen wunderschönen Ausflug zu machen.

Als ich so in meinen Traum versunken dasaß, schob sich plötzlich ein hochgewachsener Mann vor meine Aussicht und betrachtete eben diese mit einem Fernglas.

Na prima! Jetzt sah ich nur noch einen breiten, in eine gelbe Sommerjacke gehüllten Rücken, einen jeansblaubekappten Kopf und einen – zugegebenermaßen – recht knackigen Männerhintern in dunkelblauer Sommerhose. Empört ließ ich ein lautes Hüsteln vernehmen und hob zu einer unmissverständlichen Geste an, die dem Eindringling bedeuten sollte, sich schleunigst zu verdrücken.

Als dieser sich zu mir umdrehte, blieb meine Hand allerdings unverrichteter Dinge in der Luft hängen. Denn ich blickte in die strahlendsten Augen, die mir je begegnet waren. Das vollbärtige Gesicht lächelte mich entschuldigend an. Der freundliche Herr sah aus, als hätte er für den kleinen Seemann, der in meiner Ferienwohnung im Küchenregal stand, Modell gestanden. Nur das blau-weiße Ringelshirt und die Pfeife fehlten.

»Tut mir leid, ich wollte Ihnen nicht die Sicht nehmen«, sagte er mit kurzem Schulterzucken.

Bevor ich etwas erwidern konnte, trat er ein paar Schritte zur Seite, vergewisserte sich, dass er diesmal niemandem im Weg stand, und hob wieder sein Fernglas an die Augen.

Ich saß noch eine Weile da und beobachtete ihn. Vielleicht würde er sich noch mal umdrehen?

Der Seemann aber stand da wie eine Statue, das Fernglas starr auf einen Punkt in der Ferne gerichtet. Ich versuchte ausfindig zu machen, was er denn so stur fixierte, konnte aber nichts Bestimmtes entdecken.

Diesmal war es an mir, mit den Schultern zu zucken, dann stand ich auf und verließ das Restaurant.

Den Rest des Tages verbrachte ich damit, faul in einem Strandkorb zu sitzen und zu lesen. Ich stand zwischendurch nur auf, um ein Fischbrötchen zu essen und mir eine Tageszeitung zu kaufen. Dann las ich weiter. Erst als es gegen Abend kühler wurde, ging ich zu meiner Wohnung zurück. Auf dem Weg kaufte ich mir etwas Käse, Baguette und Rotwein, weil ich den Abend in aller Ruhe vor dem Fernseher verbringen wollte. Ich hatte mich schon lange nicht mehr so entspannt gefühlt. Also nahm ich mir vor, die kommenden Tage genauso zu ruhig zu gestalten. Einfach nur nichts tun war hier am Nordseestrand sicherlich durch nichts mehr zu übertrumpfen.

Doch schon bald sollte sich herausstellen, dass ich mich in dieser Annahme gründlich getäuscht hatte.

3

Ich hatte den Fernsehabend endlos ausgedehnt und war erst gegen drei Uhr ins Bett gegangen. Etwas bematscht stand ich gegen Mittag auf, ging kurz an einer Bäckerei vorbei und lief dann, mit Croissants und einer kleinen Flasche Kakao ausgestattet, ins Watt. Ich lief sehr weit hinaus und traf schließlich auf eine Muschelbank, wo ein paar Kinder in Buddelhosen eifrig dabei waren, Strandgut in ihre Eimerchen zu sammeln. Ich setzte mich etwas Abseits auf einen kleinen Felsbrocken und beobachtete die Schiffe, die sich langsam gegen die Strömung ihren Weg aufs offene Meer hinaus bahnten. Die Sonne wärmte angenehm meinen Rücken. Aus der Ferne näherten sich dunkle Wolken, der Wind frischte auf. Noch aber brachen sich die Strahlen der Sonne in den Prielen und ließen das Wasser kleine Funken sprühen.

»Sind Sie auch auf der Suche?«

Meinte die Stimme etwa mich? Ich blickte auf.

Zunächst sah ich, geblendet von der Sonne, nur etwas Gelbes im Wind flattern. Aber langsam gewöhnten sich meine Augen an das grelle Licht des Nordseehimmels.

Hinter mir stand – der Seemann von gestern! Er strahlte mich mit seinen unglaublich blauen Augen an. Wie tags zuvor steckte er in einer gelben Jacke. Seine abgewetzten Jeans hatte er bis zu den Waden hochgekrempelt, seine Füße waren bis zu den Knöcheln im Watt versunken. Um seinen Hals baumelte ein Fernglas.

»Wo ist Ihr Schiff?« Oje, die Frage war mir rausgerutscht.

»Mein Schiff?«

Mist, wie peinlich! Ich spürte, wie mein Gesicht hochrot anlief. Ein kleiner Krebs vergrub sich vor meinen Augen blitzschnell im Watt. Das hätte ich jetzt auch gerne getan.

»Äh ... wegen ... Sie sehen so aus ...«

»Als hätte ich mein Schiff verloren?«

»Ja ... nee ...«

»Sie haben recht.« Ein Lächeln spielte um seinen Mund, er blickte amüsiert auf mich herunter. Aber in seinen Augen lag noch etwas anderes: Sehnsucht. Und Trauer.

»Es tut mir leid, ich wollte nicht ...«

»Gehen wir einen Kaffee trinken?« Er hielt mir seine Hand hin. Intuitiv ergriff ich sie, und er zog mich mit festem Griff hoch.

Seite an Seite machten wir uns auf in Richtung Strand.

»Hab' ich Sie gestern vertrieben? Sie waren so schnell verschwunden.«

Er hatte mich also wiedererkannt. Eigentlich hatte ich gedacht, er habe mich auf der Terrasse kaum wahrgenommen.

»Nein, ich wollte sowieso gerade gehen.«

»Aber vorher wollten Sie noch Ihr Revier verteidigen.«

»Soll das ein Verhör werden?«

»Keineswegs, aber ich hatte mir gerade überlegt, Sie als Entschuldigung auf einen Kaffee einzuladen, und da waren Sie weg.«

»Und da wollten Sie es heute nachholen und sind mir kilometerweit ins Watt gefolgt.«

»Nette Idee, aber das war nun wirklich Zufall.«

»Was haben Sie eigentlich damit gemeint, als Sie fragten, ob ich auch auf der Suche bin?«

»Menschen, die ganz alleine auf einem Felsen mitten im Watt sitzen und gedankenverloren hinaus aufs offene Meer blicken, sind immer auf der Suche – oder auf der Flucht. Oder beides.«

»Wer sagt das?«

»Ich.«

»Und wieso sind Sie sich da so sicher?«

»Ich mach' es selbst so.«

»Und, sind Sie auf der Suche oder auf der Flucht?«

»Beides.«

»Lassen Sie mich raten. Sie haben vor langer Zeit einen Schatz gestohlen und im Watt vergraben und den suchen Sie jetzt.«

Er lachte. »Sie haben wirklich eine blühende Fantasie. Aber ich muss Sie enttäuschen. Ich bin kein Pirat.«

»Schade eigentlich.«

»Weiß nicht, das Leben ist auch so aufregend genug.«

»Finden Sie?« Ich fragte mich, was er wohl so Aufregendes tat in seinem Leben.

»Schauen Sie mal, der Ball wird hochgezogen!«, wechselte er plötzlich das Thema und zeigte zum Strand.

Richtig. Da hing wieder der große rote Ball in der Luft. »Was bedeutet das?«

»Die Flut kommt. Es ist die Aufforderung, das Watt zu verlassen, wenn man keine Lust hat, zurückzuschwimmen.«

»Na, da ist es ja gut, dass Sie mich eingesammelt haben. Ich wäre sonst unweigerlich ertrunken.«

»Sehen Sie, so kann ein Zufall schnell zur Fügung des Schicksals werden.«

Als wir die Strandpromenade erreichten, verdeckten die dunklen Wolken inzwischen die Sonne, die ersten Tropfen fielen. Familien rafften hastig ihre Sachen zusammen und verschwanden, einer bunten Karawane gleich, hinter dem Deich. Ein vergessenes Schäufelchen lag einsam im Sand. Wir zogen unsere Schuhe an. Der Sand knirschte zwischen meinen Zehen. Ein Geräusch, von dem ich immer unweigerlich eine Gänsehaut bekam. Ich erschauderte.

»Ist Ihnen kalt? Ich kenn' da eine Kneipe, ein paar Straßen weiter, vom Touristenrummel noch nicht erfasst. So 'ne Art Geheimtipp. Da gibt's das beste Labskaus der Nordseeküste. Einverstanden?«

Ich nickte nur stumm und folgte ihm. Nach wenigen Minuten bog der Seemann in eine Seitengasse ein und stieg schließlich die Kellertreppe einer alten Fischerkate hinunter. Über dem Eingang stand in schlichten Lettern *Skipper*. Uns schlugen plattdeutsche Wortfetzen entgegen.

Als wir eintraten, sagte jemand: »Moin, Mathis, ook wer in't Land!?«, und mein Begleiter antwortete mit einem kurzen Kopfnicken.

Er schob mich an der Theke vorbei zu einem Ecktisch, von dem aus man den ganzen Raum überblicken konnte.

Die Kneipe war relativ klein und mit massiven Holztischen ausgestattet. Bis auf einen waren alle besetzt. Fast ausschließlich mit Männern in karierten Flanellhemden oder marinefarbenen Troyern. Sie spielten Skat oder saßen einfach da. An der Theke wurde gewürfelt. Gesprochen wurde wenig. Von der Decke hing das Modell eines Dreimasters. Die Wände waren mit Seefahrtsbildern bemalt. Ansonsten war der Raum schlicht und schmucklos.

Der Wirt stellte ein Pils auf den Tisch. »Und die Dame?«

Latte macchiato war hier wohl deplatziert. »Einen schwarzen Tee, bitte.«

Er verschwand wieder hinter der Theke und kam kurz darauf mit meinem Tee zurück.

Mein Begleiter hatte das Fernglas neben sich auf die Bank gelegt und seine gelbe Jacke ausgezogen; unter ihr war ein blau kariertes Hemd zum Vorschein gekommen.

»Sie heißen Mathis?«

»Hm, Mathis Hagena. Und Sie?«

»Nele. Nele Martens.«

»Nordischer Name. Aber Sie wohnen nicht hier.«

»Woraus schließen Sie das?«

»Sie hätten nicht den ganzen Nachmittag im Watt verbracht.«

»Vielleicht.«

»Und Sie hätten die Bedeutung des roten Balls gekannt.«

»Touché! Und was treibt Sie hierher?«

»Ganz einfach: Ich liebe das Meer.«

»Und wo leben Sie?«

»Leben tu ich nur hier. Wohnen und arbeiten tu ich allerdings mitten in Deutschland.« Er sagte es ohne Bitterkeit in der Stimme, doch seine Augen waren starr auf einen fixen Punkt an der Wand gegenüber gerichtet, und seine Stirn lag in Falten.

»Und warum nicht am Meer, wenn Sie es doch so sehr lieben?«

»Das ist eine lange Geschichte.«

»Darf ich sie hören?«

»Sie müssten Ihren Urlaub verlängern.«

»Kein Problem.«

Dann begann er zu erzählen.

Es war ein ruhiger Sommertag. Die Kinder saßen in ihrem Zugabteil und drückten sich still in ihre Sitze. Der sechsjährige Mathis wurde von der Sonne geblendet, die heiß durch das Abteilfenster fiel. Aber er traute sich nicht, den Vorhang zuzuziehen. Die anderen Kinder wären dann auf ihn aufmerksam geworden, und das wollte er auf keinen Fall. Eigentlich wollte er gar nicht hier sein. Viel lieber wäre er zu Hause bei seiner Mutter geblieben und bei seinen Freunden. Aber Mama hatte gesagt, es ginge nicht anders, das müsse er verstehen. Und seinem Bruder werde es hinterher ganz sicher viel besser gehen. Er sei doch nun schon groß und sein Bruder brauche ihn. Ganz bestimmt würden sie viel Spaß haben, da oben an der Nordsee.

Die Nordsee. Ja, die würde er wirklich gerne sehen. Vater hatte ihnen Bilder gezeigt vom Meer und begeistert von einer Schiffsreise erzählt, die er mal gemacht hatte. Bevor er in den Krieg musste. Mathis war sich sicher, dass ihm das Meer gefallen würde. Aber vor allem anderen hatte er Angst. Gut, dass wenigstens Uwe dabei war. Sie würden schon zusammenhalten.

Er blickte zu Uwe hinüber. Sein jüngerer Bruder saß eingesunken da und starrte mit traurigen Augen aus dem Fenster. Er hatte tapfer versucht, die Tränen zurückzuhalten, als sie sich von

Mama verabschiedeten. Das hatte Mathis bemerkt. Er hatte tief geschluckt und schnell in seinen Apfel gebissen, sonst hätte auch er anfangen müssen zu weinen. Dann hatte man den kranken Uwe in den Zug getragen und auf seinen Platz gesetzt. Seitdem hatte er sich kaum gerührt.

Mathis nahm all seinen Mut zusammen und sagte an Uwe gerichtet: »Wollen wir uns den Atlas von Anna anschauen?«

Er hatte es befürchtet. Alle Kinder wandten ihren Blick in seine Richtung und guckten ihn an. Aber er ließ sich nicht beirren und schaute erwartungsvoll auf seinen Bruder. Dessen Gesicht hellte sich auf und er nickte.

Mathis griff zu seinem Rucksack und zog den Atlas hervor. Er war alt und abgegriffen, aber die Jungen hüteten ihn wie einen Schatz. Ihre ältere Schwester Anna hatte ihn in der Schule für besondere Leistungen bekommen. Sie hatte ihn ihren Brüdern mit auf die Reise gegeben.

»Damit ihr euch nicht verlauft«, hatte sie mit einem Augenzwinkern gesagt.

Mathis setzte sich neben Uwe, und die Jungen blätterten bis zu der Seite, auf der die Nordseeküste zu sehen war.

»Schau mal, da fahren wir hin«, sagte Mathis und zeigte auf die Gegend um Cuxhaven. »Ziemlich groß, das Meer, oder?«

Uwe nickte zustimmend. »Ob wir auch mal Boot fahren dürfen?«

»Bestimmt, und ich bin der Kapitän!« Zur Unterstreichung seiner Worte hob Mathis seine Hand zum Gruß an seine imaginäre Kapitänsmütze.

»Darf ich auch mal schauen?« Ein kleines Mädchen stand plötzlich vor ihnen. Sie hatte blonde Zöpfe, ein blasses, sommersprossiges Gesicht, und unter ihrem Kleidchen schauten zwei spindeldürre Beine hervor.

»Wer bist du denn?« Mathis war sich noch nicht sicher, ob er seinen Schatz mit jemandem außer Uwe teilen wollte.

»Ich heiße Charlotte und mein Papa ist im Krieg gestorben.«

»Oh. Fährst du auch an die Nordsee?«

»Ja. Der Doktor hat gesagt, ich bin zu dünn und da oben gibt es gutes Essen. Ich soll so viel essen, wie ich kann, hat er gesagt.«

»Ich soll auch viel essen, damit ich stark werde«, antwortete Mathis und umschloss mit einer Hand seinen mageren Oberarm.

»Und du?« Charlotte blickte zu Uwe hinüber. »Wieso hat man dich in den Zug getragen? Kannst du nicht laufen?«

Uwe sah sie schüchtern an und schüttelte den Kopf.

»Warum nicht?«

»Er war schlimm krank. Aber Mama hat gesagt, die Nordseeluft macht ihn wieder gesund«, antwortete Mathis für seinen Bruder. »Können wir jetzt weitergucken?«

Charlotte setzte sich zu ihnen, und für den Rest der Zugfahrt waren die Kinder in den Atlas vertieft. Sie vergaßen die Welt um sich herum.

Der Zug fuhr in den Bahnhof von Cuxhaven ein. Als er mit laut quietschenden Bremsen zum Stehen kam, hielt Mathis sich die Ohren zu. Er blickte hinaus. Auf dem Bahnsteig war kaum ein Mensch zu sehen.

Eine Frau kam ins Abteil. »So, Kinder, wir sind da. Sucht eure Sachen zusammen und steigt aus, ohne zu drängeln. Auf dem Bahnsteig stellt ihr euch in Zweierreihen auf. Passt auf, dass keiner verloren geht. Und du«, sie zeigte auf Uwe, »du wirst gleich abgeholt, wenn alle anderen draußen sind. Dein Bruder bleibt solange bei dir.« Sie nickte kurz zu Mathis hinüber und verschwand.

Die Kinder gingen eins nach dem anderen hinaus. Charlotte schloss sich dem Tross als Letzte an.

Bevor sie ging, drehte sie sich noch einmal zu Mathis und Uwe um. »Bis später dann. Danke, dass ich mit euch den Atlas gucken durfte. War toll.« Dann war auch sie weg.

Die Jungen mussten nicht lange warten. Ein großer Mann kam herein und lachte sie freundlich an. »Na, denn ma' los.« Er hob Uwe vom Sitz. »Kinners, nee, du wiegst ja nix! Musst noch viel Eier un' Speck essen, mien Jung! Wie heißt ihr zwei Lütten denn?«

»Ich bin Mathis und das ist Uwe, mein Bruder.«

Der Mann musterte Mathis von oben bis unten. »Hm. An dir is' ja auch nix dran. Aber das kriegen wir schon hin. Ich bin Harm Voss, der Leiter vom Kinderheim. Kennt ihr das Meer schon?«

Die Jungen schüttelten den Kopf.

»Na, denn wird's ja Zeit. Das Meer macht kleine Jungs stark. Werdet's schon seh'n.«

Mathis sah, wie Uwe seinen kleinen Kopf an Harms Schulter legte und die Augen schloss.

»Willst du unser Freund sein, Harm?«, fragte Mathis und guckte den großen Mann gebannt an.

»Klar, was 'n sonst!«

Vielleicht war verreisen doch gar nicht so schlimm.

Auf Pferdekutschen fuhren sie zum Kinderheim. Als sie durch den Ort fuhren, rannten einige lachende Kinder neben den Kutschen her und riefen: »Moin, Moin, schöne Ferien!«

Mathis wunderte sich. Wieso sagten die »Moin«, es war doch schon fast Abend? Bei ihnen daheim sagte man Moin nur am Morgen. Komisch!

Uwe und er saßen bei Harm Voss auf der Kutsche und das gefiel ihnen. Harm sang während der ganzen Fahrt Seemannslieder. Ein paar davon hatte Mathis schon mal gehört, die meisten aber kannte er noch nicht. Er summte leise mit.

»Hart Steuerbord ist der Deich!«, rief Harm plötzlich und zeigte mit seiner Reitpeitsche nach rechts. Er hatte trotz seiner kräftigen Stimme Mühe, den starken Wind zu übertönen. Auch war eine Schar Möwen aufgetaucht und kreischte ohrenbetäubend über den Köpfen der Kinder.

Mathis schrie so laut er irgend konnte in Harms Richtung: »Dürfen wir bitte das Meer sehen?«

»Jawoll!« Harm machte brrrr und bedeutete den Kutschern hinter ihm, auch zu halten.

»Was ist denn jetzt los?« Die Frau aus dem Zug kam mit gerafften Röcken angelaufen.

»Die Lütten wollen 's Meer sehen.«

»Aber dafür ist doch nun wirklich auch später noch Zeit!«

»Nee, dann isses weg. Ebbe, versteh'n Sie!?«

»Die Kinder müssen aber jetzt was essen. So steht es auf dem Plan!« Die Frau stemmte die Hände in die Hüften und schaute Harm herausfordernd an.

»Den kennt das Meer wohl noch nich'. Kommt, Kinder, da geht's hoch.« Er zeigte auf Stufen im Deich und die Kinder sprangen lachend von der Kutsche.

Auch Mathis war mit einem Satz unten und wollte losrennen. Da fiel sein Blick auf Uwe. Der saß auf der Kutschbank, die Decke über die kranken Beine geschlagen, und Tränen standen ihm in den Augen.

Mathis erstarrte. Und nun? Er konnte Uwe doch nicht alleine lassen! Er ließ den Kopf hängen und schlich zurück.

Als er den Fuß auf die Trittleiter stellte, spürte er, wie ihn jemand am Arm zurückzog. »Renn' los, bevor das Meer abhaut!« Harm gab ihm einen sanften Klaps, hob Uwe samt Decke von der Kutsche und machte sich mit ihm auf den Weg zum Wasser.

So schnell seine dünnen Beine ihn trugen, rannte Mathis hinter den anderen Kindern her und erklomm die Stufen. Oben angekommen, hatte er Mühe, sich auf den Beinen zu halten. Der Wind war so stark, dass er ihm für einen Augenblick den Atem nahm.

Doch dann sah er es: das Meer! Stumm stand er da. Er spürte plötzlich einen dicken Kloß im Hals.

»Hier will ich bleiben«, sagte er leise. Er wusste es ganz genau.

Das Rauschen der Wellen, die Gischt, die frische Seeluft, die kreischenden Möwen. Auf Vaters Fotos war alles so ruhig gewesen. Hier aber lebte alles. Ob es Uwe auch gefiel?

Er schaute sich um und sah Harm, der ihn still beobachtete. Als ihre Blicke sich trafen, ging ein wissendes Lächeln über Harms wettergegerbtes Gesicht. Uwe saß still auf seinem Arm und schaute in die Ferne. Auch ihm liefen Tränen über die Wangen. Harm sah zu ihm herab und reichte ihm ein Taschentuch. »Passiert mir auch immer, is' der starke Wind dran Schuld!«

»Schlafen Sie schon?«

Ich schreckte hoch. »Nein, gar nicht. Ich war nur völlig in Ihrer Geschichte versunken. Keiner hat mir jemals eine so schöne Geschichte erzählt.«

»Ja, bis hierhin ist sie noch schön.« Mathis rieb sich über seinen Bauch und sah mich unvermittelt mit einem strahlenden Lächeln an. »Ich weiß nicht, wie es Ihnen geht, aber ich habe mächtigen Hunger.«

Mein Magen knurrte schon seit geraumer Zeit. Aber um nichts in der Welt hätte ich ihn in seiner Geschichte unterbrochen. Mathis bestellte sich Labskaus, ich entschied mich für den Fischteller *Fiete*. Es schmeckte himmlisch. Dazu tranken wir kühles Bier. Während des Essens unterhielten wir uns über belanglose Dinge.

Wir saßen hier bereits seit fast drei Stunden, aber nichts zog mich in meine Unterkunft zurück. Ich begann mich in seiner Gegenwart von Minute zu Minute wohler zu fühlen. Mathis hatte eine so angenehm ruhige Art. Am liebsten hätte ich mich an seine breiten Schultern gelehnt und weiter seinen Erinnerungen gelauscht. Aber das ging natürlich nicht.

Er schob seinen Teller weg. »Puh, bin ich satt. Trinken wir noch einen Kaffee?«

»Au ja, gerne! Und dazu einen Kognak. Weil's so gemütlich ist.«

Nachdem er bestellt hatte, lehnte er sich zurück und streckte seine Beine bis ans andere Ende des Tisches. »Wo war ich stehen geblieben?«

»Mathis steht zum ersten Mal auf dem Deich.«

»Ach ja.«

Er räusperte sich und fuhr mit seiner Geschichte fort. Ich lauschte seiner ruhigen tiefen Stimme und ließ mich einfach fallen. Wieder hinein in die Vergangenheit, in der ein kleiner Junge seine Liebe zum Meer entdeckt.

Von dem Rest der Fahrt auf der Pferdekutsche bekam der kleine Mathis nicht mehr viel mit. Zu fasziniert war er von seiner ersten Begegnung mit dem Meer. Er hatte gar nicht gewusst, dass es irgendwo so schön sein konnte.

Er war ein Kriegskind. Sein Vater war erst einige Jahre nach dem Krieg aus der Gefangenschaft heimgekehrt. Er hatte seinen jüngsten Sohn schwer krank angetroffen, lebensgefährlich krank. Selbst noch unter den Kriegsfolgen leidend, hatte er nach großen Anstrengungen eine Klinik ausgemacht, die über Penicillin verfügte. Und das brauchte Uwe jetzt. Er hatte seinen Sohn in die Klinik gebracht und in derselben Stadt eine Anstellung als Finanzbeamter bekommen.

Zu Hause war dann ein uralter Traktor mit den Habseligkeiten der Familie beladen worden und die Familie bei eiskaltem Wetter über mehrere Tage in die neue Heimat gefahren. Die Kinder hatten auf dem Anhänger sitzen müssen und erbärmlich gefroren. Schließlich waren sie in eine Stadt gekommen. Eine Geisterstadt. Sie hatte völlig in Trümmern gelegen. Kein Stein schien mehr auf dem anderen zu stehen. Die Kinder waren näher zusammengerückt. Was war hier passiert?

»Bombenangriffe«, hatte ihr Vater mit leiser Stimme gesagt, und Mathis hatte bei diesen Worten am ganzen Körper gezittert. Anna hatte angefangen zu weinen. Hoffentlich würden sie diese Ruinenstadt bald hinter sich lassen!

Der Traktor hatte vor einem zweistöckigen Haus gehalten. Es schien das einzige zu sein, das in der Straße noch stand.

»So, ihr könnt aussteigen«, hatte der Vater gesagt und ein Kind nach dem anderen vom Anhänger gehoben. »Fahren ... fahren wir gleich weiter?«, hatte Jürgen, Mathis' älterer Bruder, mit flehenden Augen gefragt.

Ihr Vater hatte in die ängstlichen Gesichter seiner drei Kinder gesehen und seine Hand gehoben, als wollte er etwas sagen, sie dann aber wieder sinken lassen.

Hilfe suchend hatte er zu seiner Frau gesehen. »Dies ist unser neues Zuhause«, hatte sie ruhig gesagt und Anna über das tränennasse Gesicht gestreichelt.

Mathis hatte der Atem gestockt. »Aber dies ist kein Zuhause!«, hatte er geschrien. »Nein, hier bleib ich nicht, niemals!« Er hatte sich auf den kalten Boden fallen lassen und mit den Fäusten heftig auf die Erde getrommelt.

Seine Mutter hatte ihn sanft in die Arme genommen und versucht ihn zu trösten. »Sie werden die Stadt wieder aufbauen. Du wirst sehen, es wird alles wunderschön werden.«

Sie hatte ihn hochgezogen und in Richtung der Eingangstür geschoben.

Anna und Jürgen waren ihnen schweigend gefolgt. Alle Farbe war aus ihren Gesichtern gewichen.

Im Kinderheim angekommen, wurden die Kinder zunächst in ihre Schlafsäle eingewiesen. Achtzehn Betten standen in zwei Reihen nebeneinander, nur von kleinen Nachttischen getrennt. Mathis sackte das Herz in die Hose. Alles hatte so schön angefangen – und nun das! Zu Hause teilte er sein Zimmer mit Jürgen und Uwe. Aber mit so vielen Jungen in einem einzigen Raum – wie sollte das gehen?

»Mathis Hagena?« Mathis wurde von einer Frauenstimme aus seinen Gedanken gerissen und drehte sich zögernd um. »Bist du einer von den Hagena-Jungen?«

Er nickte. »Ja. Ich bin Mathis. Mein Bruder ist ...«

»Komm doch bitte mal mit!«

Er folgte der Frau eine weitere Treppe hoch. Sie ging einen kurzen Gang entlang und öffnete schließlich eine Tür. Mathis betrat den Raum und sah sich um. Es war ein weiterer Schlafraum. Aber diesmal nur mit zwei Betten. Unter dem Fenster stand ein Tisch mit zwei Stühlen.

»Dies ist euer Zimmer. Dein Bruder braucht viel Ruhe, Anweisung vom Arzt. Herr Voss hat deswegen diesen Raum frei machen lassen. Eure Taschen werden gleich raufgetragen. Du gehst am besten jetzt und wäschst dir die Hände. Der Waschraum ist einen Stock tiefer. Unten im Speisesaal gibt es gleich Abendessen. Uwe hat schon einen Platz für euch ausgesucht.« Sie ging zur Tür, drehte sich aber noch einmal um. »Ich wünsche euch einen schönen Aufenthalt, genießt eure Ferien.« Sie lächelte ihm zu, dann war er allein.

Unwillkürlich machte er einen Luftsprung. »Ich bin am Meer, am Meer, am Meer!«, jubelte er.

Dann beeilte er sich, zum Essen zu kommen, denn er verspürte plötzlich einen mächtigen Hunger.

Harm Voss trug Uwe gleich nach dem Essen nach oben und setzte ihn auf sein Bett. Mathis folgte ihnen. Die Abendsonne warf ihre Strahlen ins Zimmer, und sie kitzelten ihn in der Nase, als er eintrat. Er lief zum Fenster und kletterte auf einen der Stühle. Ob er von hier aus das Meer sehen konnte?

Erwartungsvoll zog er die Gardine beiseite. Tatsächlich!

»Uwe, guck mal, die Nordsee! Man kann sie sehen. Und ganz dahinten, ein hoher Turm, mitten im Meer. Kann man da raufklettern?«

Harm trat mit Uwe auf dem Arm ans Fenster. »Darf ich hier drauf sitzen?«, fragte Uwe und zeigte auf den Tisch.

Harm setzte ihn vorsichtig ab. »Das ist der Leuchtturm von Neuwerk«, erklärte er den Kindern. »Ein richtiger Leuchtturm?« Mathis war begeistert. Leuchttürme zeigen Schiffen den Weg in den Hafen, das wusste er von Papa. Das Licht drehte sich in alle Richtungen, sodass man es von überall sehen konnte. So konnten die Schiffe nicht auflaufen und untergehen. »Wohnt da auch jemand?« Uwe schaute Harm fragend an.

»Da wohnt der Leuchtturmwärter.«

»Der hat's gut!«

Uwe rieb sich die Nase. Das machte er immer, wenn er nachdachte. Dann fragte er: »Woher kriegt er denn was zu essen. Angelt er Fische?«

Harm lachte laut auf. »Nee, mien Jung, der angelt keine Fische. Bei Ebbe fährt jemand mit der Kutsche oder mit'm Trecker rüber und bringt ihm sein Essen. Und auch für die andern Leute, die auf Neuwerk leben.«

»Wohnen die alle im Leuchtturm?«

»Nee. Neuwerk is 'ne Insel. Da steh'n auch Häuser. Und da drin leben Menschen.«

»Eine Insel? Können wir da auch mal hin?«

»Vielleicht.«

Die Jungen hatten noch unzählige Fragen an Harm, zu aufregend war die Welt am Meer. Aber Harm meinte, sie sollten jetzt schlafen, schließlich habe man ja noch so viel Zeit, alles zu erfahren und kennenzulernen. Er deckte die Kinder zu und wünschte Gute Nacht. Dann ließ er sie allein. »Du, Uwe, ich glaube, Mama hat recht gehabt. Wir werden hier bestimmt viel Spaß haben.«

Uwe antwortete nicht. Mathis schaute zu ihm hinüber. Sein kleiner Bruder war schon eingeschlafen. »Ich werde hier überhaupt nicht schlafen!«, schwor sich Mathis. Dann fielen auch ihm die Augen zu.

Mathis ließ ein herzhaftes Gähnen hören, und ich kehrte aus meiner Traumwelt zurück.

»Entschuldigung«, sagte er und nahm einen kräftigen Schluck Bier. »Erzählen macht müde – und durstig.« Er faltete die Hände über seinem – nicht ganz schlanken – Bauch und sah mich fragend an. »Und nun?«

Unwillkürlich fing auch ich an zu gähnen und legte die Hand vor den Mund. Dann mussten wir beide lachen.

»Hab' schon verstanden. So deutlich hätten Sie es mir aber nicht zu sagen brauchen«, meinte er dann. »Ich glaube, wir treten jetzt mal den Heimweg an. Onno will sicher auch dichtmachen.« Ich folgte seinem Blick zur Theke. Der Wirt stand dort mit verschränkten Armen und blickte grinsend zu uns herüber.

»Wir sind die Letzten«, stellte ich mit Erstaunen fest. Dass alle anderen Gäste die Kneipe inzwischen verlassen hatten, wurde mir erst jetzt bewusst.

»Da könnten Sie recht haben.« Mathis blickte auf seine Uhr. »Dabei ist es doch erst halb eins!«

»Halb eins!?«, rief ich erschrocken aus.

»Wieso, wartet jemand auf Sie?« Mathis stellte diese Frage ganz ruhig, aber ich sah, wie sein Körper sich straffte.

»Nein. Niemand. Ich bin alleine hier.«

Es entstand eine längere Pause. Ein Räuspern von der Theke her befreite uns schließlich aus unserer Verlegenheit.

»Wo wohnen Sie? Ich bring Sie nach Hause.«

Mathis zahlte und wir gingen zum Ausgang.

Onno grüßte mit einem kurzen »Moin, Moin« und schloss die Tür hinter uns.

Draußen war es ruhig. Es regnete nicht mehr, der Wind hatte sich gelegt. Mich fröstelte, aber ich genoss die frische Luft und sog sie tief in meine Lungen. In der Ferne hörte man das Meer rauschen. Wir liefen schweigend nebeneinander her, jeder in seine Gedanken versunken.

Als wir vor meinem Ferienappartement standen, nahm Mathis meine Hände fest in die seinen und blickte mir tief und lange in die Augen. Irritiert wandte ich meinen Blick ab.

Dann aber gab ich mir einen Ruck. »Wie ist es Mathis und Uwe weiter ergangen?«

»Interessiert es Sie wirklich?«

Ich sah ihn nur an.

»Kommen Sie morgen um zehn zum Frühstück in den *Seestern*.«

»Gerne. Schlafen Sie schön.«

»Sie auch. Danke für den schönen Abend.« Mathis drehte sich um und verschwand in der Nacht.

4

Draußen wurde es gerade erst hell. Ich versuchte wieder einzuschlafen, aber es gelang mir nicht. Schließlich stand ich auf, holte mir einen Riegel Schokolade aus dem Kühlschrank und knabberte, im Bett liegend, daran herum. Das half meistens. Aber diesmal: Fehlanzeige! Vielleicht kombiniert mit Fernsehen? Gelangweilt zappte ich mich durch die Programme, schaltete aber schnell wieder aus.

Mathis Hagena. Es war schon lange her, dass ich mit einem Mann ausgegangen war. Seit ich Steffen verlassen und plötzlich mit Sack und Pack auf der Straße gestanden hatte. Ich hatte für mich und meine kleine Paula eine schöne Wohnung am Stadtrand gefunden. Nun hatte sie endlich auch das eigene Kinderzimmer, von dem sie schon so lange gesprochen hatte. Und ein Hochbett.

»Mit Rutsche, Opa!«, hatte sie stolz zu meinem Vater gesagt. »Genau wie Conni im Bilderbuch!«

Ihr Opa hatte ihr daraufhin noch einen riesigen Teddy gekauft und ihn ihr mit den Worten »Das ist Balthasar, der passt auf dich auf. Damit du nicht runterfällst, von da ganz oben!« in den Arm gedrückt.

Seither thronte Balthasar auf dem Hochbett und wachte über den Schlaf meiner Tochter.

Und nun das. Gestern tauchte dann einfach ein Seemann namens Mathis auf. Irritiert merkte ich, dass mein Herz beim Gedanken an ihn und den gestrigen Abend schneller schlug.

»Sei nicht albern!«, rief ich mich laut zur Räson. »Du kennst ihn doch erst seit wenigen Stunden. Schalt' mal deinen Verstand ein. Nie wieder ein Mann, der sich in dein Leben einmischt, das war abgemacht.«

Aber anscheinend hinkte mein Verstand meinem schnell schlagenden Herzen immer ein paar Takte hinterher. Alles Geschimpfe nützte nichts.

»Komm, Seemann, wir gehen duschen!«, sagte ich schließlich. »Eine Abkühlung wird dir und mir guttun.«

Ich duschte ausgiebig und zog dann meinen Bademantel an. Ein Blick aus dem Fenster sagte mir, dass es ein schöner Tag werden würde. Es war noch leicht neblig, ein gutes Zeichen an der Küste. Das sagte jedenfalls Sandra. Was also sollte ich anziehen?

Das richtige Wetter für ein kurzes Röckchen!, flötete Sandras Stimme in meinem Kopf.

Tja, für Sandra schon! Ich aber traute mich in solch winzige Klamotten nicht hinein. Dafür hatten meine Beine einfach nicht die richtige Länge – und schon gar nicht den richtigen Umfang. Außerdem waren sie noch käseweiß.

Ich entschied mich schließlich für eine luftige, wadenlange Cargohose aus sandfarbener Baumwolle, dazu ein schlichtes dunkelblaues T-Shirt. Ja, so fühlte ich mich wohl.

Inzwischen war es neun Uhr geworden. Noch eine Stunde! Ich konnte jetzt sechzig Mal bis sechzig zählen oder die Zeit sinnvoll verbringen. Ich entschied mich für Letzteres. Gleich um die Ecke gab es einen Kiosk, und dort holte ich mir eine Tageszeitung. Ein bisschen Regionalklatsch würde bestimmt gut ablenken.

Auf dem Sofa sitzend, überflog ich die Überschriften. Meine Augen blieben an einem Artikel hängen. *Fischer tot aus Steuerhaus geborgen – Kutter sank auf offener See.*

Der Krabbenkutter war gestern in den frühen Morgenstunden von einem Tanker gerammt worden, erfuhr ich, bei klarer Sicht und gutem Wetter. Er war sofort entzweigebrochen, die Besatzung über Bord gesprungen. Alle konnten geborgen werden – nur vom Kapitän fehlte jede Spur. Auf eigene Faust waren die Fischer zum gesunkenen Kutter zurückgefahren und hatten ihren Kollegen ertrunken im Steuerhaus gefunden. Sie hatten ihn geborgen und zurück an Land gebracht. An der Pier des Heimathafens hatte die gesamte Dorfbevölkerung Spalier gestanden, dem ertrunkenen Fischer zu Ehren. Alle Fischerboote hatten an diesem Tag Halbmast geflaggt.

Was für ein Zusammenhalt!, dachte ich. Und was für eine ehrenvolle Zeremonie! Gerührt schniefte ich in mein Taschentuch.

Warum nur hatte sich der Kapitän nicht auch in Sicherheit gebracht? Er hatte nicht einmal das Steuerhaus verlassen. Seemannsehre? Vielleicht konnte Mathis mir das erklären.

Schon wieder Mathis! Hm. War er eigentlich wirklich Seemann? Erst jetzt ging mir auf, dass er meine Annahme bisher mit keinem Wort bestätigt hatte.

Natürlich sah er aus wie ein Seemann. Oder zumindest so, wie man ihn sich landläufig vorstellte. Andererseits hatte er gesagt, er lebe mitten in Deutschland. Was sollte ein Seemann mitten in Deutschland?

»Ich liebe das Meer«, hatte er gesagt. Aber auch das machte einen nicht automatisch zum Seemann. Nun, ich würde ihn fragen.

Viertel vor zehn! Mein Herz begann wieder laut zu klopfen. Ich beschloss, es zu ignorieren, und verließ die Wohnung.

Der Nebel hatte sich verzogen, die Sonne strahlte vom azurblauen Himmel. Es war schon angenehm warm. Das richtige Wetter für einen schönen Ausflug, dachte ich. Ob Mathis mitkäme? – Nele, du benimmst dich wie ein Backfisch!

Mein Herz hüpfte munter auf und ab, Backfisch hin oder her.

Als ich den *Seestern* betrat, sah ich ihn sofort. Er stand in Jeans und blauem Hemd am Büfett, sprach mit einer Kellnerin und deutete auf einen Tisch in der hinteren Ecke des Lokals. Er liebt Ecktische, schoss es mir durch den Kopf. In diesem Augenblick drehte er sich um und blickte mir direkt ins Gesicht.

»Hallo!«, sagte er nur und kam auf mich zu.

»Guten Morgen! Haben Sie gut geschlafen?«

»Wie ein Murmeltier. Das macht die Seeluft.«

»Aha. Wo setzen wir uns?«

»Ich habe die nette Kellnerin gebeten, für uns den Ecktisch einzudecken und außerdem zwei Gläser Sekt zu bringen. Das weckt die Lebensgeister.«

Wir gingen zum Tisch und setzten uns.

»Sitzen Sie immer an Ecktischen?«

»Wenn es sich einrichten lässt. Man hat alles so schön im Blick – und es kann einem keiner in den Rücken fallen.« Er grinste.

Die Kellnerin kam an unseren Tisch. »Trinken Sie Kaffee oder lieber Tee?«

»Kaffee, bitte!«, sagten wir wie aus einem Munde.

»Na, Sie sind sich ja einig! Den Sekt bringe ich dann, wenn Sie sich am Büfett bedient haben. Sonst wird er warm.«

Wir bedankten uns und gingen vor ans Büfett. Alles war herrlich angerichtet, und eine riesige Auswahl Speisen wartete darauf, von uns verzehrt zu werden.

»Ich beginne heute mal mit Müsli«, verkündete Mathis und steuerte auf die gegenüberliegende Seite zu.

Ich beschloss, mit Fisch anzufangen. Und dazu ein wenig Rührei. Als unsere Teller gefüllt waren, schauten wir gleichzeitig auf, und unsere Blicke trafen sich über das Büfett hinweg. Er lächelte. Diese Augen! Verlegen drehte ich mich um und ging zum Tisch zurück. Die Kellnerin kam gerade mit dem Sekt.

»Auf dein Wohl!« Mathis war unvermittelt zum Du übergegangen und hob sein Glas, um mit mir anzustoßen.

»Äh … ja, zum Wohl!« Ich nahm einen kräftigen Schluck, um mir Mut anzutrinken.

»So, und nun erzähl' mal. Was treibt eine junge Frau wie dich ganz alleine an die Nordsee?«

»Das, was vermutlich alle hertreibt. Das Meer, die Ruhe, die Luft …«

»… und die Suche«, vollendete er meinen Satz.

»Die Suche. Ja, vielleicht. Nach was ich auf der Suche bin, kann ich Ihnen – äh … dir aber nicht sagen.«

»Warum?«

»Weil ich es nicht weiß.« Das stimmte zwar nicht so ganz. Aber hätte ich ihm sagen sollen: *Weil ich wissen will, was hinter dem Horizont ist?*

Er nickte. »Wer weiß das schon. Und was machst du, wenn du gerade nicht an der Nordsee auf der Suche bist?«

»Ich suche zu Hause. Nach Ideen.«

»Und wo ist dein Zuhause?«

Ich nannte ihm die Stadt.

Er guckte etwas seltsam und räusperte sich. »Und nach was für Ideen suchst du?«

»Ich habe ein Projektbüro für Stadtentwicklung. Mit einem Freund zusammen.«

»Ein interessanter Job.«

»Vor allem praktisch. Ich habe eine freie Zeiteinteilung. So muss Paula nicht immer so lange im Hort bleiben …«

»Paula?«

»Meine Tochter. Sie ist sieben.« Mein Herz setzte für einen Schlag aus. Was würde er jetzt sagen?

»Ein schönes Alter.«

Ich war erleichtert. Er schien in keinster Weise irritiert. Oder war es ihm ganz einfach egal? Ich merkte, dass mir die Möglichkeit überhaupt nicht gefiel.

»Ha-hast du auch Kinder?«

»Drei.«

»Oh.« Ich schluckte. »Du bist verheiratet?«

»Ja.«

Siehste!, schrie mein Verstand und mein Herz wurde ganz kleinlaut.

»Was hast du für heute geplant?«, fragte er dann. Anscheinend war das Thema für ihn erledigt.

»Bewegung wäre nicht schlecht. Vielleicht eine Fahrradtour. Und du?«

»Gute Idee! Ich komme mit – wenn du nichts dagegen hast.« Er guckte mich bittend an.

Steh' auf und geh'! Was soll das alles bringen? Mein Verstand gab keine Ruhe.

»Würde mich freuen«, hörte ich mich stattdessen sagen. Jetzt war es zu spät, um abzuhauen. Vielleicht war es ein Fehler. Aber was sollte ich tun? Ich konnte nicht anders. Mein Herz jedenfalls schlug wie wild Purzelbäume.

Mathis stand auf. »Ich geh' noch mal ans Büfett. Kann ich dir was mitbringen?«

»Ein wenig Joghurt und ganz viel Obst. Aber ich helfe dir tragen.«

Als wir mit dem Frühstück fertig waren und Mathis kurz auf die Toilette verschwand, winkte ich der Kellnerin und zahlte.

»Wohin fahren wir jetzt?«, fragte Mathis, als er kurz darauf zurückkam.

»Ich hab' gehört, in der Nähe gäbe es einen Kutterhafen. Da würde ich gerne mal hin.«

»Einverstanden, ich weiß, wo er ist.«

Die Kellnerin lief an unserem Tisch vorbei.

»Könnte ich bitte die Rechnung haben?«, fragte Mathis.

»Ihre Frau hat schon bezahlt.«

»Echt? Das tut sie sonst nie.«

Die Kellnerin guckte leicht irritiert. »Bitte?«

»Schon gut. Vielen Dank!«

Er grinste mich verschmitzt an. »So kann man sich täuschen.«

Auf dem Weg zum Ausgang kamen wir an einem alten Schiffsmodell vorbei. Es stand mitten im Raum in einem Glaskasten.

»Guck mal, ist das nicht wunderschön!?«, schwärmte ich.

»Die Gorch Fock«, sagte Mathis, »auf der bin ich auch schon gesegelt.«

Bingo! Also doch! Ein Seemann!

Wir radelten gemeinsam hinaus zum Kutterhafen. Es war ein herrlicher Sommertag. Der Weg führte immer am Deich entlang, und ich genoss es, mich an der frischen Luft zu bewegen und mir den Wind um die Nase wehen zu lassen. Wenn ich hier leben würde, könnte ich das jeden Tag haben, dachte ich bei mir.

Nach der Arbeit würde ich mich aufs Rad schwingen oder auch bei Ebbe ins Watt hinaus laufen. Eine ideale Möglichkeit, um Frust loszuwerden. Besser, als damit nachts stundenlang schlaflos im Bett zu liegen.

Und Paula könnte im Sommer am Meer baden gehen und liefe nicht ständig Gefahr, dass ihr jemand beim unüberlegten Sprung ins überfüllte Schwimmbecken das Genick brach. Mathis hielt plötzlich an und zeigte hinauf auf den Deich. »Von da oben hat man einen herrlichen Blick, den würde ich dir gerne zeigen.«

Wir ließen die Räder stehen, und als wir oben nebeneinanderstanden, wusste ich, was er meinte.

Vor uns lagen breite Salzwiesen. Ihnen schloss sich ein schmaler Sandstreifen an und gleich darauf das Meer. Es war zwar gerade nicht da, was aber der Schönheit der Landschaft keinen Abbruch tat. Im Gegenteil. Die Priele im Watt funkelten im Sonnenlicht, und vor unseren Augen schien sich die gesamte heimische Vogelwelt ein Stelldichein zu geben. Die Luft war erfüllt von ihrem Geschrei und Gezeter.

»Dies wäre der ideale Platz, um einen Roman zu schreiben«, sagte ich fasziniert.

»Du schreibst Romane?«

»Nein, bis jetzt noch nicht. Aber hier könnte ich es, ganz sicher.«

»Und warum nicht zu Hause?«

»Ich habe es mal versucht. Aber es war total frustrierend. Ich saß vor meinem PC und mir fiel absolut nichts ein. Oder besser gesagt, nichts Positives. Und so 'nen Frustroman will doch keiner lesen.«

»Wahrscheinlich.«

»Und du, hast du nie mit dem Gedanken gespielt, ein Buch zu schreiben? Es heißt doch, jeder habe ein angefangenes Buch in der Schublade.«

»Klar, ich habe schon viele Bücher geschrieben. Allerdings nur im Kopf. Aufs Papier bringe ich keinen geraden Satz, leider. So werden meine Geschichten wohl für immer mein Geheimnis bleiben. Aber wer weiß, vielleicht wollte die ja auch gar keiner lesen.«

»Du könntest doch zum Beispiel die Geschichte von Mathis und Uwe aufschreiben.«

»Tja, das Leben von Mathis war schon spannend. Und vor allem voller Widersprüche. Die meisten Leute beneiden mich um mein recht abwechslungsreiches Leben. Aber eigentlich geschah alles, was ich gemacht habe, aus inneren oder auch äußeren Zwängen heraus. Wenn ich vor meinen Entscheidungen das gewusst hätte, was ich heute weiß, wäre mein Leben mit Sicherheit ganz anders verlaufen. Vielleicht nicht unbedingt ruhiger, aber anders. Aber das kann wohl jeder von sich behaupten. Insofern bin ich vermutlich doch wieder nichts Besonderes.«

Er räusperte sich. »Oje! Nun gerate ich ins Philosophieren. Tut mir leid. Eigentlich waren wir ja bei dir. Warum siedelst du nicht einfach um? Wenn du selbstständig bist, könnte dein Büro doch vielleicht auch hier seinen Sitz haben. Oder du würdest tatsächlich schreiben. Da gäb's doch sicherlich viele Möglichkeiten.«

Eigentlich hatte er recht. Ich müsste nur in die Pötte kommen. Allein, es fehlte der Mut. Oder jemand, der mir einfach den entscheidenden Tritt in den Hintern gab. Vermutlich beides.

»Kennst du den Spruch von Christian Fürchtegott Gellert?«

»Von wem?« Mathis sah mich verständnislos an.

»Na, Christian Fürchtegott Gellert! Das Vorbild Goethes«, sagte ich mit Klugscheißermiene und hob belehrend den Zeigefinger.

»Ach der!«

»Du kennst ihn nicht, stimmt's?«

»Nee, aber Goethe sagt mir was.«

»Ich bin stolz auf dich.«

»Danke vielmals. Aber was sagte dieser werte Herr denn nun zu deinem Leben?«

»Nicht nur zu meinem, zu unser aller Leben.«

»Also?«

»Er sprach: *Lebe, wie du, wenn du stirbst, wünschen wirst, gelebt zu haben!*«

»Ja, den kenn ich, der ist gut. Fast, als hätte er um meine Problematik gewusst.«

»Und wo genau liegt nun deine Problematik?«

»Uff, auch das ist eine lange Geschichte.«

»Na, dann habe ich ja noch einen spannenden Urlaub vor … äh … ich meine, falls du Lust hast …«

Musste ich immer so vorlaut sein, verflixt!

Er sah mich lange an. »Ja, ich glaube tatsächlich, ich habe Lust«, sagte er dann leise.

Das Fischrestaurant am Kutterhafen entpuppte sich als wahres Kleinod. Es war nur eine winzige, reetgedeckte Holzhütte, in der Platz für höchstens zwanzig Gäste war. Von der Decke und an den Wänden hingen Fischernetze. Anstelle von Lampen baumelten ausgediente Schiffslaternen von der Decke. Überall waren kleine Tafeln mit Seemannssprüchen in plattdeutscher Sprache aufgehängt, deren Aussage ich leider nur bruchstückhaft entschlüsseln konnte.

Wir machten es uns auf der flusswärts gelegenen Terrasse bequem, und kurz darauf lief auch schon der erste Fischkutter in den Hafen ein und machte an der Kaimauer fest.

Unzählige Kisten wurden von Bord gehievt und auf Lastwagen verladen. Anscheinend hatte sich der Beutezug gelohnt.

Gerade als der zweite Kutter in Sichtweite kam, steuerte der Wirt auf unseren Tisch zu, und ich wollte schon freudig mein kühles Radler bestellen. Aber er schien uns gar nicht wahrzunehmen, sondern stellte sich ans Geländer, blickte zum einlaufenden Kutter hinüber und begann, wild mit den Armen zu rudern. Dazu schrie er in ohrenbetäubender Lautstärke etwas in einem mir unverständlichen Kauderwelsch.

Wollte er jemanden warnen? Oder durfte der Kutter hier überhaupt nicht anlegen? Ein unerwünschter Eindringling vielleicht?

Ein Mann trat aus dem Steuerhaus des Kutters und hob seine Hand zum Gruß an die Mütze. Ähnlich lautstark antwortete er irgendetwas in der gleichen unverständlichen Sprache, lachte dabei aber über das ganze Gesicht und freute sich anscheinend mächtig, den wild gestikulierenden Wirt auf der Terrasse zu sehen.

Dieser ließ es dann auch dabei bewenden und wandte sich nun doch unserem Tisch zu. Nach dieser energischen Ansprache in Richtung des Fischers hatte ich eigentlich ein zumindest leicht säuerliches Gesicht erwartet. Aber zu meiner Überraschung strahlte der Wirt mit einem ungewöhnlich breiten Mund über das ganze Gesicht.

»So, die Herrschaften, was darf's denn sein?«

Hilfe! Fast hätte ich mir die Ohren zugehalten. Wieso um Himmels willen schrie der uns so an? Hielt er uns für taub?

»Zwei große Alster, bitte«, bestellte Mathis, ohne eine Miene zu verziehen.

Wieso Alster? »Ich möchte aber lieber ein Radler«, tat ich sogleich entschieden kund. Warum bestellte er einfach ein Alster für mich, wo ich doch gerade lautstark von einem Radler geschwärmt hatte?

»Das ist dasselbe, Nele. Hier oben im Norden heißen die Alster.«

Heute schon blamiert? Wieso konnte ich denn nicht ganz einfach mal meine Klappe halten?

»Ach so, na dann«, ich schenkte dem Wirt ein strahlendes Lächeln in der Hoffnung, er möge mich nicht für allzu ignorant in Bezug auf heimische Sitten und Gebräuche halten. Aber er ließ sich nichts anmerken.

»Darf's auch was zu essen sein?«, brüllte er.

»Ich hätte gerne ein großes Granatbrot und du, Nele?«

Granaten! Zum Essen! Was sollte denn das nun schon wieder? Aber ich hatte dazugelernt. »Au ja, hab' ich lang nicht gegessen, für mich auch, bitte!«

»Wenn Sie 'n bischen Zeit haben, mein Sohn ist gerade mit sei'm Kuddä eingelaufen. Der hat ganz frischen Granat. Bringt er gleich her, hat er gesacht.«

Konnte er nicht endlich aufhören zu schreien? »Das auf dem Kutter war Ihr Sohn?«

»So isses.«

»Für fangfrischen Granat haben wir alle Zeit der Welt, oder, Nele?«

»Klar, für Granaten immer!« Wieso grinste Mathis mich denn jetzt schon wieder so dämlich an?

Der Wirt nickte kurz und ging in die Kate zurück.

»Wieso schreit der denn so?«

»Das weiß der Himmel. Tut er wohl immer, sagen die Einheimischen. Deswegen heißt er hier auch nur Karl-Bölk.«

Fragend hob ich die Augenbrauen.

»Bölken ist plattdeutsch für schreien. Der Wirt ist Ostfriese.«

Mann, ich wollte doch keinen Sprachurlaub machen. Wie sollte denn irgendjemand von Bölken auf Schreien schließen!?

»Woher weißt du das eigentlich alles?«

»Ich war schon so oft hier, da lernt man einiges. Und wenn man noch dazu einen Kutter hier liegen hat, geht's noch schneller.«

»Du hast einen Kutter hier liegen?« Jetzt war ich platt.

»Nicht hier im Hafen, aber in der Nähe.«

»Einen Fischkutter?«

»Ja, aber einen ganz alten. Ich rüste ihn gerade zum Segelboot um.«

Wow! »Und wenn er fertig ist?«

»Segel ich um die Welt.«

Ich war mir nicht ganz sicher, ob ich ihm das glauben sollte. Aber in seinem Blick lag irgendetwas, was mich dazu veranlasste, nicht weiter nachzufragen.

Als der Wirt das Essen brachte, lernte ich die nächste Lektion der wohl kompliziertesten Sprache seit dem Turmbau zu Babel. Bei den servierten Granaten handelte es sich um die schmackhaftesten Nordseekrabben, die ich jemals gegessen hatte. Ich verspürte nicht wenig Lust, auch noch den Teller abzulecken, nachdem ich die Riesenportion vertilgt hatte.

In bester Laune folgte ich Mathis schließlich aus dem Restaurant und wäre fast über ein Schild gestolpert auf dem stand: *Täglich fangfrischer Granat.* Granat! Nicht Granaten! Mathis musste mich inzwischen für den Obertrottel der Nation halten.

Als wir ein gutes Stück auf dem Deich zurückgeradelt waren, entschlossen wir uns, noch mal Pause zu machen. Wir setzten uns auf die Bank und schauten still hinaus aufs Wasser. In der Ferne warf das Licht eines Leuchtturms seine weiten Kreise über das Meer.

»Ob Mathis und Uwe jetzt wohl auch am Fenster stehen und das Leuchtfeuer beobachten?«, fragte ich verträumt.

»Bestimmt, ohne einen letzten Blick auf das Leuchtfeuer sind sie nie schlafen gegangen.«

»Wie lange waren sie eigentlich am Meer?«

»Sechs Wochen. Sechs lange Wochen, die ihr Leben geprägt haben.«

»Ihr seid dann beide Seemann geworden, stimmt's?« Ich sah sie vor mir, Mathis und Uwe in schicker Uniform und mit Pfeife im Mundwinkel am Ruder der Gorch Fock stehend. Jemand schrie: *Laaand in Sicht!*, Mathis hob sein Fernglas und …

»Seemann? Nein, keiner von uns beiden ist Seemann geworden.«

He? Es war, als hätte jemand in eine riesige Seifenblase gestochen, die vor meinen Augen zerplatzte. Der Traum von Mathis und Uwe rieselte in vielen kleinen bunten Tropfen langsam zu Boden.

»Aber warum? Ich meine ... warum?« Fast hätte ich angefangen zu weinen. Seit gestern – war es wirklich erst gestern gewesen? – hatte sich die Vorstellung von Mathis, dem Seemann, so in mir festgesetzt, dass ich nun fast das Gefühl hatte, einen guten Freund verloren zu haben.

»Das Leben wollte es anders.«

»Aber was ist passiert? Gefiel den beiden das Meer dann doch nicht?«

»Doch, natürlich, sie hatten sich sogar vorgenommen, für immer dazubleiben.«

»Und dann? Bestimmt war es ...«

Mathis lachte. »Nun mal langsam, junge Frau! Ich glaube, ich erzähle besser alles der Reihe nach, bevor du hier die wildesten Mutmaßungen anstellst. Soll ich?«

»Au ja, aber ich will alles ganz genau wissen.«

»Okay, also ...«

»Du, Mathis?«

»Hm?«

»Darf ich meinen Kopf auf deine Beine legen?«

Schluck! Mein Verstand war angesichts dieses unerwarteten Vorstoßes so erschrocken, dass es ihm die Sprache verschlug.

Mein Herz hingegen erholte sich schnell von dem Schrecken und begann wie wild, gegen die Rippen zu hämmern. Mathis klopfte nur stumm auf seine Schenkel und zog mich dann sanft hinunter. Als ich – den Kopf auf seinen Beinen, die Knie angezogen – dalag, beruhigte sich mein Herz langsam wieder und kuschelte sich gemütlich in sein Eckchen.

Als der kleine Mathis am nächsten Morgen aufwachte, brauchte er einen Moment, bis er wusste, wo er sich befand. Dann aber sprang er mit einem Satz aus dem Bett und rannte zum Fenster. Ja, da war der Leuchtturm! Und da war das Me... Mathis erstarrte. Das Meer war weg. Aber das konnte doch nicht sein!

Plötzlich fiel ihm ein, was Vater erzählt hatte. An der Nordsee gab es Ebbe und Flut. Das Wasser verschwand und kam dann wieder. Das hatte irgendwas mit dem Mond zu tun. Erleichtert stützte Mathis sich mit den Armen auf den Tisch und schaute hinaus.

»Darf ich bitte auch gucken?« Uwe war aufgewacht und versuchte angestrengt, seine dünnen Beinchen in Richtung Bettkante zu schieben.

Mathis lief schnell zu ihm, zog einen Stuhl heran und fasste Uwe unter die Arme. Er bot all seine Kraft auf und schaffte es schließlich, seinen Bruder auf den Stuhl zu setzen. Dann zog und schob er ihn abwechselnd vorwärts, bis sie vor dem Tisch standen. Nun konnte auch Uwe sich auf seine Arme stützen und hinausschauen.

»Wo ist das Meer?« Auch Uwe wurde bei der unerwarteten Aussicht ganz bleich.

»Mensch, Uwe, es ist Ebbe! Hat Vater uns doch erklärt!«, klärte Mathis seinen kleinen Bruder auf und stemmte dabei die Hände in die Hüften. »Haste wohl vergessen!«

Uwe guckte Mathis fragend an, fing dann aber an zu lachen.

»Klar, Ebbe und Glut!«, rief er glücklich.

»Flut!«

»Ebbe und Flut, Ebbe und Flut, Ebbe und ... und wann kommt das Wasser wieder?«

»Is' schon aufm Weg zu uns, um zehn isses da.« Harm Voss stand plötzlich hinter den Jungen und nahm Uwe auf den Arm. »Bischen anstrengend für dich auf Dauer. Dat machen wir nu anners, mien Jung!« Er setzte Uwe auf Mathis' Bett und schob dann Tisch und Stühle beiseite. Mit ein paar kräftigen Stößen hatte er Uwes Bett unter das Fenster geschoben. »So, nu isses besser!«

Die Jungen klatschten begeistert in die Hände.

»Oh bitte, bitte, darf ich da sitzen?«, flehte Uwe und zeigte auf sein Bett.

»Später, nu wartet das Frühstück. Es gibt Eier und Speck. Hau ordentlich rein, Uwe! Dann kannste bald wieder mit uns übern Strand rennen!«

»Wirklich?«, fragte Uwe leise.

»Großes Indianerehrenwort!«

Uwe aß an diesem Morgen mehr als alle anderen. Sie würden schon alle merken, was in ihm steckte.

»Heute ist Wandertag«, verkündete die Frau aus dem Zug nach der Mittagspause. Die Kinder wussten inzwischen, dass sie Frau Sturm hieß und hier das Sagen hatte. Außer Harm Voss natürlich. »Wir laufen am Strand entlang und sammeln Muscheln. Die Hagena-Jungen bleiben hier. Zum Abendessen sind wir zurück.«

Muscheln sammeln! Sie alle durften Muscheln sammeln und er, Mathis, sollte hierbleiben!?

Den ganzen Vormittag hatten sie basteln müssen. Dabei wollte er doch so gerne an den Strand und gucken, wie das Meer zurückkommt. Und nun sollte er immer noch drinbleiben während alle anderen ... nein, das konnte nicht gerecht sein.

Bedrückt schlich er auf sein Zimmer zurück. Er nahm Annas Atlas und setzte sich auf sein Bett. Uwe war bei der Krankengymnastik, würde aber sicherlich bald zurückkommen. Dann könnten sie ja gemeinsam gucken.

Mathis wischte sich über die Augen. Nein, er wollte jetzt nicht weinen. Er hatte Mama versprochen, tapfer zu sein.

Aber warum nur musste er einen kranken Bruder haben? Könnten sie doch auch wie die anderen über den Strand tollen! Von draußen hörte er fröhliche Kinderstimmen, die eifrig durcheinandersprachen. Auf einmal aber war es ganz ruhig. Kurz darauf klang ein vielstimmiges »Das Wandern ist des Müllers Lust ...« zu ihm hinauf und verklang dann leise in der Ferne.

Nun musste er doch weinen. Laut schluchzend warf er sich aufs Bett.

Eine Hand strich plötzlich über seinen Kopf. Er schaute auf und erblickte als Erstes eine Sandschippe und einen kleinen Blecheimer.

Das konnte doch nicht ... Doch! Er hatte sich nicht getäuscht! Vor ihm stand Harm Voss und streckte ihm Schippe und Eimer entgegen.

»Ist das ... für mich?« Er traute sich fast gar nicht zu fragen. Durfte er jetzt etwa doch noch mitgehen?

»Klar, für wen 'n sonst? Oder willst du etwa nich' im Sand spielen?«

Mit einem Satz war Mathis aus dem Bett und griff nach Harms Hand.

»Uwe is' schon unten. Will 'ne Sandburg bauen. Dacht, du wollst ihm vielleicht helfen. Hej, zerdrück mir doch nich' die Hand! Du bis' ja doch ziemlich stark, wer hätte das gedacht!«

Mathis lachte laut auf. Logisch war er stark, und noch viel stärker, als Harm glaubte.

Bis zum Abendessen blieben Mathis und Uwe am Strand und bauten eine große Sandburg. Nebenbei beobachteten sie fasziniert, wie das Meer sich Stück für Stück vom Strand zurückzog und einen dunklen, schlickigen Boden zurückließ.

Vater hatte ihnen erzählt, dass man den Boden Watt nennt. Mathis sah, dass einige Leute dieses Watt betraten, ohne weiter als bis zu den Waden in ihm zu versinken. Er beschloss, es auch zu versuchen. Ganz langsam tastete er sich vor.

Wie warm der Wattboden war. Bei jedem Schritt quetschte sich der Schlick zwischen seine Zehen hindurch. Er fühlte sich herrlich weich an.

Harm hatte gesagt, dass man bei Ebbe bis auf die Insel laufen könnte. Mathis hob die Hand, um seine Augen gegen die Nachmittagssonne zu schützen, und blickte lange hinüber nach Neuwerk. Wie gerne wäre er jetzt gleich losgerannt und hätte die Insel erobert!

»Mathis, komm, wir müssen zurück. Abendessen steht aufm Tisch.« Die Stimme von Harm Voss riss ihn aus seinen Gedanken, und langsam kehrte er zum Strand zurück.

»Na, ihr habt hier ja was Dolles gebaut. Das is' ja 'ne richtige Ritterburg.«

»Haben wir ganz allein gemacht.« Uwe strahlte vor Stolz, und er rutschte aufgeregt von einer Pobacke auf die andere. »Dürfen wir morgen wieder herkommen?«

»Oh, ich denke schon. Wenn Frau Sturm nichts andres mit euch Lütten vorhat. Aber wenn ich ihr erzähl, was für tolle Burgen ihr baut ... Bauleute kann man heutzutach gut gebrauchen.«

Bei diesen Worten verfinsterte sich Mathis' Gesicht schlagartig. »Bei uns zu Hause ist alles kaputt. Vater sagt, die Bomben haben das gemacht. Ja, da braucht man jetzt viele Bauleute. Mama sagt, alles wird wunderschön werden. Aber das glaube ich nicht. Ist doch alles kaputt. Das wird nie wieder schön.«

Harm klopfte Mathis aufmunternd auf die Schulter. »Ich bin sicher, deine Mama hat recht. Bestimmt sieht alles schon viel schöner aus, wenn ihr zurückkommt.«

»Ich gehe nicht wieder zurück! Ich bleibe für immer hier und dann werde ich Seemann! Nein, in die kaputte Stadt gehe ich nie wieder zurück, nie wieder!« Mathis' Augen funkelten wild entschlossen, und er hatte die Hände zu Fäusten geballt.

»Was haben wir euch Lütten nur angetan, wie sollen wir das jemals wiedergutmachen!?«, sagte Harm leise, und seine sonst so fröhliche Stimme klang plötzlich unendlich traurig.

Dann gingen sie schweigend zum Kinderheim zurück.

»Mathis, willst du wirklich hierbleiben und nie mehr nach Hause gehen?«

Die Jungen saßen auf Uwes Bett, und Annas Atlas lag aufgeschlagen vor ihnen.

»Nein, Uwe, nie wieder. Guck mal, wie schön es hier ist und wie ruhig. Und was für tolles Essen es hier gibt.« Mit Schaudern dachte er an die angebrannte Schulspeise, die die Amerikaner zu Hause für sie kochten. Und an das notdürftig hergerichtete Gebäude, in dem die Schule untergebracht war. »Und bei uns zu Hause gibt es kein Meer und wie soll ich da Seemann werden? Nein, Uwe, ich gehe nicht wieder zurück. Willst du denn nicht auch lieber hierbleiben?«

»Doch, schon, aber ... aber was ist mit Mama? Wird sie nicht furchtbar traurig sein, wenn wir nicht wieder zurückkommen?«

»Mama?« Mathis war plötzlich ganz verunsichert. Daran hatte er ja noch gar nicht gedacht. Natürlich wollte er auch bei seiner Mama sein. Und jetzt? Da kam ihm plötzlich ein Gedanke.

»Aber Mama kann doch auch herkommen. Und Vater und Anna und Jürgen. Dann wohnen wir hier alle zusammen und ich werde Seemann.« Plötzlich strahlten seine Augen wieder. Das war eine tolle Idee. Und sie müssten nie wieder in diese furchtbare Ruinenstadt zurück.

Uwe klatschte vor Begeisterung in die Hände. »Au ja, so machen wir das!« Doch plötzlich wurde er wieder nachdenklich und rieb sich die Nase. »Du, Mathis, aber was soll Vater denn dann arbeiten?«

Stimmt, Mathis war sich nicht sicher, ob man hier am Meer auch Finanzbeamter sein konnte. Eigentlich wusste er gar nicht so genau, was das eigentlich war. Aber was konnte man hier am Meer denn sonst arbeiten? »Leuchtturmwärter! Vater kann doch dann Leuchtturmwärter sein. Und wir wohnen dann alle im Leuchtturm.«

»Ja, genau, Leuchtturmwärter!« Uwes Wangen glühten plötzlich vor Aufregung. Gleich morgen würden sie Vater und Mama einen Brief schreiben. Gut, dass Mathis schon ein wenig schreiben gelernt hatte.

An diesem Abend schliefen die Jungen sehr zufrieden ein.

Die Zeit im Kinderheim verging wie im Flug. Inzwischen hatte Mathis keine Angst mehr, irgendetwas zu verpassen. Er wusste, dass Harm Voss es niemals zulassen würde, dass er traurig war.

Und dass er nicht mit den anderen Kindern wandern konnte, machte ihm auch bald nichts mehr aus.

Diese Stunden, wenn die anderen Kinder unterwegs waren, verbrachte er mit Uwe zusammen am Strand, wo sie Sandburgen bauten oder sich einfach nur Geschichten erzählten. Seemannsgeschichten.

Oft hatten sie den Atlas dabei und fuhren mit dem Zeigefinger die eingezeichneten Schifffahrtsrouten nach. Gemeinsam träumten sie davon, über die Weltmeere zu segeln und fremde Kontinente zu erobern.

Auch Uwes Kräfte kehrten mehr und mehr zurück. Nach drei Wochen konnte er schon wieder auf Krücken gehen, und langsam glaubte er selbst daran, eines Tages wieder richtig laufen zu können.

An zu Hause dachten die Jungen kaum. Wenn sie von ihren Eltern und Geschwistern sprachen, lebten sie alle zusammen glücklich im Leuchtturm. Die ausgebombte Heimat war Vergangenheit. Für Mathis und Uwe stand längst fest: Dorthin würden sie nie wieder zurückkehren.

Doch eines Tages holte die Realität sie unsanft wieder ein. Ein Brief von Mama war gekommen. Aufgeregt rissen die Jungen ihn auf. Wann sie wohl alle an die Nordsee kommen würden, um den Leuchtturm zu beziehen?

Mama schrieb in ihrer schwungvollen Schrift:

> Lieber Mathis, lieber Uwe,
> wir sind alle sehr froh, dass es Euch an der See so gut gefällt. So müssen wir uns wenigstens um Euch zwei keine Sorgen machen.
> Vater hat bei der Arbeit sehr viel zu tun, und ich versuche, das Haus ein wenig schön zu machen. Damit Ihr Euch hier richtig wohlfühlt, wenn ihr wieder da seid.
> Die Bauarbeiten rings herum sind in vollem Gange, und man muss sich wundern, wie schnell es jetzt wieder bergauf geht.
> Seid weiterhin brav und habt noch eine schöne Zeit.
> Wir umarmen Euch ganz fest
> Mutter, Vater, Anna und Jürgen

Das war doch nicht möglich! Fassungslos ließ Mathis den Brief sinken und starrte ins Leere. Kein Wort davon, dass sie bald kämen.

Aber hatten sie denn den Brief nicht richtig verstanden? Oder gar nicht bekommen?

Auch Uwe saß apathisch da und schien nicht zu begreifen, was hier vor sich ging. Still standen sie vom Frühstückstisch auf schlichen auf ihr Zimmer.

Selbst als Harm Voss sie wie immer zum Strand bringen wollte, lehnten sie ab.

»Welche Laus is' euch 'n über die Leber gelaufen? Die Sonne lacht vom Himmel und ihr wollt aufer Bude hocken?«

Schweigend reichte Mathis Harm den Brief.

»Ihr habt wohl Heimweh, wa?« Harm gab den Brief zurück. »Eure Mama fehlt euch wohl sehr?«

»Nein! Äh ... doch, natürlich fehlt sie uns. Aber das ist es nicht. Wir ... wir wollen doch hierbleiben und jetzt ... Vater soll doch Leuchtturmwärter werden. Warum will er das denn nicht? Wir könnten alle zusammen ...« Mathis schluchzte auf und vergrub sein Gesicht in den Händen.

»Wisst ihr, was am besten hilft, wenn man so traurig ist?«

Die Jungen schauten zögerlich auf. Harm Voss hatte eine Mundharmonika aus der Tasche gezogen und begann, ein fröhliches Seemannslied zu spielen.

»Wollt ihr auch mal?«

»Wir dürfen darauf spielen?« Uwe vergaß augenblicklich, dass er eigentlich traurig war. Und auch Mathis schaute gebannt auf das glänzende Instrument.

Als er die Mundharmonika in der Hand hielt, strich er zunächst vorsichtig darüber, als ob sie ein kostbarer Schatz wäre. Nach einem aufmunternden Nicken von Harm führte er sie langsam an die Lippen und blies zuerst vorsichtig, dann aber immer kräftiger hinein.

Uwe hielt sich die Ohren zu. Das klang ja furchtbar. »Ich will auch mal! Ich kann das bestimmt viel besser.« Er riss seinem Bruder die Mundharmonika aus der Hand und blies nun selbst hinein.

»Nun, nicht schön, aber immerhin laut«, stellte Harm lachend fest. »Wenn ihr mit an den Strand kommt, zeige ich euch, wie man richtig darauf spielt.«

Das ließen sich die Jungen natürlich nicht zweimal sagen. Die Traurigkeit war wie weggewischt. Wenn sie richtige Seemänner werden wollten, mussten sie Mundharmonika spielen können, das war klar!

Harm war ein guter und geduldiger Lehrmeister. Am Abend konnten Mathis und Uwe schon eine kurze Melodie spielen. Mit stolzgeschwellter Brust gingen sie zurück zum Kinderheim. Harm hatte ihnen versprochen, dass sie jeden Tag ein wenig üben würden.

Als schließlich der Tag der Abreise gekommen war, konnten sie – von kleineren Patzern abgesehen – schon Wir lagen vor Madagaskar spielen.

Es war unvermeidlich. Das Ende der Ferien kam, und sie mussten wieder nach Hause fahren. Das Abschiednehmen von der Nordsee, vor allem aber von ihrem Freund Harm Voss fiel ihnen so unsagbar schwer, dass selbst dessen aufmunternde Worte nichts mehr ausrichten konnten. Alle Versuche, die aufsteigenden Tränen zu unterdrücken, scheiterten.

Am Bahnsteig klammerten sie sich so fest an Harm, dass dieser sie schließlich mit sanfter Gewalt zu ihrem Abteil schieben musste.

»Kommt mich mal wieder besuchen, ihr zwei. Damit ich hören kann, ob ihr auch fleißig auf der Mundharmonika geübt habt!«

Mathis schluchzte laut auf. »Aber wir haben gar keine Mundharmonika!«

»Doch!«, entgegnete Harm und hielt ihm seine eigene hin. »Jetzt habt ihr eine.«

Und dann fuhr der Zug ab. Mathis umklammerte so fest die Mundharmonika, dass seine Handknöchel weiß hervortraten. Harm Voss stand am Bahnsteig und winkte ihnen nach, bis der Zug die erste Kurve nahm. Dann war er verschwunden.

Mathis kam sich sehr verloren vor. Er kauerte sich in seinen Sitz und sprach während der Fahrt kein einziges Wort. Ich komme zurück und werde Seemann, schwor er sich auf der langen Heimfahrt wieder und wieder.

Und tatsächlich sollte ihn die an der Nordsee gefundene Liebe zum Meer nie wieder loslassen.

5

Oh mein Gott, wo sollte das nur enden? Bestürzt sah ich auf meinen Roman und ließ ihn dann resigniert auf den Boden fallen. Ich hatte ein weiteres Kapitel gelesen, ohne hinterher zu wissen, was eigentlich darin stand. Und ich wusste ganz genau, wo mein Problem lag: Ich war allein.

Inzwischen hatte ich fünf ganze Urlaubstage mit Mathis verbracht, und es war einfach traumhaft schön gewesen. Wir hatten lange Radtouren und endlose Spaziergänge im Watt gemacht und gemeinsam die Restaurants der Gegend erkundet. Wir hatten über Gott und die Welt geredet.

Nur nicht über uns.

Nach wie vor wusste ich nur wenig über Mathis' jetziges Leben, und er schien auch keine Lust zu haben, etwas davon preiszugeben. Nachts lag ich mit offenen Augen hellwach, und selbst das niveauloseste Fernsehprogramm schaffte es nicht, mich einzuschläfern.

Und heute drohte der längste Tag in meinem Leben zu werden. Denn heute würde ich Mathis nicht sehen. Er müsse sich mal wieder um seinen Kutter kümmern, hatte er gestern Abend gesagt.

Aber das Schlimmste war, dass ich nicht einmal wusste, ob ich ihn morgen oder überhaupt jemals wiedersehen würde. Denn er hatte dazu nichts gesagt, und ich hatte mich nicht getraut zu fragen. Für diese Feigheit hatte ich mich inzwischen mit den abenteuerlichsten Schimpfwörtern bedacht, aber was nutzte es?

Es war zu spät. Ich wusste weder, wo sein Kutter eigentlich lag, noch, wo er hier wohnte. Und schon gar nicht wusste ich, wohin er nach dem Urlaub zurückkehren würde. Auch diese Frage hatten wir die ganze Zeit ausgeklammert, als hätte es mit dem Hier und Jetzt nichts zu tun.

Denn der Gedanke, dass zu Hause Frau und drei Kinder auf ihn warteten, machte mich ganz krank. Also setzte ich alles daran, die Realität zu leugnen und so zu tun, als sei unsere hier gemeinsam verbrachte Zeit das Modell für die Ewigkeit.

Den ganzen Vormittag über hatte ich mich meinen Tagträumen hingegeben, und natürlich hatten sie alle mit Mathis, dem Nicht-Seemann zu tun gehabt. Alle Versuche, mich abzulenken, liefen komplett ins Leere, und schließlich kam ich nicht mehr daran vorbei, es mir endlich einzugestehen: Ich war verliebt! Und das nicht nur einfach so, wie es schon tausendmal im Leben gewesen war.

Nein, diesmal war es anders. Denn Mathis war anders. Ich genoss es, mit ihm alleine zu sein. Mit ihm wurde selbst ein Gespräch über das Wetter zu einem Erlebnis. Mein armes Herz kam seit Tagen nicht mehr zur Ruhe und sandte zur Unterstützung wiederholt mindestens ein Dutzend Düsenflieger aus, die wie irre meinen gesamten Bauchraum als Tiefflugzone nutzten.

Ja, ich war verliebt. Das stand also unwiderruflich fest. Und nun? Als wäre mein Leben nicht schon kompliziert genug, musste ich mir auch noch einen verheirateten Mann anlachen. Und nicht nur das, er war auch noch über zwanzig Jahre älter als ich. Aber vielleicht war es gerade das, was mich anzog? Die Lebenserfahrung, die Reife und vor allem: die Ruhe, die er ausstrahlte.

Es war schon komisch. Noch nie hatte ich das Gefühl gehabt, mit einem Menschen vollkommen auf einer Wellenlänge zu liegen. Nun hatte ich diesen Menschen gefunden. Mathis könnte durchaus der Mann meines Lebens werden. Wenn nicht ... tja, wenn er nicht bereits der Mann und Vater von vier anderen Menschen wäre.

Na, das passte ja wieder zu mir! Eine Liebesgeschichte ohne Zukunft.

Vielleicht war es ja besser, doch mal auf meinen Verstand zu hören, der seit Tagen schmollend in der Ecke saß, anstatt meinem Herzen ungehindert die Kapriolen in meinem Bauchraum zu erlauben.

Oh Schitt! Könnte mir bitte mal irgendjemand sagen, was richtig ist?

Sandra! Klar, ich würde Sandra anrufen. Die würde mir schon sagen, was ich tun sollte. Hm. Und wenn sie das Falsche sagte?

Zögernd griff ich zu meinem Handy. Wurde sowieso mal wieder Zeit, mit meiner Tochter zu sprechen. Währenddessen konnte ich mir ja immer noch überlegen, ob ich Auskunft über mein Gefühlsleben geben sollte.

»Nele? Schön, dass du anrufst. Wir sitzen gerade am Ostseestrand und machen Picknick. Ach, hier könnte ich bleiben und ...«

»Ich auch! Ist das Mama?« Für einen Moment hörte ich nur ein undefinierbares Rascheln am anderen Ende der Leitung. Dann wieder Paulas Stimme, diesmal viel deutlicher.

»Hallo Mama! Hier ist es total cool. Sagt Anneke auch. Picknick am Strand ist toll. Ich will auch am Strand wohnen, dann können wir das immer machen. Machst du auch Picknick am Strand?«

»Bis jetzt noch nicht, aber vielleicht ...«

»Hab mir schon gedacht, dass es bei dir voll langweilig ist.«

»Aber dafür mache ich andere schöne Dinge, zum Beispiel ... Paula?« Wieder ein verdächtiges Rascheln am anderen Ende. »Paula, bist du noch dran?«

»Nee, die hat schon wieder den Mund voll. Und du, geht's dir gut?«

»Weiß nicht.«

»Wie, du weißt es nicht!? Bist du krank? Ich dachte, du genießt deine freie Zeit. Was ist denn los, Nele?«

»Hab mich verliebt.«

»Du hast … du hast dich verliebt?« Sandra sprach auf einmal ganz leise. »Moment, ich nehm' dich mal kurz mit ans Wasser.« Gott sei Dank. Es musste ja nun wirklich nicht gleich ganz Rügen wissen. Und meine Tochter eigentlich auch nicht. Ach, meine umsichtigste aller Freundinnen …

»In wen denn? Ich meine … das ist ja 'n Ding. Und wie heißt der Glückliche?«

»Mathis. Aber ob er glücklich ist, weiß ich nicht.«

»Aber du bist glücklich.«

»Weiß nicht.«

»Ach Nele, mach's nicht so spannend. Es ist doch hoffentlich nicht wieder eine dieser furchtbar komplizierten Geschichten, in die du dich so gerne stürzt?«

»Ich fürchte doch.«

»Puh. Nun mal der Reihe nach. Wo liegt denn diesmal das Problem?«

»Er ist verheiratet.«

»Sind sie das nicht alle? Hat er Kinder?«

»Drei.«

»Oh. Das klingt nun wirklich nach einem Problem. Und wie alt ist er?«

»Ende fünfzig.«

Schweigen. Auweia, jetzt war sie geschockt. Bestimmt rechnete sie jetzt den Altersunterschied aus und fing dann mit dem Gezeter an.

Mitnichten. »Aber dann sind seine Kinder doch sicherlich schon erwachsen, oder?«, sagte sie stattdessen.

Erwachsen? An diese Möglichkeit hatte ich bisher noch gar nicht gedacht. Kinder waren für mich Kinder. Aber stimmt, genau genommen wurden die ja auch irgendwann groß. Mathis war fast sechzig Jahre alt. Vom Alter seiner Kinder hatte er nichts gesagt. Die konnten ja locker mal … wenn nicht sogar …

»Meinst du?«

»Wie, du weißt es nicht? Hast du ihn denn nicht gefragt?«

»Hab mich nicht getraut.«

»Hm. Aber seine Frau will er behalten.«

»Weiß nicht.«

»Wie lange kennst du ihn eigentlich? Zehn Minuten?«

»Fünf Tage.«

»Und du weißt nichts über ihn. Nur dass eine Frau namens Nele sich in ihn verliebt hat und zu feige ist, sich die Wahrheit anzuhören.«

»Du meinst, ich sollte ihn fragen?«

»Nö, wieso denn, so Nebensächlichkeiten tun ja nichts zur Sache.«

»Hast ja recht.« Verlegen kaute ich an meinem Fingernagel. Ich machte mir hier ins Hemd und wusste gar nicht, ob es dafür einen Grund gab.

»Wann siehst du ihn wieder?«

»Weiß nicht.«

»Natürlich. Hast du mit ihm geschlafen? Und sag jetzt bitte nicht: *Weiß nicht.*«

»Nee.«

»Dann meint er es ernst.«

»Glaubst du?«

»Klar, so verzweifelt, wie du dich anhörst, hätte er dich längst rumgekriegt, wenn er auf ein schnelles Abenteuer aus wäre.«

»Und du meinst wirklich, dann meint er es ernst?«

»Oder er ist schwul.«

»Oder impotent.«

»Oder beides.«

»Oder er liebt mich nicht.«

»Oder er ist katholisch.«

»Oder er …«

»Nele, Süße, ich würde vorschlagen, du findest erst mal raus, wer er eigentlich ist und was er von dir will. Vielleicht hat sich das mit der Liebe dann ja ganz schnell von selbst erledigt.«

»Ja, du hast recht, das werde ich tun. Danke, Sandra, bis bald. Gib Paula ein Küsschen von mir.«

»Ciao und ... viel Glück! Ich drück dir alle Daumen!«

»Danke, kann ich gebrauchen.«

»Du liebst ihn wirklich?«

»Ja, ich glaube schon.«

»Dann finde raus, ob er dich verdient hat.«

Tja. Hm. Das hatte mich nun ja auch nicht wirklich weitergebracht. Aber Sandra hatte wie immer recht. Natürlich konnte ich hier nicht sitzen und so tun, als gäbe es die Fragen nicht, die ich Mathis dringend stellen sollte. Bevor ich mich in irgendetwas verrannte, das mir letztlich wahrscheinlich doch nur wieder wehtun würde.

Aber wie sollte ich es anstellen? Ich wusste ja nicht einmal, ob Mathis überhaupt einen Gedanken an mich verschwendete, wenn wir nicht gerade gemeinsam durch die Diaspora fuhren.

Ach Mist, ich hasste mich für meine Feigheit! Es war wie immer. Mein ganzes Leben lief nach dem Motto ab: *Was ich nicht weiß, macht mich nicht heiß.* Das wurde mir rückblickend immer klarer. Besser die Realität ignorieren und eine Traumwelt aufbauen, um dann richtig satt auf die Schnauze zu fallen.

Vor allem bei meinen unsäglichen Beziehungskisten. Ich hatte es tatsächlich geschafft, die Oberloser der Nation mein Eigen zu nennen. Schon meine Jugendliebe war der totale Flop gewesen. Heiner. Alleine der Gedanke an ihn ließ mich erröten.

Wie hatte ich nur jemals so eine peinliche Figur ... selbst im Bett war er die totale Null gewesen. Um das festzustellen, hatte ich fast sechs Jahre und ein paar hundert Mal schlechten Sex mit ihm gebraucht. Ich hatte mich bereits damit abgefunden, ihn zu heiraten. Meine Schwiegereltern in spe hatten uns sogar schon ein entzückendes echtsilbernes Besteck mit goldenem Blümchenmuster in zwölffacher Ausführung gekauft, in weiser Voraussicht meine postledigen Initialen eingravieren lassen und es dann in meine von ihnen bereits mit initialisierten Hand- und Betttüchern vollgestopfte Aussteuerkiste gepackt.

Ich hatte mich damit abgefunden, dass die ultraerotischen Sexszenen in Romanen und Filmen einer maßlosen Fantasie entspringen mussten und dass ein Orgasmus reine Männersache zum Zwecke der Reproduktion war.

Bis ich Jean-Michel kennenlernte, seines Zeichens ein Karibe. Schwarz wie die Nacht und ständig bekifft. Unter seinen Händen wurde ich zum willenlosen Geschöpf. Ich verbrachte damals zu Studienzwecken ein halbes Jahr in der Karibik. Wenn sich meine Studien in dieser Zeit auch mehr der Erforschung des männlichen Körpers als der wissenschaftlichen Untersuchung der inseltypischen Stadtplanung widmeten, empfand ich doch meinen Aufenthalt als ungemein bereichernd.

»Ici, tu es devenue femme«, waren die Abschiedsworte Jean-Michels, als er mich schließlich in den Flieger Richtung Deutschland setzte. *Hier bist du zur Frau geworden.*

Dieser Meinung war dann auch Ludger, als er mich zu seiner Auserwählten erkor. Mit dem Herrn Doktor in spe, gut aussehend und scheinbar vermögend, meinte ich, das ganz große Los gezogen zu haben.

Zumindest so lange, bis er begann, mich unter Inanspruchnahme meines Sparbuchs in Seidenblüschen und -unterwäsche zu stecken und den Umfang meiner Oberschenkel zu beklagen, der es mir nicht gestattete, kurze Röckchen mit Netzstrumpfhosen zu tragen.

Er teilte mir mit, dass er mich bar dieser Utensilien unmöglich zum Austern- und Champagnerschlürfen mit auf die Yachten seiner potenziellen weltberühmten Kollegen nehmen könne, die ihn in ferner Zukunft nach Überreichung des zu erwartenden Nobelpreises sicherlich auf diese einzuladen gedächten.

Ganz anders dann Paulas Erzeuger. Er liebte mich in Herrenhemden vom Grabbeltisch aus dem Schlussverkauf. Die fand er cool. Auf keinen Fall wollte er mit seinen Millionen angeben, denn schließlich war er eingeschworener Kommunist und ein Verfechter sozialer Gerechtigkeit.

Das Verstecken seines angeblichen Reichtums ging so weit, dass er für seinen gesamten Lebensunterhalt lieber auf meine paar Kröten nebst denen anderer Leute zurückgriff. Schließlich würde ansonsten das Finanzamt noch auf sein unermessliches Vermögen aufmerksam, was wiederum für die kurz bevorstehende sozialistische Weltrevolution einen nicht unerheblichen finanziellen Rückschlag bedeutet hätte.

Er brauchte nicht lange, bis er vom übermäßigen Drogenkonsum so bräsig in der Birne war, dass er sich für den unangefochtenen Nachfolger Lenins hielt und sich von missgünstigen Kapitalisten und Nazis verfolgt fühlte.

Mich und Paula wollte er in der Wohnung einsperren, damit seine Widersacher uns nicht entführen und sich außerdem keine anderen Männer an uns heranmachten. Seine Person sollte uns genauso genügen wie wir ihm. Sprach's und meldete auch gleich das Telefon ab.

Ich hielt diese Lösung für nicht ganz so gelungen und beschloss, dass Paula besser ohne als mit solch einem Durchgeknallten aufwachsen würde. Also setzte ich ihn vor die Tür.

Um einige Tausend Euro und mindestens zehn Kilo erleichtert, begann ich ein neues Leben. Nach diversen Beschimpfungen und Drohungen ließ er uns bald in Ruhe, da sich schon sehr bald eine andere Dumme fand, die ihm seine abstrusen Geschichten abnahm und bereit war, gemeinsam mit ihm die Weltrevolution vorzubereiten und sie alleine zu finanzieren.

Nach diesen wenig erquicklichen Beziehungen stand für mich fest, dass alles Schlechte dieser Welt ausschließlich in Gestalt von Männern daherkam, und ich machte von da an einen weiten Bogen um sie. Bis Steffen wieder auftauchte.

Wir hatten während unseres Studiums gemeinsam in einer Wohngemeinschaft gelebt, und schon damals hatte er mir gut gefallen. Aber er war mit einer anderen Frau liiert und ich mit meinen wechselnden Männergeschichten vollauf beschäftigt gewesen.

Wir hatten uns dann ein paar Jahre nach dem Studium wiedergetroffen, zufällig, in der Stadt, zusammen einen Kaffee getrunken, waren ins Kino gegangen, gemeinsam auf Partys …

Und schließlich war ich mit Paula bei ihm eingezogen – zur Freude meiner Mutter, die sich schon immer einen Arzt als Schwiegersohn gewünscht hatte. Und Steffen war inzwischen ein recht erfolgreicher Arzt, hatte mit einem Kollegen eine Gemeinschaftspraxis.

Wieder hatte ich mich am Ziel meiner Träume gewähnt. Bis er vorschlug, ich könne doch meinen Beruf aufgeben, schließlich sei er jetzt der Ernährer der Familie, die er sich im Übrigen noch größer wünsche, so zwei, drei Kinder mehr …

Von diesem Tag an wurde mir plötzlich alles zu eng. Obwohl ich ihn immer noch liebte und nach wie vor seiner erotischen Anziehungskraft kaum widerstehen konnte, hatte ich von Steffens ewigem Drängen schließlich genug und zog aus.

Mein Gefühl sagte mir, dass es mit Mathis anders sein würde. Um aber eine erneute Katastrophe zu vermeiden, musste ich mir seiner guten Absichten – soweit er welche hatte – ganz sicher sein. Gleich beim nächsten Zusammentreffen würde ich ihm all die noch offenen Fragen stellen und nicht eher Ruhe geben, bis sie zu meiner Zufriedenheit beantwortet waren. Und sollte er dazu nicht bereit sein, würde ich mich stehenden Fußes umdrehen und ihn aus meinem Leben streichen.

Jawoll! Genauso würde ich es machen! Gestehe, Fremder, oder schweige für immerdar!

Natürlich kam alles ganz anders. Zwei lange Tage hörte ich nichts von Mathis. Er war wie vom Erdboden verschluckt. Ich starrte ständig auf mein schweigendes Handy und kontrollierte mehrmals, ob es denn überhaupt funktionsfähig war. Ich ließ mich sogar von Sandra anrufen, um sicherzugehen, dass es nicht seinen Geist aufgegeben hatte. Hatte es nicht. Aber es schwieg beharrlich.

Mathis hatte sein Handy zu Hause gelassen, um ungestört seinen Urlaub verbringen zu können. Was vom Grundsatz her natürlich ziemlich schlau von ihm war. Es kostete mich einige Überwindung, doch schließlich fasste ich am Morgen des dritten Tages den Entschluss, genauso clever zu sein und mich nicht zum Sklaven meines Telefons zu machen. Ich schaltete es ab und fand mich, wenn auch widerstrebend, damit ab, wieder alleine meiner Wege zu gehen. Ohne Handy und ohne Mann.

Die Inselfähre sollte um elf Uhr ablegen. Ich ging auf dem Weg zum Fähranleger am Zeitungskiosk vorbei und erstand einige Tageszeitungen. Seit mehr als einer Woche hatte ich mich nicht mehr über das Weltgeschehen informiert und fand, dass Zeitunglesen ein guter Wiedereinstieg in das reale Leben darstellte.

Na bitte! Die Headlines enttäuschten mich nicht. Auf unserer guten alten Erde war nach wie vor alles beim Alten: Mord, Totschlag und sonstige Katastrophen, politischer und natürlicher Art. Ungeachtet meines persönlichen Missgeschicks ging das Weltgeschehen seinen erbarmungslosen Gang und keiner schien daran etwas ändern zu können.

Oder zu wollen? Diese Frage drängte sich mir beim Beobachten des menschlichen Miteinanders (oder besser gesagt Gegeneinanders) auf dem Fährschiff auf. Hier kamen mir am Wunsch der menschlichen Rasse nach einem friedlichen Zusammenleben erhebliche Zweifel. Im Krieg um einen der begehrten Plätze am Bug des Schiffes war jedes Mittel recht. Kniekehlen machten Bekanntschaft mit fremden Kinderbuggys, Rippen mit spitzen Ellenbogen, geflochtene Zöpfe mit feindlichen Kinderhänden. Empörte Eltern meinten, die vermeintlichen Geburtsrechte ihrer Brut auf einen freien Platz an der Reling auch dann noch verteidigen zu müssen, als ihre Kevins und Vanessas längst in inniger Freundschaft mit dem verfeindeten Lager an ein und demselben Lutscher schleckten. Beim Verlassen der Fähre wiederholte sich die Szenerie mit umgekehrten Vorzeichen. Wer beim Einsteigen gar nicht schnell genug an Bord hatte kommen können, scheute nun nicht davor zurück, seine Mitreisenden rücksichtslos niederzutrampeln, um als Erster wieder festen Boden unter den Füßen zu haben. Ich war mir sicher, dass das Wort *paradox* auf einem Fährschiff das Licht der Welt erblickt hatte.

Ich verbrachte den Vormittag sonnenbadend am Strand. Wie gerne hätte ich jetzt meine kleine Paula bei mir gehabt und mit ihr eine Sandburg gebaut – oder ein Picknick gemacht. Vielleicht hätte ich doch mit nach Rügen fahren sollen. Ich wäre beschäftigt gewesen und hätte mich nicht ... na, egal, war jetzt eh zu spät.

Mein Magen meldete sich und ich machte mich auf die Suche nach etwas Essbarem. In dem kleinen Inselstädtchen war die Hölle los, aber schließlich gelang es mir, einen kleinen Tisch in einem furchtbar engen Restaurant zu ergattern.

Am Nebentisch ging gerade der Punk ab.

»Immer kriegt Paul zuerst die Fischstäbchen!«

»Deine kommen auch gleich, Carla.«

»Ich will aber zuerst was haben!«

»Daniel hat auch noch nichts.«

»Der ist ja auch noch ein Baby!«

»Gar nicht, ich bin nämlich schon drei. Gell, Mama, ich bin kein Baby. Emma ist ein Baby.« Daniel zeigte auf ein vielleicht einjähriges Kind, das gerade seine karottenverschmierten Fingerchen an Papas Hemd abwischte.

Als fühlte sie sich von dieser Feststellung tief gekränkt, fing Emma aus Leibeskräften an zu schreien und fegte ihren Karottenbrei quer über den Tisch. Die Pampe verteilte sich auf Carlas rosafarbenem Sommerkleidchen sowie auf dem Pudel des älteren Ehepaars am Nachbartisch, und das Unheil nahm seinen Lauf.

In der allgemeinen Hektik traf mich der verzweifelte Blick des vierfachen Vaters, der zu sagen schien: *Bleiben Sie allein. Tun Sie sich das nie an.*

Froh, mit dem ganzen Tumult nichts zu tun zu haben, verließ ich das Lokal, erstand an der nächsten Ecke ein Fischbrötchen und schlenderte zurück in Richtung Hafen.

Bleiben Sie allein. Nun, das war ja nun nicht mehr drin. Aber eines war ganz sicher: Windeln kamen mir nie wieder ins Haus!

Ob Mathis auch ähnliche Vaterfreuden erlebt hatte wie der gestresste Herr vom Nachbartisch? Mit Sicherheit. Mehrere Kinder implizierten geradezu ein ereignisreiches Leben. Kein Wunder, dass es einen dann irgendwann alleine in den Urlaub zog.

Für Mathis war das alles hier wahrscheinlich nur ein hübsches Intermezzo gewesen. Vermutlich hatte er nur einen Lückenfüller gebraucht, während die frisch aufgetragene Farbe an seinem Kutter trocknete.

Hatte ja geklappt. Hallo Nele, Tschüss Nele, Leinen los und Ahoi!

Ich fühlte mich plötzlich schrecklich allein, und auf dem Heimweg fasste ich einen spontanen Entschluss: Morgen würde ich abreisen.

Scheiß auf die restlichen Tage Urlaub! Selbst die Auseinandersetzung mit Baudezernenten und Bürgermeister schien mir in meiner grenzenlosen Einsamkeit erstrebenswerter, als am Nordseestrand mutterseelenallein Trübsal zu blasen. Demütig würde ich mein Dasein fristen. Das mit dem Horizont war sowieso eine blöde Idee gewesen. Was sollte schon dahinter zu finden sein, was es zu erkunden lohnte? Na bitte! So hatte mir dieser Urlaub ja doch noch die Augen geöffnet!

»Danke, Mathis!«, sagte ich laut, als ich gerade geläutert die Haustür aufschloss.

»Oh, bitte, gern geschehen. Aber wofür eigentlich?«

Augenblicklich fielen mein Herz und mein Unterkiefer in ungeahnte Tiefen.

Mathis! Er war wieder da!

6

Da stand er so einfach vor mir und grinste mich an. »Hast du schon zu Abend gegessen?«

»Äh, nee … ich wollte gerade …« *Sag's schon!*, schrie mein Verstand. *Du wolltest deine Sachen packen und abreisen! Also: Adieu und Auf Nimmerwiedersehen!*

»Äh …«

»Gehen wir wieder ins *Skipper*?«

Ach Mist! Warum musste er ausgerechnet jetzt auftauchen?

Ich wurde plötzlich furchtbar wütend und hätte ihn am liebsten zur Rede gestellt. Was ihm eigentlich einfiele, mich tagelang hier schmoren zu lassen und mich nicht einmal anzurufen. Mich alleine auf überfüllte Fährschiffe und Inseln zu nötigen, wo ich mir das Geplärr von karottenverschmierten Kindern anhören musste. Mir schlaflose Nächte zuzumuten. Und mir überhaupt meinen wohlverdienten Urlaub und mein ganzes geordnetes Leben durcheinanderzubringen. Und so verdammt blaue Augen zu haben und … einfach auf der Welt zu sein. Ja, ich wollte ihn zur Rede stellen.

Aber was gab mir das Recht dazu? Er hatte mir nichts versprochen, mir nichts vorgemacht, nicht einmal versucht, mich zu küssen. Er hatte sich benommen wie der vollendete Gentleman.

Hinterlistiger Schuft!

»Also?«

»Okay, ich zieh mich nur schnell um.«

»Ich warte hier draußen auf dich.«

Wie ein aufgeregtes Huhn sprang ich durch die Wohnung und konnte keinen klaren Gedanken mehr fassen. *Er war wieder da!*

Was sollte ich nur anziehen? Was würde ihm gefallen?

Ich riss sämtliche Klamotten aus meinen Taschen und entschied mich zur Feier des Tages für ein luftiges Sommerkleid. Oh Mist, das war ja zerknitterter als das Gesicht von Opa Hermann! Schnell kramte ich mein Reisebügeleisen hervor und sang ein Loblied auf die Weitsicht meiner lieben Mutter. (*Wer braucht denn so was?*, hatte ich gedacht, als sie es mir zu Weihnachten schenkte)

Als ich frisch gestylt die Treppe herunterlief, musste ich mich zwingen, nicht zwei Stufen auf einmal zu nehmen, so beschwingt fühlte ich mich plötzlich. Vergessen war das Leid der letzten Tage. Mathis war zurückgekehrt und hatte mich nicht vergessen. Wie schön konnte das Leben sein! Mein Herz fuhr Achterbahn.

Im *Skipper* angekommen, bestellte ich mir zur Feier des Tages sogar einen Aperitif und eine Vorspeise. Ich verspürte nämlich plötzlich einen Riesenhunger. Mathis schien es genauso zu gehen, auch er schlug ordentlich zu.

»Und wie hast du die letzten Tage verbracht?«

Schrecklich allein, dachte ich bei mir, sagte aber: »Och, eigentlich nur gefaulenzt. Ich bin mit der Fähre zur Insel rübergefahren, was sich aber als keine besonders gute Idee herausgestellt hat.«

»Wieso? Seekrank geworden?«

»Seekrank! Auf einer Fähre! Ich bin zwar ein Landei, aber so schlimm ist es dann doch nicht um mich bestellt.«

Ich erzählte ihm von meinen Erlebnissen.

Mathis lachte herzlich. »Ja, mit mehreren Kindern Urlaub zu machen und sich dann noch mit ihnen in ein Restaurant zu trauen, erfordert wirklich sehr viel Mut. Da kann ich mehr als ein Liedchen von singen. Ach ja, Kinder sind furchtbar anstrengend, aber mit Sicherheit auch das Schönste, was es gibt. Ich wollte auf keines meiner Kinder mehr verzichten. Ich denke, der Insel-Papa wird es genauso sehen.«

Ich schluckte. Aus seinen Worten hatte so viel Liebe gesprochen. Er war bestimmt der beste Papa der Welt – nur leider nicht der von Paula. Dann gab ich mir einen Stoß.

»Wie alt sind denn deine Kinder? Auch noch so klein?« Gott, war ich mutig!

»Nicht ganz. Lars ist dreißig und damit aus dem Gröbsten raus. Die anderen zwei sind jünger. Arne ist neunzehn und macht gerade Abi. Malte ist fünfzehn.«

Nun ja, eines stand also fest: Die Kinder waren keineswegs alle erwachsen, wie ich es im Stillen gehofft hatte.

»Und Paulas Papa ist vermutlich furchtbar stolz auf sein Töchterchen?«

Hoppla! Der wollte es aber plötzlich ganz genau wissen!

»Das möchte ich bezweifeln.«

»Warum denn das?«

»Er hat sie seit fünf Jahren nicht gesehen.«

»Weil er es nicht wollte, oder weil du es nicht wolltest?«

»Beides.«

»Oh. Natürlich zahlt er auch nicht für sie.«

»Natürlich nicht.«

»Und du? Was sagst du dazu?«

»Nichts. Ist prima so. Ich bin dankbar für jeden Tag, den ich ihn nicht sehen muss. Der soll sein Geld ruhig behalten, dann kommt er uns auch nicht in die Quere.«

»Das klingt nicht gut.«

»Falsch. Das klingt sogar wunderbar. Etwas Besseres als die Trennung von ihm ist mir in meinem ganzen Leben nicht passiert.«

»Das klingt, als hättest du endgültig die Schnauze voll von Männern.«

»Das dachte ich bisher auch.« Ups, weit hervorgewagt, Nele!

»Und was hat dich umgestimmt?«

Oh Himmel, könnte bitte jemand eine Kurskorrektur vornehmen?

»Essen wir noch einen Nachtisch?«

»Wenn du meinst.« Es war ganz klar, dass er damit auf meinen abrupten Themenwechsel anspielte.

Aber hätte ich ihm jetzt vielleicht ein Liebesgeständnis machen sollen?

»Ich hätte gerne das Vanilleeis mit heißen Kirschen.«

»Nun, das nehme ich auch.«

Mathis bestellte und guckte mich dann lange an. Mir wurde abwechselnd heiß und kalt.

Was würde er jetzt sagen?

»Mein Kutter ist fertig.«

»Dein Kutt... äh ... das ist ja toll.«

Würde er mir jetzt erzählen, dass er abreisen würde, auf Weltreise gehen, wie angekündigt?

»Ich werde morgen zur Probefahrt auslaufen.«

»*Morgen?*«, rief ich erschrocken. Vorbei war's mit meiner stoischen Haltung. »Und wann kommst du wieder?«

»Das sehen wir dann.«

»*Wir?*«

Oh Gott, er würde seine Frau mitnehmen. Klar, was denn sonst. Und seine Jungs. Sie waren bestimmt schon an Bord, und dies war so etwas wie ein Abschiedsessen. Ich hätte doch abreisen sollen, wie konnte ich nur so dämlich ...

»Ich dachte, du kommst vielleicht mit.«

»Ich? Du willst mit mir ...?«

»Mit wem denn sonst?«

Ich wagte nicht, mein Glück zu fassen, und sah ihn zweifelnd an. Hatte er das wirklich gesagt? Meinen Blick deutete er anscheinend völlig falsch.

»Ich tu nichts, was du nicht willst.«

»Nun«, sagte ich vieldeutig grinsend, »ich auch nicht.«

»Dann kommst du also mit?«

»Klar, was denn sonst?«

»Dann sollten wir jetzt langsam ins Bett gehen. Wir laufen morgen früh mit der Flut aus. Um fünf. Ich hol dich ab.«

Tralali, tralala. Ich hatte zu meinem Erstaunen wunderbar geschlafen und fühlte mich selbst um vier Uhr morgens frisch und ausgeruht. Schnell raffte ich ein paar Sachen zusammen und stopfte sie in meinen Rucksack. Der Wetterbericht für die kommenden Tage war so, wie man es sich im Sommerurlaub wünschte, und so nahm ich nur leichte Klamotten mit.

Als Mathis um kurz vor fünf an meiner Tür klingelte, war ich bereit für jedes Abenteuer.

»Na, junge Frau, ausgeschlafen? Siehst ja richtig frisch aus. Dann wollen wir mal.« Er schnappte sich meinen Rucksack und verstaute ihn in seinem Kleinbus.

»Das ist ja das richtige Auto für eine Großfamilie«, stellte ich nüchtern fest und verspürte gleichzeitig einen tiefen Stich im Herzen.

»Kann sein. Ich für meinen Teil brauche ihn eher für mein Schiffsgeraffel. Werkzeug, Planken, Segel und so. Dafür ist er sehr praktisch.«

»Was machst du eigentlich beruflich?« Wie toll ich meine Vorsätze einhielt! War ja eine richtig persönliche Frage, die ich ihm stellte. Und das morgens um fünf. Ich war mächtig stolz auf mich.

»Ich bin selbstständiger Architekt.«

»Und wer macht die Arbeit, wenn du nicht da bist?«

»Meine Leute.«

»Und die schaffen das allein?«

»Klar, deswegen arbeiten sie ja bei mir. Die Leute, die man einstellt, sollten immer besser sein als man selbst. Dann kann man sich beruhigt seinen Hobbys widmen, ohne gleich die Existenz aufs Spiel zu setzen. Das habe ich ziemlich schnell begriffen, und ich fahre sehr gut damit.«

»Und wie viele Leute sichern deine Existenz?«

»Vierzehn.«

»Wow! Du bist ja eine richtig gute Partie.«

Hatte ich das wirklich gesagt? Erschrocken schlug ich die Hand vor den Mund. Aber Mathis grinste nur.

»Ja, fürs Finanzamt. Aber das kennst du ja sicher auch.«

»Und ob, die haben mich furchtbar lieb. Schreiben mir quasi täglich.«

»Das wiederum kann ich gut verstehen.«

Nee, was für 'n Süßer!

Mathis' Kutter mit Namen *Spieker* lag friedlich schaukelnd am Kai. Frisch gestrichen und poliert glitzerte er in der Sonne. Er sah toll aus. Hatte immer noch den Charme eines alten Krabbenkutters und schien dennoch den Anforderungen eines hochseetüchtigen modernen Segelschiffs zu entsprechen. Soweit ich das beurteilen konnte. Und das konnte ich ja eigentlich nicht.

»Als Erstes zeige ich dir mal die Kajüte. Da kannst du dein Zeug abstellen. Warst ja wirklich sparsam mit dem Gepäck. Das ist gut.«

Stolz über das Lob, folgte ich ihm hinab – und staunte. Ich hatte ja noch nicht viele Kajüten gesehen, und wenn, dann auch nur im Fernsehen. Aber diese war so dermaßen hell und freundlich, wie ich es auf einem ehemaligen Fischkutter nie für möglich gehalten hätte.

Weiß und Taubenblau waren die dominierenden Farben. Selbst die kleinen Vorhänge und die Bettwäsche waren in diesen Farben gehalten. Und was das für eine feine Koje war. Eine richtige Spielwiese!

»Bist du schon mal gesegelt?«

»Nein, leider noch nie.«

»Dann wird es ja Zeit, dass du es lernst. Ich bereite jetzt alles zum Ablegen vor, und da kannst du mir bei der ein oder anderen Sache behilflich sein. Wenn du Lust hast.«

»Klar, ich bin dabei.« Mit dem Segelschiff hinaus in die Welt. Und Mathis war der Kapitän. Ich hätte vor Glück heulen können.

»Na dann, Matrose, alle Mann an Deck!«

Ich wollte gerade meinen Fuß auf die Leiter setzen, als mein Blick auf ein kleines Schränkchen mit Schiebetüren aus Glas fiel. Nur wenige Dinge lagen darin. Aber es war etwas ganz Bestimmtes, was meine Aufmerksamkeit auf sich gezogen hatte: eine kleine, glänzende Mundharmonika.

»Das ist doch nicht etwa *die* Mundharmonika?« Neugierig blickte ich Mathis an, dessen Blick meinem Finger in Richtung Regal folgte.

»Doch, genau, das ist sie. Die Mundharmonika von Harm Voss. In diesem Schränkchen liegen Dinge, die mir etwas bedeuten. Schau mal, diese Pfeife zum Beispiel«, er nahm eine kunstvoll geschnitzte, hölzerne Tabakpfeife aus dem Schrank, »sie gehörte einmal meinem Großvater. Er hat sie selbst geschnitzt. Und diese hier«, er zeigte auf eine Skippermütze, »die habe ich vom Steuermann der Gorch Fock bekommen.«

»Kann man auf der Mundharmonika noch richtig spielen?«

»Natürlich«, bemerkte er nur und griff nach dem kleinen Musikinstrument. Dann begann er zu spielen. Seemannslieder. Und ich war erstaunt, wie viel Gefühl er in die Lieder legte.

Bevor er die Mundharmonika wieder zurücklegte, warf er noch einen wehmütigen Blick darauf. Woran er wohl dachte?

»So, auf geht's!« Mathis stieg die Stufen hinauf und ich folgte ihm, jedoch nicht ohne noch einen Blick auf das Schränkchen zu werfen. Ob er es extra für seine Schätze angeschafft hatte?

Bei Mathis lief alles so routiniert ab, dass man den Eindruck bekam, er wäre mit seinem Schiff verwachsen. Da die Temperaturen im Laufe des Morgens gestiegen waren, hatte Mathis seine Jacke ausgezogen.

Unter dem weißen T-Shirt zeichneten sich seine kräftigen Muskeln ab. Beim Anblick dieses starken männlichen Körpers geriet mein Blut in Wallung.

Ich atmete tief durch. Geduld, Nele, Geduld!

Als das Schiff Fahrt aufnahm, stand Mathis am Ruder und blickte ganz ruhig aufs Meer hinaus. Ich sah, wie sich seine Gesichtszüge entspannten. Er sah auf einmal um Jahre jünger aus. Was aber das Schönste war: Aus seinen blauen Augen strahlte das pure Glück. Unweigerlich fiel mir auch jetzt der kleine Mathis aus dem Kinderheim wieder ein. Bestimmt hatten seine Augen den gleichen Ausdruck gehabt, als er zum ersten Mal auf einem Segelboot fahren durfte. Wann mochte es wohl gewesen sein? Und wie war es Mathis gelungen, sich diesen Traum dann doch noch zu erfüllen?

»Du, Mathis?«

»Hm?«

»Darf ich dich etwas fragen?«

»Du immer!«

»Wann durfte der kleine Mathis zum ersten Mal mit einem Schiff fahren? Musste er warten, bis er erwachsen war?«

»Komm und setz dich zu mir. Ich erzähle es dir. Und, Nele: In der Kiste, die unten in der Kajüte steht, habe ich Croissants und eine Thermoskanne Tee. Könntest du die bitte mitbringen?«

Ich sprang schnell hinunter und setzte mich dann, mit unserem Frühstück beladen, neben Mathis.

Es fiel Mathis und Uwe sehr schwer, sich wieder zu Hause einzugewöhnen. Ihre Eltern hatten viel Arbeit und kaum Zeit, sich ihre Erzählungen anzuhören. Dabei brannten die beiden Jungen doch so sehr darauf, von ihren tollen Erlebnissen berichten zu können. Vom Meer, vom Strand, vom Leuchtturm und natürlich von Harm Voss.

Schließlich begnügten sie sich damit, sich selbst abends im Bett Seemannsgeschichten zu erzählen und sich ihre Zukunft als Seefahrer auszumalen. So behalfen sie sich den ganzen langen Winter.

Ihr Bruder Jürgen lag dann immer schweigend in seinem Bett und las und tat so, als ginge ihn das alles gar nichts an. Nun, er war ja auch nicht dabei gewesen.

Umso erstaunter waren die Jungen, als Jürgen sich eines Abends im Frühsommer dann doch plötzlich in ihr Gespräch einmischte.

»Ihr wollt wohl wirklich gerne Boot fahren, wie?«

Blöde Frage, natürlich wollten sie das! »Klar«, sagte Mathis, »wieso?«

»Ist das Meer wirklich so toll?«

»Und ob!«, rief Uwe laut und nickte zur Unterstützung wild mit dem Kopf.

»Einen Fluss findet ihr dann wohl doof.«

Mathis und Uwe sahen sich an und zuckten schließlich mit den Schultern.

»Na ja, ist halt nicht das Meer. Aber Boot fahren kann man da ja auch. Bloß nicht Seemann werden«, stellte Mathis dann nüchtern fest.

»Aber für den Anfang würde es reichen?«

»Weiß nicht. Vielleicht. Doch, ich denke schon. Aber wir haben ja sowieso kein Boot. Wieso fragst du eigentlich?«

»Ach, nur so. Schlaft gut!« Jürgen drehte sich zur Wand, und bald darauf hörten die Jungen sein leises Schnarchen.

Als sie am nächsten Tag aus der Schule kamen und am Mittagstisch saßen, guckte Jürgen sie plötzlich mit seinem breitesten Grinsen an.

»Na, ihr zwei, habt ihr nachher Lust, mit an den Fluss zu kommen?«

»An den Fluss?« Mathis' Gabel blieb auf halbem Wege zum Mund hängen. »Und dann?«

»Werdet ihr schon sehen. Also?«

»Nur wenn du gut auf die beiden aufpasst. Denk dran, sie können nicht schwimmen«, mischte sich ihre Mutter ein.

»Klar, Mutter. Wird sowieso Zeit, dass sie's lernen. Ich zeig's ihnen.«

»Wer kommt noch mit?« Mama guckte immer noch zweifelnd.

»Ludwig und Konrad. Die besten Schwimmer der ganzen Stadt. Wirklich, Mama, wir passen ganz bestimmt auf.«

»Also gut, wenn du meinst.«

Mathis und Uwe strahlten. Endlich durften sie wieder am Wasser spielen. Wenn's auch nur ein Fluss war.

Gleich nach dem Essen holte Mathis sein altes Fahrrad aus dem Schuppen und befestigte den Anhänger daran. Es war eine Spezialanfertigung für Uwe. Er konnte zwar inzwischen leidlich wieder gehen, zum Fahrradfahren jedoch reichte seine Kraft noch nicht aus.

Ein Nachbar hatte Mitleid mit dem Jungen gehabt, der immer ganz alleine zu Hause bleiben musste, während die anderen Kinder mit den Rädern loszogen. Also hatte er diesen robusten Anhänger gebaut, in dem Uwe bequem sitzen und sich von Mathis ziehen lassen konnte. Sogar eine eigene Bremse hatte er, für alle Fälle.

Am Fluss angekommen, warteten die zwei Jungen gespannt darauf, was Jürgen wohl vorhatte. Und dann sahen sie es! Jürgens Freunde, Ludwig und Konrad, kamen langsam den Fluss entlanggeschippert – auf einem Floß! Es war sogar ein recht breites Floß, auf dem leicht mehrere Kinder Platz hatten. An einer seichten Stelle landete es an, sodass die drei Brüder ohne Probleme zusteigen konnten.

»Mensch, Jürgen, das ist ja toll. Habt ihr das alleine gebaut?« Mathis' Augen waren vor Staunen weit aufgerissen.

»Konrads Vater hat uns geholfen und uns das Holz gegeben. Ist doch Zimmermann. Dachte mir schon, dass es euch gefallen würde. Aber eines müsst ihr mir versprechen: Dass ihr ganz schnell schwimmen lernt. Sonst lässt euch Mutter vielleicht doch nicht wieder fort.«

»Kein Problem!«, riefen Mathis und Uwe wie aus einem Munde. Und tatsächlich dauerte es keine zwei Wochen, bis sich beide alleine über Wasser halten konnten.

Den ganzen Sommer verbrachten die Jungen auf dem Floß. Sie spielten Piraten und eroberten Inseln, tauchten nach imaginären Schätzen und enterten feindliche Schiffe. Konrads Vater hatte zwischenzeitlich ein zweites Floß gebaut, sodass das Spielen noch doppelt so viel Spaß machte. Ihre Mutter sah sie immer erst zum Abendessen wieder, und sie freute sich vor allem über Uwe, der am Ende des Sommers braun gebrannt und deutlich kräftiger am Tisch saß.

Als die Tage kürzer wurden, war es schließlich zu kalt zum Floßfahren und die drei Jungen mussten sich widerwillig nach einer anderen Beschäftigung umsehen. Abends saßen sie zu Hause am Feuer und lasen sich gegenseitig Seeräubergeschichten vor. Dann nahmen sie kleine und größere Holzstücke und spielten die Szenen mit ihnen nach. Als Piraten diente ein Satz Zinnsoldaten, die einmal dem Großvater gehört hatten.

Dann, eines Abends im Herbst, kam ihr Vater nach Hause und trug eine große Kiste auf dem Arm.

»Und, Jungs, heute wieder Seemann gespielt?«, fragte er mit einem verschmitzten Grinsen.

Die Jungen sahen sich verwundert an. Was war denn mit dem los? Er schenkte ihrem Spiel doch sonst keine Beachtung. Sie nickten nur.

»Wie wär's denn, wenn ihr eure eigene Flotte baut? Nun guckt euch mal an, was ich mitgebracht habe!« Stolz öffnete der Vater seine Kiste und winkte seinen Söhnen, hineinzuschauen. Stück für Stück enthüllte er den Inhalt, und den Jungen blieb vor Staunen der Mund offen stehen. Hier gab es kleine und große Sägen, Schnitzmesser, Schrauben und Nägel, Schnur und Leim und alles, was man sonst zum Schiffsbau brauchte.

»Und, was sagt ihr nun?«

Vorsichtig betasten sie all die schönen Sachen. »Ist das wirklich für uns?«

»Natürlich, nun könnt ihr eure eigenen Schiffe bauen. Das passende Holz liegt noch draußen. Passte nicht mehr in die Kiste. Aber ihr bekommt es nur unter einer Bedingung!« Der Vater hob mahnend den Zeigefinger.

»Ja ... ähm ... und welche?«, fragte Mathis verunsichert.

»Dass ich mitbauen darf!«

Die drei Jungen lachten und jubelten und brachen in Indianergeheul aus. Und nach dem Abendessen machten sich alle gemeinsam an die Arbeit. Selbst Anna schloss sich ihnen an. Sie nähte die Segel.

So verging Jahr um Jahr im Hause Hagena. Jürgen, Mathis und Uwe wuchsen zu jungen Männern heran. Mathis konnte es nicht mehr abwarten, dass er alt genug war, alleine in die Welt hinauszuziehen. Nur widerwillig ging er zur Schule, und seine Leistungen bewegten sich entsprechend im unteren Mittelfeld.

Uwe hingegen machte seine immer noch geringen körperlichen Kräfte durch hervorragende schulische Leistungen wett, was zur Folge hatte, dass Mathis noch weniger gern die Schulbank drückte. Die ewigen Vergleiche gingen ihm auf die Nerven.

Hinzu kam, dass er im Laufe der Jahre immer mehr in die Rolle des Krankenpflegers für seinen kleinen Bruder gedrängt worden war. Er musste mit ihm krankengymnastische Übungen machen, ihn überall mit hinnehmen und, wenn dieses aufgrund des körperlichen Handicaps von Uwe nicht ging, mit ihm zu Hause bleiben, während seine Freunde sich amüsierten.

Er hatte zunehmend den Eindruck, dass er seine Existenzberechtigung nur aus dieser Rolle heraus zugesprochen bekam, zumal er ja auch kein Wunschkind, sondern lediglich ein Fronturlaubsunfall war.

Aber nicht nur Mathis, auch Jürgen zog sich mehr und mehr in sich selbst zurück und saß nun häufig grübelnd in der Ecke.

Und dann, eines morgens, war er verschwunden. Einfach weg. Sein Bett war leer, seine Klamotten aber größtenteils noch da. Nur sein Seesack fehlte. Auf dem Esstisch lag ein Zettel, auf dem stand: Fahre zur See. Macht euch keine Sorgen. Jürgen. Mehr nicht.

Die Eltern waren natürlich außer sich vor Sorge und verständigten die Polizei. Jürgen war doch erst siebzehn! Aber sie hatten kein Glück. Ihr ältester Sohn blieb verschwunden. Bis eines Tages eine Postkarte aus Australien kam. Und dann noch eine. Diesmal aus Südamerika. Und immer so fort. Jürgen hatte tatsächlich als Schiffsjunge angeheuert und fuhr zur See.

Mathis' Herz krampfte sich zusammen. Warum nur war er nicht selbst auf diese fantastische Idee gekommen?

Ein gutes Jahr später gelang es seinem Vater schließlich, ausfindig zu machen, auf welchem Schiff sich sein Ältester befand. Er nahm Mathis mit, und sie fuhren zum Amsterdamer Hafen, wo das Schiff als Nächstes einlaufen sollte. Mathis entdeckte seinen unwissenden Bruder als Erster, wie er, den Seesack geschultert, die Gangway hinunterlief.

Als Jürgen sie beide sah, war er nicht, wie erwartet, erschrocken, sondern winkte ihnen sogar fröhlich zu. Er begleitete sie nach Hause, und seine Eltern meldeten ihn schließlich auf der Seefahrtschule an. Jürgen wurde Kapitän auf großer Fahrt.

»Ich habe mich heute von der Schule abgemeldet und möchte auch Kapitän werden«, verkündete Mathis, als einige Zeit vergangen war, beim Abendessen. Er war jetzt achtzehn Jahre alt.

Seiner Mutter fiel vor Schreck die Gabel aus der Hand, und sie starrte ihn entsetzt an. Dann fing sie an zu weinen. »Es reicht, wenn einer meiner Jungen zur See fährt, das ist Sorge genug. Nein, Mathis, das kommt nicht infrage. Das kannst du mir nicht antun.«

Mathis stand wortlos auf und ging in sein Zimmer. Er hatte sich schon so etwas gedacht. Aber diesmal würde er nicht nachgeben. Und wenn er auch bei Nacht und Nebel abhauen musste, wie Jürgen damals.

Als vielleicht zwei Stunden vergangen waren, betrat sein Vater das Zimmer. Mathis machte sich auf ein Donnerwetter gefasst. Aber es blieb aus.

»Mathis«, sagte sein Vater ruhig und setzte sich ihm gegenüber aufs Bett. »Deine Mutter macht sich wirklich große Sorgen um Jürgen, und ich glaube, wir sollten ihr das nicht noch einmal antun.«

Mathis setzte zum Protest an, aber sein Vater hob beschwichtigend die Hand. »Jetzt höre mir erst mal zu! Ich habe dir einen Vorschlag zu machen.«

»Und welchen?«

»Es gibt eine Möglichkeit, mit der sich Mutter einverstanden erklären würde.«

Mathis blickte gespannt auf. »Ja?«

»Ja. Du gehst zur Marine.«

»Zur Marine?« Mathis' Gedanken überschlugen sich. An diese Möglichkeit hatte er noch gar nicht gedacht. Die Marine. »Darf ich noch darüber nachdenken, Vater?«

»Natürlich. Lass dir Zeit und überstürze nichts. Es ist eine sehr wichtige Entscheidung.«

»Danke, Vater.«

Sein Vater nickte ihm nur kurz zu und ließ Mathis dann wieder allein.

Einige Monate später ging der große Traum des kleinen Mathis Hagena endlich in Erfüllung: Er betrat ein richtig großes Segelschiff. Es war das Schulschiff der Bundesmarine. Die Gorch Fock.

Während Mathis erzählte, waren wir ein ganzes Stück vorangekommen und hatten die offene See erreicht. Der Wind war genau richtig, um unser Schiff sanft und lautlos dahinsegeln zu lassen. Dazu die ruhige, tiefe Stimme von Mathis – so stellte ich mir das Paradies vor. Eine Weile dachte ich schweigend über seine Geschichte nach.

»Was ist aus Uwe geworden?«, fragte ich schließlich.

»Er ist Rechtsanwalt. Wo möchtest du heute übernachten?«

»Ich dachte ... ähem ... ich dachte ...« Wollten wir etwa nicht auf dem Kutter bleiben?

»Im Hafen oder gehen wir vor Anker?«, kam er mir zur Hilfe.

»Ach so. Tja.« Schnell wog ich die Vor- und Nachteile ab. Anker bedeutete offene See und Stille. Hafen bedeutete ... Nachbarn. Und Ablenkung. Und Zuhörer. »Anker.«

»Bist du sicher?«

»J-ja!?«

Er schenkte mir ein strahlendes Lächeln. Hätte ich nicht schon gesessen, spätestens jetzt hätten meine Knie unter mir nachgegeben.

»Siehst du den Küstenstreifen steuerbord?«

»Steuerbord?«

»Rechts.«

»Rechts.« Ich guckte in die vorgegebene Richtung. »Ja.«

»Da segeln wir jetzt hin und werfen Anker. Dann bereite ich uns ein kleines Mahl. Einverstanden?«

»Einverstanden.«

Konnte ein Mann so perfekt sein? Das kleine Mahl entpuppte sich als das leckerste, das ich jemals gegessen hatte.

»Wo hast du das denn her?«

»Eingekauft.«

»Heute Morgen schon?« Das war wohl kaum möglich.

»Nein, gestern.«

»Aber ...«

»Ich hatte gehofft, dass du mitkommst«, erriet er meine Gedanken.

Jetzt war es an mir, ihm ein strahlendes Lächeln zu schenken. »Du bist süß.«

»Danke, gleichfalls.«

Ich stand auf und stellte mich an die Reling. Hier draußen war es so unbeschreiblich ruhig. Einzig das leise Plätschern des Wassers am Schiffsrumpf war zu hören. Eine leichte Windböe wehte mir eine Haarsträhne ins Gesicht.

Als ich gerade die Hand hob, um sie zurückzustreichen, spürte ich, wie zwei Hände meine Taille umfassten. Langsam ließ ich meine Hand wieder sinken und drehte mich um.

Noch ehe ich wusste, wie mir geschah, spürte ich Mathis' warme Lippen auf den meinen. Oh ja! Mit einem tiefen Seufzer ließ ich mich fallen, und wir verloren uns in einem endlosen Kuss.

Mathis drückte mich fester an sich, und ich spürte seine Erregung. Seine kräftigen Hände fuhren meinen Rücken hinab bis zu meinen Hüften. Mein Unterleib reagierte sofort und streckte sich ihm entgegen.

Mathis schob mich leicht von sich und begann, langsam meine Bluse aufzuknöpfen. Als seine Hände sich unter meinen BH schoben und meine Brüste sanft massierten, stieg eine heiße

Welle in mir hoch, die meinen ganzen Körper vibrieren ließ. Ich stöhnte auf. »Komm!« Er nahm meine Hand und zog mich in Richtung Kajüte.

Wir sanken in die Koje, und ich vergaß die Welt um mich herum. Mein ausgehungerter Körper reagierte auf jede seiner Berührungen, und ich gab mich ihm völlig hin. Als wir gemeinsam den Höhepunkt erreichten, schrie ich vor Wonne laut auf. Dann schlief ich auf der Stelle ein.

Am Morgen wurde ich von zwei starken Händen geweckt, die langsam meinen Körper erkundeten. Ich spürte, wie Mathis' Finger in mich eindrangen und mein Innerstes mit kreisenden Bewegungen in Wallung brachten.

»Oh mein Gott«, stöhnte ich »das ertrag ich nicht.«

Doch Mathis lachte nur heiser auf und fuhr unbeirrt fort. Als ich schließlich seine Zunge meine Schenkel heraufwandern spürte, glaubte ich, ohnmächtig zu werden. Ganz zart trieb er mich auf den Gipfel der Lust. Kurz bevor ich ihn erreichte, drang er in mich ein. Jede Faser meines Körpers passte sich seinem Rhythmus an, und gemeinsam stürzten wir in die Tiefe.

Den ganzen Tag verbrachten wir im Bett und konnten nicht genug voneinander bekommen. Mathis' stand nur auf, um etwas zu essen zu holen oder eine weitere Flasche Prosecco zu öffnen.

»Ich glaube, ich war noch nie so glücklich«, flüsterte Mathis und fuhr mit seinem Finger zart über die Konturen meines Gesichts. »Was tun wir hier nur, Nele?«

»Ich dachte nicht, dass du wiederkommst«, gestand ich und kuschelte mich in seine Armbeuge. »Als du gestern vor mir standst, hatte ich gerade beschlossen abzureisen. Ohne dich schien mir alles so trist.«

»Ja, mir ging es genauso. Aber ich brauchte einfach mal eine kurze Auszeit, um zu einem Entschluss zu kommen. Es kam alles so plötzlich. Auf einmal warst du da. Ich habe versucht, mich gegen meine Gefühle zu wehren. Es hat nicht funktioniert. Ich habe mich in dich verliebt, Nele. Und ich bin machtlos dagegen. Vielleicht hätte ich alleine lossegeln und versuchen sollen, dich zu vergessen. Aber schon der Gedanke, dich womöglich nie wiederzusehen, zerriss mir das Herz. Ich musste einfach zurückkommen. Mein Gott, wo sind wir da nur reingeraten?«

Mathis guckte mich plötzlich so verzweifelt an, dass ich lachen musste. »Na, so schlimm wird es schon nicht werden. Wir werden einfach das Beste daraus machen. Oder willst du jetzt tagelang Trübsal blasen und über das böse Schicksal schimpfen, das uns zusammengeführt hat? Ich finde eigentlich, dass es eine ganz nette Geste vom Schicksal war.«

»Du bist die netteste Geste, die mir vom Schicksal jemals zugestanden wurde. Aber, wie ich fürchte, auch die komplizierteste. Wir müssen realistisch bleiben, Nele. Du hast dein Leben und ich habe meins. Dein Urlaub dauert noch … wie lange?«

Ich rechnete schnell nach. »Oh mein Gott, drei Tage nur noch. Und dann?«

»Siehst du jetzt, was ich meine? Es ist genau dieses *und dann*, was Schwierigkeiten machen wird.«

»Für alles gibt es eine Lösung.«

»Das dachte ich bisher auch immer.«

»Nun sei doch nicht so pessimistisch.«

»Ich versuche nur, realistisch zu sein, Nele. Wenn wir zusammenbleiben wollen, wird es nicht einfach. Je mehr ich in den vergangenen Tagen darüber nachgedacht habe, desto mehr Probleme türmten sich vor mir auf.«

»Deine Frau wird Theater machen, stimmt's?« Ich bemerkte, dass meine Stimme bei dieser Frage leicht zitterte.

»Meine Frau? Nein. Wir sind zwar nach wie vor verheiratet, gehen aber schon lange getrennte Wege.«

Mein Herz fing auf einmal wie wild an zu rasen. Aber dann war doch alles in Ordnung. Was stand unserer Beziehung denn dann noch im Wege? Angesichts dieser neuen Sachlage trat mein Verstand endlich still und leise den Rückzug an und quatschte nicht mehr dazwischen.

»Na, dann ist ja alles prima.«

»Es ist nur ein Problem weniger.«

»Aber ein großes.«

Zu meiner Erleichterung lachte er laut auf. »Ach, mein süßer Schatz, du hast ja recht. Es könnte alles tatsächlich noch viel schlimmer sein. Lass uns die Probleme später wälzen und die verbleibenden drei Urlaubstage genießen. Am besten fangen wir gleich damit an.«

Und das taten wir dann auch.

Bei herrlichstem Sommerwetter segelten wir die Nordseeküste entlang, und ich lernte sie erstmals aus einer anderen Perspektive kennen. Wir kamen vorbei an Inseln und Seehundbänken, wo sich die putzigen Genossen genussvoll im Sand rekelten und uns mit einem herzhaften Gähnen begrüßten. Wenn sie uns überhaupt beachteten.

Die Möwen flogen kreischend um uns herum, drehten aber sehr schnell unter lautem Protest wieder ab, wenn sie merkten, dass wir keineswegs gewillt waren, unsere Speisen brüderlich mit ihnen zu teilen.

Wenn die Ebbe kam, liefen wir nicht etwa einen der zahlreichen kleinen Häfen an, sondern ließen die *Spieker* einfach trocken fallen. Bis schließlich das Wasser zurückkam, sie langsam wieder anhob und wir unseren Kurs fortsetzen konnten, faulenzten wir an Deck oder machten einsame Spaziergänge im Watt.

Auf unseren Spaziergängen lernte ich dieses sensible Ökosystem mehr und mehr zu schätzen. Mathis hielt mir lange Vorträge über die Entstehungsgeschichte des Wattenmeeres, seine Besonderheiten, seine Tier- und Pflanzenwelt und seine Bedeutung für das globale Ökosystem. Ich hatte mich noch nie wirklich damit auseinandergesetzt und fragte mich, warum solch eine Lektion nicht längst zum Pflichtprogramm eines jeden Biologieunterrichts gehörte. Am besten mit Pflichtexkursion ins Wattenmeer.

Überhaupt hatte ich schon während meiner Schulzeit bedauert, dass der Schulunterricht nicht bedeutend mehr Wert auf praktische Erfahrbarkeit legte. Man schaute sich stumpf irgendwelche Bücher mit irgendwelchen Abbildungen und Bauplänen von Tieren und Pflanzen an, ohne auch nur den Bruchteil einer Ahnung zu haben, wie und wo sich diese in der freien Wildbahn aufhielten.

Wahrscheinlich hätte selbst ich in den Naturwissenschaften deutlich besser abgeschnitten, wenn ich während des Unterrichts den Duft einer Blume hätte riechen, dem fröhlichen Trällern eines Vogels hätte lauschen oder in einem Wasserlauf hätte waten dürfen.

Ebenso verhielt es sich mit Mathematik, Physik oder Chemie. Zwar hatte ich – zumindest namentlich – die Bekanntschaft der Herren Pythagoras und Newton gemacht und unter viel Gezeter irgendwelche Periodensysteme auswendig gelernt und eine Sechs bekommen, weil mir das Helium – was auch immer das war – beim Aufsagen abhandengekommen war. Die Bedeutung dieser für die Welt angeblich so wichtigen Errungenschaften aber ist mir bis zum heutigen Tage verschlossen geblieben.

Und bei Paula würde es genauso sein, das war mir schon nach ihrem ersten Schuljahr klar.

Warum man in diesem Land so viel Wert darauf legte, aus lauter kleinen, experimentierfreudigen Wissenschaftlern innerhalb kürzester Zeit eine Horde von angepassten, unkritischen Dummbeuteln zu machen, die zwar das Wort Desoxyribonukleinsäure perfekt buchstabierten, aber lila Kühe für naturgegeben hielten, würde mir wohl für immer ein Rätsel bleiben.

Mathis sah es genauso.

»Ich hätte es meinen Kindern nicht antun dürfen«, sagte er selbstkritisch.

»Hättest du denn eine andere Chance gehabt?«

»Natürlich, es hätte nur ein anderer Lebensentwurf hergemusst.«

»Auswandern?«

»Nein, nicht gleich auswandern. Obwohl das auch nicht die unspannendste der Möglichkeiten gewesen wäre. Aber reisen. Ich hätte viel mehr mit den Kindern reisen sollen. Nicht nur in den Ferien. Nein, über Monate hinweg. Mal hierhin, mal dorthin. In der Welt lernen die Kinder allemal mehr als auf der Schulbank.«

»Nämlich?«

»Nämlich wie die Welt funktioniert. Und das zu wissen ist die Grundlage für alles andere. Den Kleinkram lernen sie nebenbei.«

»Da hättest du unweigerlich Ärger mit den Behörden bekommen – die heilige Schulpflicht missachten, wo kämen wir da hin!«

»Damit hätten sie wohl leben müssen, die Herren und Frauen Beamten. Denn sie hätten es mir wohl oder übel genehmigen müssen.«

»Wieso?«

»Weil ich selbst Lehrer bin. Und dann darf ich die Kinder selbst unterrichten, egal wo.«

Jetzt war ich platt. »Ich denke, du bist Architekt!?«

»Ja, auch. Aber ich habe auch Lehramt studiert und sogar unterrichtet.«

»Und dann?«

»Hatte ich keine Lust mehr. Am Tag meiner Verbeamtung habe ich gekündigt.«

»Und dann?«

»Dann bin ich segeln gegangen. Für ein Jahr. Mit meinem Kumpel.«

»Du hast alles hingeschmissen und bist segeln gegangen?«

»So war's.«

Jetzt wurde ich aber neidisch. Er war tatsächlich ausgebrochen, hatte den Befreiungsschlag gewagt. Fantastisch! Nur was ich nicht verstand: Warum war er dann wieder zurückgekommen? Ich fragte ihn.

»Tja, auch dafür gab es viele Gründe. Unter anderem das Pflichtgefühl meinem Sohn gegenüber.«

»Du warst damals schon Vater?«

»Ja, Lars war schon auf der Welt. Ich hatte mich von seiner Mutter getrennt.«

Das wurde ja immer spannender. Seine drei Söhne waren also gar nicht alle von einer Frau. »Und dann?«

»Dann habe ich Erdbeeren angebaut.«

»Erdbeeren.« Klar. Erdbeeren.

»Du glaubst mir nicht.«

»D-doch. Wieso nicht? Es ist nur nicht so ... typisch. Es ...«

Aber Mathis hatte wohl keine Lust mehr, weiterzureden. Unvermittelt legte er seinen Arm um mich und zog mich eng an sich heran. Wir küssten uns, und ich spürte, wie die Leidenschaft sofort wieder von mir Besitz ergriff.

»Puh, lass das mal schön sein. Sonst kann ich für nichts garantieren«, seufzte ich.

»Ein Bad im Watt soll sehr gesund sein.« Er küsste mich wieder.

»Die Wattwürmer hätten ihre Freude.«

»Nee, Zuschauer brauchen wir nicht. Lass uns zurückgehen und dann ...«

»Au ja!«

Wir schlenderten Hand in Hand zurück in Richtung Boot.

»Und warum hast du dann als Architekt gearbeitet?«, knüpfte ich wieder an unser Thema an.

»Mein Therapeut hat mir dazu geraten.«

»Architekt zu sein?«

»Ja, er meinte, wenn ich unbedingt lernen wollte standzuhalten – und ich wollte mir unbedingt beweisen, dass ich dazu in der Lage war –, sollte ich einen Beruf ausüben, der diese Standhaftigkeit quasi symbolisierte. Tja, und ich fand, dass die Architektur dies ganz gut erfüllt. Häuser aus Stahl und Beton sind schließlich das Symbol der Sesshaften. Ich baue etwas auf, was nicht mehr verrückbar ist. Kreative Standhaftigkeit.«

»Und das hat funktioniert?«

»Zum Teil. Aber ich war immer noch drauf und dran, meine Sachen zu packen und wieder abzuhauen. Das Fernweh war so übermächtig groß.«

»Und was hast du dagegen unternommen?«

»Ich habe geheiratet.«

»Du hast dich also verliebt.« Der Gedanke behagte mir zwar nicht sonderlich, aber ich musste wohl akzeptieren, dass es in Mathis' Leben auch vor mir schon Frauen gegeben hatte, mit denen er glücklich gewesen war.

»Nein, ich habe geheiratet.«

Ich sah ihn ungläubig an. »Aber du hast doch nicht geheiratet, ohne verliebt zu sein.« Diese Möglichkeit war für mich einfach unvorstellbar.

»Doch. Heiraten und Kinderkriegen schienen mir die beste Möglichkeit, um mein Ziel zu erreichen. Wenn man Kinder hat, hat man Verantwortung und rennt nicht einfach weg. Lars lebte zu dem Zeitpunkt bereits endgültig bei seiner Mutter, das war nicht eng genug. Aber die eigenen Kinder im eigenen Haus, das schien mir die perfekte Lösung.«

»Aber ... deine arme Frau!«

Zu meinem eigenen Erstaunen tat sie mir wirklich leid. Von einem Mann nur geheiratet zu werden, um seine Flucht zu verhindern – als Gefängniswärterin quasi – wie demütigend!

»Sie muss dir nicht leidtun. Sie wusste genau, wie es um mich stand. Ich habe ihr nie etwas vorgemacht. Und außerdem hat auch sie mich nie wirklich geliebt. Auch sie hatte Probleme, die sie überwinden wollte. Und auch sie sah dafür Kinder als das geeignete Mittel an. Tja, und so haben wir uns halt verständigt.«

Ich schwieg. So etwas hatte ich ja noch nie gehört. Ein Zweckarrangement, mitten in Deutschland.

Mathis bemerkte meine plötzliche Verunsicherung und lächelte mir aufmunternd zu.

»Nun zerbrich dir mal nicht dein junges Köpfchen, mein Schatz. Dieses Arrangement hat viele Jahre gut funktioniert. Keiner hat darunter gelitten. Unsere Kinder haben trotzdem sehr viel Liebe mitbekommen. Oder gerade deswegen. Sie sind glücklich, und das ist das, was zählt.«

»Und du, warst du mit dieser Lösung auch glücklich?«

Er blickte mich nachdenklich an. »Ja, ich war's, bis ...«

»Bis?«

»Mein Schatz, jetzt ist die Fragestunde zu Ende, denn wie du siehst, sind wir am Boot angekommen. Und wie du dich vielleicht erinnerst, hatten wir einen guten Grund, zurückzukommen.«

»Liebst du mich, Mathis?«

Statt einer Antwort verschloss er meinen Mund mit seinen Lippen. Und nach diesem Kuss hatte ich keine Fragen mehr.

»Wie alt bist du eigentlich genau, Nele?«

Wieso stellte er mir ausgerechnet jetzt diese Frage? Wir saßen gerade an Deck und genossen still die Abendsonne.

»Fünfunddreißig. Wieso?«

»Du bist noch sehr jung.«

»Geht so.«

»Ich werde im nächsten Jahr sechzig ... Fünfundzwanzig Jahre ... Du könntest meine Tochter sein.«

»Bin ich aber nicht.«

»Du machst dir keine Gedanken über unseren Altersunterschied?«

»Ich liebe dich, Mathis. Das ist alles, was zählt.«

»Und in zwanzig Jahren?«

»Wer weiß schon, was in zwanzig Jahre ist. Vielleicht sind wir dann beide tot, oder du hast eine andere, oder ich hab einen anderen, oder ein Atomkraftwerk ist explodiert, oder die Klimakatastrophe hat zugeschlagen oder die Vogelgrippe oder ...«

»Natürlich gibt es tausend Möglichkeiten, das weiß ich auch. Aber eines ist ganz sicher, Nele: Wenn wir dann noch leben, bin ich alt. Und du bist immer noch jung.«

»Geht so.« Oh Mann, ich hatte keine Lust auf diese Diskussion. Ich wollte glücklich sein und sonst gar nichts. »Lass uns schwimmen gehen.«

»Du weichst mir aus.«

»Wie käme ich dazu. Ganz im Gegenteil.«

Damit sprang ich auf, zerrte ihn von seinem Platz und gemeinsam sprangen wir kopfüber ins kühle Nass. Aber tief im

Inneren fühlte ich, dass das Thema damit noch lange nicht erledigt war.

Heute war mein letzter Urlaubstag. Oh nein! Schon morgen früh würde ich nach Hause fahren, Paula käme zurück (wenigstens ein Lichtblick!), der Alltag würde auf uns einstürzen und – schluck! – Mathis wäre nicht mehr da. Bei diesem Gedanken krampfte sich alles in mir zusammen und ich glaubte, nicht mehr atmen zu können. Lieber Gott, lass es nicht wahr werden!

Ich schaute zu meinem Seemann hinüber. Er schien noch tief und fest zu schlafen. Der Glückliche. Er brauchte sich diesen furchtbaren Gedanken noch nicht zu stellen.

Mmh! Er sah zum Anbeißen aus, wie er so dalag, auf dem Rücken, völlig nackt. Völlig willenlos. Ich konnte nicht anders. Meine Hand begann, ihm über die behaarte Brust zu streicheln. Dann erforschte sie Zentimeter für Zentimeter seines muskulösen, sehnigen Körpers.

Meine Zunge lechzte danach, seine Haut zu schmecken. Ich ließ sie seinen Körper hinunterwandern. Als sie sein Geschlecht liebkoste, ließ Mathis ein leises, wohliges Knurren vernehmen, und ich spürte, wie es unter meinen Berührungen fester und fester wurde.

Jetzt wollte ich ihn ganz spüren. Ich setzte mich auf ihn und mein Körper reagierte sofort. Ich genoss seinen Rhythmus und schloss die Augen.

Plötzlich spürte ich zwei Hände, die meine Brüste umschlossen und sie dann kaum spürbar streichelten.

»Mathis«, keuchte ich. »Oh Gott, Mathis, lass mich nie wieder los!« Dann ließ ich mich fallen, und es war, als würde ich in eine andere Welt eintauchen.

»Du verstehst es aber, einen zu wecken, mein Schatz.« Mathis reckte und streckte sich. »Ach Nele, lass uns nie wieder in die harte Welt zurückkehren. Wir hissen die Segel und fahren, wohin der Wind und die Wellen uns tragen, nach Afrika und Südamerika, und wir gucken …«

»… was hinter dem Horizont liegt«, beendete ich seinen Satz.

»Hinter dem Horizont?«

»Hinter dem Horizont. Schon als Kind wollte ich immer wissen, was dahinterliegt.«

»Warum nur haben wir uns nicht schon viel früher getroffen, Nele?« Mathis sprach auf einmal sehr leise und schaute mich mit großen, traurigen Augen an. »Wir hätten gemeinsam die Welt erobert, gemeinsam Erinnerungen gesammelt und gemeinsam in die Zukunft geschaut …«

»Das können wir jetzt auch noch.«

»Ich wünschte, es wäre so. Ja, ich wünschte tatsächlich, es wäre so.« Er sah mir lange tief in die Augen und streichelte mir die Wange. Dann sprang er unversehens auf. »So, und jetzt mache ich uns das beste Frühstück, das du jemals gegessen hast.«

Er verschwand hinter der Kajütentür, und ich hörte, wie er anfing, ein Seemannslied zu trällern. Aber mir war gar nicht nach trällern zumute. Irgendwas hatte sich bei Mathis' Worten wie eine Eisenschnur um mein Herz gelegt und drohte, mir die Luft zum Atmen zu nehmen.

Den ganzen Tag waren wir beide recht schweigsam. Mehrmals, wenn ich Mathis ansah, kämpfte ich mit den Tränen. Er sah so ernst und nachdenklich aus, als würde alle Last der Welt auf seinen Schultern liegen. Er schien in Gedanken weit fort zu sein, und ich traute mich kaum, ihn anzusprechen. War es wirklich richtig gewesen, mit ihm auf dieses herrliche Segelboot zu kommen, um in seinen Armen zu erfahren, wie wundervoll die Liebe sein kann? Morgen würden wir uns trennen müssen, und ich wusste nicht, wie es danach weiterging. Würde ich ihn wiedersehen? Wollte er mich wiedersehen? Diese Fragen waren die reinste Folter, aber – wie immer – traute ich mich nicht, sie ihm zu stellen. Ich hatte Angst, von ihm zu hören, dass es vorbei sei. Panische Angst. Und ich wusste auch, dass diese Entscheidung nicht bei mir liegen würde.

Meine Entscheidung war längst gefallen. Und ich ahnte, dass er es wusste. Und ich ahnte auch, dass er sich diese Entscheidung nicht so einfach machte wie ich. Wenn er mir doch nur sagen würde, wo er eigentlich die Probleme sah. Aber er schwieg. Gnadenlos. Und starrte aufs Meer hinaus, als könne er hier die Antwort finden. Ich konnte nur abwarten.

Gegen Abend liefen wir in den Hafen ein. Schweigend vertäuten wir das Boot. Es gelang mir kaum noch, die Tränen zurückzuhalten.

»Ich mache morgen Klarschiff. Komm, ich bring dich jetzt zu deiner Wohnung.«

Ich brachte kein Wort hervor und folgte ihm stumm von Bord. Am Hafen war von überall fröhliches Gelächter und Stimmengewirr zu hören. Ich hörte französische, italienische und niederländische Wortfetzen heraus. Hier schien sich die halbe Welt zum fröhlichen Stelldichein versammelt zu haben. Es gab anscheinend nur zwei Menschen, denen so überhaupt nicht zum Lachen zumute war.

War es wirklich erst drei Tage her, dass ich hier in strahlendster Laune mit Mathis an Bord gegangen war? Im Moment glaubte ich, niemals wieder lachen zu können. Was würde Mathis mir gleich sagen?

Er trottete nur still vor mir her, und genau wie ich warf er keinen Blick zurück aufs Boot. Mehrmals schallte ein *»Moin, Mathis!«* zu uns herüber, aber Mathis hob jedes Mal nur kurz die Hand zum Gruß an seine Schiffermütze.

An der Ferienwohnung angekommen, schloss ich die Tür auf und ließ mich stumm in einen Sessel fallen. Jetzt ließ ich meinen Tränen freien Lauf. Ich heulte und heulte, und Mathis stand hilflos daneben und strich mir über den Kopf.

Und dann stellte ich die Frage, der ich die ganze Zeit ausgewichen war und die ich am meisten fürchtete. »Werden wir uns wiedersehen?«

»Sollten wir uns denn wiedersehen?«

»Wir gehören zusammen, Mathis, ich denke, das weißt du genauso gut wie ich. Oder ... oder willst du mich womöglich gar nicht wiedersehen?«

»Wenn's nach mir ginge, Nele, würde ich dich gar nicht erst gehen lassen. Aber ich fürchte, es geht diesmal nicht nach mir.«

»Nach wem geht es denn?«

Er machte nur eine ausladende Handbewegung, die zu sagen schien: *Nach allen anderen, nur nicht nach mir.*

»Wohnst du eigentlich weit von mir entfernt? Ich habe mich die ganze Zeit nicht getraut zu fragen. Ich meine, es liegt doch keine Weltreise zwischen uns, oder?« Er drehte sich zu mir um und streckte drei Finger in die Luft. Was wollte er mir damit sagen?

»Dreihundert Kilometer?«

Er schüttelte den Kopf. Oh mein Gott, doch nicht …

»Dreitausend?«

»Nein. Dreißig.«

»D-R-E-I-ß-I-G …!?« Ich betonte jeden Buchstaben einzeln. »Oh Mathis, das ist ja … keine Verarschung?«

Er schüttelte den Kopf und nannte den Namen seines Wohnortes. Mir fiel die Kinnlade herunter. Das war ja wirklich gleich bei mir um die Ecke!

Mathis blickte nach wie vor sehr ernst. Mir wurde plötzlich ganz schlecht. Denn langsam begriff ich …

»Du willst keine Beziehung mit mir, stimmt's?«

Mathis holte tief Luft, als müsste er jetzt alle Kraft der Welt sammeln. »Von Wollen kann wirklich nicht die Rede sein, Nele. Ich schwöre bei allem, was mir heilig ist, dass es nichts gibt, was ich mehr wollte. Aber …«, wieder holte er tief Luft, »nein, Nele, es geht nicht. Es würde nicht gut gehen.«

Völlig benommen ließ ich mich zurücksinken. Das war doch jetzt nicht wahr!

Ich kniff die Augen zu. Das hier musste doch ein schlechter Traum sein. Gleich würde ich aufwachen und alles wäre gut. Aber als ich die Augen wieder öffnete, stand Mathis immer noch vor mir und schaute mich unendlich traurig an. Ich wollte auf der Stelle tot sein.

»Was hab ich denn falsch gemacht, ich meine, warum tust du mir das an?« Ich konnte nur noch flüstern.

»Du? Es war alles mein Fehler. Ich hätte es gar nicht so weit kommen lassen dürfen. Ich hätte es wissen müssen. Aber ich war zu schwach. Glaube mir, Nele, es ist für uns beide das Beste. Irgendwann wirst du es verstehen.«

»Nele, dazu bist du noch zu klein. Wenn du mal groß bist, wirst du es verstehen.« Das hatte meine Mutter immer zu mir gesagt, als ich noch ein kleines Kind war. Wie sehr ich diesen Satz gehasst hatte!

»Ich bin kein kleines Kind mehr, Mathis. Dann erklär es mir, bitte. Das kann ich ja wohl erwarten.«

Wieder strich er mir sanft über den Kopf. »Werde glücklich, Nele. Vergiss mich, so schnell wie du kannst. Und komm auch nicht vorbei oder rufe an. Es wäre nicht gut.« Er legte mir nur kurz die Hand auf die Schulter und fügte so leise hinzu, dass ich es kaum verstehen konnte: »Ich liebe dich, Nele. Ich liebe dich so sehr.« Dann drehte er sich um und ging hinaus.

»Dann bleibe bei mir«, sagte ich ebenso leise, als die Tür hinter ihm ins Schloss fiel.

7

»Oh Himmel, Nele, du siehst ja scheiße aus!«

»Danke, genau das habe ich jetzt gebraucht.«

Sandra nahm mich in den Arm. »Entschuldige. Aber was ist denn los? Ich dachte, du hättest einen wunderbaren Urlaub gehabt!?«

»Hatte ich ja auch, aber dann …«

»Mist, er hat dich unglücklich gemacht. Dieser … wie hieß er noch gleich?«

»Mathis.«

»Mathis. Hm … eigentlich ein süßer Name …na, egal, nun erzähl mal. Was ist passiert? Was hat er dir angetan, der Mistkerl?«

»Oh Sandra, es tut so weh!« Anstatt mit meiner Geschichte herauszurücken, fing ich hemmungslos an zu heulen.

Meine Rückfahrt von der Nordsee war der reinste Horrortrip gewesen. Ein Wunder, dass ich überhaupt heile angekommen war. Ich war noch in derselben Nacht gefahren, keinen Augenblick länger wollte ich dort bleiben, wo Mathis mich verlassen hatte. Wie eine Irre war ich über die Autobahn gefahren, als könnte ich vor mir selbst fliehen. Aber das hatte natürlich nicht funktioniert. Ich war mit mir hier angekommen.

Den ganzen Tag über hatte ich auf meinem Bett gelegen und an die Decke gestarrt. Bis es an meiner Tür Sturm klingelte und ich Paulas aufgeregte Stimme hörte. Widerwillig war ich aufgestanden, wollte mir aber auf keinen Fall etwas anmerken lassen.

Als ich die Tür öffnete, versuchte ich ein strahlendes Lächeln, was mir wohl auch halbwegs gelang. Aber Paula hatte mir sowieso nicht viel Aufmerksamkeit geschenkt, sondern wollte – nachdem sie mich anstandshalber kurz umarmt hatte – lieber gleich mit Anneke im Garten spielen.

Und jetzt waren die Kinder draußen. Christoph lud – nachdem er mit einem kritischen Blick meinen Zustand erfasst hatte – lieber alleine das Gepäck aus, und ich saß hier mit Sandra und meinte, nie wieder glücklich zu werden.

»Okay. Heul dich erst mal aus. Ich hol dir derweil einen Kognak. Mir scheint, den brauchst du jetzt.« Mit einem nun wirklich besorgten Blick steuerte Sandra ihre Minibar an.

»Hier, trink!« Sie reichte mir ein großzügig gefülltes Glas.

»Danke.«

Ich leerte das halbe Glas auf einmal und fühlte mich sofort etwas besser. Dann begann ich, Sandra mein Herz auszuschütten. Sie hörte aufmerksam zu und unterbrach mich kein einziges Mal. Nur als ich auf unseren Segeltörn zu sprechen kam, entfuhr ihr ein leises »Wow!«.

»Und du meinst nicht, dass er dir etwas vorgemacht hat, Nele? Er wollte nicht nur ein schnelles Abenteuer und dann hasta la vista?«

»Nein, Sandra, ich glaube, er liebt mich wirklich.«

»Das will ich ihm auch geraten haben!«

»Und, was nützt es?«

»Wenn er dich wirklich liebt und du dir da nichts einredest …«

»Aber ich weiß es, was heißt hier einreden!«, rief ich empört.

»Ja, ist ja gut. Also, wenn er dich wirklich liebt und du ihn auch, dann schnapp ihn dir. Egal wie, aber schnapp ihn dir!«

»Ich weiß nicht. Er hat doch gesagt …«

»Klar, er will es so einfach wie möglich. Aber wenn du mich fragst, zumindest eine Erklärung ist er dir noch schuldig.«

»Aber was bringt mir denn eine verdammte Erklärung. Ihn will ich, keine Erklärung.«

»Also, ich an deiner Stelle ...«

»Du bist aber nicht an meiner Stelle«, sagte ich schnippisch, was mir aber sofort leidtat. Was konnte schließlich Sandra dafür, dass es mir so dreckig ging? Sie wollte mir nur helfen. »Tut mir leid, Sandra«, entschuldigte ich mich, und noch während ich sprach, wusste ich plötzlich, was ich zu tun hatte. »Ich werde ihn vergessen, Sandra. Ich denke, es ist das Beste. Er will mich nicht, er hat es mir gesagt, ich weiß es jetzt und basta!« Entschlossen reckte ich mein Kinn in die Höhe. Ja, ich würde ihn aus meinem Kopf streichen.

Mein Vorsatz, nie wieder einen Mann an mich heranzulassen, war zwar zwischendurch etwas ins Wanken geraten, aber das lag bestimmt ausschließlich an der Urlaubsstimmung. War ja auch eine blöde Idee gewesen, alleine in Urlaub zu fahren. Nächstes Mal würde ich wieder meine Paula mitnehmen. Mit Kind guckte mich sowieso kein Mann an.

»Es freut mich, das zu hören, Nele. Ja, das wird bestimmt das Einfachste sein.« Sandra schenkte mir ein aufmunterndes Lächeln, aber ihr Blick schien zu sagen: *Das glaubst du doch wohl selbst nicht.* »So, und jetzt bestellen wir uns eine Pizza und eine große Flasche Rotwein und trinken auf die Zukunft!« Sie griff prompt zum Telefon und bestellte.

Mir war eigentlich nicht nach Essen, aber wenn ich den Sieg über die Männerwelt davontragen wollte, musste ich wohl bei Kräften bleiben.

»Okay«, murmelte ich also lahm und bemerkte im gleichen Moment Christoph, der über das ganze Gesicht strahlend zur Tür hereinkam – und vor allem das, was er auf dem Arm trug ...

Oh nein!

»Guck mal, Nele, hat Sandra für ihre Eltern mitgebracht. Du weißt ja, Sandras Vater ist ein leidenschaftlicher Segler und sammelt Modelle. Sandra meinte, so einen schönen Kutter ...«

Nein, das war einfach zu viel für meine verletzte Seele. Der Kutter sah exakt so aus wie unsere *Spieker*. Alle guten Vorsätze waren auf einmal dahin, und hemmungslos schluchzend warf ich mich aufs Sofa.

Verzweifelt blickte Christoph seine Frau an. »Aber ... was hab ich denn ...?«

»Trottel!«, fauchte sie nur und kam zu mir herüber, um mich zu trösten.

Das Pizzaessen verlief daraufhin recht schweigsam.

»Weißt du, wer heiratet?«

»Nee, wer denn?« Meine Mutter rief wie immer im unmöglichsten Moment an. Gerade versuchte ich, Ordnung in Paulas Lockenwirrwarr zu bekommen. Nach dem Urlaub sah sie aus wie Bob Marley.

»Hatte keine Lust, mich zu kämmen, und Anneke meinte auch, es sieht voll cool aus«, war ihr einziger Kommentar gewesen.

Auf die Ankündigung, ich würde die Pracht jetzt einfach abschneiden, hatte sie nur mit einem »Pah!« reagiert. Sie wusste schließlich, wie stolz ich auf ihre schönen Haare war.

Die Drohung in die Tat umzusetzen, hätte also in erster Linie mir wehgetan.

»Silvia Blankenstein!«

»Guck an.«

»Sonst hast du dazu nichts zu sagen?«

Was, um Himmels willen, hätte ich dazu sagen sollen? Klar wusste ich, worauf meine Mutter hinauswollte.

Silvia Blankenstein war mit Abstand das hässlichste Mädchen an unserer Schule gewesen. Die Arme.

»*Frankenstein! Frankenstein!*«, hatten wir ihr immer hinterhergerufen. Nicht sehr originell, aber wirkungsvoll.

So, nun hatte also auch sie einen Kerl abbekommen. Nur die Tochter meiner Mutter noch nicht. Tragisch!

»Hoffentlich wird sie glücklich.«

»Nele! Sil-vi-a Blan-ken-stein! Du erinnerst dich doch an sie!?«

»Natürlich, Mutter.«

»Wenn sogar die einen Mann hat, wieso hast du dann noch keinen?« Na, endlich brachte sie es auf den Punkt.

»Hab ich doch.« Mir war da spontan eine Idee gekommen.

»*Du* hast einen *Mann*? Aber Nele, das ist ja wunderbar! Das muss ich gleich Emilie erzählen.« Emilie war ihre Busenfreundin. Wenn die es wusste, dann auch bald die ganze Stadt. »Erzähl mal, mein Schatz, was macht er denn beruflich, was machen seine Eltern?«

»Er ist Architekt, sechzig Jahre alt, verheiratet und hat drei Kinder. Und seine Eltern sind vermutlich tot.«

»Oh!«

»Und, willst du es immer noch Emilie erzählen?«

»Ach, das war doch nur so dahingesagt.«

»Aber du könntest ihn kennenlernen. Komm doch einfach mal mit Papa am Sonntag vorbei.«

»Nee, du, lass mal. Wir ... nun ... wir sind eigentlich gar nicht da. Äh ... wohnt der jetzt etwa bei dir?«

»Mutter, er ist verheiratet. Wie soll er denn da bei mir wohnen? Aber manchmal bleibt er über Nacht.«

»Ja ... äh ... schön. Du machst es schon richtig, Kind.«

Na also, das Thema kam für die nächsten Monate nicht mehr aufs Programm.

»Und sonst so, Mutter, alles im Lot?«

»Ja, ja, nur Vater und sein Ischias. Du weißt ja. Und Paula?«

»Ihr Ischias ist okay.«

»Tatsächlich!« Sie hatte mir mal wieder gar nicht zugehört.

»Willst du sie mal sprechen?«

»Wen?«

»Deine Enkelin, Paula.«

»Ach ja, gib sie mir doch mal.«

Paula presste sich den Hörer ans Ohr und musste anscheinend einen längeren Monolog über sich ergehen lassen.

Dann hörte ich: »Nee, Oma, ich hab doch Ferien!« Pause. »Nee, ich war doch in Rügen.« Pause. »Nee, Mama war nicht mit.« Pause. »Die war doch woanders und hat kein Picknick gemacht.« Pause. »Nee, der Arschiteck nicht, aber Knut war mit.«

Bingo! Meine Tochter! Jetzt würde Mutter wahrscheinlich nie wieder nach meinen Männergeschichten fragen. Knut, der Elch, welch genialer Einfall!

»Oma hat Tschüss gesagt.«

Na bitte!

Nur widerwillig ging ich am nächsten Tag ins Büro. Auf meinem Schreibtisch stapelten sich die Unterlagen. Na gut, dachte ich resigniert, Arbeit lenkt ab. Seufzend machte ich mich ans Werk. Was in zwei Wochen für ein Müll auflief, war einfach unglaublich.

Wieso hatte Vera das eigentlich nicht vorsortiert?

Das meiste jedenfalls schickte ich gleich in Ablage P.

Ach, was war denn das? Eine Anfrage für die Teilnahme an einer Podiumsdiskussion. Hm.

Wieso lag die denn bei mir? Das war doch Marcos Part. Würde ihn später fragen.

Die Tür ging auf und Vera kam herein. »Ach, hallo Nele, wie war dein Urlaub? Bist ja gar nicht braun geworden.«

Ganz ruhig, Nele! »Hallo Vera, ist Marco schon da?«

»Nö, der musste noch zum Bürgermeister.«

»Was will er denn ...« Das Telefon klingte. Ich nahm ab. Es war der Baudezernent. »Hallo Herr Schlüter!«, meldete ich mich.

Vera ging wieder hinaus.

»Hallo Frau Martens, hatten Sie einen schönen Urlaub?«

»Ja, sehr erholsam, danke.«

»Das ist ja schön. Weshalb ich Sie anrufe: Ich hätte da so eine Idee.«

»Ach. Worum geht's denn?«

»Wir haben doch das Grundstück im Nelkenweg. Sie wissen, welches ich meine?«

»Das ist mir bekannt, ja.«

»Fein. Ja, also ich hätte da so eine Idee.«

»Das sagten Sie bereits.«

»Ja, richtig. Wie würden Sie es finden, wenn wir auf diesem Grundstück eine Kita errichten würden? In städtischer Trägerschaft, natürlich.«

Schnell legte ich meine Hand auf die Sprechmuschel. Ich konnte nicht anders. »*Aaaaaaahhhhhhhh!!!*«, schrie ich aus Leibeskräften in den Raum. Puh, das hatte gutgetan.

Kurz darauf wurden meine beiden Bürotüren aufgerissen, und zwei völlig entsetzte und besorgte Gesichter, das von Vera und das von Marco, blickten mir entgegen.

»Der Baudezernent«, sagte ich nur lächelnd.

»Frau Martens?«

»Ja, Entschuldigung, ich musste nur kurz mal ...«

»Na, macht ja nichts. Also, was halten Sie von der Idee?«

»Ich ... ich weiß gar nicht, was ich sagen soll.«

»Nein, nicht wahr? Dass ich darauf auch nicht eher gekommen bin. Aber besser spät als nie, nicht wahr? Haha.«

»Und die Kita im Lärchenweg?«, fragte ich vorsichtig.

»Lärchenweg? Nein, nein, schlechter Standort, ganz schlechter Standort.«

»Hätte aber den Vorteil, dass die Planungen schon abgeschlossen sind. Wir könnten die Wartelisten schneller bedienen.«

»Nein. Nein, ich glaube nicht, dass die Dringlichkeit da so groß ist. Der Nelkenweg ist perfekt. Wir sollten baldmöglichst mit den Planungen beginnen. Ja, am besten treffen wir uns zu einem informellen Gespräch. Gleich nach meinem Urlaub.«

»Wann wäre das?«

»In vier Wochen. Ach nein, warten Sie, das wäre ja doch ein bisschen schnell ... ich sehe gerade ... ach, die Termine, die Termine. Frühestens in sechs Wochen. Würde Ihnen das passen, so kurzfristig?«

»Uff, warten Sie doch bitte einen Moment.« Ich raschelte wie wild mit einem Zettelblock. »Oje, schwer, sehr schwer ... aber ... ach ja, in sechs Wochen, am Mittwoch, da könnte ich noch was freischaufeln. Ja, das müsste gehen ... um zehn?«

»Um zehn, ja, perfekt. Na, nur gut, dass wir so flexibel sind, gelle, Frau Martens?«

»Dann wünsche ich Ihnen einen angenehmen Urlaub.«

»Vielen Dank, und Ihnen angenehmes Schaffen. Haha.«

Langsam ließ ich den Hörer auf die Gabel sinken und atmete einmal tief durch. Ich musste hier raus, egal wie.

»Hallo Nele, Süße, hattest du einen schönen Urlaub?« Marco kam auf mich zu und drückte mir ein Küsschen auf die Wange.

»Ja, sehr erholsam … ach Scheiße, nee …doch …«

»Was denn nun?«

»Es war wunderschön, aber dann …« Die Erinnerung an Mathis trieb mir plötzlich wieder die Tränen in die Augen.

Marco blickte mich besorgt an. »Du bist irgendwie schlecht drauf, oder? Siehst auch nicht so gut aus. Ich glaube, wir gehen jetzt mal bei *Alfonso* einen wundervollen Cappuccino trinken und du schüttest mir dein Herz aus. Wenn du magst.«

Ich nickte stumm und griff nach meinem Rucksack.

»Was wollte denn Herr Schlüter von dir?«, fragte Marco, als wir die Straße hinunterliefen. »Deiner etwas außergewöhnlichen Reaktion nach zu urteilen, konnte er mit seinem Anliegen wohl nicht so wirklich gut bei dir landen.«

»Er will eine Kita bauen. Im Nelkenweg.«

»Mal was anderes.«

»Er war ganz stolz auf seine Idee.«

»Hat ja auch was Originelles. Über den Nelkenweg wurde bisher noch nicht gesprochen.«

»Und warum warst du beim Bürgermeister?«

»Er will eine Kita bauen. In der Rosenstraße.«

»Ach so. Na dann.«

Bei *Alfonso*, dem besten italienischen Café der Stadt, war es mal wieder gerammelt voll. Ich fand es immer wieder erstaunlich, wie viele Menschen an einem ganz normalen Arbeitstag Zeit hatten, hier herumzulümmeln. Andererseits, ich tat es ja auch. Wir quetschten uns zu einem Tisch durch, der gerade frei wurde.

Schon kam die Kellnerin an, um das schmutzige Geschirr abzuräumen. Sie bekam gleich unsere Bestellung mit auf den Weg.

»So, nun leg mal los. Welcher Mistkerl ist dir in die Quere gekommen?«

»Woher willst du wissen, dass es ein Mistkerl war?«

»Weil nur irgendwelche Mistkerle es schaffen, diesen traurigen Ausdruck in die Augen einer hübschen Frau zu bringen.«

»Mistkerl. So hat Sandra ihn auch genannt.«

»Und wie nennst du ihn?«

»Mathis.«

»Und dieser Mathis hat unserer Nele das Herz gebrochen.«

»Das ist nicht witzig.«

»So war es auch nicht gemeint. Also, wer hat meiner Traumfrau was angetan?«

Traumfrau. Spontan schenkte ich Marco ein Lächeln. Natürlich war ich nicht seine Traumfrau, denn die hieß Ines und war die Mutter seines Sohnes und eine gute Freundin von mir. Eine zierliche Frau, das hübsche Gesicht von lustigen braunen Locken umrahmt.

Es war stadtbekannt, dass Marco sie vergötterte und andere Frauen allenfalls als geschlechtsneutral wahrnahm, seit er Ines kannte. Was schon so manches Mädel in eine tiefe Sinnkrise gestürzt hatte. Marco war keineswegs das, was man allgemein als hübsch oder gut aussehend bezeichnet hätte. Aber mit seinem schwarzen Wuschelkopf und seinem jungenhaften Charme war er schon an der Uni einer der ganz großen Favoriten gewesen. Der Einzige, der davon nie etwas mitbekommen hatte, war er selbst. Er hatte nur Augen für Ines gehabt. Und daran hatte sich bis heute nichts geändert.

Genauso wie Sandra erfuhr Marco meine ganze Urlaubsgeschichte, und genauso wie sie unterbrach er mich nicht ein einziges Mal. Er schaute mich nur mit seinen dunklen Augen an und nickte mir ab und zu aufmunternd zu.

»Na, mir scheint, dieser Mathis muss dich wirklich sehr lieben«, stellte er wider Erwarten fest, als ich mit dem Erzählen fertig war.

»Wie kommst du denn darauf?« Ich war baff. Gerade war er doch noch ein Mistkerl gewesen.

»Ich bin ein Mann.«

»Und das heißt?«

»Ich habe mich ganz klar getäuscht. Er ist kein Mistkerl. Alles an seinem Verhalten weist darauf hin, dass er dich liebt.«

»Na, dann habt ihr Männer aber eine nette Art, uns das zu zeigen. Könntest du mir das bitte näher erklären?«

Ich war nun völlig verunsichert. Wenn jemand Mathis einen Mistkerl nannte, konnte ich damit umgehen. Ich glaubte, es nur oft genug hören zu müssen, um schließlich irgendwann selbst davon überzeugt zu sein. Aber das?

»Er wollte dich schützen, Nele. Ich weiß nicht, wovor. Aber er wollte dich schützen.«

»Mich? Wohl eher sich selbst.«

»Sich selbst vielleicht auch ein Stück weit, das kann sein. Aber in erster Linie dich, da bin ich mir sicher.«

»Du machst es mir jetzt aber auch nicht leicht.«

»Oh, entschuldige, ich dachte, du wolltest meine ehrliche Meinung hören.« Er schaute mich mit gespielter Empörung an, woraufhin ich ihm schnell ein Küsschen auf die Wange drückte.

»Klar. Und jetzt?«

»Finde heraus, wovor er dich schützen will und ob du diesen Schutz willst. Kann ja sein, er hat recht. Ansonsten schnapp zu.«

»Als ob das so einfach wäre.«

»Das sagt ja keiner. Denk drüber nach.«

»Hm. Mal schauen.«

Meine Gedanken fuhren Achterbahn, und ich fühlte mich nicht in der Lage, weiter über dieses Thema zu sprechen. Ich musste erst mal alleine über Marcos Offenbarung nachdenken.

»Was ist eigentlich mit der Einladung zur Podiumsdiskussion? Wieso liegt die bei mir auf dem Schreibtisch?«

»Ich dachte, es wäre vielleicht interessant für dich.«

Dankbar stellte ich fest, dass Marco meinen Versuch eines Themenwechsels kommentarlos zur Kenntnis nahm.

»Aber wenn ich es richtig verstanden habe, war es doch eine Einladung, dort als einer der Diskussionspartner aufzutreten.«

»Eben. Eine Einladung an dich.«

»An mich? Aber ich habe so etwas noch nie gemacht!«

»Es ist genau dein Thema, Nele. Schwerpunktmäßig soll es um den Einsatz erneuerbarer Energien im Stadtumbau gehen. Genau dein Thema.«

»Aber du kannst viel besser reden als ich.« Alles in mir wehrte sich dagegen, mit irgendwelchen angeblichen Koryphäen vor irgendwelchem Publikum auf irgendeinem Podium irgendwelche Ansichten zu diskutieren. Allein der Gedanke trieb mir die Schweißperlen auf die Stirn.

Aber ich wusste, dass Marco sich diesmal nicht erweichen lassen würde. Irgendwie hatte er einen gewissen Ehrgeiz dahingehend entwickelt, mich zu einem Menschen der Öffentlichkeit zu machen.

Er wusste, dass ich von Natur aus eher schüchtern war und mir viel weniger zutraute, als es allem Anschein nach andere taten.

Vielleicht hatte er recht. Vielleicht musste ich einfach meinen inneren Schweinehund überwinden, und dann würde es irgendwann aufhören, das Lampenfieber.

Aber ich war mir nicht sicher, ob ich das überhaupt wollte. Man konnte mich doch einfach still in meinem Eckchen arbeiten lassen.

Es kam, wie ich befürchtet hatte. »Es ist dein Thema, Nele. Ich werde es dir diesmal nicht abnehmen.« Mist!

»Okay, ich mach es.«

Was blieb mir denn übrig, wenn unser Unternehmen auch weiterhin Aufträge bekommen sollte? Und wer weiß, vielleicht waren irgendwann ja auch mal ein paar mehr private Aufträge dabei, dann müsste ich mich nicht mehr ständig mit Bürgermeistern und Dezernenten herumquälen …

»Ich bin stolz auf dich!«

»Ich weiß.«

Und ich, war ich auch stolz auf mich?

Abends lag ich noch lange wach und dachte über mein Gespräch mit Marco nach. Wie kam er nur darauf zu sagen, dass Mathis mich wirklich liebte? Und vor allem, was meinte er damit, Mathis wolle mich schützen?

Ich ließ die Tage mit Mathis wieder und wieder Revue passieren. Was er gesagt hatte, über seinen Beruf, seine Familie, sein Leben. Die Geschichten, die er mir erzählt, die Blicke, die er mir zugeworfen, und sein Lächeln, das er mir geschenkt hatte. Und die Nächte! Ja, er liebte mich, da hatte Marco sicherlich recht. Das alles war kein Spiel gewesen. Schließlich war er Architekt und kein Schauspieler – oder?

Aber mich schützen? Nein, darauf fiel mir wirklich keine Antwort ein, soviel ich auch darüber nachdachte. Diese Frage konnte mir nur einer beantworten. Und der wollte – oder konnte? – mich nie wiedersehen.

Vielleicht würde er es in seinem Testament vermerken, dachte ich bitter und sah mich – ähnlich wie in meinem Lieblingsfilm *Die Brücken am Fluss* – ergraut und mit tränenüberströmtem Gesicht am Nordseestrand stehen, in der Hand seinen Abschiedsbrief und die kleine Mundharmonika, die er mir als Andenken hatte zukommen lassen. Und vor mir die Urne mit seiner Asche, die ich, so sein Letzter Wille, ins Meer streuen sollte.

Von Rührung und Selbstmitleid übermannt, fing ich wieder an, in meine Kissen zu weinen. Warum nur war das Schicksal so gemein zu mir? Zu uns? Zur größten Liebe seit Romeo und Julia?

»Oh Mathis, ich liebe dich so sehr«, murmelte ich verzweifelt. Dann schlief ich ein, aber mein Seemann verfolgte mich bis in meine Träume.

»Warum guckst du schon wieder so komisch?«

Ich schreckte aus meinen Gedanken hoch. »Wie? Wer guckt komisch?«

»Na, du!«

»Wie guck ich denn?«

»Na, komisch halt. So, wie du dauernd guckst in letzter Zeit.«

Mein armes Kind! Da stand sie vor mir und schaute mich mit schief gelegtem Kopf kritisch an. Natürlich war es ihr nicht entgangen, dass ihre Mutter zu nichts zu gebrauchen war seit dem Urlaub. Und nicht nur das.

Schon ein paar Mal war es jetzt vorgekommen, dass ich sie grundlos angebrüllt hatte. Völlig irritiert hatte sie mich dann angeschaut und angefangen zu weinen. Und ich kam mir dann so schlecht vor, so abgrundtief schlecht und gemein. Warum musste ich meinen Frust an dem armen Kind auslassen?

»Bist du immer noch böse, dass ich mit Anneke in Urlaub gefahren bin?«

»Aber Paula, ich war doch nie böse, dass du mit Anneke in Urlaub gefahren bist.« Was machte sich dieses Kind nur für Gedanken! »Es hat dir doch Spaß gemacht, oder? Und das ist doch das Wichtigste.«

»Ja, war super.« Paula guckte schon nicht mehr ganz so geknickt. »Du, Mama?«

»Hm?«

»Warum können wir nicht am Meer wohnen? Da ist es viel, viel schöner als hier.«

»Weil ich hier arbeite und du hier zur Schule gehst.« Was für eine selten dämliche Ausrede! Das durchblickte natürlich auch meine Tochter sofort.

»Da gibt es aber auch Schulen, hat Sandra gesagt.«

»So, sagt sie das.«

»Oh Mama, bitte, bitte! Lass uns doch am Meer wohnen!«

»Und deine Freundinnen? Die würden doch alle hierbleiben«, gab ich zu bedenken.

»Nee, Anneke kommt auch mit, hat sie gesagt.«

»Wissen Sandra und Christoph das schon?«

»Nee, aber sie sagt es ihnen heute.«

»Aber Paula, so einfach ist das doch nicht!«

»Wieso denn nicht?«

Ja, wieso eigentlich nicht? »Weil ... sollen wir was spielen? Memory vielleicht?«

»Spielen ist doof, ich will ans Meer!«

Tja, mein Kind war keine drei mehr. Da hatte solch ein Ablenkungsmanöver immer geklappt.

»Also gut, ich spreche mal mit Sandra darüber und dann schauen wir weiter, okay?«

»Versprochen?«

»Versprochen!«

»Ich zieh ans Meer, ich zieh ans Meer, ich zieh ans Meer!« Meine Tochter tanzte ausgelassen durch die Wohnung. »Ich geh gleich zu Anneke und sag ihr das.« Wumms! Da fiel auch schon die Haustür ins Schloss.

»Und, wann zieht ihr um?«

»Wie, umziehen?«

»Paula sagt, ihr zieht ans Meer.« Grinsend saß Sandra, die Beine bis zum Kinn angezogen, in ihrem großen Ohrensessel, den ihr Christophs Oma vermacht hatte. Draußen goss es in Strömen, und wir hatten es uns bei einer Tasse Tee gemütlich gemacht.

»Ach so, ja, und Anneke nehmen wir mit.«

»He?«

»Das haben die zwei doch so besprochen, haben sie dir das noch nicht mitgeteilt?«

»Ach, deswegen fragt Anneke ständig nach Kartons. Sie packt wohl schon.«

»Die Armen, und jetzt?« Ratlos blickte ich zu meiner Freundin hinüber. Die Kinder meinten es wohl tatsächlich ernst. Das würde eine herbe Enttäuschung geben. Hoffentlich kam Paula nicht auf die Idee abzuhauen, so wie ich damals. Oder wie Jürgen, Mathis' Bruder.

»Wir werden es ihnen wohl schonend beibringen müssen.«

Just in dem Moment kamen die Kinder mit vor Aufregung rot glühenden Bäckchen zur Tür hereingefegt.

Anneke rannte auf ihre Mutter zu. »Kriegen wir dann auch ein Pony, wenn wir am Meer sind? Am Strand kann man nämlich ganz toll reiten. Das haben wir gesehen!« Sie strahlte ihre Mutter an wie ein Christbaumengel.

Die Mädchen gingen seit fast einem Jahr zum Voltigieren und kannten seitdem kaum ein anderes Thema als Pferde und Ponys.

»Wann fahrt ihr denn ans Meer?«, fragte Sandra mit unschuldigem Blick.

»Aber wir wohnen doch bald da, hat Mama gesagt.« Paula sah mit großen Augen abwechselnd zu Sandra und mir, als könne sie die Frage überhaupt nicht verstehen.

»Das habe ich nicht gesagt, Paula«, setzte ich mich prompt zur Wehr. »Ich habe nur gesagt, ich würde mal mit Sandra darüber sprechen.«

»Aber bei Mama ist das doch eh klar, die will doch sowieso immer ans Meer.« Anneke machte eine wegwerfende Handbewegung, als wären ihre Eltern bei dieser Angelegenheit doch gar nicht das Thema.

»Woher willst du denn das wissen?«, hakte Sandra erstaunt nach.

»Das sagst du andauernd, wenn wir bei Oma und Opa sind.«

»Ach, tatsächlich, was du alles mitkriegst!«, bemerkte Sandra kopfschüttelnd.

Ich hatte das Gefühl, dass diese unsinnige Diskussion womöglich noch Stunden, wenn nicht Tage dauern könnte, wenn ich nicht mal ein paar klare Worte anbringen würde.

»Also, Fakt ist, dass wir nicht von heute auf morgen einfach ans Meer ziehen können. Dazu brauchen wir, so wir es denn überhaupt wollten, einiges an Vorbereitungszeit. Von einem Job für mich, Christoph und Sandra mal ganz abgesehen. Am besten, ihr geht jetzt wieder spielen und vergesst die Sache mit dem Meer erst mal.«

Wie erwartet lösten diese Worte bei den Kindern zunächst Erstaunen aus, von dem sie sich aber rasch erholten, um im nächsten Moment hysterisch loszukreischen.

Bis ich sie schließlich zur Tür hinausschob und diese energisch hinter ihnen schloss, war viel von »Erwachsene sind blöd und gemein« und »neue Eltern suchen« zu hören.

»Ach«, seufzte Sandra, »eigentlich haben die zwei ja recht. Warum nur machen wir Erwachsene alles immer so kompliziert? Eigentlich stellen wir uns damit doch nur selbst ein Bein.«

Nachdenklich starrte ich auf mein Teeglas und dachte an Mathis, der sich von wem oder was auch immer gezwungen fühlte, standzuhalten und seinen Wunsch nach Freiheit zu unterdrücken.

Ich dachte an das Fernweh, das mich regelmäßig übermannte und das ich mit allen Mitteln versuchte zu ignorieren, anstatt einfach zu neuen Ufern aufzubrechen.

Und an das Unverständnis und milde Lächeln, das einem von seinen Mitmenschen entgegenschlug, wenn man es wagte, eine Änderung seiner bisherigen Lebensweise auch nur ansatzweise in Betracht zu ziehen.

Ja, warum spielten wir alle mit, wenn wir es eigentlich gar nicht wollten?

»Das ist der Preis fürs Sesshaftwerden«, stellte ich schließlich fest. »Wären wir Nomaden geblieben, müssten wir solche Diskussionen heute gar nicht erst führen. Wir wären frei und könnten hingehen, wohin wir wollten. Ja, eindeutig. Dass wir heute hier sitzen, haben wir einer folgenreichen Fehleinschätzung des menschlichen Geschlechts im Laufe der Evolution zu verdanken.«

»Findest du das jetzt nicht ein wenig weit hergeholt?«

Nein, das fand ich eigentlich gar nicht.

Die Podiumsdiskussion lag mir schwer im Magen, rückte mein Auftritt doch unweigerlich von Tag zu Tag näher. Nur noch zwei Wochen und ich würde mich vor versammelter Fachwelt blamieren. Denn dass es so kommen würde, war sowieso klar. Schon bei meinen Referaten an der Uni hatten sich die Black-outs gegenseitig die Klinke in die Hand gegeben, und der rote Faden, der sich immer so wunderbar durch meine schriftlichen Manuskripte geschlängelt hatte, lag nach meiner mündlichen Darbietung regelmäßig in unzähligen ausgefransten Fusseln am Boden. Einen Sachverhalt in eine aussagekräftige schriftliche Form zu bringen, gelang mir eigentlich immer. Wenn ich das Gleiche aber sprechenderweise kundtun sollte, versagte ich ganz kläglich.

Frustriert kaute ich auf meinem Bleistift herum. Vielleicht sollte ich mir gar kein Manuskript machen? Und außerdem, was sollte ich mir schon großartig zurechtlegen, hatte ich doch keine Ahnung, was meine Mitstreiter so von sich geben würden.

Zum Glück bewahrte mich das Klingeln des Telefons zunächst vor einer Entscheidung.

»Kannst du Anneke heute mitnehmen?« Sandra klang sehr aufgeregt.

»Klar, was ist denn los? Du bist ja ganz außer Atem.«

»Oh Nele, du wirst es nicht glauben, ich glaube es ja selbst nicht. *Es ist einfach Wahnsinn!*«, schrie Sandra enthusiastisch in den Hörer.

Nanu, so hatte ich sie bisher nur sehr selten erlebt, gehörten solch emotionale Ausbrüche doch normalerweise nicht zum Repertoire ihres ruhigen Friesengemüts. Nur damals, als sie mir berichtete, dass sie auch schwanger sei, hatte sie sich ähnlich aufgeführt.

»Also, nun sag schon.«

»Mein Buch wird veröffentlicht!«

Nun war ich aber wirklich baff. Dass sie dabei war, an einem Kinderbuch zu arbeiten, wusste ich seit ein paar Wochen. Aber dass es schon fertig war …

Die Idee zu dem Buch war Sandra schon während ihres Sommerurlaubs auf Rügen gekommen.

Sie konnte fantastisch zeichnen und hatte die ersten Skizzen bereits aus dem Urlaub mitgebracht.

Protagonist sollte ein kleiner Seehund sein, den es durch Zufall nach Rügen verschlägt und der dort so manches Abenteuer zu bestehen hat.

Anscheinend hatte sie ruck, zuck den Entwurf zu Hause fertiggestellt und einem Verlag angeboten.

»Mensch, Sandra, das ist ja Wahnsinn!«, schrie nun auch ich in den Hörer. »Darauf müssen wir gleich anstoßen.« Ich gönnte ihr den Erfolg von Herzen.

So lange schon war sie auf der Suche nach einer sinnvollen Beschäftigung, die ihr genügend Freiraum ließ, sich um Anneke zu kümmern, und ihr trotzdem ein eigenes Einkommen bescherte.

Aufgrund extremer Prüfungsangst hatte sie nie einen Studienabschluss zustande gebracht und war damit für eine feste Anstellung in einem Unternehmen so ziemlich aus dem Rennen.

Marco und ich hatten ihr damals angeboten, bei uns mit einzusteigen. Aber sie wollte sich unbedingt beweisen, dass sie es selbst schaffen würde.

Im Laufe der Jahre hatte sie auch das ein oder andere versucht, es war jedoch nie das Richtige gewesen. Bis zu diesem Urlaub in Rügen.

Sie hatte bisher nur mir von ihrem Plan erzählt. Selbst Christoph hatte noch keine Ahnung. Er hatte lediglich registriert, dass sie schöne Bildchen zeichnete.

Wenn ihr Buch veröffentlicht würde, wollte sie Christoph überraschen. Wenn nicht, wäre wenigstens nur sie enttäuscht gewesen. Und ich natürlich.

Aber jetzt hatte sie es ja augenscheinlich geschafft.

»*Wow*, ein richtiges Buch!«, legte ich noch einmal nach.

»Nicht eins, Nele. Sie wollen mir einen richtigen Vertrag geben! Für eine ganze Serie der Seehundbücher! Ich fass es nicht! *Ich fass es einfach nicht!*«, schrie sie.

»Nee, das ist jetzt nicht wahr, oder? So richtig wie die *Conni*-Reihe und so?«

»Ja, genau. Und ich soll noch heute Nachmittag kommen und den Vertrag unterzeichnen! Noch heute, Nele!«

»Kein Haken? Ich meine, könntest du vielleicht woanders mehr bekommen?«

»Nee. Hab schon mit Michael gesprochen, der ist doch Lektor. Und der meint, das sei ein wirklich gutes Angebot.«

»Wow! Wann fährst du?«

»Um vier Uhr soll ich da sein. Ich fahr mit dem Zug. Zum Autofahren bin ich zu nervös.«

»Okay. Und wenn du lieber anschließend mit Christoph alleine feiern willst, kann Anneke heute Nacht auch hierbleiben.«

»Nee, wir kommen dann rüber und feiern mit dir und den Kindern weiter. Wenn du willst, versteht sich.«

»Und ob ich will! Ich kaufe gleich kistenweise Sekt ein, da kannst du sicher sein.«

»Also, ich muss noch schnell meine Klamotten bügeln. Bis dann, Nele, und vielen Dank.«

Wuppsdich hatte sie aufgelegt.

Benommen ließ auch ich den Hörer sinken. Welch ein Lichtblick in unserem dunklen Dasein!

Ich sprang auf, um Marco die frohe Botschaft zu überbringen. Vielleicht hatte er ja Lust, auch mit Frau und Kind vorbeizukommen. Vor lauter Aufregung vergaß ich, an die Tür zu klopfen, aber zum Glück war Marco sowieso allein und telefonierte auch ausnahmsweise mal nicht.

»Du ahnst ja nicht, was Sandra heute passiert ist«, legte ich sofort los.

»Na, was Schlimmes kann es kaum sein, nach deinem Gesicht zu urteilen.«

»Nee, es ist einfach fantastisch!«

»Also?«

»Sandra ist jetzt Kinderbuchautorin!«

Marco schaute mich an wie eine Erscheinung. »Kinderbuchautorin? Habe ich das richtig verstanden?«

»Genau. Sie hat mich soeben angerufen, um es mir mitzuteilen.«

»Aber, sie hat doch noch nie ... ich meine ... das wird man doch nicht einfach mal so.«

»Doch, Sandra wird es einfach mal so und fährt gerade hin, um den Vertrag zu unterschreiben.«

Marco ließ sich in seinen Stuhl zurückfallen. »Jetzt bin ich platt«, sagte er, und so sah er auch aus. »Wusstest du davon?«

»Ich hab die Skizzen gesehen, die sie auf Rügen gemacht hatte«, berichtete ich stolz.

Wer konnte schon von sich behaupten, die engste Vertraute einer bald berühmten Kinderbuchautorin zu sein?

»Und was sagt Christoph dazu?«

»Er weiß noch gar nichts. Nicht mal, dass sie den Versuch gestartet hat.«

»Na, der wird Augen machen!«

»Wenn du Lust hast, kannst du dir die Augen heute Abend anschauen. Sandra und Christoph kommen irgendwann zu mir rüber. Wir wollen ein wenig feiern. Und bring deine Familie mit.«

»Na, das lassen wir uns auf keinen Fall entgehen. Ich muss gleich Ines anrufen, bevor sie uns anderweitig verplant.« Schon griff er zum Hörer, und ich ging beschwingt zurück in mein Büro.

Auf einmal erschien alles in viel hellerem Licht. Es war also doch noch möglich, aus seinen immer gleichen Bahnen auszubrechen. Und wer weiß, dachte ich, vielleicht würde das Glück ja auch in meinem Leben irgendwann mal wieder Einzug halten.

Warum nur fiel mir bei diesem Gedanken sofort wieder Mathis ein?

Es wurde ein feuchtfröhlicher Abend. Sandra und Christoph tauchten gegen acht Uhr auf, Marco, Ines und ihr kleiner Sohn Tristan waren kurz zuvor angekommen. Christoph war, wie nicht anders zu erwarten, völlig perplex – und unübersehbar der stolzeste Ehemann auf Erden. Immer wieder drückte er Sandra ein Küsschen auf die Stirn und schüttete sich parallel ein Glas Sekt nach dem anderen hinter die Binde. Von dieser Stimmung wurden auch die Kinder angesteckt, und bald ging es bei uns drunter und drüber.

Aber es kam noch besser, denn Marco erhob sich gegen zehn Uhr plötzlich vom Sofa und vermeldete, auch noch etwas kundtun zu wollen.

Mit glänzenden Augen zog er seine Frau aus dem Sofa hoch, hob feierlich sein Glas und blickte spitzbübisch in die Runde.

»Nicht, dass ich Sandra an ihrem großen Tag irgendwie in den Schatten stellen wollte«, begann er und prostete ihr zu, »aber da wir gerade alle so gemütlich beisammen sind, möchte ich euch auch an unserer Freude teilhaben lassen.«

Bevor er mit dem Grund seiner Freude herausrückte, holte er noch einmal tief Luft.

»Also was soll ich sagen, wir sind wieder schwanger!«

Wow! Das schlug noch mal ein wie eine Bombe, und ich war der Vorsehung dankbar, die mich veranlasst hatte, gleich zwei Kisten Sekt zu kaufen.

Bis auf die werdende Mutter waren alle Erwachsenen gegen Mitternacht bis zum Verlust der Muttersprache abgefüllt.

Als es Ines nach einiger Anstrengung gelungen war, ihren sturzbesoffenen Kerl und ihr schlafendes Kind ins Auto zu verfrachten, machten sich auch Sandra und Christoph taumelnd auf den Weg und schafften es tatsächlich, die zwanzig Meter bis zu ihrer Haustür ohne größere Stürze zurückzulegen.

Paula und Anneke hatten sich irgendwann freiwillig im Kinderzimmer schlafen gelegt, sodass die A-Karte am nächsten Morgen ganz klar bei mir liegen würde. Schließlich mussten sie pünktlich um acht Uhr in der Schule sein.

Jetzt hätte auch ich gerne einen aufmerksamen Lebensabschnittspartner gehabt, der diese Pflicht aufopfernd übernommen hätte.

Seufzend legte ich mich ins Bett und fühlte mich plötzlich sehr allein. Als ich die Augen schloss, fing alles um mich herum an zu schaukeln. Wie damals, dachte ich, als ich mit Mathis an der Nordseeküste vor Anker gelegen hatte.

Mit einem entscheidenden Unterschied: Damals war ich nicht seekrank geworden.

8

Der Spiegel zeigte ein völlig falsches Bild. Mir blickte an diesem Morgen eine junge Frau in einem flotten, dunkelblauen Hosenanzug und mit Hochsteckfrisur entgegen, die aussah, als wäre sie einem Modejournal für karrieregeile Nachwuchsmanagerinnen entsprungen. Fehlte nur noch die fesche Nickelbrille.

Diese junge Frau in dem Jung-dynamisch-erfolgreich-Outfit konnte doch unmöglich die gute alte Nele Martens sein!

Vorsichtshalber streckte ich mir die Zunge raus. Mein Spiegelbild antwortete prompt.

Oh Mist, so konnte ich mich doch unmöglich unter die Leute wagen. Warum nur hatte ich mir von Ines diesen furchtbaren Anzug aufquatschen lassen? Eigentlich waren wir doch nur unterwegs gewesen, um Geburtstagsgeschenke für Klein Tristan einzukaufen. Und dann hatte plötzlich dieses Ungetüm im Schaufenster gehangen, und Ines war völlig von den Socken gewesen.

»Das ist genau dein Anzug, Nele, für deinen großen Auftritt demnächst«, hatte sie verkündet.

Und noch ehe ich richtig hatte schalten können, war er gekauft gewesen.

Nee, beschloss ich nach einem weiteren kritischen Blick in den Spiegel, das ging nicht. Ich würde mir schnell etwas anderes anziehen.

Doch gerade, als ich anfing, im Kleiderschrank zu wühlen, klingelte es an der Tür. Ein Blick auf meine Wanduhr sagte mir, dass es tatsächlich schon Marco sein würde. Nun, er würde halt warten müssen.

»Du siehst bezaubernd aus, Nele, ganz allerliebst«, sagte er gleich zur Begrüßung und hielt mich auf Armeslänge von sich, um mich eingehend zu betrachten. »Wunderbar, genau das Richtige. Da hast du aber mal einen feinen Geschmack bewiesen.«

»Deine Frau hat ihn ausgesucht«, sagte ich schwach, noch immer nicht sicher, ob es ihm ernst war mit seinem Lob.

»Na, das wundert mich nicht, die hatte ja schon immer einen ganz exzellenten Geschmack«, sagte er gespielt überheblich, »sonst hätte sie wohl kaum mich geheiratet.«

»Haha«, sagte ich nur, »ich jedenfalls werde den Fummel wieder ausziehen und mich in etwas weniger Auffälliges kleiden.«

»Nee, nee!«, rief Marco und stellte sich breitbeinig vor meinen Kleiderschrank. »Das lässt du mal schön an.«

»Aber ...«, versuchte ich zu widersprechen.

»Nichts aber, das bleibt an. Weil es einfach perfekt ist für die Podiumsdiskussion. Und jetzt komm, wir sind sowieso schon spät dran.«

Entschieden schob er mich Richtung Tür, und mir war klar, dass weiterer Widerstand zwecklos sein würde. Also gab ich mich geschlagen.

Als wir den Saal betraten, schien dieser bereits bis auf den letzten Platz gefüllt zu sein. So viele Zuhörer! Schluck! Am liebsten hätte ich auf dem Absatz kehrtgemacht. Heftiges Lampenfieber überkam mich, und ich fühlte mich ganz elend.

»Ich kann das nicht, Marco. Mir ist schon ganz übel.«

»Du bist die perfekte Besetzung für dieses Thema, Nele. Du wirst sie bei der Diskussion alle in die Tasche stecken. Ich freu mich schon auf ihre Gesichter. Das gibt einen Spaß.«

»Ja, sie werden sich totlachen über mich.«

»Das Publikum wird begeistert sein. Mach's gut, Süße. Ich drück dir die Daumen. Ich glaube, du musst jetzt aufs Podium. Deine wehrten Mitstreiter nehmen schon Platz.«

Ich sah zum Podium hinüber. Tatsächlich hatten schon drei würdevoll aussehende Herren ihren Platz eingenommen und sortierten ihre Spickzettel. Nur zwei der mit Namensschildern gekennzeichneten Plätze waren noch frei. Auf einem Schild stand *Dr. Horst Kleinert* und auf dem anderen leider mein Name. Na denn, auf in den Kampf!

Als ich das Podium betrat, bemerkte ich erstaunte Blicke und Gemurmel aus dem Publikum.

Tja, mit einem so agilen jungen Mädel habt ihr wohl nicht gerechnet, Jungs!

Eigentlich hätten mich die Reaktionen erst recht verunsichern müssen, traute man mir hier ja anscheinend nicht viel zu. Aber ganz im Gegenteil fühlte ich mich durch sie deutlich angespornt.

Euch werd ich's zeigen!

Ich lehnte mich zurück und suchte das Publikum nach Marcos Gesicht ab.

Da! Er saß ziemlich weit vorne. Gott sei Dank! Da konnte er mir gleich zu Hilfe eilen, wenn ich in Ohnmacht fiel. Als unsere Blicke sich trafen, hob er den Daumen und zwinkerte mir aufmunternd zu. Ich versuchte zurückzulächeln, brachte aber nur eine etwas schräge Fratze zustande. Puh!

Der Platz neben mir war immer noch frei. Der Herr Doktor hatte es wohl nicht so mit Pünktlichkeit. Oder sollten wir gar ganz auf ihn verzichten? Denn jetzt erhob sich der Moderator, und augenblicklich kehrte im Saal Ruhe ein.

»Meine sehr geehrten Damen und Herren, ich darf Sie alle recht herzlich zu unserer heutigen Veranstaltung begrüßen. Ganz besonders heiße ich unsere Diskussionsteilnehmer hier auf dem Podium willkommen, die sich dankenswerterweise bereit erklärt haben, uns das Thema *Nachhaltiger Stadtumbau* in – hoffentlich – kontroverser und befruchtender Diskussion ein wenig näherzubringen. Leider mussten wir soeben erfahren, dass einer unserer Experten, Herr Doktor Horst Kleinert, kurzfristig erkrankt ist. Zum Glück hat sich aber sein Kollege bereit erklärt, für ihn in die Bresche zu springen. Verständlicherweise wird er sich ein wenig verspäten, deshalb schlage ich vor ... ach, das ist ja wunderbar! Ich sehe gerade, dass dieser Herr soeben den Saal betritt. Wenn Sie bitte die Freundlichkeit hätten, sich zu uns zu gesellen ...«

Alle Köpfe drehten sich in Richtung Tür. So auch meiner und ... ich erstarrte!

Mein lieber Gott im Himmel, lass es nicht wahr sein! Oder schicke auf der Stelle ein tiefes Loch, in dem ich versinken kann!

Mathis! Mathis sollte hier mit mir diskutieren!?

Ich war kurz davor, in hysterisches Gelächter auszubrechen. Hilfe suchend blickte ich zu Marco, der meine aufkommende Panik anscheinend bemerkt hatte, aber natürlich nicht zu deuten wusste. Er machte nur eine Handbewegung, die wohl so viel bedeuten sollte wie *Locker bleiben!*.

Na, der war witzig. Hier bahnte sich die größte Katastrophe in der Geschichte der Menschheit an und ich sollte ganz einfach nur locker bleiben?

Die Katastrophe in Gestalt von Mathis Hagena näherte sich Schritt für Schritt dem Podium. Er schien mich noch nicht bemerkt – oder erkannt? – zu haben.

»Wenn ich Sie bitten dürfte, hier neben der jungen Dame Platz zu nehmen, Herr Doktor Hagena.«

Dr. Hagena! Den Doktor hatte er im Urlaub wohl zu Hause gelassen.

Er betrat, immer noch völlig nichtsahnend, das Podium und zog den ihm zugewiesenen Stuhl zurück. Bevor er sich setzte, sah ich aus dem Augenwinkel seine Hand zur Begrüßung auf mich zukommen. Ein wahrer Gentleman, der Herr Doktor, dachte ich spöttisch. Die Hand konnte ich natürlich unmöglich ignorieren. Und wollte es plötzlich auch gar nicht mehr.

Aufgepasst, hier komme ich!

Mit einem strahlenden Lächeln drehte ich mich zu ihm um und schaute ihm fest in die Augen.

Mit diebischer Freude bemerkte ich, wie seine bis dahin sehr gefassten Gesichtszüge dermaßen entgleisten, dass es einem Katastrophenfilm über die Deutsche Bahn zur Ehre gereicht hätte. Kreidebleich geworden, nickte er mir kurz zu und ließ sich dann auffallend schwer in seinen Stuhl fallen.

Triumphierend blickte ich zu Marco hinüber, der jetzt anscheinend gar nichts mehr verstand. Sein ganzer Körper hatte die Form eines Fragezeichens angenommen.

»Ja, Herr Doktor Hagena, ich wollte gerade damit beginnen, die Podiumsteilnehmer vorzustellen. Also, Ladys first.«

Der Moderator sang ein kurzes Loblied auf mich und meine, wie er es ausdrückte, »mutige Bereitschaft, den erfahrenen Herren Paroli zu bieten, haha«.

Dann kam er zu den Kollegen, und als Letzten nahm er sich Mathis vor.

»Herr Doktor Mathis Hagena dürfte nicht wenigen von Ihnen bereits von diversen vorangegangenen Veranstaltungen oder aus Fachpublikationen bekannt sein. Gemeinsam mit seinem Kollegen, Herrn Doktor Kleinert, leitet er das renommierte Architekturbüro Hagena & Kleinert, das sich in den vergangenen Jahren maßgeblich dem ökologischen Umbau ganzer Stadtteile verschrieben hat.«

Der Hagena war das? Sein Name war in der Branche tatsächlich mehr als bekannt. Nur hatte ich natürlich bisher keinerlei Verbindung zwischen ihm und Mathis, dem Seemann, hergestellt.

Ein Blick zu Marco verriet mir, dass auch ihm bei dem Namen Mathis Hagena ein Licht aufgegangen war. Aber wohl eher bei Mathis als bei Hagena. Er blickte jetzt äußerst besorgt von einem zum anderen. Und was er sah, schien ihm überhaupt nicht zu gefallen.

Ich riskierte einen Blick in Mathis' Richtung. Er sah starr ins Publikum. Immer noch leichenblass, nestelte er an seinem Kugelschreiber herum. Schweißperlen standen ihm auf der Stirn.

Ich überlegte gerade, ob es vielleicht ratsam wäre, prophylaktisch einen Arzt herbeizurufen, als er tief Luft holte und seinen Kopf in meine Richtung drehte.

Der Blick, den er mir aus seinen tiefblauen Augen zuwarf, war so voller Verzweiflung, dass ich dem Drang widerstehen musste, seinen Kopf an meine mütterliche Brust zu drücken.

Doch in diesem Augenblick sagte der Moderator: »… möchte ich jeden unserer Experten auf dem Podium um ein kurzes Eingangsstatement bitten. Weil mir nichts Besseres eingefallen ist, haha, gehen wir hierbei alphabetisch vor. Herr Albrecht, wenn Sie bitte beginnen würden …«

Ups! Wozu sollten wir jetzt was sagen? Alphabetische Reihenfolge. Wann war ich denn dann dran? Aha. Als Vierte erst. Nach Mathis. Bis dahin würde ich das gefragte Thema schon noch heraushören. Ich beschloss, mich jetzt zusammenzureißen und so zu tun, als würde ein völlig Fremder neben mir sitzen. Dies war schließlich eine Fachveranstaltung und keine Soap.

Es gelang mir mit großer Mühe, dem Gesagten zu folgen und ein einigermaßen logisch nachvollziehbares Statement abzuliefern.

Als ich fertig war, ließ sich Marco, der wohl das Schlimmste befürchtet hatte, in seinen Stuhl zurückfallen und zog ein Taschentuch aus seiner Hose, um sich den Schweiß abzuwischen.

Es entwickelte sich eine lebhafte und konträre Diskussion.

Die von sich selbst sehr eingenommenen Herren versuchten, mich als kleines Dummchen darzustellen, und bedachten mich bei allem, was ich sagte, mit einem milden Lächeln.

Zunächst.

Als ich mich davon nicht beirren ließ und meinen Standpunkt vehement und sachkundig verteidigte, zollten sie mir sichtlich Respekt und akzeptierten mich als gleichwertige Diskussionspartnerin.

Nur Mathis hielt sich die ganze Zeit auffallend zurück. Er stand wohl immer noch unter Schock.

Das geschah ihm recht!

»… halte ich einen deutlichen Ausbau regenerativer Energien für unrealistisch«, bemerkte Herr Albrecht nach rund einer halben Stunde Diskussion mit einem herausfordernden Blick auf mich, denn er wusste, dass ich ihm das nicht durchgehen lassen würde. Überhaupt war er die ganze Zeit schon äußerst provokativ gewesen, und ich spürte eine Unheil verkündende Ungeduld in mir aufsteigen.

»Da muss ich Ihnen auf das Schärfste widersprechen«, entgegnete ich prompt, »für mich ist der Ausbau regenerativer Energieformen, egal ob Wind, Wasser oder Sonne, die Chance aller Volkswirtschaften, ein nachhaltiges und gerechtes einundzwanzigstes Jahrhundert zu gestalten und …«

»Das sehe ich genauso«, mischte Mathis sich plötzlich ungefragt ein.

Na guck!

»Ja, Herr Doktor Hagena, wenn Sie uns das vielleicht erläutern würden?« Der Moderator schien überglücklich, Mathis' Stimme auch mal wieder zu vernehmen, und wollte an diesem Glück anscheinend alle teilhaben lassen.

So hatten wir aber nicht gewettet.

»Ich war noch nicht fertig!«, verkündete ich energisch, gerade als Mathis loslegen wollte.

»Bitte?«, brachte der Moderator verwirrt grinsend hervor.

»Ich finde, Herr Doktor Hagena kann mit seinen Ausführungen warten, bis ich die meinigen beendet habe«, sagte ich jetzt noch bestimmter.

Aus dem Publikum war leises Raunen und Gelächter zu hören.

»Entschuldigen Sie, Herr Doktor Hagena«, meinte jetzt auch noch der Moderator, »wenn Sie erlauben würden … äh …«

Das war ja wohl die Höhe! Herr Dr. Hagena sollte mir erlauben weiterzusprechen, wo es doch eindeutig er gewesen war, der mich unterbrochen hatte.

Und dann gingen doch noch die Pferde mit mir durch.

»Ich denke, Herr Doktor Hagena wird es schon erlauben. Und wenn nicht, macht es trotzdem nichts.« Das Gelächter und

Gemurmel wurde lauter, aber ich fuhr, an Mathis gewandt, unbeirrt fort. »Ich werde jetzt in meinen Ausführungen fortfahren und bin sicher, so wird es das Beste für uns beide sein, Herr Doktor Hagena. Irgendwann werden Sie es verstehen.«

Im Saal war es plötzlich ganz still. Marco hatte die Hände vors Gesicht geschlagen und schien völlig vom Glauben abzufallen. Der Arme, aber da musste er jetzt wohl durch. Alles wartete gespannt auf den Eklat, der in ihren Augen jetzt unweigerlich folgen musste. Aber Mathis guckte anfangs nur etwas verdutzt und brach dann, zu jedermanns Verwunderung, in ein so lautes und andauerndes Gelächter aus, dass ihm schließlich die Tränen über die Wangen liefen.

»Ach Nele«, sagte er dann japsend, »du bist einfach unschlagbar. Wirklich unschlagbar!«

Der arme Moderator schien mit der Situation nun vollends überfordert. »Ich schlage vor … äh … angesichts der besonderen Umstände … äh … haha … äh … machen wir eine zehnminütige Pause. Ja. Genau … bis gleich.« Er gab mir noch einen vernichtenden Blick mit auf den Weg, dann verließ er, so schnell er konnte, den Saal.

Ohne Mathis noch eines weiteren Blickes zu würdigen, stand auch ich auf und ging erhobenen Hauptes in Richtung Foyer davon. Aber eigentlich fühlte ich mich nicht halb so stark, wie mein Auftritt es hätte vermuten lassen. Meine Knie waren butterweich und ich glaubte, jeden Moment vor aller Augen zu Boden gehen zu müssen. Mathis war hier! Das allein war schon Unglück genug. Aber ich musste mich in meiner Unbeherrschtheit auch noch zum Gespött der ganzen Fachwelt machen. Marco würde stinksauer sein. Zu Recht. Wie sollte ich all den Menschen hier nur jemals wieder in die Augen schauen können? Und wie, um Himmels willen, sollte ich die nächste Diskussionsrunde überstehen?

Im Foyer kam es mir vor, als wären alle Blicke ausschließlich auf mich gerichtet. Man tuschelte. Wahrscheinlich über das unreife, unbeherrschte kleine Weiblein in Blau, das sich einbildete,

a) in der Fachwelt mitdiskutieren, b) einen viel gerühmten und renommierten Architekten quasi vor laufender Kamera abbügeln und c) dann auch noch mit arroganter Miene durchs Foyer laufen zu können.

Ohne nach links und rechts zu schauen, lief ich schnellen Schrittes Richtung Damentoilette und schlug mir, dort angekommen, erst einmal literweise kaltes Wasser ins Gesicht.

Als ich danach in den Spiegel blickte, bemerkte ich mit Schrecken, dass ich mich jetzt nicht mehr nur so fühlte, sondern auch noch so aussah wie ein begossener Pudel.

»Na, denen haben Sie's aber gegeben«, bemerkte eine Frau mittleren Alters, deren Blick mir im Spiegel begegnete. Sie zwinkerte mir im Hinausgehen tatsächlich zu und ich glaubte, in ihrem Tonfall so etwas wie Anerkennung gehört zu haben. Aber das konnte ja wohl kaum sein.

Für einen Moment kam mir der Gedanke, durch eines der Toilettenfenster zu flüchten. Aber ich verwarf diese Idee gleich wieder. Bei meinem Glück wäre ich wahrscheinlich mit meinem nicht eben zarten Hinterteil stecken geblieben und hätte daraufhin erst recht nichts anderes mehr tun können, als auszuwandern.

Also holte ich nur einmal tief Luft, öffnete schwungvoll die Tür und – lief geradewegs in Mathis' Arme.

»Hoppla«, sagte er nur.

»Wartest du etwa auf mich?« Etwas Besseres fiel mir in meiner Verwirrung nicht ein.

»Ja, allerdings, das tue ich.« Seine Stimme klang leicht ungeduldig.

»Oh. Und?« Wollte er mir jetzt etwa vor allen Leuten eine Standpauke halten?

»Hast du im Anschluss an diese Veranstaltung noch kurz Zeit für mich?«

»Ich ... äh ... wie jetzt?«

Aber bevor Mathis mir eine Antwort geben konnte, spürte ich eine Hand auf meiner Schulter.

»Alles klar, Nele?«, hörte ich Marcos Stimme fragen, und als ich mich umschaute, blickte ich in ein Paar sehr besorgte Augen.

Instinktiv ließ ich meinen Kopf an seine Schulter sinken und hätte am liebsten losgeheult. Aber ich fasste mich sofort wieder. Mir hier und jetzt auch noch diese Blöße zu geben, das wäre definitiv zu viel gewesen.

Marco tätschelte mir nur ein paar Mal aufmunternd den Rücken, und ich richtete mich wieder auf.

Mathis stand immer noch vor mir und blickte nun mit seinen tiefblauen Augen erst mich und dann Marco abschätzend an.

»Oh, darf ich vorstellen: Marco – Mathis, Mathis – Marco.«

Die zwei Herren schüttelten sich förmlich die Hand und quetschten beide lediglich ein emotionsloses »Angenehm« hervor.

»Kann ich dich kurz sprechen, Nele?« Marco fasste mich gerade am Ellenbogen, um mich fortzuziehen, als sich Herr Albrecht, mein Diskussionspartner, zu uns gesellte.

»Sie sind eine bemerkenswerte junge Frau, Frau Martens.«

Wollte der mich verarschen?

»Nein, wirklich«, fuhr er fort, als hätte er meinen kritischen Blick richtig gedeutet, »sehr bemerkenswert. Kann man Sie abwerben?«

Abwerben? Mich? Die Unglücks-Nele?

Schnell warf ich Marco einen forschenden Blick zu, aber der schaute nur teilnahmslos von einem zum anderen.

Ich beschloss, so zu tun, als wäre die Frage ernst gemeint gewesen, und presste ein freundliches Lächeln hervor.

»Wirklich ein nettes Angebot, aber … nein, ich glaube, ich weiß, wohin ich gehöre«, antwortete ich dann vieldeutig und warf Marco einen langen Blick zu.

»Schade, wirklich sehr schade. Aber wenn Sie es sich anders überlegen, hier ist meine Karte. Anruf genügt.« Damit drückte Herr Albrecht mir seine Visitenkarte in die Hand und verschwand mit einem kurzen Gruß wieder in der Menge.

»Kommst du jetzt mal bitte kurz mit?« Marco warf einen nervösen Blick auf seine Armbanduhr. »Sie entschuldigen uns, Herr Doktor Hagena?«

Mathis nickte nur knapp und trollte sich mit hängenden Schultern. Er sah nun wirklich mitleiderregend aus. Am liebsten wäre ich ihm hinterhergerannt und hätte mich in seine Arme geworfen.

»Meinst du, du hältst die zweite Runde noch durch, Nele?«

»Klar. Kein Problem.«

»Sicher? Auch ohne übergriffig zu werden?«

Verlegen zeichnete ich mit meinen Schuhen die Linien des Parkettfußbodens nach.

»Es war nur, Marco ... es kam so überraschend. Es tut mir wirklich leid.«

»Schon gut. So wie ich es während der Pause mitbekommen habe, sind hier alle schwer beeindruckt von deiner Fachkompetenz.«

»Du willst mich nur trösten.«

»Nein, Nele, du warst wirklich gut, und dieser Ausrutscher ... nun, ich habe tatsächlich den Eindruck, dass es dir keiner krummnimmt. Hat die Sache etwas aufgelockert. Hast ja selbst gehört, man will dich sogar abwerben. Was, nebenbei bemerkt, natürlich nicht infrage kommt. Und was mich anbelangt, so bin ich froh, dass du trotz allem einen kühlen Kopf bewahrt und deinen Standpunkt überzeugend vertreten hast. Du machst deine Sache wirklich gut, Nele.«

»Danke. Und du meinst wirklich, ich kann mich da wieder reintrauen?«

»Unbedingt.«

»Noch mal danke. Ich werde dir keine Schande machen.« Um Zentnerlasten erleichtert, drückte ich ihm ein Küsschen auf die Wange, was er wiederum mit einem Küsschen auf meine Stirn quittierte.

Genau in diesem Moment sah ich Mathis vor mir auftauchen. Er ging wortlos an uns vorbei.

Puh! Was für ein Tag! Zu Hause angekommen, riss ich mir rasch meine unbequemen Klamotten vom Leib. Ich war völlig verschwitzt und stank bestimmt bestialisch. Ich ging schnell unter die Dusche, ließ minutenlang einfach nur das Wasser über meinen Körper laufen und dachte über die Ereignisse des Tages nach.

Die unerwartete Begegnung mit Mathis hatte mich wieder völlig aus der Bahn geworfen. Mit ihm da oben auf dem Podium zu sitzen und zu diskutieren war mir zeitweise sehr surreal erschienen. So als ob ich neben mir gestanden hätte und die Stimme, die sich so eifrig in die Diskussion einmischte, gar nicht zu mir gehörte. Dann wieder hatte es Phasen gegeben, in denen ich minutenlang mit Mathis alleine diskutiert hatte.

Nach der Pause hatte er sich deutlich öfter ins Gespräch eingebracht als zuvor, vor allem, wenn ich das Wort ergriffen hatte. Wie auf ein geheimes Kommando hin hielten unsere Mitdiskutanten sich dann zurück. Selbst wenn der unsensible Moderator meinte, unseren Dialog unterbrechen zu müssen, hatten sie nur ungeduldig abgewinkt, so als spürten sie, dass sich hier etwas ganz Besonderes abspielte.

In diesen Minuten fühlte ich mich wieder auf die *Spieker* zurückversetzt, wo ich mit Mathis stundenlang nur dagesessen und über Gott und die Welt diskutiert hatte.

Nach der Veranstaltung hatte es dann keine Gelegenheit mehr gegeben, mit Mathis ein paar Worte zu wechseln, sodass ich bis jetzt nicht wusste, was er von mir gewollt hatte. Unzählige Pressevertreter hatten uns bestürmt.

Als ich dann nach einer Stunde auch noch ein Radiointerview hinter mich gebracht hatte, war draußen nur noch Marco gestanden. Von Mathis keine Spur.

Wenn ich es mir auch nicht hatte eingestehen wollen, war ich doch sehr enttäuscht gewesen, ihn nicht mehr anzutreffen.

Marco hatte mich nur schweigend in den Arm genommen und nach Hause gefahren. Wir würden am Montag Bilanz ziehen.

Nach Seife duftend, aber immer noch völlig bematscht, trat ich aus der Dusche. Eigentlich hätte ich gleich wieder losgemusst, um Paula abzuholen. Stattdessen aber hüllte ich mich in meinen Bademantel, griff nach dem Telefon und rief Sandra an.

»Oh, hallo Nele, wie war die Diskussion?«

»Ein Albtraum.«

»Oha, was ist passiert?«

»Mathis war da.«

»Mathis war auf der Podiumsdiskussion? *Der* Mathis?«

»Ja. Und nicht nur das. Er saß genau neben mir, als mein Diskussionspartner.«

»Scheiße nee, und das hast du vorher nicht gewusst?«

»Nee, er hat jemanden vertreten.«

»Das musst du mir gleich alles genau erzählen. Das ist ja echt 'n Ding.«

»Sandra, könnten wir das auf morgen verschieben? Ich bin total platt. Sei mir nicht böse, aber ich muss jetzt alleine sein.«

»Klar, entschuldige, hätte ich auch selbst drauf kommen können. Paula kann heute Nacht natürlich hierbleiben, morgen ist ja sowieso Samstag. Da kannst du in Ruhe ausschlafen. Ich bring sie dir dann gegen Mittag vorbei.«

»Danke«, brachte ich nur schwach hervor und musste plötzlich herzhaft gähnen.

»Okay, Süße, schlaf schön und zerbrich dir nicht den Kopf.«

»Ich werde es versuchen. Ciao.«

Schlaff ließ ich den Hörer sinken, zog mit letzter Kraft meinen ältesten, aber bequemsten Pyjama an und schleppte mich ins Bett.

Jetzt nur noch schlafen und morgen feststellen, dass alles ein Traum gewesen war. Das wäre schön.

Zehn Uhr!? Ich konnte es gar nicht glauben, als ich auf meinen Wecker sah. Ich schaltete das Radio ein, aber die Moderatorin hatte sich mit meinem Wecker verschworen: Ich hatte tatsächlich vierzehn Stunden geschlafen! Bestimmt würde gleich Paula mit einer sehr, sehr neugierigen Sandra vor der Tür stehen.

Egal. Die konnten meinen Anblick im Pyjama gut ertragen, ich brauchte mich jetzt also nicht abzuhetzen. Ich griff zu meinem Buch. Wann konnte ich mir schon jemals solch einen Luxus erlauben? Auf keinen Fall wollte ich jetzt wieder über die Geschehnisse des Vortages nachdenken.

Dieses Glück war mir allerdings nicht vergönnt, denn bereits nach wenigen Minuten beschloss der Radiosender, unsere Interviews von gestern zu senden.

Aufgeregt schaltete ich lauter und hörte Herrn Albrecht, der auch hier bekräftigte, dass seiner Ansicht nach regenerative Energien auf dieser Welt keine Chance hätten. Und der bildete sich ein, dass ich für ihn arbeiten würde, dachte ich kopfschüttelnd.

Gerade wollte ich wieder in die Kissen zurücksinken, als ich die ruhige Stimme von Mathis vernahm. Sie hatten ihn also auch erwischt. Wie schaffte er es nur, nach solch einem Tag noch so sachlich und entspannt ein Interview zu geben. Mein Herz hüpfte aufgeregt auf und nieder, als hätte das jetzt noch irgendeinen Sinn.

Was Mathis sagte, hatte auf jeden Fall Hand und Fuß. Ich konnte ihm in seinen Ansichten nur zustimmen. Und tat es dann auch, denn jetzt klang meine Stimme über den Äther. Ups! Hörte sich meine Stimme etwa immer so eiernd an? Gespannt lauschte ich, was ich eigentlich für die Nachwelt hinterlassen hatte.

Mechanisch hatte ich gestern die Fragen beantwortet, ohne wirklich bei der Sache zu sein. Aber es war okay. Etwas unpeppig, aber inhaltlich korrekt. Zufrieden schaltete ich das Radio aus und widmete mich wieder meiner Lektüre.

Diesmal war es meine Türklingel, die mich unsanft weckte. Verwirrt setzte ich mich auf, wobei das Buch von meinem Bauch auf den Boden fiel. *O shit!* War ich doch tatsächlich wieder eingeschlafen. Jetzt aber ruck, zuck an die Tür, bevor Sandra sie eintrat!

Schlaftrunken und kopfschmerzgeplagt wankte ich zur Haustür und trat dann gleich wieder den Rückzug an, weil ich damit rechnete, dass Paula und Anneke jetzt ungestüm in die Wohnung rennen und mir ansonsten gnadenlos die Tür an den Kopf rammen würden.

Es dauerte einige Sekunden, bis ich begriff, dass es hinter mir ungewöhnlich still blieb.

Hatte mein Anblick den Kindern die Sprache verschlagen?

»Wieso kommt ihr nicht rein?«, fragte ich dumpf, ohne mich umzudrehen.

»Wieso ihr? Ich bin allein.«

Nein, nein, nein! Das war doch wohl unmöglich. Völlig unmöglich. Jetzt litt ich schon an Halluzinationen!

»Darf ich nun reinkommen oder nicht?«, meldete sich die Halluzination wieder zu Wort, und es klang doch sehr real.

»Komm rein«, hörte ich mich sagen und wusste absolut nicht, was ich jetzt machen sollte.

Was um Himmels willen wollte Mathis zu so nachtschlafender Zeit von mir, noch dazu in meiner Wohnung, wo im Übrigen das absolute Chaos regierte? Gestern hatte ich mir vorgenommen, es heute zu beseitigen. Nun war es wohl zu spät.

Kraftlos ließ ich mich ins Sofa sinken und blickte Mathis aus müden Augen an.

»Hab wohl keinen so günstigen Moment erwischt, wie?«, fragte er mit einem breiten Grinsen. »Wenn du mir sagst, wo die Maschine steht, mache ich dir erst mal einen kräftigen Kaffee. Ich glaube, den brauchst du jetzt. Und wenn du erlaubst, trinke ich auch einen mit.«

Wie aufmerksam! Er wollte mir wohl Zeit geben, mich etwas herzurichten. Kein Wunder, mein Anblick musste unerträglich sein. Also zeigte ich stumm auf die Küchentür und verschwand dann schnell im Bad. Er würde schon finden, was er brauchte.

Ein Blick in den Spiegel sagte mir, dass ich noch schlimmer aussah als befürchtet. Die geschwollenen Tränensäcke hätten selbst Derrick vor Neid erblassen lassen, und meinen Haaren wäre der erste Platz im Toupierwettbewerb sicher gewesen.

Schnell sprang ich unter die kalte Dusche. Das Ergebnis war zwar immer noch nicht befriedigend, aber immerhin erkannte ich mich in Ansätzen wieder. Jetzt noch Haare kämmen und Zähne putzen, und das musste dann fürs Erste reichen. Dem herrlichen Kaffeeduft, der jetzt ins Bad waberte, entnahm ich, dass Mathis alles Nötige gefunden hatte. Mit meinem Bademantel bekleidet und mit wild klopfendem Herzen ging ich wieder ins Wohnzimmer.

Was würde jetzt passieren?

Mathis hatte bereits zwei bunte Kaffeebecher auf den Tisch gestellt und sogar ein Marmeladenbrot für mich geschmiert, war aber gerade nicht im Zimmer. Ich seufzte. Warum nur musste er immer so perfekt sein? Das machte es mir doch einfach unmöglich, ihn abgrundtief zu verachten.

»Ich hab dich im Radio gehört«, sagte er, als er mit der Kaffeekanne in der einen und Milch und Zucker in der anderen Hand wieder hereinkam.

»Und da dachtest du dir, och, schaust mal nach, was die gute alte Nele so macht«, erwiderte ich flapsig.

»Du warst gut«, überging er meine Bemerkung geflissentlich und setzte sich mir gegenüber in den Sessel.

Tööööööt machte es, als Mathis hierbei Paulas Gummikuh aus Babytagen erwischte. Er schien in keinster Weise überrascht, sondern fischte die Gummikuh hervor und warf sie auf den Sessel neben sich. Klar, nach drei Kindern irritierte einen so etwas nicht mehr.

»Danke, du auch. Aber du bist nicht gekommen, um mir das zu sagen, vermute ich.«

»Nein. Du warst nur gestern so umzingelt, da wollte ich mich nicht mehr aufdrängen.«

»Sehr rücksichtsvoll.«

»Tja, so bin ich nun mal. Wo ist eigentlich Paula?« Er schaute sich fragend um, als hätte sie sich irgendwo versteckt.

Paula! Er sagte tatsächlich »Paula« und nicht *deine Tochter*. So kriegte er natürlich jede Mutter klein.

»Die müsste eigentlich jeden Moment …« Schon klingelte es. »Das wird sie sein.«

Meine Taktik, schnell wieder von der Tür zurückzuweichen, erwies sich diesmal als richtig, denn die Mädels kamen mit lautem Gebrüll hereingestürmt.

Sandra trottete gemächlich hinterher.

»Na, siehst ja nicht wirklich frisch aus, aber wie man riecht, hat es wenigstens zum Kaffeekochen gereicht. Ich …« Weiter kam sie nicht, denn nun hatte sie Mathis erblickt.

Auch die Kinder waren bei seinem Anblick prompt verstummt und standen ungewöhnlich verlegen im Zimmer herum.

Aber die Neugierde siegte dann doch.

»Wer bist du denn?«, fragte Paula.

»Ich bin Mathis, und wer bist du?«

»Ich bin Paula. Ich wohne hier. Und das ist Anneke, meine Freundin. Hast du in meinem Bett geschlafen?«

Oh nein!

»Nein, ich bin gerade erst gekommen.« Damit stand Mathis auf und streckte Sandra die Hand hin. »Mathis Hagena.«

Sandra erwiderte den Händedruck recht mechanisch, murmelte ihren Namen und zog mich dann am Ellenbogen in die Küche.

»Was macht der denn hier?«, zischte sie mir zu.

»Keine Ahnung. Ich wollte es gerade herausfinden, als ihr kamt.«

»Schöne Bescherung. Und jetzt?«

»Willst du 'nen Kaffee mittrinken?«

»Nee, ich hau dann ab, irgendeinen Grund wird er ja haben, hier aufzukreuzen. Und ich bin es bestimmt nicht. Am besten nehme ich auch Paula wieder mit. Wir fahren zu Christophs Eltern. Ich bring sie dir dann heute Abend. Puh! Wie kannst du nur so cool sein?«

»Bin ich gar nicht. Aber was soll ich denn tun?«

»Hör dir an, was er zu sagen hat, aber lass dich nicht einwickeln. Hm. Er sieht echt nett aus, gar nicht wie ein Mistkerl. Und tolle Augen hat er.«

Ich nickte nur, und wir gingen wieder ins Zimmer zurück. Paula und Anneke saßen inzwischen trautvereint bei Mathis auf der Sessellehne und hielten ihm ihr Klassenfoto unter die Nase.

Erstaunt blieben Sandra und ich im Türrahmen stehen und beobachteten die Szenerie.

»Das ist Juliane, die ist auch unsere Freundin. Und das ist Kevin, der ist total frech. Und das da ist Caroline, die hat supercoole Barbiepuppen …«

»Na, ihr zwei seid aber die Hübschesten der ganzen Klasse«, stellte Mathis galant fest.

Nach Paulas und Annekes strahlenden Gesichtern zu schließen, war das der Beginn einer wunderbaren Freundschaft.

»So, Anneke«, sagte Sandra, »wir gehen wieder. Und Paula, du hast doch sicherlich Lust, auch wieder mitzukommen«, und klang sehr bestimmt.

»Aber wir sind doch gerade erst hier. Du hast doch gesagt …« Paula verzog schmollend ihr Gesicht.

»Mama muss mit Mathis etwas besprechen. Was Wichtiges. Deshalb gehen wir jetzt wieder.«

»Ich will aber hierbleiben.«

»Paula, bitte«, mischte ich mich ein. »Sandra hat wirklich recht. Und bei Annekes Oma gibt es Ponys. Bestimmt dürft ihr mal reiten.«

»Will aber hierbleiben und Mathis meine Fotos zeigen.«

»Ich komm auch noch mal wieder und dann zeigst du mir deine anderen Fotos«, ergriff nun Mathis das Wort. Na, das war ja jetzt …

»Versprochen?«

»Klar.«

»Hm. Wann kommst du denn wieder?«

»Paula! Jetzt ist es aber genug!«, griff ich schnell ein, und meine Stimme geriet etwas zu laut.

»Immer schickst du mich weg …«, maulte sie.

Woher wussten Kinder eigentlich so genau, wie sie einem am besten ein schlechtes Gewissen machen konnten? Aber zu meiner Erleichterung erhoben sich die Mädchen jetzt und folgten Sandra zur Tür.

»Tschüss Mathis, bis bald!«, riefen sie noch, dann waren sie verschwunden.

Aufatmend ließ ich mich wieder niedersinken und kam endlich dazu, meinen jetzt lauwarmen Kaffee zu trinken.

»Das ist ja ein nettes Gespann, deine Paula und ihre Freundin Anneke.«

»Ja. Wenn die sich nicht so gut verstehen würden – ich wäre total aufgeschmissen. Und Sandra ist unbezahlbar. Übrigens«, fügte ich hinzu, »vielen Dank fürs Marmeladenbrot.« Ich biss herzhaft hinein.

»Bitte. Du sahst so ausgehungert aus.«

»Und weswegen bist du nun hergekommen?«

»Ich glaube, dass ich dir noch eine Erklärung schuldig bin. Ja, wenn man es genau nimmt, auch eine Entschuldigung. Aber wenn du nichts dagegen hast, würde ich es dir gerne bei einem guten Mittagessen in Ruhe erklären. Wir könnten ein wenig rausfahren, vielleicht in die *Alte Mühle*.«

»Okay, gehen wir.« Ich stand auf und griff nach meinem Rucksack.

Mathis sah mich ruhig von oben bis unten an. »Also, was mich angeht, würde ich dich ja auch im Bademantel mitnehmen. Aber ich fürchte fast …«

Mit hochrotem Kopf verschwand ich im Schlafzimmer.

Die *Alte Mühle* war ein altehrwürdiges Gemäuer im Grünen, mit sehr guter Küche zu einigermaßen moderaten Preisen. Mathis steuerte wie immer auf den einzig noch freien Ecktisch zu. Mit einem Lächeln wartete er, bis ich mir einen Platz ausgesucht hatte. Mein Gott, er sah schon wieder zum Anbeißen aus in seinem blauen Hemd und der hellen Leinenhose. Wieder halbwegs unter die Lebenden zurückgekehrt, begann ich erst jetzt wirklich zu kapieren, in welcher Situation ich mich befand, und wurde plötzlich sehr nervös.

Zum Glück erschien der Kellner und brachte uns die Speisekarte. Schnell blätterte ich darin herum, ohne aber den Inhalt auch nur ansatzweise wahrzunehmen.

»Aperitif?«, fragte Mathis und sah mich prüfend an.

»Nein danke, nicht vor dem Essen.« Mir war schlecht. Bestimmt kam das von dem Kaffee, den ich quasi auf leeren Magen getrunken hatte. Das vertrug ich nämlich überhaupt nicht. »Ich glaube, mir reicht eine Suppe.«

»Du hast nicht wirklich Lust, mit mir hier zu sitzen, oder?« Es klang nicht vorwurfsvoll, sondern eher wie eine nüchterne Feststellung. »Das ist natürlich verständlich. Ich habe mich nicht gerade fair dir gegenüber benommen.«

»Nein«, beeilte ich mich zu sagen, »ist schon okay. Nur hat mich der Tag gestern furchtbar mitgenommen. Ich meine, es war mein erster Auftritt dieser Art und …«

»Dann tauchte auch noch ich auf«, beendete Mathis meinen Satz.

»Ja … nein … ach Mist, es kam einfach alles zusammen. Du bist es natürlich gewohnt, mit solchen Situationen umzugehen, du tust ja quasi nichts anderes, als dich in der Öffentlichkeit zu präsentieren, aber ich …«

»Also, eines kannst du mir glauben, Nele«, unterbrach er mich, »der gestrige Auftritt hatte auch für mich nichts mit Routine zu tun. Als ich dich gesehen hatte, war es um meine Fassung geschehen. Es kann dir nicht entgangen sein, dass ich im ersten Teil der Diskussion recht schweigsam war. Und das lag ganz bestimmt nicht daran, dass ich zu dem Thema nichts zu sagen hatte. Ob du es glaubst oder nicht, aber ich hatte mir schon gleich nach meiner Rückkehr vorgenommen, dich wenigstens noch einmal anzurufen.«

Er sah mir tief in die Augen, als er weitersprach.

»Es war nicht richtig von mir gewesen, dich ohne ein Wort der Erklärung stehen zu lassen. Aber … ja, ich gebe es zu, ich war einfach zu feige. Natürlich musstest du mich nach der ganzen Geschichte für ein Riesenarschloch halten, das dich nur ausgenutzt hat …«

»Aber …«

»Nein, Nele, für mein Verhalten gibt es keine Entschuldigung. Das Einzige, was ich dir sagen kann, ist, dass mir das alles furchtbar leidtut. Und dass ich mindestens ebenso gelitten habe wie du.«

Er machte eine kurze Pause und strich sich fahrig mit beiden Händen übers Gesicht.

»Mein Gott, Nele«, fuhr er dann leise fort, »du ahnst ja nicht, wie weh es tat, am nächsten Tag auf unseren Kutter zurückzukehren.«

Er hatte tatsächlich »unseren Kutter« gesagt. Ich war gerührt und spürte angesichts seiner offensichtlichen Verzweiflung die Tränen in mir aufsteigen. Aber er war noch nicht fertig.

»Ich habe auf der *Spieker* nur schnell Klarschiff gemacht und sie seitdem nicht mehr betreten. Ich bin dann gleich heimgefahren und habe mich in die Arbeit gestürzt und versucht zu vergessen. Ich weiß nicht, wie oft ich zum Telefon gegriffen habe, um dich anzurufen. Aber, wie gesagt, ich war zu feige.«

Immer noch sah er mir tief in die Augen und lächelte plötzlich.

»Tja, und dann saßt du auf einmal neben mir, und ich war natürlich völlig überrumpelt. Es muss ein Wink des Schicksals gewesen sein, denn wie du weißt, wollte eigentlich mein Kollege kommen und war am Vortag auch noch putzmunter gewesen. Und dann plötzlich hohes Fieber. Tja, und diesen Wink des Schicksals konnte ich natürlich nicht ignorieren, und deswegen sitzen wir jetzt hier. Und ich wünsche mir wirklich, dass du die Geduld aufbringst, dir meine Erklärung anzuhören. Aber ich bin ja schon dankbar, dass du mich nicht gleich wieder nach Hause geschickt hast.«

Puh, was für eine Ansprache! In meinem Kopf drehte sich alles. Das, was er sagte, klang wirklich so, als könne es ehrlich gemeint sein.

Andererseits, was nützte mir das? Er saß hier und sprach nur von Erklärungen, die er abgeben wollte. Kein Wort davon, dass er sich eine Beziehung mit mir nun doch vorstellen könnte.

Aber auch ich hatte ja entschieden, dass es besser wäre, die ganze Geschichte ein für alle Mal als schöne Erinnerung und unter nicht zukunftstauglich zu verbuchen.

Doch jetzt, wo er so vor mir saß … Ich spürte, dass mein Körper förmlich nach Mathis' Nähe gierte und danach schrie, von ihm angefasst und liebkost zu werden.

War es tatsächlich ein Wink des Schicksals, der uns wieder zusammengeführt hatte? Und wenn ja, was wollte das Schicksal dann von uns? Mathis schien es schon wieder genau zu wissen. Nur ich geriet wieder ins Schleudern.

»Möchten Sie schon bestellen?« Der Kellner unterbrach meine Gedanken, und erst jetzt bemerkte ich, dass Mathis mich prüfend ansah.

Ich seufzte. Warum nur konnte nicht alles so sein wie damals? Wir würden etwas essen, einen guten Wein dazu trinken, wir würden uns unterhalten und ich würde seinen Geschichten lauschen und dann …

»Ich hätte gerne ein Radler«, sagte Mathis, ohne jedoch den Blick von mir zu wenden. Er war also zu Hause angekommen, dort, wo ein Alster wieder zum Radler wurde.

»Für mich einen Tomatensaft, bitte. Etwas zu essen habe ich noch nicht ausgesucht.« Der Kellner verschwand wieder.

»Tomatensaft. Den habe ich früher immer getrunken, wenn ich vom Saufen einen dicken Kopf hatte«, stellte Mathis ausdruckslos fest.

»So fühl ich mich heute auch.«

»Und wie geht es dir sonst, wenn dich nicht gerade irgendwelche Podiumsdiskussionen mit unerwarteten Teilnehmern durcheinanderbringen?«

»Mäßig bis saumäßig.« Hätte ich ihm etwas vormachen sollen? Er hätte es sofort durchschaut, da war ich mir sicher. »Und dir?«

»Ähnlich.«

Ich hätte beinahe hysterisch aufgelacht. Welch bizarre Situation! Hier saßen sich zwei Menschen gegenüber, von gegenseitiger Liebe gebeutelt, und alles, was sie von der Erfüllung dieser Liebe abhielt, waren sie selbst.

Und plötzlich war ich mir sicher, seine Erklärungen gar nicht mehr hören zu wollen. Ich könnte es nicht ertragen, quasi zum zweiten Mal eine Abfuhr zu bekommen. Und das würde es ja werden. Was spielte es da für eine Rolle, aus welchem Grund diese Abfuhr erfolgte? Wenn ich schon nichts zu erwarten hatte, wollte ich wenigstens mit dem Thema ein für alle Mal abschließen können.

»Ich erwarte nicht, dass du meine Gründe, dich zu verlassen, verstehst oder gar akzeptierst, Nele. Aber bitte lass sie mich dir erläutern. Ich bilde mir ein, es würde die Sache für uns beide einfacher machen«, sagte er, als hätte er meine Gedanken gelesen. Aber vermutlich hatte er das auch.

»Für dich vielleicht. Aber für mich ... ich weiß nicht, Mathis. Abfuhr ist Abfuhr, findest du nicht?«

»Im Ergebnis sicherlich, da hast du recht. Aber ... vielleicht könnten wir dann beide wieder ruhiger schlafen, wenn die Sache geklärt ist.«

Das glaubte ich zwar nicht, aber bitte, wenn ihm so viel daran lag ... Ich seufzte. »Also gut.«

Aber der Kellner erschien zum zweiten Mal und brachte die Getränke.

»Was darf es denn zu essen sein?«

Ich griff schnell zur Karte, aber Mathis reagierte prompt. »Zweimal das Tagesmenü bitte.«

»Sehr wohl, der Herr.«

»Was ist denn das Tagesmenü?«, fragte ich, als der Kellner wieder weg war.

»Keine Ahnung.«

Ich schenkte ihm ein dankbares Lächeln. Er verstand es wahrlich, verzwickte Situationen souverän zu meistern. Und es dauerte auch nicht lange und die Suppe wurde serviert. Mmh, Pfifferlinge. Sie war wunderbar und weckte die Lebensgeister. Zufrieden löffelte ich vor mich hin.

»Ich möchte mich nicht mehr binden.«

»Bitte?« Überrascht sah ich auf.

»Ich möchte mich nicht mehr binden«, wiederholte Mathis.

Aha. Er setzte gerade zu seiner Erklärung an. Da musste ich jetzt wohl durch.

»Und … und warum nicht? Ich meine, du bist doch eigentlich …«

»Ich schlage vor, dass ich erst mal sage, was ich zu sagen habe. Das macht die Sache einfacher, okay?«, sagte Mathis in einem Tonfall, der keinen Widerspruch duldete.

»Ja, Herr Lehrer.«

»Ich habe dir viel von mir erzählt, Nele«, fuhr er fort. »Vor allem von meiner Vergangenheit. Und – das muss ich dazusagen – es war mehr, als ich jemals zuvor einem Menschen über mich erzählt habe, außer vielleicht damals meinem Therapeuten. Ich gebe zu, dass diese, ja, nennen wir es ruhig Wiederbelebung der Vergangenheit auch in mir sehr viel bewegt hat. Sie brachte mich vor allem zum Nachdenken darüber, was ich von der Zukunft eigentlich erwarte.«

Seine Stirn legte sich in Falten, und er trank einen Schluck Radler.

»Mein ganzes Leben war ich in irgendeiner Form gebunden und irgendwem verpflichtet. Ich musste viel Verantwortung tragen. Und dieses Gebundensein begann bei mir schon sehr viel früher, wie du weißt, als es einen normalerweise trifft. Zumindest in der heutigen Zeit. In der Nachkriegszeit war ich sicherlich kein Einzelfall, es gab zahlreiche Schicksale, die noch deutlich härter waren als meins. Aber die Zeit ist sowieso wohl kaum mit heute vergleichbar.«

Er seufzte leise.

»Also, die Krankheit von Uwe bedeutete für mich ständiges Angebundensein. Meine Eltern verließen sich auf mich, und es gab für mich keine Möglichkeit, dieser Verantwortung zu entkommen. Es fing bereits damals im Kinderheim an der Nordsee an. Ich war quasi dazu verdonnert, den ganzen Tag mit meinem kranken Bruder zu verbringen, obwohl ich doch so gerne an den Aktionen der anderen Kinder teilgenommen hätte. Natürlich habe ich es damals noch nicht in dieser Form reflektiert und auch Jahre später noch nicht. Für mich war es einfach mein Leben.«

Wieder trank er von seinem Radler und sah für einen Moment nachdenklich auf den leer gegessenen Teller vor sich, bevor er wieder den Blick auf mich richtete und weitersprach.

»Erst als ich älter wurde und zu einem jungen Mann heranwuchs, wurden mir die Einschränkungen, die sich aus meiner Verantwortung für meinen kleinen Bruder ergaben, mehr und mehr bewusst. Das Schlüsselerlebnis war dann natürlich, als mein Bruder Jürgen einfach abhaute und das tat, was er wollte. Jürgen musste sich um nichts und niemanden Gedanken machen, er war einfach frei. Dieser Unterschied wurde mir erst damals so richtig bewusst. Na ja, nicht viel später durfte dann ja auch ich von zu Hause fort. Aber wieder war ich es auch, der sich nicht tatsächlich seinen Wunsch, Seemann zu werden, erfüllen konnte. Für mich blieb nur die Marine. Obwohl ich jetzt von der Verantwortung für meinem Bruder entbunden war, hatten mir meine Eltern erneut Schranken auferlegt.«

Er zog die Augenbrauen zusammen, bis sie sich über der Nasenwurzel berührten. Seine Lippen wurden schmal.

»Und dann kam – mehr durch Zufall – die Gelegenheit, mich für alles zu revanchieren. Auch das war mir damals nicht sofort klar. Aber nach dem ersten Abend, den ich mit Helga verbracht hatte, wurde es mehr und mehr zu einem richtigen Plan. Klar, ich mochte Helga wirklich, sie war meine erste große Liebe. Aber sie gehörte zu Uwe, und das machte sie für mich doppelt reizvoll. Ich wollte sie ihm ausspannen. Nein, ich musste es sogar tun. Also …«

»Entschuldige, Mathis, dass ich dich hier unterbreche. Aber hier kann ich nicht mehr ganz folgen. Was hatte es mit dieser Helga auf sich?«

»Stimmt, du kennst diesen Teil meiner Lebensgeschichte noch nicht. Helga war meine erste Frau, die Mutter von Lars.«

»Aha. Und ursprünglich war sie aber mit Uwe zusammen gewesen.«

»Genau.«

»Hat das keinen Stress gegeben?«

»Natürlich, und nicht zu knapp. Aber warte, ich erzähle dir die Geschichte von Anfang an.«

In diesem Moment brachte der Kellner gerade das Hauptgericht und nahm die leeren Suppenteller mit. Ich war gespannt, was es wohl Gutes geben würde.

Boah! Ente in Orangensoße! Mir ging es sofort besser.

Die ersten Bissen aßen wir schweigend, dann begann Mathis mit der Fortsetzung seiner Lebensgeschichte.

»Ach Junge, ich hätte da eine Bitte.« Mathis' Mutter stand am Kochtopf und rührte in der Suppe fürs Mittagessen.

»Sicher, worum geht's denn?«, fragte Mathis, ohne von seinem Buch aufzuschauen.

»Würdest du Helga Peters am Samstag zum Tanz ausführen?«

Erstaunt hob Mathis den Kopf. »Helga Peters?« Wer sollte denn das sein? Er war sich sicher, ein Mädchen dieses Namens nicht zu kennen. Wieso also sollte er mit ihr tanzen gehen?

»Ja, du weißt doch, die Freundin von Uwe!«

»Uwe hat eine Freundin?« Das war das Erste, was er hörte. Er hatte Heimaturlaub und war gerade erst von der Marine nach Hause gekommen.

»Ja, sicher, hat er dir das denn nicht erzählt? Helga ist ein so liebes Mädchen. Und Uwe ist so glücklich.«

Mathis überhörte nicht den Stolz und die Begeisterung, die in Mutters Worten mitklang.

»Und wieso soll ich mit ihr tanzen gehen, wenn es doch Uwes Freundin ist?«

»Aber, Mathis!« Mutters Stimme klang nun sehr ungeduldig. »Uwe kann doch nicht tanzen, das sollte dir ja wohl klar sein. Na, und Helga möchte so gerne auf den Ball. Ja, und da habe ich ihr gesagt, dass du mit ihr dorthin gehst.«

»Du hast ihr schon zugesagt?« Mathis traute seinen Ohren nicht. »Und wenn ich jetzt gar nicht möchte?« Eigentlich hatte er vorgehabt, die fesche Barbara aus der Nachbarschaft zu fragen, ob sie ihn begleiten würde. Sie war ihm seit einer Party nicht mehr aus dem Kopf gegangen.

»Den Gefallen kannst du mir ja wohl tun!«

»Wieso dir? Und was sagt Uwe dazu?«

»Uwe findet die Idee auch gut. Eigentlich war es sogar seine, wenn man es genau nimmt.«

»Und was denkt er sich dabei?«

»Mathis! Diese Bitte wirst du deinem kranken Bruder doch wohl nicht abschlagen! Das würde mich wirklich sehr enttäuschen!« Die Mutter rührte jetzt mit solch einem Schwung in der Suppe, dass diese drohte überzuschwappen. Für Mathis die höchste Alarmstufe.

»Also gut«, gab er klein bei. Er wusste, dass er bei dieser Diskussion sowieso keine Chance hatte. Aber was würde Barbara dazu sagen, wenn er mit einem anderen Mädchen tanzen ginge?

»Das ist lieb von dir, mein Junge. Uwe wird sich freuen.«

Mathis widmete sich wieder seinem Buch und wünschte, sein Urlaub wäre schon zu Ende.

»Hallo Mathis, ich bin Helga.«

Mathis saß seit einer Viertelstunde schlecht gelaunt in einem Sessel. Er hatte seinen besten Anzug angezogen und machte sich auf einen furchtbaren Abend mit einem furchtbar langweiligen Mädchen gefasst.

Und Barbara würde derweil mit einem anderen tanzen. Mit mürrischem Blick stand er auf und – fiel gleich wieder in den Sessel zurück.

Denn vor ihm stand keineswegs ein graues Mäuschen, wie er es erwartet hatte, sondern eine bildhübsche junge Frau in einem wunderschönen blassblauen Abendkleid. Ein ganz anderer Typ Frau als Barbara, aber auch bildhübsch.

Sie war eher zierlich und hatte bei Weitem nicht so üppige Rundungen wie Barbara. Aber sie hatte lockige, hellblonde Haare, die ein weiches, ebenmäßiges Gesicht umrahmten.

Man hätte sie unweigerlich für einen Engel halten können – wenn ihre wachen blauen Augen nicht vor Schalk und Unternehmungslust geblitzt hätten.

Mathis atmete einmal tief durch und erhob sich erneut, um Helga zu begrüßen. Dabei warf er einen kurzen Blick auf Uwe, der mit stolzgeschwellter Brust hinter Helga stand und über das ganze Gesicht grinste.

»Hallo Helga, freut mich, dich kennenzulernen. Freut mich wirklich.«

»Find ich toll«, sagte Helga, »dass du mit mir zum Ball gehst. Weißt du, ich kenn hier noch kaum jemanden, wir wohnen noch nicht lange in der Stadt. Mein Vater wurde erst kürzlich hierher versetzt. Er ist bei der Bundeswehr.« Sie machte eine kurze Pause und guckte Mathis dann fragend an. »Aber vielleicht wärst du lieber mit einem anderen Mädchen tanzen gegangen, mit einer, die du kennst?«

Mathis fing einen warnenden Blick seiner Mutter auf, die seine schlechte Laune natürlich bemerkt und ihre Schlüsse daraus gezogen hatte. Aber der Blick wäre gar nicht nötig gewesen. Mathis war sich jetzt ganz sicher, dass er nur mit Helga zum Ball gehen wollte.

»Nein, nein«, beeilte er sich daher zu sagen, »ich hätte sonst gar nicht gewusst, mit wem ich gehen soll.«

Seine Mutter nickte zufrieden. »Na, dann könnt ihr ja gehen. Ich wünsche euch viel Spaß.«

Helga warf Uwe noch einen strahlenden Blick zu, dann hakte sie sich bei Mathis ein, und gemeinsam gingen sie in den Frühlingsabend hinaus.

»Woher kennst du Uwe eigentlich?«, fragte Mathis, als sie gemeinsam einen Wiener Walzer tanzten. Es war bereits ihr dritter Tanz, und Mathis war von Helga hingerissen. Seine Freunde hatten ihm bewundernde Blicke zugeworfen, als er mit Helga den Ballsaal betrat, und ihn schon mehrmals gefragt, woher er dieses hübsche Mädchen kenne.

Er hatte nicht gesagt, dass sie eigentlich Uwes Freundin war. Das schien ihm auch nicht wichtig, denn heute Abend gehörte sie zu ihm.

Nur Barbara hatte für einen Moment irritiert geguckt, sich dann aber wieder ihrem Tanzpartner gewidmet.

Sie schienen sich sehr gut zu amüsieren, sodass sich Mathis auch hier keine Sorgen machen musste. Es versprach ein rundum gelungener Abend zu werden.

»Ich kenne Uwe aus dem Krankenhaus, in dem mein Vater arbeitet. Uwe macht dort sein Praktikum.«

Uwe hatte bereits mit siebzehn Jahren Abitur gemacht und sich entschlossen, Medizin zu studieren.

»Und was gefällt dir an ihm?«

»An Uwe? Er ist witzig und wirklich lieb. Und er sieht gut aus. Und ...«

»Und?« Mathis bemerkte ein kurzes Zögern.

»Und er ist so ziemlich der Einzige, den ich in dieser Stadt kenne.«

Mathis blickte Helga schalkhaft an.

»Jetzt kennst du auch mich.«

»Ja. Und ich glaube, es war eine wirklich gute Idee, mit dir zum Ball zu gehen.«

Mathis schluckte. Ob Uwe das nach diesem Abend auch noch so sehen würde?

»Und ich glaube, Uwe ist wirklich verliebt in dich.«

»Kann sein.« Helga schien über diese Feststellung nicht wirklich verwundert zu sein.

»Und du auch in ihn?«

Anstelle einer Antwort schenkte sie ihm nur ihr strahlendes Lächeln und ließ sich von ihm schwungvoll durch den Saal führen. Es wurde tatsächlich ein rundum gelungener Abend.

Und es sollte nicht der einzige bleiben ...

»Ich bringe dich um! Ich schwöre dir, ich bringe dich um!« Mit wutverzerrtem Gesicht stand Uwe vor Mathis und hielt eine Holzlatte auf ihn gerichtet.

»Uwe, ich bitte dich, bleib vernünftig.« Mathis konnte nicht glauben, was hier geschah.

»Vernünftig?« Uwe war außer sich vor Wut. »Du nimmst mir mein Mädchen weg und verlangst, dass ich vernünftig bin? Du bist ein Schwein, Mathis, ein widerwärtiges Schwein!«

Und damit hob Uwe die Hand und schlug tatsächlich auf seinen Bruder ein. Dieser reagierte blitzschnell und drehte sich weg, sodass ihn die Holzlatte nur noch am Arm streifte. Ein plötzlicher Schmerz durchzuckte ihn. Reflexartig holte er aus und schlug Uwe mit aller Kraft die Latte aus der Hand. Uwe taumelte und fiel zu Boden.

Aber diesmal bückte sich Mathis nicht, um seinem kranken Bruder wieder auf die Beine zu helfen, wie er es unzählige Male zuvor getan hatte. Er ließ den wimmernden Uwe am Boden liegen und verließ wortlos den Raum.

Zu diesem Zeitpunkt war er bereits seit mehr als einem Jahr mit Helga zusammen. In seiner Familie hatte es keiner bemerkt, da sie sich nur heimlich trafen und Mathis sowieso die meiste Zeit auf See war. Auch aus Mathis' Freundeskreis hatte sie niemand verraten. Nun aber war die Marinezeit bald zu Ende, und er hatte sich entschlossen zu studieren. Und Helga wollte mitkommen. Das hatte er gestern seiner Familie verkündet mit dem Hinweis, dass er Helga vermutlich heiraten werde.

Blankes Entsetzen war ihm entgegengeschlagen. Seine Mutter hatte hemmungslos in ihr Taschentuch geweint und immer wieder gemurmelt: »Wie kannst du Uwe das antun, wie kannst du deinem armen, kranken Bruder das nur antun! Du kannst doch wirklich jede Frau haben, wieso muss es ausgerechnet die Freundin von Uwe sein?«

Vater hatte ihn nur kopfschüttelnd angeschaut und ihm verkündet, dass er von seinen Eltern keinerlei Unterstützung bei seinem Studium erwarten könne, wenn er sich solch bodenlose Gemeinheiten herausnähme.

Alle anderen Reaktionen der Verwandtschaft konnte er sich schon lebhaft ausmalen. Es war klar, dass ihm das keiner durchgehen lassen würde. Aber es war ihm egal. Er liebte seine Helga und sie liebte ihn.

Lang genug hatte er Rücksicht auf seinen kranken Bruder nehmen müssen. Von jetzt ab würde er sein eigenes Leben leben.

Und Helga würde dazugehören. Und sie würden schon irgendwie zurechtkommen, da sah er überhaupt kein Problem.

Zwei Jahre später wurde an einem sonnigen Sommertag aus Helga Peters im Hamburger Standesamt Helga Hagena.

»Tja«, kam Mathis wieder in die Gegenwart zurück, »das war mein erster Befreiungsschlag.«

Befreiungsschlag! Fast hatte ich vergessen, dass es sich bei Mathis' Erzählung ja immer noch um die Erläuterung zu meiner Kündigung handelte. Aber dieses Wort brachte auch mich jäh wieder in die Realität zurück. Als sein wievielter Befreiungsschlag würde sich sein Lossagen von mir herausstellen?

»Habt ihr euch inzwischen wieder vertragen, Uwe und du?«

»Ja, er war sogar auf unserer Hochzeit. Es war natürlich dennoch ein deutlicher Bruch in unserer Beziehung. Aber lass mich da wieder ansetzen. Ich hatte mich also von meinem Bruder befreit, war jedoch auch jetzt in anderer Weise wieder gebunden. Ich war verheiratet. Was ich mir selbstverständlich selbst so ausgesucht hatte. Außerdem habe ich es nicht wirklich als Einengung empfunden.«

Ein verträumter Ausdruck huschte über Mathis' Gesicht.

»Wie gesagt, ich liebte Helga, und sie war so lebhaft, solch ein Energiebündel, dass wirklich keine Langeweile aufkam. Auch waren wir viel unterwegs, und ich hatte überhaupt nicht das Gefühl, nicht frei zu sein. Das änderte sich ein klein wenig, als Lars auf die Welt kam. Aber auch nicht wirklich. Natürlich war die Verantwortung jetzt wieder eine ganz andere. Aber wir haben ihn überallhin mitgenommen, sodass wir uns immer noch ausreichend frei fühlten. Nach der Scheidung von Helga, deren Gründe hier jetzt nichts zur Sache tun, war ich dann ja für ein Jahr auf den Weltmeeren unterwegs. Was danach kam, habe ich dir bereits erzählt. Unter anderem meine Vernunftehe.«

Mathis' Gesicht wurde ernst. Seine Stimme klang tief und er sprach langsam.

»Das es zu diesem Zeitpunkt die richtige Entscheidung war, das glaube ich auch heute noch. Obwohl es nie die große Liebe war, hatte ich auch mit Karin wunderbare Jahre, die ich nicht missen möchte. Unsere Jungs wurden geboren, und ich war so mit dem Familienbetrieb beschäftigt, dass ich gar nicht dazu kam, über Alternativen nachzudenken. Das konnte aber natürlich nur so lange gut gehen, wie sich weder Karin noch ich in jemand anderen verliebten. Aber es kam, wie es kommen musste. Mir lief eine andere Frau über den Weg, und für diese war ich sogar bereit, meine Kinder zu verlassen und noch mal ganz von vorne anzufangen. Ich zog zu Hause aus und bei der neuen Frau wieder ein. Das ging zwei Jahre gut, dann verließ sie mich und ich war am Boden zerstört. Mir ging es damals saudreckig. In dieser Situation gelang es Karin und mir, uns wieder zu einigen. Ich brauchte Halt, und auch sie war mit der neuen Situation nicht sonderlich gut zurechtgekommen. Also zog ich wieder bei meiner Familie ein. Und da lebe ich noch heute.«

»Und da willst du auch bleiben«, stellte ich emotionslos fest.

»Darum geht es nicht. Meine Kinder sind inzwischen groß. Arne zieht gerade aus, er fängt mit seinem Zivildienst an. Und auch Malte wird nicht mehr lange auf mich angewiesen sein. Karin und ich haben uns ziemlich auseinandergelebt. Das, was uns über Jahre verbunden hatte, nämlich die kleinen Kinder, gibt es nicht mehr, sie gehen ja inzwischen weitestgehend ihre eigenen Wege.«

Mathis legte beide Hände flach auf den Tisch. Ich sah, wie seine Nagelflächen langsam weiß wurden.

»Nein, Nele. Ich frage mich nach all den Jahren und Jahrzehnten, wie es weitergehen soll. Ich habe nur noch wenige Jahre bis zur Rente und bin dann zum ersten Mal in meinem Leben wirklich ungebunden. Ich könnte meinen Traum erfüllen und um die Welt segeln. Oder was auch immer. Ich könnte einfach das machen, wozu ich Lust hätte, ohne auf jemanden Rücksicht nehmen zu müssen.«

»Und dabei wäre ich dir natürlich im Weg.«

»Wenn du es so hart ausdrücken willst. Aber ich sehe es dann doch etwas differenzierter, Nele. Du bist noch eine junge Frau, die gerade am Anfang ihres Berufslebens steht. Ich durfte dich bei deiner Arbeit ja gerade live erleben und muss schon sagen, ich war beeindruckt. Ohne anmaßend klingen zu wollen, aber in dir steckt ein großes Potenzial. Ein sehr großes sogar. Du wirst es weit bringen, da bin ich mir sicher. Und ich werde einen Teufel tun, dich von diesem Weg abzubringen. Auf der anderen Seite würde ich uns beiden keinen Gefallen tun, dir zuliebe hierzubleiben. Ohne Zweifel würde auch ich neue Aufgaben finden und es mir nicht im Lehnsessel bequem machen. Aber es würde nicht gut gehen. Ich muss hier raus, Nele. Es gibt keine Alternative. Ich muss und will jetzt frei sein. Das alles habe ich mir nach unserem Urlaub noch mal reiflich überlegt.«

Zärtlich nahm er meine Hände in seine.

»Ich liebe dich wirklich sehr, Nele, aber wenn ich jetzt nicht meinen Weg gehe, ist es ein für alle Mal zu spät. Und es geht ja nicht nur um dich. Du hast auch noch ein Kind, um das du dich kümmern musst. Paula ist noch klein. Und auch für sie wäre es nicht gut, einen Vater zu bekommen, der genauso gut ihr Opa sein könnte. Und, ganz klar, ich möchte mich nicht noch auf eine dritte Familie einlassen. Die Gründe dafür habe ich dir versucht zu erläutern.«

Mit sanfter Bewegung ließ er meine Hände wieder los.

»Wir würden alle unglücklich werden. Was wollt ihr mit einem alten Mann, wie ich es bin? Ich würde euch bald nur noch zur Last fallen, und das wäre mehr, als ich ertragen könnte.«

Mathis machte eine Pause. Oder war er fertig?

Ich jedenfalls war zu aufgewühlt, um irgendetwas dazu zu sagen. Das alles musste sich erst mal setzen, und ich wünschte, ich wäre jetzt allein, um darüber nachdenken zu können. Also blieb ich stumm und kratzte mit meiner Gabel auf meinem leeren Teller herum.

Als Mathis merkte, dass von mir keine Reaktion zu erwarten war, setzte er noch mal an.

»Das wurde mir im Übrigen auch deutlich klar, als ich dich mit diesem jungen Mann gesehen habe.«

Junger Mann? Fragend guckte ich ihn an.

»Auf der Podiumsdiskussion. Der dich mir in der Pause quasi vor der Nase weggeschnappt hat. Und … dich dann so liebevoll auf die Stirn küsste.« Mathis zog bei dieser für ihn offenbar wenig erfreulichen Erinnerung seine Stirn in tiefe Falten.

»Marco.«

»Marco. Richtig, so hieß er. Liebt er dich?«

Ich lachte laut auf. Welch absurde Idee!

»Du warst doch nicht etwa eifersüchtig?«, stichelte ich.

»Doch, allerdings, das war ich.« Er klang jetzt beinahe zornig.

»Oh. Und was ist jetzt mit Marco?«, wollte ich wissen.

»Es versetzt mir einen Stich ins Herz, dir das sagen zu müssen …«

Nanu, was kam jetzt? War Marco womöglich ein steckbrieflich gesuchter Verbrecher, nur die dumme kleine Nele hatte es wieder einmal nicht geschnallt? Bei diesem Gedanken musste ich wider Willen grinsen. Die Situation hatte jetzt eindeutig etwas Tragisch-Komisches.

Aber Mathis ließ sich nicht beirren.

»Er … er würde gut zu dir passen.«

»Marco? In welcher Weise?«

»Er ist in etwa so alt wie du.«

»Ist das alles?«

»Das ist eine ganze Menge. Außerdem scheint er ein sehr umsichtiger Mensch zu sein. So einer, wie du ihn verdienst.«

»Woher willst du denn wissen, was ich verdiene?«

»Weil ich mir einbilde, dich ganz gut zu kennen, auch wenn unsere … äh … Beziehung nur von kurzer Dauer war. Also, was ist jetzt? Liebt er dich?«

»Was würde das ändern?«

»Nichts. Es sei denn … du liebtest ihn auch.«

»Wenn es dir auch nicht in den Kram passt, Mathis Hagena«, sagte ich nun deutlich lauter, denn so langsam machte mich dieses Geplänkel wahnsinnig, »ich liebe einzig und allein dich. Und daran hat sich nichts, aber auch rein gar nichts geändert, seit wir uns zum letzten Mal gesehen haben. Und ich möchte dich herzlich bitten, jeden Versuch zu unterlassen, mich mit einem anderen Mann zu verkuppeln, ob er nun Marco heißt oder Heinz-Herrmann oder wie auch immer. Denn du liefst zwangsläufig Gefahr, hinterrücks erdolcht zu werden!«

»Wäre vielleicht gar nicht die schlechteste Lösung.«

»Meinst du eigentlich, dass uns das hier irgendwie weiterbringt? Du hast mir gesagt, was du sagen wolltest, und ich habe es mir angehört. Also, was soll das Marco-Gequatsche jetzt noch?«

»Ich wollte dir nur klarmachen …«

»Danke, ich verzichte darauf. Ich sehe bereits klar genug. Ich würde jetzt gerne gehen.«

Am ganzen Körper zitternd, stand ich auf und verließ das Restaurant. Das alles war einfach zu viel für mich. Während der Rückfahrt wechselten wir kein einziges Wort.

Erst als wir vor meiner Haustür standen, sah Mathis mich noch einmal an.

»Bitte entschuldige, Nele, ich wollte nicht …«

Aber ich hatte für heute genug von Entschuldigungen. Ich wollte jetzt nur noch alleine sein und meinen angestauten Tränen freien Lauf lassen.

»Ciao Mathis«, sagte ich nur leise. Dann stieg ich aus.

9

»Christoph hat deinen Mathis getroffen.«

Ich verschluckte mich an dem letzten Happen meines Brötchens, den ich gerade in den Mund geschoben hatte. Es war Sonntag, und wir hatten uns zum Frühstück getroffen. Christoph war auf einem Kongress, und die Mädchen wollten lieber in Annekes kleinem Holzhäuschen frühstücken, »weil nämlich«, wie sie sagten, »Puppe Hildegard-Sophie krank ist und nicht in den Kindergarten kann und jemand auf sie aufpassen muss«. Das sahen wir natürlich ein.

»Wo?«, würgte ich hervor, während ich, von einem heftigen Hustenanfall geschüttelt, verzweifelt versuchte, das Brötchenstück wieder in die richtige Bahn zu lenken.

»Bei der Arbeit.«

»Wieso?«

»Genau weiß ich es auch nicht. Christoph meinte nur, es ginge um eine neue Projektidee. Über Details wollte er aber nicht sprechen, solange es noch nicht wirklich spruchreif ist. Und dass das dauern kann, weißt du ja selbst am besten.«

Ich nickte zustimmend. Genau wie ich war auch Christoph als Geschäftsführer einer kommunalen Beschäftigungsgesellschaft im ständigen Kampf mit der Kommunalpolitik. Wir hatten auch in dem einen oder anderen Projekt schon miteinander zu tun gehabt.

Er war ein idealistischer Zeitgenosse, der es sich zum Ziel gesetzt hatte, gesellschaftlich benachteiligte Menschen zu qualifizieren und, wenn irgend möglich, wieder in Lohn und Brot zu bringen. Seine Bemühungen waren von Erfolg gekrönt, und er machte mit seinem Modell bundesweit Furore. Tausende Menschen wurden mithilfe von Ausbildungs- und Qualifizierungsmaßnahmen wieder in den Arbeitsmarkt integriert.

Irgendwas war dann schiefgelaufen. Zumindest konnte man sich heute des Eindrucks nicht erwehren, bei dem Projekt ginge es lediglich noch um die Beschäftigungssicherung der fest angestellten Mitarbeiter, aber keineswegs mehr um die ursprüngliche Idee.

Christoph versank im Frust und spielte nun schon seit Längerem mit dem Gedanken, seinen Job an den Nagel zu hängen und noch mal von vorne anzufangen. Aber das war natürlich leichter gesagt als getan.

»Haben sie über mich gesprochen?« Ich war wieder in der Lage, einen ganzen Satz zustande zu bringen, ohne zu husten.

»Über dich? Nein. Es ist nicht Christophs Sache, Geschäftliches und Privates zu vermischen. Außerdem weißt du ja, wie Männer sind. Sie finden so was gar nicht wichtig. Christoph hat es auch nur ganz nebenbei erwähnt.«

»Und du, hast du nachgehakt?« Das konnte doch unmöglich alles gewesen sein.

»Natürlich. Aber wie gesagt, aus Christoph war nicht viel herauszubekommen. Er meinte lediglich, dass Mathis einen sehr kompetenten und netten Eindruck machte. Und das hilft uns ja nicht wirklich weiter.«

»Nein, nicht wirklich«, stimmte ich zu. »Und wann hat er ihn getroffen?«

»Am Donnerstag.«

»Und das sagst du mir erst jetzt?«

»Was hätte es denn geändert, wenn ich es früher gesagt hätte?«

Da hatte sie nun auch wieder recht.

»Eigentlich wollte ich es dir gar nicht erzählen«, gab sie dann zu.

»Warum?«

»Weil du dann wieder tagelang gegrübelt hättest.«

»Hm. Und wieso hast du es jetzt trotzdem erzählt?«

»Weil es eigentlich keinen Unterschied macht. Du grübelst sowieso den ganzen Tag.«

»Das merkt man mir an?«

»Oh, es ist natürlich nur sehr schwer zu merken. Bei jemandem, der Löcher in die Wände starrt, anstatt sich an Gesprächen zu beteiligen, seine Tochter bei Regen mit Sandalen zur Schule schickt und Salz statt Zucker in den Tee schüttet, ist es fast unmöglich, auf so etwas wie Geistesabwesenheit zu kommen.«

»Ja, ich bin wohl keine so lustige Gesellschafterin momentan«, gab ich zerknirscht zu.

»Das wird schon wieder. Aber da ist noch etwas. Der eigentliche Grund, warum ich es dir erzählt habe.«

»Und?« Gespannt schaute ich Sandra an. Hatte Mathis doch noch irgendetwas gesagt?

»Marco war bei dem Gespräch auch dabei.«

Ungläubig starrte ich Sandra an. Das hätte Marco mir doch gesagt.

»Marco? Aber wieso weiß ich nichts davon?«

»Das musst du mit ihm ausmachen, dazu kann ich nichts sagen. Vielleicht eine Verschwörung unter Männern. Ich fand nur, du solltest es wissen.«

»Ich ruf ihn gleich an.«

»Wie du weißt, ist er auf dem gleichen Kongress wie mein Angetrauter. Er wird sich kaum eine Standpauke von dir anhören wollen. Du musst es wohl auf morgen verschieben.«

»Und Mathis? Ist er auch auf dem Kongress?«

»Weiß ich nicht. Frag ihn doch.«

»Witzig.«

»Ach Nele, vergiss es einfach. Wahrscheinlich hat das alles sowieso nichts zu bedeuten. Eine Lappalie. Wieso auch sollten drei so unterschiedlich qualifizierte Männer auf einmal auf die Idee kommen, zusammenzuarbeiten?«

Sandra wusste genauso gut wie ich, dass es da sehr wohl Berührungspunkte geben konnte. Sie wollte mich nur beruhigen.

Aber das gelang ihr diesmal nicht. Das gelang ihr überhaupt nicht.

»Warum hast du mir nichts davon gesagt, dass du dich mit Mathis getroffen hast?« Nach einer beschissenen Nacht führte mich mein erster Gang am Montag natürlich in Marcos Büro. Er saß ganz entspannt in seinem Chefsessel, die Füße auf dem Schreibtisch, die Zeitung aufgeschlagen und eine Tasse Kaffee in der Hand.

»Ach, dir auch einen Guten Morgen, Nele. Hattest du ein schönes Wochenende?« Provozierend sah er mich an und schlürfte genüsslich weiter an seinem Kaffee. Ich sah ein, dass ich so nicht weiterkam.

»Entschuldige. Guten Morgen«, sagte ich nun kleinlaut. »Sandra hat mir erzählt, dass du mit Christoph und Mathis zusammengesessen hast. Angeblich plant ihr irgendein gemeinsames Projekt. Ja, und da habe ich mich einfach gefragt, warum ich davon nichts weiß.«

»Weil du sowieso schon ein Nervenbündel bist«, sagte er trocken. »Die Sache mit Mathis Hagena war noch so unkonkret, dass ich dich damit einfach nicht behelligen wollte. Und anscheinend hatte ich recht, denn du bist ja schon wieder total aus dem Häuschen. Aber davon einmal abgesehen, hätte ich es dir heute sowieso noch gesagt.«

»Was gesagt?« Mir schwante Böses.

»Dass wir ein gemeinsames Projekt starten. Christoph, Mathis und ich.«

Christoph, Mathis und ich! Waren sie jetzt schon die besten Kumpels, oder was?

»Aber das geht nicht!« Entsetzt starrte ich Marco an. War er jetzt von allen guten Geistern verlassen?

»Natürlich geht das, Nele. Dein Mathis ist ein patenter Kerl und beruflich geradezu ein Genie. Das wurde mir spätestens auf der Podiumsdiskussion klar. Es wäre dumm von uns, wegen irgendwelcher privater Geschichten die Chance auf Zusammenarbeit nicht zu ergreifen. Sehr dumm sogar.«

»Aber ... war es Mathis' Idee?« So hinterlistig konnte er doch wohl nicht sein? Einfach hinter meinem Rücken ... wohl wissend ... nein ...

»Nein. Nicht direkt jedenfalls.«

»Was soll das heißen, nicht direkt?«

»Christoph kam vor einiger Zeit auf mich zu. Er hatte die Idee, gemeinsam ein neues Projekt zu starten. Hierbei sollte es um Fragen der ökologischen Sanierung gehen. Sehr spannende Sache. Zumal du weißt, dass wir demnächst sowieso ein größeres Sanierungsgebiet in Angriff nehmen wollen. Ja, und davon hatte Christoph gehört und meinte, es wäre interessant, dieses mit Ausbildungs- und Beschäftigungsmaßnahmen zu kombinieren. In dem Bereich herrscht ja bekanntermaßen ein eklatanter Arbeitskräftemangel, weil das klassische Handwerk der Entwicklung nicht hinterherkommt.«

»Und wie kam Mathis ins Spiel?«

»Mathis hatte zum Thema Ökologie im Städtebau und Arbeitsplätze mal einen Aufsatz verfasst. Ist schon länger her. Als dann Sandra wegen eurer unglückseligen Geschichte einmal seinen Namen erwähnte, geriet Christoph ins Grübeln und es fiel ihm wie Schuppen aus den Haaren. Du siehst, dass durchaus auch du deinen Teil zu diesem Projekt beigetragen hast, wenn auch unbewusst.« Marco grinste mich schelmisch an.

»Na toll. Und natürlich hat Christoph ihn sofort angerufen.«

»Natürlich nicht. Er war sich nicht sicher, ob er dir das antun könnte. Außerdem wollte er nicht als der Buhmann dastehen, Sandra hätte ihm die Hölle heißgemacht. Also hat er erst mich um Rat gefragt, und da ich ja von Natur aus gemeiner und abgebrühter bin und meine Frau sowieso noch von nichts weiß, habe ich Mathis kontaktiert.«

»Und, wie hat er reagiert?«

»Natürlich war er zuerst etwas baff, mich am anderen Ende der Leitung zu haben. Aber er war professionell genug, um die Chancen dieser Zusammenarbeit sofort zu erkennen. Tja, und da haben wir zu dritt ein Treffen vereinbart. Und, was soll ich sagen, es war phänomenal!«

Marcos Augen strahlten jetzt vor Begeisterung. »Ein wirklich toller Typ, dein Mathis!«

»Er ist nicht *mein* Mathis!«, konterte ich laut und bestimmt.

»Ja, eigentlich schade«, sagte Marco nachdenklich. »Aber er scheint ja seine guten Gründe zu haben.«

Ich ging nicht darauf ein. Ich hatte Marco von unserer Unterredung erzählt, und zu meinem Ärger hatte er schon damals immer verständnisvoll genickt. Männersolidarität eben.

»Ich habe aber mit dem Projekt nichts zu tun.« Es war mehr eine Feststellung als eine Frage. Schließlich kam alles andere überhaupt nicht in Betracht.

»Ich wüsste nicht, wie wir es ohne dich schaffen sollten. Du bist hier die Expertin. Ohne dich bräuchte unser Büro bei der Sache gar nicht mitzumachen«, stellte Marco sachlich fest.

»Na, dann hat es sich ja schon erledigt. Es gibt ja noch andere Büros.«

Marco ließ sich nicht beirren.

»Ich dachte mir schon, dass du eine so unprofessionelle Antwort geben würdest. Frauen und ihre Gefühlsduselei! Hier geht es um mehr, Nele. Und ich bin überzeugt, dass auch du es so sehen wirst, wenn du noch fünf Stunden darüber nachgedacht hast.«

»Wieso fünf Stunden?«, fragte ich irritiert.

»In fünf Stunden ist es fünfzehn Uhr. Dann kommen Mathis und Christoph hierher. Haben wir gestern auf dem Kongress so verabredet. Je schneller wir die Sache in Angriff nehmen, desto besser für alle Beteiligten. Es wird auch so noch lange genug dauern, bis die üblichen Verdächtigen überzeugt werden können.«

Völlig vor den Kopf geschlagen, ging ich aus Marcos Büro. Wie konnten nur alle so dermaßen gemein zu mir sein? Hatte mich denn keiner mehr lieb?

»Nele, hier ist was mit der Post gekommen, das solltest du dir vielleicht …«

»Ach, lass mich doch mit dem Scheiß in Ruhe!«, fauchte ich Vera an, die natürlich für diese ganze Misere überhaupt nichts konnte. Aber das war mir egal.

Ich ging in mein Büro, schnappte meinen Rucksack und verließ türenknallend das Haus.

Keiner würde mich hier je wiedersehen, das war ja wohl sonnenklar!

Immer wieder blickte ich nervös auf die Uhr. Aber ich wusste, ich hatte keine Chance. Marco würde es mir nie verzeihen, wenn ich diesen Termin platzen ließe. Und objektiv gesehen hatte er natürlich recht. Liebeskummer hin oder her. Wie es sich angehört hatte, ging es hier um ein wahnsinnig interessantes Projekt. Da hatten meine Gefühle nicht viel Platz. Also würde ich hingehen müssen.

Und zum tausendsten Mal fragte ich mich, was das Schicksal eigentlich mit mir vorhatte. Das konnte doch alles kein Zufall mehr sein.

Um Viertel vor drei betrat ich also wieder unser Büro und entschuldigte mich als Erstes bei Vera. Sie zog noch einen Schmollmund, aber das kannte ich schon. Im Grunde hatte sie mir längst verziehen. Marco war wie vom Erdboden verschluckt. Vera meinte aber, er wolle um drei zurück sein. Na hoffentlich!

Ich versuchte mich abzulenken, indem ich meine E-Mails abrief. Aber auch hier war nichts dabei, was mich hätte aufheitern können. Ich wollte gerade die Post durchsehen, als ich eine mir sehr vertraute Stimme im Empfangsraum vernahm. Gleich darauf ging auch schon die Tür auf.

»Herr Doktor Hagena für dich.«

»Soll reinkommen.«

Nach Veras Gesichtsausdruck zu urteilen, wunderte sie sich ein wenig über meine Ausdrucksweise. Aber sie schloss wortlos wieder die Tür.

»Hallo Nele.« Mathis machte keine Anstalten, mir die Hand zu geben. Wäre ja auch zu affig gewesen.

»Hallo Mathis.« Ich guckte ihm ausdruckslos entgegen und bedeutete ihm, Platz zu nehmen.

»Du bist mir jetzt noch böser, als du es eh schon warst, stimmt's?«

Na, wenigstens redete er nicht lange um den heißen Brei herum.

»Böse ist vielleicht nicht ganz der richtige Ausdruck, Mathis. Ich hatte nur gehofft, unsere Geschichte sei ein für alle Mal abgeschlossen. Aber du scheinst es darauf abgesehen zu haben, mir das Leben schwer zu machen. Sei's drum. Aber tu mir bitte einen Gefallen und frag mich nicht, wie es mir geht. Es könnte sein, ich springe dir an die Gurgel.«

Ich lächelte ihn zuckersüß an, aber um meinen Worten Nachdruck zu verleihen, machte ich eine unmissverständliche Handbewegung zu meinem Hals und streckte würgend die Zunge raus.

Mathis sah mich daraufhin lange regungslos an, und ich geriet etwas in Panik. Hoffentlich würde er jetzt nicht aufstehen und gehen. In diesem Fall wäre es zweifellos Marco, der jemandem an die Gurgel springen würde. Und dieser Jemand würde gewiss nicht Mathis sein.

Aber Mathis lehnte sich schließlich entspannt zurück und sah sich in meinem Büro um.

»Schöne Räume habt ihr hier.«

Ja, da konnte ich ihm nur zustimmen. Unsere Büroräume lagen in einem sanierten Altbau. Marco hatte sie über gute Beziehungen zu einem recht günstigen Mietpreis bekommen. Hohe Decken, Holzfußboden, große Fenster. Und Innenstadtlage. Es war perfekt.

Mathis' Blick blieb sekundenlang an zwei großen Fotografien hängen, die das Wattenmeer zeigten. Einmal mit in der Sonne glitzernden Prielen, einmal bei Sonnenaufgang.

Ich hatte sie im Urlaub erstanden und in einem Anfall von Masochismus hier aufgehängt.

Verlegen fing ich an, wieder in meinen E-Mails herumzublättern.

»Sie sind wunderschön«, sagte Mathis leise, ohne seinen Blick von den Fotos zu wenden.

»Ja.«

»Ich wünschte …«

Was Mathis wünschte, sollte ich nicht mehr erfahren, denn in diesem Moment ging meine Bürotür auf und Marco und Christoph kamen hereinmarschiert.

»Sorry, ist ein wenig später geworden«, sagte Marco entschuldigend und gab Mathis die Hand. »Ich würde vorschlagen, wir gehen rüber ins Besprechungszimmer. Dort hat Vera auch den Kaffee abgeladen.«

Wir erhoben uns und folgten Marco in besagten Raum. Mathis setzte sich mir gegenüber, und ich bemerkte, dass die hereinfallenden Sonnenstrahlen durch Mathis' helles Leinenhemd hindurchschienen, wodurch sich die Konturen seines Oberkörpers klar abzeichneten.

Er sah so sexy aus!

Schnell wandte ich meinen Blick in Marcos Richtung, der sich anschickte, unsere Sitzung mit einer kurzen Einleitung zu eröffnen.

Schon bald waren wir inmitten einer lebhaften Diskussion, und es gelang mir zu verdrängen, dass ich Mathis viel lieber sein Leinenhemd vom sonnengebräunten Körper gerissen und ihn auf der Stelle vernascht hätte, anstatt mit ihm über Städtebau zu diskutieren.

Die drei Herren hatten sich ein wirklich spannendes Projekt ausgedacht, wie ich neidlos anerkennen musste.

Nach zwei Stunden standen schließlich eine klar erarbeitete Zielsetzung und eine ebenso klare Aufgabenteilung auf dem Papier.

Im Stillen gestand ich mir ein, dass sich hier tatsächlich das ideale Team gefunden hatte.

Und noch stiller fragte ich mich, ob ich mich wohl auch in Mathis verliebt hätte, wenn ich ihm hier zum ersten Mal begegnet wäre. Aber darauf würde ich wohl nie eine Antwort finden. Und eigentlich war es ja auch egal.

Denn auch dann wäre meine Liebe völlig aussichtslos gewesen.

»Na wunderbar, dann kann's ja losgehen«, sagte Christoph mit strahlendem Gesicht in meine Gedanken hinein und begann, seine Sachen zusammenzupacken. »Ich muss jetzt leider gehen, hab noch einen weiteren Termin. Ich würde vorschlagen, wir treffen uns in der kommenden Woche um die gleiche Zeit, gerne diesmal bei uns.« Fragend sah er in die Runde, und nachdem wir alle unsere Zustimmung bekundet hatten, stand er mit zufriedener Miene auf, grüßte kurz und verschwand zur Tür hinaus.

»Hm. Hoffentlich wird er nicht enttäuscht«, murmelte Marco und zog seine Stirn in Falten.

»Wieso?«, hakte ich nach. »Stimmt irgendwas nicht?«

»Na ja. Christoph hat mir anvertraut, dass er in diesem Projekt eine letzte Chance sieht, noch etwas zu bewegen. Er ist ziemlich frustriert angesichts der Entwicklung, die seine Gesellschaft genommen hat. Und wenn diese Sache auch wieder ausgebremst wird ...«

»Seinen Frust kann ich allerdings sehr gut verstehen.« Mathis machte noch keine Anstalten zu gehen, sondern lehnte sich in seinem Stuhl zurück und schlug die Beine übereinander. »Aus eben diesem Grund habe ich schon vor Jahren beschlossen, mich mit meinen Projekten woanders auszutoben.«

Darüber wunderte ich mich. »Und warum machst du dann bei diesem Projekt mit? Du scheinst es ja für nicht eben Erfolg versprechend zu halten«, wunderte ich mich.

»Oh, das Projekt selbst ist klasse. Ich habe auch tatsächlich lange hin und her überlegt, ob sich der ganze Aufwand lohnen wird. Aber ich denke, einen Versuch ist es allemal wert. Und wenn es erneut scheitert, nun ja, Gott sei Dank gibt es ja auch andere Städte, auf die solch ein Konzept ohne Weiteres übertragbar wäre. Und die sich sogar darüber freuen würden.«

»Warum«, gab ich zu bedenken, »bieten wir es dann nicht gleich woanders an? Würde uns wahrscheinlich einiges erspart bleiben.«

»Keine schlechte Idee. Aber auch mich hat jetzt der Ehrgeiz gepackt, hier noch mal etwas zu reißen.« Mathis machte eine kurze Pause und guckte nachdenklich zum Fenster hinaus. »Vielleicht nur«, fuhr er dann ruhig fort, »weil ich nicht ausgerechnet die Stadt hängen lassen will, in der ich aufgewachsen bin.«

Es dauerte einen Moment, bis ich begriffen hatte, was er gerade gesagt hatte. Aber dann fiel der Groschen, und ich starrte Mathis ungläubig an.

»Du bist ... Mathis und Uwe sind ... hier hat sich das alles abgespielt?« Ich war nun völlig aus dem Häuschen. »Warum hast du es nie erwähnt?«

»Weil ... keine Ahnung«, sagte er nur.

Marco blickte fragend von einem zum anderen und schien nur Bahnhof zu verstehen. Aber weder Mathis noch ich machten Anstalten, irgendeine Erklärung abzugeben. Es ist unsere Geschichte, dachte ich trotzig, Mathis' und meine. Ich wollte sie mit keinem anderen teilen. Ob es Mathis genauso ging?

»Aber wie es scheint«, knüpfte Marco wieder ans Thema an, als er erkannte, dass er keine Erklärung zu erwarten hatte, »hast auch du es in keiner anderen Stadt bislang erlebt, dass sich alle daran beteiligten Entscheidungsträger so extrem verweigert haben.«

Mathis räusperte sich, als müsste er sich erst wieder in die Gegenwart zurückholen. Bestimmt war er, genauso wie ich, gerade in seinen Kindheitserinnerungen versunken.

»Nun, das will ich nicht sagen«, sagte er. »In anderen Städten ist es auch nicht immer leicht. Aber hier ... nun, wie gesagt, es liegt vielleicht nur daran, dass ich hier geboren wurde. Das tut dann doppelt weh.«

»Gehen wir am Wochenende in den Zirkus?« Paula setzte sich neben mich, rannte dann aber zur Schublade, um sich einen

Löffel zu holen, und unterstützte mich in der Bewältigung des Milchreisberges.

»Ich bin jeden Tag im Zirkus«, sagte ich trocken.

»Wirklich? Und wieso nimmst du mich nie mit?«, fragte Paula empört.

»War nur ein Witz, Paula.«

»Der war aber gar nicht witzig«, stellte sie fachmännisch fest.

»Was gibt es denn in dem Zirkus?«

»Na, Clowns und Affen und Kamele und so.«

Ich musste grinsen. So was hatte ich doch wirklich jeden Tag.

»Geht Anneke auch hin?«

»Weiß nicht. Aber ich will mit dir hingehen. Nie machst du was mit mir.«

Das Kind hatte eindeutig recht. Sie kam wirklich etwas kurz in letzter Zeit.

»Also gut. Ich verspreche dir, dass wir am Samstag gehen.«

»Hurra!«, schrie Paula.

Nur schade, dass sie dabei den Mund noch voll hatte. Als ich gerade einen Lappen holen wollte, klingelte das Telefon.

»Weißt du, wer heiratet?«

Oh nein! Der Schock mit meinem sechzigjährigen Verehrer hatte wohl doch nicht so lange vorgehalten, wie ich es mir gewünscht hätte.

»Keine Ahnung, Mutter, ist mir auch egal.«

»Heiner Nass!!!«, schrie mir meine Mutter völlig unbeeindruckt ins Ohr.

»Aha.«

»Was heißt hier *aha*? Den hättest du haben können!«, rief sie nun entrüstet. »Er war so ein netter Kerl, so adrett, immer im Anzug und Trenchcoat und Bügelfalten und so, und er war so ausnehmend freundlich, all unsere Bekannten sind doch geplatzt vor Neid, damals, als du mit ihm zusammen warst. Und, was tust du? Du lässt ihn laufen, schickst ihn einfach fort. Das war sehr undankbar von dir, Nele. Aber das hast du nun davon. Nun schnappt ihn dir eine andere vor der Nase weg.«

»Na, Mutter, so vor der Nase ja nun auch nicht.«

»Siehste, nun grämst du dich. Aber das geschieht dir ganz recht.«

He?

»Weinst du?«

»Wieso sollte ich das tun, Mutter?«

»Und weißt du, wer ihn heiratet?«

»Nee.«

»Anna Treber.«

»Na, das passt doch wunderbar«, sagte ich grinsend.

»Wieso denn nun das?«

»Anna Nass ist doch die perfekte Kombination.«

Meine Mutter sagte für einen Moment gar nichts mehr. Aber dann fing sie sich wieder.

»Sie wird natürlich einen Doppelnamen tragen. Anna Treber-Nass. Weißt du, Heiner ist da sehr aufgeschlossen und modern.«

»Seit wann sind Doppelnamen modern?« Das war ja wohl schon seit zwanzig Jahren vorbei.

»Ein Doppelname hätte auch dir wunderbar zu Gesicht gestanden.«

Würg! »Tja, dumm gelaufen. Aber vielleicht wenn mein Architekt und ich …«

»Und Paula geht es gut?«

»Paula!«, rief ich meiner Tochter zu, »Oma will dich sprechen.«

Sofort kam Paula angewetzt. Doch bevor sie mir den Hörer aus der Hand riss, konnte ich noch schöne Grüße an das Brautpaar ausrichten.

»Apropos Beruf, Nele«, meldete sich Sandra zu Wort, als wir am Samstag aus dem Zirkus kamen und Paula und Anneke verkündet hatten, genau dort später mal arbeiten zu wollen. »Wie war eigentlich euer Treffen mit dem Mann deines Herzens? Ich dachte ja, du würdest mal ein Wort darüber verlieren, aber Fehlanzeige. Stehst du noch unter Schock oder hast du deine Liebe überwunden?«

»Weder noch«, sagte ich matt und kramte nach den Autoschlüsseln. Als wir ins Auto eingestiegen waren und ich mich in die lange Autoschlange in Richtung Stadtmitte eingereiht hatte, erzählte ich ihr in ein paar kurzen Sätzen von der Sitzung. Als ich zum dritten Mal Mathis' Namen nannte, meldete sich Paula plötzlich wieder zu Wort.

»Gell, Mama, Mathis wird mein neuer Papa.«

Entsetzt schaute ich erst in den Rückspiegel, wo ich Paulas fragendem Gesicht begegnete, und dann zu Sandra. Hatte sie etwa irgendeine Bemerkung gegenüber den Kindern fallen lassen? Aber Sandra zuckte nur ratlos mit den Schultern. Hätte mich auch gewundert.

»Wie kommst du denn auf die Idee?«, wandte ich mich also wieder meiner Tochter zu.

»Anneke sagt, wenn eine Frau unbedingt mit einem Mann alleine sein will, dann ist sie in ihn verliebt. Und du wolltest doch mit ihm alleine sein und hast uns alle weggeschickt. Und wenn man verliebt ist, dann heiratet man, das hat Juliane gesagt. Na, und wenn du Mathis heiratest, ist er doch mein neuer Papa, hat Jessica dann gesagt. Und da sagte Benedikt …«

»Weiß irgendjemand aus deiner Klasse es noch nicht?«, fragte ich entgeistert.

»Ich glaube, Caroline war an dem Tag krank«, bemerkte Anneke ernst.

»Stimmt«, pflichtete Paula ihr bei. »Die hatte Durchfall oder so was. Du, Mama«, fuhr sie dann fort »hat Mathis schon mal seinen Penis in deine Scheide gesteckt?«

Vor lauter Schreck trat ich ohne Vorwarnung auf die Bremse, was ein gellendes Hubkonzert hinter uns zur Folge hatte. Aber das war mir jetzt schnurz. Mit einem schnellen Blick erfasste ich, dass auch Sandra die Fassung aus dem Gesicht gefallen war. Auch das kam also nicht von ihr. Woher wussten dann unsere unschuldigen Kinder …?

»Wie kommst du denn auf so was?«, fragte ich eindringlich und bemühte mich, konzentriert weiterzufahren.

»Juliane sagt, das machen die Erwachsenen so, wenn sie verliebt sind. Ich finde das ja ziemlich ekelig.«

»Weißt du, was noch voll ekelig ist?«, fragte Anneke daraufhin und zog, wie ich im Rückspiegel erkennen konnte, eine angewiderte Fratze. »Wenn man sich beim Küssen die Zunge in den Hals steckt. Bäh, wirklich voll ekelig! Benedikt und ich haben das mal ausprobiert und …«

»Ihr habt *was*?«, mischte sich nun auch Sandra ein und drehte sich mit fassungsloser Miene zu den Kindern um.

Aber in diesem Moment kamen wir zu Hause an und die Mädchen sprangen sogleich aus dem Auto und rannten in den Garten. Für sie war das Thema bereits wieder erledigt.

»Puh«, Sandra schüttelte sich wie ein nasser Hund. »Da weiß ich ja, was ich morgen zu tun habe.«

»Und das wäre?«

»Ich gehe auf die Suche nach einem vernünftigen Aufklärungsbuch.«

Da konnte ich nur zustimmend nicken. Auf diesen Schreck hin brauchte ich jetzt erst mal einen starken Kaffee.

»Christoph ist ziemlich guter Dinge, seit ihr euer Projekt gestartet habt«, kam Sandra später noch mal auf das Thema Mathis zurück. »Er hält übrigens sehr viel von Mathis.«

»Ja, Marco auch.«

»Und du?« Sandra schaute mich prüfend an.

»Ich auch, er ist fachlich genial, das gebe ich zu. Ich glaube schon, dass wir ein gutes Team sind.«

»Und wie fühlst du dich dabei?«

»Ich weiß es nicht. Wenn ich nur wüsste, wo das alles hinführen soll.«

»Kommt Zeit, kommt Mann.«

»Ja, vielleicht, nur kann ich mir im Moment gar nicht vorstellen, dass ich jemals wieder einen anderen Mann als Mathis interessant finden könnte. Er ist einfach … nun ja … etwas ganz Besonderes.«

»Darin scheint ihr euch ja wirklich alle einig zu sein. Ich glaube, ich muss dieses Wunder von Mann auch mal näher kennenlernen. Komm mir ja schon richtig hinterwäldlerisch vor, das perfekte Wesen noch nicht zu meinem Bekanntenkreis zählen zu können. Wie wäre es, wenn wir ihn mal einladen würden?«

»Sehr witzig. Ihr habt alle euren Spaß und mir zerreißt sein Anblick das Herz. Genauso habe ich mir einen lustigen Abend immer vorgestellt. Du bist eine echte Freundin.«

»Schau mal, Nele …«

»Nee, ist gut jetzt, Sandra. Lass uns das Thema wechseln. Ich habe mir vorgenommen, Mathis nur noch als Kollegen zu sehen, und werde ihm ansonsten aus dem Weg gehen. Nur so kann es einigermaßen funktionieren. Wenn Marco und Christoph eine neue Männerfreundschaft pflegen wollen, bitte schön, aber lasst mich aus dem Spiel.«

»Aber irgendwann …«, startete Sandra einen weiteren Versuch.

»Ja, irgendwann, in hundertfünfzig Jahren oder so. Aber bis dahin will ich davon nichts mehr hören.«

»Marco und Ines haben uns übrigens auf ihre Party eingeladen. Für Samstag. Ines hat mich gestern angerufen und will dich auch noch persönlich einladen. Aber ich sollte es dir schon mal ausrichten.« Sandra hatte meinen Wunsch nach Themenwechsel anscheinend endlich beherzigt.

»Ja, dann gehen wir doch einfach hin«, sagte ich matt.

»Genau, gehen wir doch einfach hin.«

»Ach, stimmt ja«, ging mir plötzlich ein Licht auf, »Ines hat ja die Tage Geburtstag. Was schenken wir ihr denn?«

»Keine Ahnung. Auf was fahren Schwangere denn ab, außer auf saure Gurken?«

»Also, ich habe während meiner Schwangerschaft nie saure Gurken gegessen. Du etwa?«

»Nö.«

»Also keine sauren Gurken. Hm. Wäre eigentlich praktisch gewesen. Eine Palette saure Gurken.«

Wir überlegten eine Weile hin und her, aber uns wollte nichts einfallen.

Also nahmen wir uns vor, am nächsten Tag in die Stadt zu gehen und etwas Hübsches auszusuchen.

10

Es versprach ein lustiger Abend zu werden. Die Partys bei Marco und Ines waren immer unterhaltsam, dafür waren sie von jeher bekannt. Ich beschloss, den Abend in vollen Zügen zu genießen, denn wann hatte ich denn schon wirklich mal einen ganzen Abend und eine ganze Nacht frei? Paula und Anneke hatten wir bei ihrer Freundin Juliane untergebracht.

»Du siehst irgendwie so frisch und unternehmenslustig aus heute Abend«, begrüßte mich Christoph, als er vor der Tür stand, um mich zur Party zu kutschieren, »hast wohl Größeres vor. Die Männer werden dich lieben.«

»Sollen sie gar nicht, schließlich will ich Spaß haben«, entgegnete ich schnippisch.

»Ups, wohl auf dem falschen Fuß erwischt. Aber dein neues Kleid gefällt mir trotzdem.«

Vermutlich hätte er das bei jedem Kleid gesagt, denn er kannte mich eigentlich nur in Hosen. Und wie ich wusste, war Christoph ein ausgesprochener Fan von femininer Kleidung, sprich von allem, was keine Hosenbeine hatte.

»Du hast ja dein neues Kleid an«, begrüßte mich nun auch Sandra, die bereits im Auto saß.

»Gefällt's dir?«, fragte ich und drehte mich einmal um mich selbst.

»Es ist wie für dich gemacht. Aber das habe ich dir ja schon bei unserer Shoppingtour gesagt.«

Das hatte ich auch gefunden, als ich es im Schaufenster der Boutique entdeckte hatte. Ein schlichtes, knöchellanges, ärmelloses dunkelblaues Leinenkleid, bis zur Taille eng anliegend, dann in einen weiten Rock übergehend. Es passte wie angegossen. Der Preis war mir dann auch egal gewesen.

Weil es recht frisch draußen war, hatte ich noch einen Cardigan in Blau- und Grautönen übergezogen, und alles zusammen sah einfach gut aus.

Über das ganze Gesicht strahlend, schwang ich mich auf die Rückbank des Autos und strahlte immer noch, als wir bei unseren Gastgebern vorfuhren.

Marco kam gleich mit einem Tablett, auf dem gefüllte Sektgläser standen, und gut gelaunt kippte ich das erste Glas in einem Zug hinunter. Ja, dies würde mein Abend werden! Marco guckte mich prüfend an.

»Irgendetwas nicht in Ordnung, oder willst du dir nur Mut antrinken?«

»Nee, alles prima, und wozu sollte ich heute Abend schon Mut brauchen? Ich bin einfach nur gut gelaunt.«

»Na dann, ich dachte schon …«

Aber ich hörte ihm bereits gar nicht mehr zu, sondern steuerte schnurstracks auf ein paar ehemalige Studienkollegen zu, die ich am anderen Ende des Raumes entdeckt und schon seit Längerem nicht gesehen hatte. Sie begrüßten mich stürmisch.

Als ich mich endlich aus allen Umarmungen wieder befreit hatte und schnell mein Kleid glatt strich, spürte ich plötzlich eine Hand auf meiner Schulter.

»Hallo Nele«, sagte eine mir sehr vertraute Stimme.

Ich schluckte und drehte mich langsam um.

»Hallo Steffen«, murmelte ich und zupfte verlegen an meinem Kleid herum. »Was machst du denn hier?«

Ich konnte nicht umhin, meinen letzten Exfreund von Kopf bis Fuß zu mustern. Er sah wie immer fantastisch aus. Groß, breitschultrig, muskulöse Statur, braun gebrannt.

»Bin mit einem Kumpel gekommen, der wiederum ein Kumpel von Marco ist. Ich dachte mir schon, dass ich dich hier treffe.«

»Und bist trotzdem gekommen.«

»Du weißt, dass ich mich immer freue, dich zu sehen. Ich wünschte …«

»Schon gut«, sagte ich schnell, »jetzt keine alten Geschichten aufwärmen, okay?«

Steffen zog gequält die Stirn in Falten. »Also, wenn's nach mir ginge, dann könnten wir noch mal …«

»Begreif es endlich, Steffen«, unterbrach ich ihn unwirsch, »für uns gibt es keine gemeinsame Zukunft, klar?« Entnervt ließ ich ihn einfach stehen und wandte mich wieder meinen Kommilitonen zu.

»Wisst ihr noch, damals in Afrika, das Hotel?«, fragte Georg gerade in die Runde und schüttelte sich.

Die Frage nach dem Hotel reichte schon, um uns alle erschaudern zu lassen. Denn welches Hotel er meinte, war uns allen sonnenklar.

Es war auf unserer Studienexkursion nach Westafrika gewesen. Ein paar Holzhütten um einen Hof gruppiert, dessen Boden durch die ungewöhnlich starken Regenfälle völlig aufgeweicht war, sodass man knöcheltief im Matsch watete.

Die Betten, vier in jeder Hütte, hatten auf den ersten Blick gar nicht so schlimm ausgesehen, als purer Luxus waren uns die darüber drapierten Moskitonetze erschienen. Aber dann kam die Nacht, und jeder von uns musste bereits nach wenigen Minuten feststellen, dass er nicht alleine im Bett war.

Ob es Wanzen gewesen waren oder Flöhe oder Moskitos, war uns bis heute nicht klar. Wahrscheinlich von jedem etwas. Fakt war, es hatte einfach fürchterlich gejuckt, und an Schlaf war nicht zu denken gewesen. Verzweifelt hatten wir die ganze Nacht wach gelegen, von Juckreiz und Schweißströmen gequält, denn auch die Hitze, die sich tagsüber in den Hütten gesammelt hatte, schien sich hier auch nachts ganz wohlzufühlen.

»Eklig waren auch die Frösche in diesem Hotel«, bemerkte ich mit angewidertem Gesichtsausdruck, und wieder kam zustimmendes Nicken aus der Runde.

»Ja, genau, Nele, weißt du noch, wie wir nachts aufs Klo mussten?«, rief Antje, ein zierliches, kleines Persönchen, lebhaft. »Das war doch irgendwo hinter den Hütten. Und auf dem Weg dahin machte es bei jedem Schritt *Splotsch!*, wenn man wieder eines dieser quakenden Viecher unter den Schuhsohlen hatte. Und dann die Toilette! Wir hatten beide Durchfall und die Spülung funktionierte nicht. Gut, dass wir wenigstens eigenes Klopapier hatten. Und dann am Morgen die Dusche! Ach, wie hatte ich mich darauf gefreut, die Wanzen abzuspülen, und was macht die Dusche? *Spörk, flotsch, tropf!* Das war's! Nur ein armseliger Tropfen Wasser kam heraus! Mann, das war schon hart für 'nen Durchschnittsmitteleuropäer! Und nun lasst uns anstoßen auf diese herrlichen alten Zeiten!«

Antje hob ihr Glas und alle taten es ihr gleich. Schweigend gedachten wir unseres gemeinsamen Höllentrips.

»In Frankreich«, ließ sich plötzlich eine schüchterne Stimme neben uns vernehmen, »gibt es auch so Toiletten, wo man sich hinstellen muss, ist auch gar nicht so bequem.«

Verdutzt schauten alle auf den Inhaber der Stimme, der sich bisher sehr zurückgehalten und sich damit begnügt hatte, mich unentwegt von oben bis unten anzustarren, sodass ich mich schon fragte, ob mein Kleid vielleicht doch zu provokativ für meine an diesen Anblick nicht gewohnten Mitmenschen war.

Konnte unser armer Kommilitone Gerd Hövenstein diesen Satz wirklich gesagt haben oder hatte ich irgendetwas falsch verstanden?

»Klar, Gerdi«, Georg, ein viel gereister Mann, klopfte Gerd gespielt mitfühlend auf die Schulter, »da hast du anscheinend auch schon einiges durch. Die Toiletten in Frankreich – eine wahre Zumutung. Brr, da werde ich bestimmt nicht hinfahren«, und schüttelte bedauernd den Kopf.

Wir anderen starrten nur verlegen in unsere Gläser.

»Tja, ich geh dann mal zum Büfett«, verkündete Antje, und ich beschloss, ihr zu folgen.

Aber das war mir nicht vergönnt, denn jemand zupfte mich am Ärmel.

Ich drehte mich neugierig um und – da, schon wieder: Gerd Hövenstein, der arme Tropf.

Er blickte mich zunächst nur unsicher an und wurde rot. Mann, was war das doch für ein lascher Kerl. Schon während des Studiums war er ein Außenseiter gewesen, denn er war einfach zu lahm für die ansonsten so temperamentvolle Geografencrew. Blass, schüchtern, unsicher – schlicht bemitleidenswert. Dünnes blondes Haar, eine fast durchsichtige Haut und ein schlaffer Körper, der noch dazu in braunen Cordhosen und hellblauem Hemd steckte. Marco lud ihn aus lauter Mitleid immer mit ein.

»Was gibt's, Gerd?«, fragte ich, vermutlich etwas zu unwillig, denn Gerd zuckte unwillkürlich zusammen.

»Äh … wollen wir tanzen?« Bei diesen Worten lief er schon wieder hochrot an.

»Tanzen?«

»Ja … äh … zur Musik …«

»Ach, zur Musik, nee, dann nicht«, sagte ich schnippisch und drehte mich einfach um. Gott, war ich gemein, aber ich hatte nicht vor, mir meinen Abend durch diese bedauernswerte Nullnummer verderben zu lassen.

Meine Exkommilitonen hatten sich zwischenzeitlich um die herrlichen Speisen am Büfett versammelt, unterhielten sich angeregt und brachen zwischendurch immer wieder in lautes Gelächter aus. Ja, das brauchte ich jetzt! Was ich allerdings gar nicht brauchte, entdeckte ich wenige Minuten später am anderen Ende des Büfetts.

Gerade war ich, mit Antje in Erinnerungen schwelgend, in der Karibik angekommen, wo wir gemeinsam ein halbes Jahr studiert hatten, da blieb mir mein Lachsschnittchen plötzlich im Halse stecken. Ein furchtbarer Hustenanfall war die Folge, und meine Kumpanen bemühten sich redlich, mir durch wildes Klopfen auf den Rücken und Hochreißen der Arme wieder eine normale Atmung zu ermöglichen.

»Aber Nele, immer langsam mit dem Essen, ist doch für alle genug da«, zog mich Georg auf, während er mir ein Glas Wasser reichte und mir gleichzeitig mit seiner freien Hand über die Wange strich.

»Kann dir aber auch immer alles nicht schnell genug gehen«, fügte Lutz kopfschüttelnd hinzu, und Antje fragte mich besorgt, ob ich vielleicht mal an die frische Luft gehen wollte.

Aber den eigentlichen Grund für mein plötzliches Leiden erkannte keiner. Der nämlich stand inzwischen vor mir und schaute mich prüfend an.

»Geht's wieder?«, fragte Mathis und hielt mir ein Taschentuch hin, mit dem ich mir wohl die Tränen aus dem Gesicht wischen sollte. »Aber bei so viel Nothilfe kann ja eigentlich nicht viel passieren.« Täuschte ich mich, oder warf er Georg bei diesen Worten wirklich einen vernichtenden Blick zu?

»Was machst du denn hier?«, krächzte ich zum zweiten Mal an diesem Abend. Blieb mir denn nichts erspart?

»Ines hat Geburtstag.«

»Tatsächlich. Und du hieltest es für eine gute Idee, zu kommen.«

»Ich war eingeladen.«

»Von wem?«

»Hübsch, dein Kleid. Steht dir wirklich gut.«

»Hm. Und jetzt?«

»Ich habe Hunger.«

»Ich nicht. Wie lange bleibst du?«

»Bis ich gehe. Und du?«

»Bestimmt länger.«

Von diesem aufschlussreichen Dialog völlig überwältigt, blickten meine Kollegen gebannt von einem zum anderen.

Aber Mathis schien keine Lust mehr auf einen weiteren geistreichen Gedankenaustausch zu haben. Er nahm sich nur ein Käsebrötchen und wandte sich dann wortlos ab.

»Wer war denn das?«, fragte Georg neugierig.

»Ach, niemand.«

»Dafür, dass er niemand ist, siehst du aber reichlich verstört aus«, mischte sich nun auch Lutz ein.

»Ach, ist doch egal.«

»Nun, wenn es dir egal ist«, kam mir Antje zu Hilfe, »dann soll es uns erst recht egal sein. Sagt mal, erinnert ihr euch noch an Professor Tran, der aussah und auch so sprach, wie er hieß?« Dankbar warf ich ihr ein Lächeln zu, denn meine Mathis-Geschichte wollte ich hier nun wirklich nicht vor versammelter Mannschaft ausbreiten. Alle gingen bereitwillig auf das Ablenkungsmanöver ein, und schon bald waren sie wieder in bester Stimmung.

Nur ich hatte nun keine Lust mehr, in Erinnerungen zu schwelgen, leerte in einem Zug einen Wodka-O, den mir Georg entgegenhielt, ergänzte ihn gleich darauf mit einem Glas Sekt und beschloss, weil mir plötzlich etwas schwindlig wurde, mal kurz auf die Terrasse zu gehen.

Dort stieß ich sogleich auf Sandra und Ines, die sich gerade den Bauch voll Kuchen stopften und sanft in einer altersschwachen Hollywoodschaukel hin- und herwippten. Mit einem schweren Plumpser ließ ich mich neben sie fallen, woraufhin die so malträtierte Schaukel lautstark anfing, in den Scharnieren zu quietschen.

»Ich wusste«, brach Ines gleich in Entschuldigungen aus, als sie mein missmutiges Gesicht sah, »es würde dir nicht gefallen, ihn hier zu sehen. Aber Marco hat darauf bestanden, ihn einzuladen. Und du weißt ja, wie er ist, der lässt nicht locker.«

»Wen meinst du?«, fragte ich matt. »Steffen oder Mathis?«

»Was, ist Steffen etwa auch hier?«, rief Sandra aufgeregt und schaute sich sogleich neugierig um. »Hast du schon mit ihm gesprochen?«

»Kurz«, nickte ich. »Aber er fing gleich wieder mit den alten Geschichten an und …«

»Ich hatte eigentlich Mathis gemeint«, unterbrach mich nun Ines. »Dass Marco Steffen auch eingeladen hat, war mir gar nicht klar.«

»Hat er auch nicht. Der ist mit einem Kumpel hier.«

»Na ja, wie dem auch sei. Für Mathis' Auftauchen kann ich jedenfalls nichts.«

»Ist schon okay. Muss mich nur kurz von dem Schock erholen. Ich glaube fast, ich muss mich daran gewöhnen, dass er jetzt überall auftaucht, oder?« Fragend blickte ich in die Gesichter meiner besten Freundinnen, aber die zuckten nur mit den Schultern.

»Ich fürchte, da könntest du recht haben. Unsere Männer machen einen auf dicke Freundschaft«, meinte Ines.

»Kann ich ihnen wohl kaum verbieten«, stellte ich resigniert fest und schaute in die dunkle Nacht.

»Kommt!«, rief Ines plötzlich und sprang derart behände aus der Schaukel, dass Sandra und ich durcheinanderpurzelten.

»Was hast du denn jetzt so plötzlich vor?«, fragte ich verdattert, nachdem ich die zu mir gehörenden Gliedmaßen wieder aussortiert hatte. »Du bist schwanger, da kannst du dich doch nicht so abrupt bewegen.«

»Wo steht das? Heute Abend jedenfalls steht Feiern auf dem Programm und nicht Trübsalblasen, ihr erinnert euch? Also, auf geht's, Mädels, jetzt wird getanzt!« Damit packte sie mich am Arm und zog mich hoch. Ich ließ mich widerstandslos abführen.

Marco und Ines hatten ihr riesiges Esszimmer komplett zur Tanzfläche umfunktioniert, auf der sich nun mindestens zwanzig Leute tummelten. Einige der Tänzer schienen schon reichlich angeschickert zu sein.

Ein Mittfünfziger blickte mich gerade mit verdächtig glasigen Augen an und grinste glückselig. Aha, nichts angeschickert, dachte ich, sondern bis über die Hutschnur bekifft. Und richtig, nun bemerkte ich auch den süßlichen Geruch, der durch die

Räume waberte. Irgendjemand hatte wohl noch ein paar Joints übrig gehabt. Wahrscheinlich die gleichen, die auch für die Musik verantwortlich waren.

Born to be wi-i-ild, dröhnte es gerade aus den Lautsprechern.

Cool, dachte ich, denn ich war schon immer ein Fan der Flower-Power-Musik gewesen. Und nicht nur der Musik. Die ganze Epoche faszinierte mich. Ach, wie gerne wäre ich dabei gewesen, als es hieß, durch *make love not war* die Welt zu verändern und den Muff von tausend Jahren aus den Talaren zu schütteln.

Aber bis ich anfing, politisch zu denken, war alles schon vorbei: Der Deutsche Herbst hatte zahlreiche Tote und Gesetze, die Umwelt- und Friedensbewegung eine neue Partei hervorgebracht. Es begann die Zeit der geschichtslosen, nämlich meiner Generation.

»He, Nele, was ist los?«, wurde ich von Sandra aus meinen Gedanken gerissen. »Tanzen, nicht grübeln!«

Mit einem tiefen Seufzer gesellte ich mich zu den anderen, schloss die Augen, fing an zu tanzen und vergaß die Welt um mich herum. Es dauerte nicht lange, bis ich vollkommen durchgeschwitzt war. Aber es war mir egal. Zum letzten Mal hatte ich als Studentin so ausgelassen getanzt, und ich fühlte mich plötzlich um zehn Jahre zurückversetzt.

Als die Musik schließlich eine kurze Pause machte und ein empörtes Raunen durch die Tanzgemeinde ging, öffnete auch ich unwillig die Augen und – sah in Mathis' leuchtend blaue Augen. Unvermittelt durchlief ein Schaudern meinen Körper. Dieser Blick! Hatte er mich etwa die ganze Zeit beobachtet? Angeheizt durch die Musik und den Alkohol, spürte ich, wie die Leidenschaft in mir hochkroch. Herausfordernd sah ich Mathis an und bemerkte triumphierend, dass er nervös wurde.

Doch gerade als er den ersten Schritt in meine Richtung machte, legten sich zwei starke Hände um meine Taille.

Erschrocken schaute ich mich um und sah auf einen starken Brustkorb, der sich in schnellem Rhythmus auf und ab senkte.

Steffen! Ehe ich michs versah, hatte er mich auch schon zu sich umgedreht, legte mir die Arme um den Hals und begann zu tanzen. Ich hatte gar nicht bemerkt, dass die Musik wieder eingesetzt hatte.

Ruhige, langsame Musik. Musik zum Kuscheln. Wie geschaffen für ein verliebtes Paar.

Doch irgendetwas lief hier falsch. Es war nicht Mathis, der mich im Arm hielt, sondern Steffen. Ich drehte meinen Kopf, um nach Mathis Ausschau zu halten, konnte ihn aber nicht mehr entdecken. Er war wie vom Erdboden verschluckt.

Feigling, dachte ich und empfand plötzlich eine unbändige Wut. Wenn er nicht einmal den Mumm hatte, sich gegen Steffen durchzusetzen, dann sollte er jetzt sehen, was er davon hatte. Dann sollte er…

In diesem Moment drehte Steffen meinen Kopf wieder sanft in seine Richtung.

»Hier spielt die Musik, meine süße Nele, nur hier.« Damit zog er mich fester an sich, sodass wir jetzt Wange an Wange tanzten. Ich hörte seinen schweren Atem in meinem Ohr.

»Du bist bezaubernd heute Abend, Nele. Und ich glaube fast, es könnte noch eine wunderschöne Nacht werden.«

»Aber …«, versuchte ich mich zur Wehr zu setzen, spürte aber im nächsten Moment Steffens Lippen auf den meinen.

Sein Kuss war sanft und voller Zärtlichkeit, und ich spürte, wie die Erinnerung an unsere heißen Liebesnächte in mir hochkroch und meine Knie weich wurden.

Ich unternahm einen letzten, schwachen Versuch, mich zu wehren. Aber es war sinnlos. Mein Körper gehorchte mir nicht mehr. Steffens Hände wanderten sanft meinen Rücken hinab, seine Lippen küssten meinen Nacken.

»Lass uns gehen«, flüsterte er mir heiser ins Ohr und nahm meine Hand.

Ich nickte nur und ließ mich hinausführen. Ich spürte, wie mich ein Augenpaar verfolgte.

Oh Himmel, dachte ich, *lass es nicht Mathis sein!* Nicht schon wieder! Nicht jetzt!

Trotzig drehte ich mich um. Aber es war nicht Mathis. Es war ein sehr blasser Gerd Hövenstein, der mir traurig hinterherstarrte.

Als ich die Augen aufschlug, wusste ich zunächst nicht, wo ich war. Ich lag in einem fremden Bett, in einem fremden Zimmer und hatte keine Ahnung, was ich dort verloren hatte. Noch dazu brummte mein Schädel ganz fürchterlich und in meinen Eingeweiden blubberte es verdächtig. Ich legte meine Hand auf den schmerzenden Bauch – und erstarrte. Ich war ja nackt, ganz nackt!

Erschrocken setzte ich mich im Bett auf, wobei ein stechender Schmerz meinen Kopf durchzuckte.

Oh Mist! Ich war in Steffens Wohnung und wir hatten –

Scheiße! Scheiße! Scheiße!

Ich schlug die Decke zurück und wollte gerade nach meinem Kleid angeln, als Steffen in der Tür stand, nur mit einer Boxershorts bekleidet. Beim Anblick seines unbehaarten, muskulösen Brustkorbs schluckte ich hart, besann mich aber schnell eines Besseren.

Ich ließ mich eilig ins Bett zurückfallen und zog, verlegen wie ein Backfisch nach seiner ersten Liebesnacht, die Decke bis zum Kinn hoch.

»Na, heute so schamhaft?«, neckte Steffen mich. »Letzte Nacht war davon aber nichts zu spüren.«

»Steffen … ich … es war ein Fehler …«, stammelte ich und wurde nun auch noch rot. Wie peinlich!

»Aber ein sehr schöner. Von mir aus könnten wir ruhig öfter solch einen Fehler machen.«

»Steffen, bitte, es war ein Ausrutscher, sonst nichts.«

»Es war wie früher, Nele, eine Nacht voller Liebe …«

»Liebe? Es war keine Liebe!«, rief ich empört. »Es war Sex, sonst nichts.«

Ich sah, wie Steffen wie unter Peitschenhieben zusammenzuckte. Aber er hielt sich tapfer.

»Ich hab das Frühstück fertig«, wich er meinem Angriff aus. »Kommst du oder willst du erst duschen?«

Ich entschied mich für eine heiße Dusche.

Etwas frischer, aber mit erbärmlich stinkenden Klamotten setzte ich mich an den Küchentisch. Schweigend kaute ich an meinem Toast herum.

Steffen musterte mich prüfend.

»Wo liegt dein Problem, Nele?«, fragte er schließlich. »Wenn du willst, entschuldige ich mich für die vergangene Nacht, aber ich dachte, du wolltest es auch …«

»Ist schon okay, Steffen. Es stimmt ja, ich wollte es auch, ich wollte Sex. Ich hoffe nur, du denkst jetzt nicht …«

»Das verbietest du mir ja. Was du mir allerdings nicht verbieten kannst, Nele … ich liebe dich noch immer. Nach dieser Nacht ist es mir noch klarer geworden. Ich habe in den letzten Jahren viele Frauen kennengelernt, mit vielen geschlafen, aber … *das* war immer nur Sex. Mit dir ist es anders, mehr, viel mehr …«

»Es wird wohl am besten sein, wenn ich jetzt gehe.« Ich nahm noch schnell einen Schluck Kaffee und beeilte mich dann, Steffens Wohnung zu verlassen.

Frische Luft würde mir guttun. Also beschloss ich, zu Fuß nach Hause zu gehen.

Die Nacht mit Steffen irritierte mich mehr, als ich zugeben wollte. Es war wirklich guter Sex gewesen, wie immer mit Steffen. Aber mehr war es nicht, mehr durfte es nicht sein …

Ich dachte an Mathis. Was er wohl sagen würde, wenn er von dieser Nacht wüsste? Aber schon im nächsten Moment ärgerte ich mich unbändig, weil ich merkte, dass ich Mathis gegenüber ein schlechtes Gewissen hatte. Dafür gab es doch nun wirklich keinen Grund. Schließlich war ich frei und ungebunden.

Mathis hätte mir gegenüber bestimmt kein schlechtes Gewissen gehabt …

»Hat Marco eigentlich keine Kondome geschluckt?«

»Wie bitte?« Irritiert blickte ich von meinem Rommee-Blatt hoch und schaute meine Tochter an.

Wir saßen bereits seit zwei Stunden mit Sandra und Anneke um unseren runden Esstisch und spielten Karten. Eigentlich spielten wir in letzter Zeit nur noch Karten, wenn wir zu Hause waren, weil nämlich die Kinder »nie wieder ein anderes Spiel außer Rommee« spielen wollten.

»Na, Ines ist doch schwanger, und wenn man Kondome schluckt, wird man nicht schwanger.«

»Da hast du wohl was falsch verstanden, Paula. Die Pille kann man schlucken, um nicht schwanger zu werden, Kondome schluckt man aber nicht.«

»Und was macht man dann mit denen?«, mischte sich nun auch Anneke ein.

»Äh ... uff!«, sagte ich nur und ärgerte mich gleichzeitig über mich selbst.

Ich hatte mir geschworen, meinem Kind gegenüber immer offen und frei über Sexualität zu reden, um Paula unbefangen an das Thema heranzuführen. Aber es war doch gar nicht so leicht.

Oder war ich einfach nur verklemmt? Hilflos schaute ich Sandra an.

»Hm ... tja, also ...«, fing auch sie an, offensichtlich nicht ganz glücklich darüber, dass die Bälle nun bei ihr lagen.

Unsere Töchter blickten erwartungsvoll von einer zur anderen.

»Stimmt's, ihr wisst es auch nicht«, stellte Anneke schließlich fest und schüttelte unwillig den Kopf. »Tut immer so clever und wisst überhaupt nichts.«

»Aber, Anneke, es ist nicht ganz einfach zu erklären«, erwiderte ich blöde, was mir wiederum einen irritierten Blick von Sandra einbrachte.

Ich trat die Flucht nach vorne an.

»Also, der Mann zieht das Kondom über seinen Penis, wenn die Frau nicht schwanger werden soll.« Zu meiner Verärgerung wurde ich bei diesen Worten auch noch rot.

Gott, ich war ja tatsächlich völlig verklemmt!

»Und was war daran jetzt schwer zu erklären?«, setzte Paula noch eins drauf.

Hatte ich in meiner Naivität geglaubt, das Thema wäre spätestens beim Abendessen erledigt, so sollten mich die Kinder eines Besseren belehren. Sie wollten nun alles ganz genau wissen, und Sandra und ich gerieten ziemlich ins Schwitzen.

Was meine Freundin aber nicht davon abhielt, die Geschichte mit Steffen noch mal anzusprechen, als die Kinder in Paulas Zimmer verschwunden waren.

»Apropos Sex, Steffen und du, ihr wart so plötzlich verschwunden am Samstag. Ich gehe davon aus, dass ihr nicht nur seine Briefmarkensammlung angeschaut habt?«

»Nee, auch seine Bierdeckelsammlung«, sagte ich ein klein wenig zu heftig.

»Sei doch nicht gleich so zickig, Nele. Also, ich finde es prima, dass du dein Nonnendasein endlich aufgibst. Also, wo ist das Problem?«

»Weiß nicht.«

»Oh nein, Nele, jetzt bloß nicht schon wieder deine Weiß-nicht-Tour! Also hat es etwas mit Mathis zu tun, oder? Hast du etwa ein schlechtes Gewissen?«

»Ja, glaub schon.«

»Vergiss es, Nele. Dafür gibt es keinen Grund. Er hatte schließlich auch eine hübsche Blondine im Arm, als er ging.«

Flash! Das hatte gesessen!

Mein Herz setzte für ein paar Sekunden aus, und mir wurde ganz schwummrig im Kopf.

Das konnte doch wohl nicht sein! Er konnte doch nicht einfach …

»Nele, bist du okay?«, fragte Sandra besorgt, als sie mein entsetztes Gesicht sah.

»Woher weißt du das?«

»Ich hab's gesehen.«

»Und warum bist du so gemein, es mir ohne Umschweife zu sagen?«

»Weil du lernen musst, damit umzugehen, Nele. Mathis will keine Beziehung mit dir, daraus hat er kein Geheimnis gemacht. Und du kennst seine Gründe. Die wirst du akzeptieren müssen, ob du willst oder nicht. Und du kannst dich doch jetzt nicht dem Zölibat verschreiben, nur weil es einen Mathis Hagena gibt. Also genieß das Leben, du bist frei und ungebunden. Vielleicht könnte es ja sogar wieder was werden mit Steffen.«

»Jetzt spinn bitte nicht rum!«, rief ich. »Das mit Steffen ist vorbei, endgültig!«

»Ist ja gut, Nele.« Sandra hob beschwichtigend die Hand, sah mich angesichts meiner heftigen Reaktion aber prüfend an. »Egal, was mit Steffen ist, Nele, aber vergiss Mathis!«

»Und wie soll mir das, bitte schön, gelingen? Was denkst du dir eigentlich ... dass das alles so einfach ist? Schließlich arbeite ich mit ihm, und dann taucht er doch penetrant überall auf!«, rief ich laut.

»Ja soll er vielleicht auswandern, damit du deinen Seelenfrieden wiederfindest? Also ich finde, Mathis ist nur konsequent. Er hat einen Schlussstrich gezogen und hält sich auch daran. Oder hat er dir noch mal irgendwie signalisiert, dass er doch noch was von dir will?«

»Nee, aber ...«

»Nichts aber, Nele, so kann es doch nicht weitergehen, sieh es doch endlich ein. Andere Mütter haben auch nette Söhne, und du hast schließlich Verehrer genug. Könntest es doch mal mit einem von denen versuchen.«

»Mit wem denn? Mit Gerd Hövenstein vielleicht?«

Bei diesem Gedanken mussten wir uns beide schütteln und brachen, als wir es bemerkten, in schallendes Gelächter aus.

Aber, sagte ich mir abends im Bett, Sandra hatte recht. Ich sollte mich umorientieren. So wie Mathis es auch ...

Noch bevor ich den Satz zu Ende gedacht hatte, brach ich in Tränen aus. Der Gedanke, Mathis könnte sich tatsächlich mit dieser Blondine eingelassen haben, machte mich wahnsinnig. Und – die Einsicht traf mich wie ein Keulenschlag – wenn er jetzt womöglich doch wieder eine Freundin hatte, hieß das doch, dass er nur mit *mir* nicht zusammen sein wollte und seine ganzen Erklärungen nur geheuchelt waren und …

Schluss jetzt!, rief ich mich in Gedanken zur Ordnung. Jetzt bloß nicht reinsteigern! Vielleicht war ja alles ganz anders.

Es könnte doch schließlich alles ein Versehen sein und die Blondine war … hm, seine Schwester oder … Nichte?

Ich schlief erst gegen drei Uhr ein. Über die Identität der Blondine war ich mir, wen wundert's, auch dann noch nicht im Klaren.

Zwei Wochen später hatten wir wieder Projektbesprechung, diesmal bei Mathis im Büro. Wie würde es sein, ihn wiederzusehen? Hatte er etwas mitbekommen von Steffen und mir? Und wenn ja, würde er mich darauf ansprechen? Würde er die Sache mit der Blondine aufklären? Den ganzen Weg über klopfte mir das Herz bis zum Hals.

Als ich schließlich das Bürogebäude der Architekten *Hagena & Kleinert* betrat, das, wie ich auf den ersten Blick bemerkte, riesengroß und an Stil und Geschmack kaum noch zu überbieten war, meinte ich, jeder müsste mir meine Nervosität sofort ansehen. Fehlte nur noch das nervöse Rumgenestel an einer Zigarette.

Aber als ich mich in Mathis' Vorzimmer anmeldete und mich in nur einem Satz dreimal verhaspelte, merkte ich sofort, dass Mathis eine Sekretärin hatte, wie sie im Buche steht. Sie hörte sich mein Gestammel regungslos an und schaffte es sogar, ihr freundliches Lächeln beizubehalten. Wenn sie mich auch insgeheim für eine arme Irre hielt, ließ sie es sich zumindest nicht anmerken.

»Herr Doktor Hagena und die anderen Herren sind bereits im Besprechungszimmer und erwarten Sie, Frau Martens. Wenn Sie mir bitte folgen würden.«

Das tat ich dann auch und dachte bei mir, dass unsere Sekretärin Vera wohl doch noch die eine oder andere Schulung bräuchte, um dieses formvollendete Verhalten an den Tag legen zu können.

Mathis saß am Tisch, als ich den Raum betrat, und kritzelte gedankenverloren etwas in seinen Block, während Marco und Christoph sich angeregt mit einem jungen Mann unterhielten, den ich bis dahin nie gesehen hatte.

»Ach, hallo Nele, da bist du ja«, begrüßte mich Marco, »dann können wir ja anfangen. Auch Mathis und der junge Mann schauten mich jetzt an und – ich schluckte. Die beiden hatten ja die gleichen blauen Augen. Dass es so etwas zweimal gab auf der Welt, unglaublich!

Der junge Mann streckte mir die Hand hin.

»Hallo«, sagte er lächelnd, »ich bin Lars. Lars Hagena.«

Lars Hagena, Mathis' ältester Sohn!

Was wollte der denn hier?

»Hallo ... äh ... Lars, ich bin Nele ... äh ... Martens ... äh ... tja!« Benommen setzte ich mich hin und kramte nervös in meiner Tasche herum.

Was zum Teufel machte Mathis' Sohn hier! Waren jetzt alle total übergeschnappt oder war es nur wieder ein typischer Fall von männlicher Ignoranz? Und was wusste er von Mathis und mir? Und warum sagte jetzt keiner was?

»Lars ist Mathis' Sohn«, bemerkte Christoph nun überflüssigerweise, wahrscheinlich nur, um die entstandene Stille zu durchbrechen.

»Ach.« Ich warf nun einen Und-könnte-mir-auch-jemand-erklären-was-der-hier-will-Blick in die Runde, worauf sich aber lediglich Lars genötigt sah, zu einer Erklärung anzusetzen. Die anderen blickten nur von einem zum anderen.

»Mein Vater hat mich gebeten, zu dieser Besprechung zu kommen, weil er meinte, ich könnte euch vielleicht bei eurem Projekt unterstützen.«

»Aha. Und wie?«, fragte ich etwas flapsig, was mir augenblicklich leidtat, denn was konnte der arme Lars dafür, dass er Mathis' Sohn war und ihn noch dazu alle hier Anwesenden anscheinend im Stich ließen.

Aber Lars schien nicht nur Vaters blaue Augen, sondern auch seine stoische Art geerbt zu haben, er ließ sich keineswegs von mir aus der Ruhe bringen. Wahrscheinlich hatte er mich sowieso schon zur Zicke abgestempelt.

»Ich habe ein Büro für Event-Management. Mein Vater hat mir von dem geplanten Projekt erzählt, und ich könnte mir vorstellen, dass man es wunderbar durch ein paar öffentlichkeitswirksame Veranstaltungen begleiten und in seiner Außenwirkung aufpeppen könnte.« Nachdem wieder keiner Anstalten machte, etwas dazu zu sagen, fügte er, nun wohl doch leicht irritiert, hinzu: »Äh … falls ihr Interesse daran habt.«

Endlich erwachte wenigstens Marco zum Leben.

»Klar, keine Frage«, sagte er schnell. »Ich würde vorschlagen, dass wir uns jetzt kurz alle auf einen Stand bringen und schauen, ob jeder seine Hausaufgaben erledigt hat. Dann weiß auch Lars, worum es im Einzelnen geht, die Grundzüge unseres Projektes hat Mathis ihm bereits erklärt. Tja, und dann«, damit wandte er sich direkt an Lars, »könntest du uns ja mal die Arbeit deines Büros vorstellen und vielleicht etwas zu den Veranstaltungen sagen, die du bereits organisiert hast. Scheinen ja sehr gut angekommen zu sein. An die eine oder andere kann ich mich sogar erinnern. Muss nur leider zugeben, dass ich sie nie mit irgendeinem konkreten Namen in Verbindung gebracht habe, Kulturbanause der ich bin.«

Na, wenigstens war ich nicht die Einzige, die mit Lars' Namen nichts anfangen konnte.

Nach einer Stunde war klar, dass unser Konzept innerhalb der letzten Wochen schon konkrete Formen angenommen hatte. Es musste nur noch in einer einheitlichen Struktur zu Papier gebracht werden. Als es galt, diese Aufgabe jemandem aufs Auge zu drücken, blickten mich drei Augenpaare Hilfe suchend an. Na, das war ja klar gewesen. Sowohl Marco als auch Mathis und Christoph behaupteten von sich, keinen vernünftig zusammenhängenden Satz aufs Papier bringen zu können. Eine Strategie, mit der sie anscheinend von jeher gut gefahren sind, die nur ich mir blöderweise nicht rechtzeitig zu eigen gemacht hatte. Mit der Folge, dass jeder Text, den es zu verfassen gälte, nun immer an mir hängen bleiben würde.

Ich hob nur resigniert die Schultern.

»Toll, Nele«, sagte Christoph und schenkte mir sein strahlendstes Lächeln, und auch die anderen atmeten erleichtert auf.

»Na, dann darfst du das fertige Konzept natürlich auch dem Bürgermeister vorstellen, du kennst es dann ja schließlich am besten«, fügte Marco noch gönnerhaft hinzu, so als glaubte er tatsächlich, mir damit einen großen Gefallen zu tun.

»Aber ...«, versuchte ich gleich zu unterbrechen, sofort fiel mir aber Mathis ins Wort.

»Das halte ich auch für die beste Idee«, sagte er bestimmt, und es klang, als wäre jeder Widerstand zwecklos. Als er mein unglückliches Gesicht sah und es anscheinend falsch interpretierte, fügte er zu meiner Verzweiflung hinzu: »Ich komme auch gerne mit, zu zweit ist es immer einfacher.«

»Nee, lass mal ...«, beeilte ich mich zu sagen, wurde aber sofort wieder unterbrochen, diesmal von Marco.

»Das wiederum halte ich für eine sehr gute Idee. Oder spricht irgendwas dagegen?«

Mistkäfer! Er wusste genau, dass irgendwas dagegenspricht, wusste aber auch, dass ich jetzt keine Chance mehr hatte, zu protestieren.

Aber es sollte noch dicker kommen.

»Nele«, sprach Marco weiter, »du weißt ja, dass ich in anderen Dingen derzeit ziemlich eingebunden bin. Und Christoph ist wohl auch sehr beschäftigt. Würde es dir etwas ausmachen, wenn du dich mal mit Lars zusammensetzt, wenn dein Konzept so weit fertig ist? Dann könntet ihr seine Ideen noch mit einarbeiten, bevor du zum Bürgermeister gehst.«

Das war doch eine Verschwörung!

»Ja, klasse, so geht's am einfachsten«, strahlte nun auch noch der anscheinend ahnungslose Lars. »Aber jetzt kann ich ja erst einmal was zu meiner Arbeit sagen und vielleicht ein paar erste Ideen anreißen.«

Das tat er dann auch, und ich musste zugeben, dass alles, was er sagte, Hand und Fuß hatte. Schien ein kreatives Köpfchen zu sein, Mathis' Ältester.

Ich schaute zu Mathis hinüber, der ja vor Vaterstolz platzen musste. Aber zu meiner Verwunderung starrte er nur gedankenverloren aus dem Fenster. Als hätte er gespürt, dass ich ihn beobachte, blickte er mich plötzlich an und versuchte ein Lächeln, was ihm allerdings gründlich misslang. Sein Blick wirkte nur unendlich traurig.

Was hatte er nur, dachte ich? Ob es womöglich etwas mit mir und Steffen zu tun hatte?

Noch bevor ich meinen Gedanken zu Ende gedacht hatte, war Mathis plötzlich aufgesprungen und fing an, sein Geraffel zusammenzupacken.

»Entschuldigt, ich muss leider gehen, ich habe noch eine Verabredung. Bleibt ruhig, solange ihr wollt, meine Sekretärin weiß Bescheid. Nele, du meldest dich bitte bei mir, wenn das Konzept fertig ist, dann stimmen wir einen Termin beim Bürgermeister ab. Sollten bis dahin noch Fragen sein, ruf mich einfach an.«

Damit ging er zur Tür und wandte sich im Gehen noch mal an seinen Sohn. »Lars, wir telefonieren. Oder vielleicht schaffst du es ja doch noch zum Essen.«

Lars nickte ihm nur kurz zu, um dann in seinen Ausführungen fortzufahren.

»Ich ... ich muss mal aufs Klo«, stammelte ich und sprang auf. Ich brauchte dringend frische Luft.

Dieser geschäftsmäßige Ton von Mathis hatte mich schwer getroffen.

Ich hastete an der Sekretärin vorbei hinaus in den Gang und öffnete ein Fenster. Tief sog ich die Luft ein, blickte hinunter – und bekam weiche Knie.

Nur war diesmal nicht die Höhe daran schuld. Unten stand Mathis neben einem mir fremden Auto – umschlungen von einer Blondine. Nachdem sie sich voneinander gelöst hatten, sah ich beide herzlich und vertraut lachen, er strich ihr über die Wange, dann stiegen sie in das Auto ein und fuhren los.

Das also war Mathis' Termin, dachte ich bitter. Und ich blöde Kuh machte mir Gedanken, ob er sich womöglich wegen Steffen und mir grämte, wo er sich doch anscheinend längst getröstet hatte. Und hübsch war sie auch noch, die Blondine. Nicht mehr ganz frisch, aber dennoch attraktiv.

Ganz langsam schlich ich ins Besprechungszimmer zurück. Ich fühlte mich hundeelend.

Bleistiftkauend saß ich Tage später vor meinem Laptop. Bereits seit Stunden versuchte ich, mich auf den Inhalt zu konzentrieren und einen Zusammenhang in die Texte zu bekommen. Aber heute wollte es mit dem Schreiben einfach nicht klappen. Nicht nur, dass ich vor meinem geistigen Auge ständig Mathis in den Armen dieser Blondine sah. Irgendwie beschlich mich beim Schreiben des Konzeptes immer häufiger ein schlechtes Gefühl. Das, was hier zusammengetragen worden war, erschien einfach zu perfekt. Es gab keinen Haken. Würden sich unsere Entscheidungsträger für die Umsetzung entscheiden, könnten enorme Investitionen angestoßen und unzählige Arbeitsplätze geschaffen werden. Hm. Vermutlich war das der Haken. Es war zu positiv.

Mathis hatte zwischenzeitlich herausgefunden, dass es ein von der Europäischen Union aufgelegtes Förderprogramm gab, auf das unser Projekt genau passen würde. Hierdurch könnten wir mit einer Unterstützung von mehreren Millionen Euro rechnen.

Der Antrag war, vom Aufwand her, eine echte Herausforderung, aber wie auch immer, irgendwie würden wir ihn nach etlichen schlaflosen Nächten und Dutzenden Koffeintabletten fertigstellen. Vielleicht würde ein solcher Erfolg auch den Baudezernenten sanftmütig stimmen. Mehrere Millionen Euro konnte selbst er schließlich unmöglich ablehnen, ohne hierfür gesteinigt und geviertelt zu werden. Für die Stadt bliebe dann ja lediglich ein geringer Betrag, den sie beisteuern müsste.

»Ja, so wird es gehen«, murmelte ich.

»Was wird gehen, Mama?«, fragte Paula, die gerade zur Tür hereinkam.

Ich hatte heute zu Hause gearbeitet, da Paula mit fiebrig glänzenden Augen aufgestanden war und sich zudem anhörte wie ein Reibeisen.

Zum wiederholten Male hatte ich mich zu meiner beruflichen Selbstständigkeit beglückwünscht. Denn bei Abwesenheit wegen erkrankter Kinder bekamen die meisten Arbeitgeber doch gleich hysterische Zuckungen.

»Hab nur über die Arbeit gesprochen.«

»Mit wem?«

»Mit mir.«

Das Telefon klingelte. Noch ehe ich reagieren konnte, hatte Paula sich den Hörer geschnappt.

»Hallo … nee … bin krank … Halsweh … ja … nee … klar … ja … tschüss.«

»War wohl für dich«, stellte ich fest.

»Nee. Für dich.«

»Und wieso gibst du mir dann nicht den Hörer?«

»Mathis meinte, das bräuchte ich nicht.«

»Mathis war dran?«

»Ja.«

»Und wieso wollte er nicht mit mir sprechen?«

»Weil er doch gleich herkommt.«

»Waaaaas?«

»Weil er doch gleich herkommt«, wiederholte Paula.

»Danke, das hatte ich verstanden.«

»Und wieso fragst du dann? Hast du noch ein Halsbonbon für mich?«

Schnell fischte ich ein Halsbonbon aus der Schublade und rannte dann aufgeregt von einem Zimmer ins andere. Wie es hier wieder aussah!

Mathis musste es ja ganz dringend haben, wenn er mich zu Hause heimsuchte.

Ich fing gerade an, die zahlreichen schmutzigen Kindersocken vom Boden zu sammeln, als es auch schon an der Tür klingelte und Paula loswetzte.

So schnell konnte Mathis doch nicht hier sein! Aber er war es und bog im nächsten Moment um die Ecke.

»Hallo Nele, ich hoffe, ich störe nicht. War gerade in der Nähe.«

»Hallo. Was gibt's denn so Dringendes?«

»Ist jemand gestorben?« Paula starrte Mathis erwartungsvoll an. Sie hatte vor Kurzem eine ähnliche Szene in einem Kriminalfilm gesehen.

»Gestorben? Nicht dass ich wüsste.« Mathis zwickte ihr in die Wange.

»Schade.«

»Paula!«

»Ich mach dann mal den Fernseher an.«

»Gute Idee, Paula. Möchtest du einen Kaffee, Mathis?«

»Gerne. Aber ich will gar nicht lange stören. Nur mal hören, was das Konzept so macht. Kommst du voran oder kann ich dir noch irgendwie helfen?«

»Du kannst es lesen, ist aber noch nicht ganz fertig. So, wie es jetzt aussieht, kann eigentlich keiner Einwände haben. Es ist perfekt.«

»Na ja, genau das wird vermutlich das Problem sein.«

»Hab ich mir auch schon so gedacht. Ach ja, und dann fehlt natürlich noch der Teil von deinem Sohn.«

»Habt ihr schon einen Termin?«

»Nein, aber ich denke, dass ich nächste Woche so weit bin, einen ausmachen zu können.«

»Fein. Ich glaube, das wird da ganz gut reinpassen.«

»Bestimmt.«

Da ich aber keine Lust hatte, mich weiter über wen auch immer von Mathis' Familie zu unterhalten, ging ich schnell ins Büro und kam mit einem Stapel Zettel zurück.

»Hier, kannst du dir ja mal durchlesen. Ich hole derweil den Kaffee.«

Als Mathis das Konzept schließlich beiseitelegte, nickte er zufrieden mit dem Kopf.

»Tja«, sagte er dann, »an uns wird es jedenfalls nicht liegen, wenn es nichts wird. Es klingt wirklich gut. Und vor allem logisch. Könnte ein Volltreffer werden. Gute Arbeit, Nele.«

»Danke.«

»Ich muss dann leider wieder gehen. Danke für den Kaffee. Hm. Meinst du, wir könnten noch vor Weihnachten mit dem Bürgermeister sprechen und ihm das Konzept vorstellen? Sonst wird es vielleicht knapp.«

»Das wird gehen. Fehlt ja nicht mehr viel. Muss dann nur noch die Präsentation ausarbeiten.«

»Fein. Wann ist eigentlich Abgabeschluss für den Förderantrag?«

»Ende April.«

»Da ist ja noch Zeit. Gott sei Dank! Nicht dass wir noch etwas Wichtiges vergessen.«

Damit zwinkerte Mathis mir zu, rief ein »Ciao Paula, und gute Besserung!« ins Wohnzimmer hinüber und war verschwunden.

Na klasse, und ich war nun wieder für mindestens drei Tage durch den Wind.

11

»Kommt ihr Weihnachten auch?« – »Wieso auch? Wer kommt denn noch?« Meine Mutter hatte mich mit ihrem Anruf mitten in der Adventsbäckerei erwischt. Die Hände voll mit klebrigem Hefeteig, hielt ich den Hörer mit Daumen und Zeigefinger und versuchte nebenbei, meine andere Hand unter fließendem Wasser zu reinigen.

»Na, alle deine Geschwister kommen, ist das nicht schön?«

»Ganz wundervoll«, bemerkte ich knapp und ging bereits in Gedanken alle Alternativen durch.

Eine Weihnacht im engsten Familienkreis war genau das, was mich vermutlich endgültig in den Selbstmord treiben würde. Drei Tage lang mit meinem arroganten Bruder Frank nebst seiner missratenen Brut ... vielen Dank!

»Ja, Vater und ich haben uns auch wirklich gefreut. Das hatten wir ja nun schon so viele Jahre nicht mehr, und es war einfach immer zu schön früher, wenn wir bei Kerzenlicht zusammensaßen und Weihnachtslieder gesungen und Gedichte aufgesagt haben. Erst neulich habe ich zu Emilie gesagt ...«

Aha, dachte ich, jetzt kommt eine längere Episode, und schnell legte ich den Hörer beiseite, um mir endlich den Papp von den Händen waschen zu können.

»Wieso legst du denn den Hörer hin, hat Oma denn schon aufgelegt?«, fragte Paula.

»Nein, aber sie erzählt gerade von der Emilie.«

»Ach so«, bemerkte meine wissende Tochter, denn das hatte sie schon öfter erlebt. »Was will Oma denn?«

»Dass wir Weihnachten zu ihnen kommen. Die anderen kommen auch alle, deine Onkel und Tanten, Cousins und Cousinen ...«

Wenn ich gehofft hatte, Paula damit genug abgeschreckt zu haben, hatte ich mich getäuscht.

»Au ja, super! Das wird bestimmt total lustig!«, freute sie sich und schob sich einen großen Klumpen Teig in den Mund.

Mist!

»Ich glaube, dass es eher furchtbar anstrengend wird. Und du weißt ja, dass du dich mit deiner Cousine Olivia überhaupt nicht verstehst, ihr streitet euch doch immer schon nach zwei Minuten.«

»Nee, das ist nicht mehr so. Wir sind doch jetzt schon groß, da tut man so was eigentlich nicht mehr. Und außerdem«, fügte sie hinzu, während sie sich zu meinem Entsetzen mit ihren teigverschmierten Händen durch die Locken fuhr, »außerdem ist doch dann auch Anton da, und mit dem spiel ich eh viel lieber. In den bin ich schon ziemlich verliebt.«

»Ja, aber wir könnten doch auch ...«, setzte ich noch mal an, aber ohne Erfolg.

»Nee, ich will nichts anderes, ich will zu Anton. Und mit Opa den Weihnachtsbaum schmücken. Ja, das ist wirklich eine prima Idee von Oma.«

Resigniert nahm ich den Telefonhörer wieder in die Hand.

»... und da sagte Emilie, es war ja auch Weihnachten so warm, als ihr Wolfgang geboren wurde. Da warst du noch ganz klein, Nele, oder war das Sabine? Na, egal ...«

»Das war ich«, unterbrach ich sie schnell. »Und wir kommen dann auch, Paula will es gerne.«

»Wann kommt ihr?«

»Weihnachten.«

»Ach ja, richtig, na, das ist ja schön. Aber wo nehme ich bloß das ganze Bettzeug her? Wo sollt ihr denn nur alle schlafen?«

»Wir bringen unsere Schlafsäcke mit.«

»Ja, so wird's wohl am besten sein. Weißt du, Frank und Cordula schlafen ja nicht gerne im Schlafsack, die müssen also unbedingt ins Gästezimmer.«

»Natürlich, unbedingt.«

Mein feiner Bruder Frank kriegte ja schon Pickel, wenn er das Wort Schlafsack nur hörte. Erinnerte ihn zu sehr an seine Zeit bei der Bundeswehr, »wo«, wie er sich beschwert hatte, »sie mir doch tatsächlich zugemutet haben, im Schlafsack im Freien bei all dem Ungeziefer zu schlafen, mir, der ich doch Medizin studieren wollte und schon immer so auf Hygiene bedacht war!«.

»Na«, meinte meine Mutter, »manchmal ist es ja doch gut, dass du keinen Mann hast, Nele. Den müssten wir ja sonst auch noch unterbringen. Weißt du eigentlich schon, wer nächste Woche heiratet?«

»Ach herrje, meine Plätzchen! Ich muss auflegen, Mutter, meine Plätzchen verbrennen.« Ohne auf eine Antwort zu warten, schmiss ich den Hörer zur Seite.

»Aber die sind doch noch gar nicht im Ofen, Mama, wie können die denn dann verbrennen?«

»Weil sie es manchmal einfach müssen«, sagte ich bestimmt, nahm einen großen Klumpen Teig und schlug ihn mit voller Kraft auf den Tisch.

Mein Gott, war das alles schön! Verträumt starrte ich auf den Fernseher, wo die Naturschönheiten Mittelamerikas über den Bildschirm flimmerten, und war den Tränen nahe. Mein Herz krampfte sich zusammen, und ich fühlte es wieder mit aller Heftigkeit in mir aufsteigen: Fernweh! Nervös sprang ich auf, holte mir eine riesige Tüte Chips aus der Küche und schenkte mir ein Glas Rotwein ein. Dann kuschelte ich mich wieder unter meine Wolldecke und zu meiner Wärmflasche aufs Sofa.

Draußen hatte es angefangen zu schneien. Der Schnee fiel in dicken weißen Flocken zu Boden – und schmolz. Kein Frost, nur Schnee. Richtig ekliges, nasskaltes Wetter.

Und dann so was …! Sonne, Strand, lachende Menschen, verliebte Paare. Es war mehr, als ich ertragen konnte, und so zappte ich weiter durchs Programm.

Sabine Christiansen und ihre Gäste verloren sich wieder einmal in riesigen Sprechblasen, Erwin Motz und seine Engerlinge beschworen das Alpenglühen, der Papst ermahnte die Armen dieser Welt, Gottes zukünftigen Kindern bloß nicht mittels Verhütung ihr elendiges Leben zu ersparen.

Entnervt schaltete ich ab und kroch noch tiefer unter meine Decke. Morgen hatte ich einen Termin mit Lars, Mathis' Sohn. Ich hatte versucht, ihn auf Marco abzuschieben – ohne Erfolg. Keine Ahnung, warum ich so nervös war. Was hatte ich schließlich mit Mathis' Sohn zu tun oder der mit mir? Aber dennoch war mir die Situation unangenehm. Lars hatte von unserer gemeinsamen Urlaubsgeschichte augenscheinlich keine Ahnung. Für ihn war ich nur eine von vielen Geschäftspartnerinnen seines Vaters – nach meinem Auftritt vermutlich eine von der zickigen Sorte. Ich wollte aber nicht, dass er mich unsympathisch fand. Also würde ich mich morgen anstrengen müssen. Er musste sein Urteil revidieren.

Seufzend schob ich mir eine Handvoll Chips in den Mund. Warum nur musste ausgerechnet mein Leben immer so verworren sein? Warum konnte ich nicht, wie meine Geschwister, einfach heiraten, zwei bis drei Kinder in die Welt setzen, ein Häuschen bauen und dem örtlichen Kegelverein beitreten?

»Vermutlich, weil dich ein so etabliertes und geordnetes Dasein zu Tode langweilen würde«, beantwortete ich mir selbst meine Frage.

Schon als Kind hatte mich dieses angepasste Leben genervt.

Nachdem es mir im zarten Alter von zehn Jahren nicht gelungen war, aus meinem Elternhaus auszuziehen, hatte ich mich immer häufiger in Tagträumen verloren. Am liebsten träumte ich davon, gar nicht das Kind meiner Eltern zu sein, sondern ein Adoptivkind. Meine wahren Eltern lebten ein völlig anderes Leben, wären Journalisten und immer auf Reisen in fernen Ländern, reich natürlich, und eines Tages würden sie ihre geliebte Tochter aus den Klauen ihrer angepassten Adoptiveltern befreien und ihr die ganze weite Welt zeigen.

Leider sah ich gerade meinem Vater sehr ähnlich, und so musste ich mir mit jedem Blick in sein Gesicht eingestehen, dass mein Traum wohl für immer ein Traum bleiben würde.

Seufzend erhob ich mich und ging ins Bad, um mir die Zähne zu putzen.

Lars' Wohnung war sehr gemütlich, wenn auch reichlich chaotisch. Künstlerwohnung eben. Überall standen großformatige Fotos irgendwelcher künstlerischer Darbietungen herum. Hier ein Feuerkünstler, der gefährlich nah mit seinen Fackeln vorm Publikum herumfuchtelte, dort eine grell geschminkte Sambatänzerin. An der Wohnzimmerwand prangte ein riesiges Graffiti, und nach einiger Anstrengung gelang es mir, das Wort *Liberté* zu entziffern.

Aha, noch ein Kind gleichen Geistes!

Lars war in der Küche verschwunden, um uns einen Tee zu kochen, und so hatte ich etwas Zeit, mich ein wenig umzusehen.

Als mein Blick aufs Regal fiel, sprang mir ein Foto ins Auge, das drei lachende Personen zeigte. Zwei Erwachsene und ein kleines Kind. Mein Herz fing wie rasend an zu klopfen, und ich trat näher heran. Da waren sie: Mathis, in Schlaghosen, mit schulterlangen, blonden Haaren, ohne Bauchansatz und dreißig Jahre jünger, Helga im langen Blumenkleid und der kleine, vielleicht zweijährige Lars auf Papas Arm.

Was für ein Familienglück! Ich spürte, wie die Eifersucht in mir hochstieg, und es half auch nichts, dass ich mir sagte, dass es dieses Familienglück schon seit ewigen Zeiten nicht mehr gab. Mir war einfach nur zum Heulen.

»Das sind meine Eltern und ich«, erklärte mir Lars überflüssigerweise, als er mit zwei dampfenden Tassen ins Zimmer trat. »Aber Mathis hast du ja sicherlich erkannt.«

Ich nickte nur. Ja, allerdings!

Aber auch Helga kam mir irgendwie bekannt vor. Konnte das sein?

»Lebt Helga auch noch hier in der Gegend?«, fragte ich neugierig.

»Ja, sie lebt hier in der Stadt. Ist wieder verheiratet, genau wie Mathis. Aber woher weißt du eigentlich, dass meine Mutter Helga heißt?«

Ups! »Äh … Mathis hat mir mal von ihr erzählt, so nebenbei.«

»So nebenbei?« Lars sah mich prüfend an. »Das ist komisch. Mathis spricht eigentlich nie über seine Lebensgeschichte, schon gar nicht nebenbei, es sei denn …«

»Es sei denn?«, fragte ich unsicher.

»Kennt ihr euch schon länger?«

»Ja … äh … nein, nicht wirklich …«, stotterte ich und wurde rot.

»Ich verstehe.« Lars setzte sich in einen Sessel und stellte die Teetassen auf den Tisch. »Geht mich ja auch nichts an.«

Verlegen setzte ich mich gegenüber an den Tisch und starrte auf meinen Tee. Das war ja mal wieder ein toller Einstieg.

»Mathis sagt, du hast das Konzept schon fertig. Kann ich es mal sehen?« Lars besann sich anscheinend auf den eigentlichen Sinn meines Besuches, und ich war froh, wieder auf sicheres Terrain zurückkehren zu können.

»Ja, fehlt nur noch dein Part. Vielleicht wäre es am besten, ich lasse es dir einfach hier und du liest es dir in Ruhe durch. Und danach können wir dann schauen, wie wir deinen Teil noch einarbeiten können.« Das hätte auch den Vorteil, dass ich schnell wieder verschwinden könnte, fügte ich im Stillen hinzu.

»Gute Idee. Aber ich habe mir schon ein paar Gedanken dazu gemacht und wüsste gerne, was du davon hältst. Vielleicht liege ich ja auch völlig daneben, dann bräuchte ich sie gar nicht erst zu Papier zu bringen. Bin nämlich von Natur aus schreibfaul«, durchkreuzte Lars meinen geschickten Schachzug und kramte aus einem am Boden liegenden Stapel einen Zettel hervor, auf dem handschriftliche Notizen standen.

»Also, zunächst einmal habe ich mir gedacht ...«, begann er mit seinen Erläuterungen und breitete dann ungefähr eine halbe Stunde lang seine Ideen vor mir aus. Die wahrscheinlich auch sehr interessant waren ....

Nur bekam ich von den Inhalten nicht wirklich viel mit. Mir war schon bei unserem ersten Zusammentreffen aufgefallen, dass Lars viel Ähnlichkeit mit seinem Vater hatte. Aber jetzt, wo ich mit ihm hier alleine saß, wurde mir überdeutlich bewusst, wie sehr er Mathis ähnelte. Die Stimme, die Mimik, die Gestik ... alles an Lars war wie bei Mathis. Und dann noch diese strahlend blauen Augen. Wie sollte man da auf Inhalte achten!

»Und, was meinst du, Nele, passt das rein?«, riss mich Lars aus meinen Träumen.

»Äh, ja, super. So machen wir's.«

»Bist du sicher? Wie ich schon sagte, würde ich es ungern aufschreiben, wenn ...«

»Nee, nee, genauso passt es rein.«

Warum guckte er mich jetzt so komisch an? Bestimmt war ihm völlig klar, dass ich kein einziges Wort mitbekommen hatte.

»Na, ganz so diskussionsfreudig scheinst du ja heute nicht zu sein«, sagte er. »Na ja, dann werde ich es also so machen. Vielleicht werde ich es auch Mathis noch kurz vorstellen.«

Na super! Da wollte ich einen guten Eindruck machen und hatte es mit meinem Gestotter wieder völlig versemmelt. Er hielt mich für eine Nullnummer, das war klar.

»Okay, ich geh dann mal. Hab noch einen Termin.« Damit sprang ich aus meinem Sessel und ging in Richtung Haustür. Ich wollte nur raus.

»Ich melde mich bei dir, Nele, wenn ich fertig bin. Und, Nele«, fügte Lars dann noch ruhig hinzu, »mach dich nicht unglücklich.« Dann zog er die Tür ins Schloss.

»Was meint er denn damit? Können Männer sich denn nicht mal deutlicher ausdrücken?«

Ines schüttelte mit verärgerter Miene den Kopf und tat noch ein Stück Zucker in ihren Kakao. Dann winkte sie dem Kellner, um sich ein drittes Stück Kirschkuchen zu bestellen. Wir waren zu dritt in die Stadt gegangen, um uns nach Weihnachtsgeschenken für die Kinder umzusehen. Nun saßen wir im Café, um uns für den Einkaufsstress zu belohnen, und bereit, denjenigen, der auf die Idee gekommen war, dass zu Weihnachten Geschenke gehören, ins Jenseits zu befördern.

»Mach dich nicht unglücklich«, sagte Sandra. »Ppah! Und unsere Nele kann nächtelang nicht schlafen. Versteh einer die Männer.« Auch sie blickte finster drein. »Versuch gar nicht erst, es zu verstehen, Nele. Und wenn du es doch unbedingt verstehen willst, frag Lars doch einfach. Vielleicht erklärt er dir ja seinen ominösen Ratschlag. Ob du dann hinterher glücklicher bist, sei dahingestellt.«

»Ist schon gut«, gelobte ich feierlich. »Ich beschließe hiermit, mich ab heute nicht mehr durch unbedachte Männersprüche aus der Ruhe bringen zu lassen«, und hob meine Tasse.

»So sei es für jetzt und immerdar«, stimmte Ines ein, und wir stießen mit einem großen Schluck heißer Schokolade auf diese Entscheidung an.

Aber das war leichter gesagt als getan. Mir gingen Lars' Worte und vor allem das Foto tagelang nicht aus dem Kopf. Selbst nachts träumte ich von der kleinen glücklichen Familie, von Schlaghosen-Mathis, Helga und Lars. Ich sah sie im Traum aus dem Foto springen, mir zuwinken und Purzelbäume schlagen. Ich sah ihnen zu, wie sie fröhlich über grüne Wiesen sprangen und sich im See mit Wasser besprützten, wie sie schließlich auf ein weißes Segelboot stiegen und davonsegelten.

Und ich? Ich konnte gar nicht aufhören zu weinen, und wenn ich aufwachte, war mein Gesicht tränenüberströmt.

Dieses Lachen, dachte ich beim Aufwachen, wo hatte ich das Lachen von Helga bloß schon mal gesehen? An wen erinnerte es mich? Hatte ich mit ihr gar schon mal zu tun gehabt, ohne zu wissen, dass es sich um Mathis' Exfrau handelte? Oder war es vor Mathis' Zeit gewesen?

Lars brauchte genau eine Woche, um seine Ideen in unser Konzept einzuarbeiten, und stand eines Abends unerwartet vor meiner Tür.

»Hallo Nele, bin gerade fertig geworden und dachte, ich bringe dir die Unterlagen gleich vorbei. Dann kannst du morgen einen Termin mit dem Bürgermeister ausmachen. Sind ja nur noch zwei Wochen bis Weihnachten, und wir können glücklich sein, wenn es überhaupt noch klappt.«

Während Lars sich aufs Sofa fallen ließ, warf ich einen schnellen Blick in die Unterlagen. Fünfzehn Seiten Text hatte er hinzugefügt, unser Konzept hatte damit einen Umfang von knapp hundert Seiten angenommen.

»Ob der Bürgermeister das jemals lesen wird?«, fragte ich zweifelnd.

»Wahrscheinlich erst, wenn ihr es ihm ausführlich erläutert habt. Wenn ihm die Idee überhaupt zusagt.«

Aha, auch Lars sah es also genauso wie Mathis und ich.

»Ist dir das bei deiner Arbeit hier schon öfter passiert?«, fragte ich neugierig.

Lars zuckte mit den Schultern. »Zweifler gibt es immer. Neider auch. Bis jetzt konnte ich aber immer alles umsetzen und das auch mit großem Erfolg. Darf ich ein paar Gummibärchen essen?«

Unvermittelt hatte Lars das Thema abgehakt und griff bereits nach der Glasschale, in der sich Hunderte der bunten Zeitgenossen tummelten.

»Das sind meine«, hörte man Paulas Stimme von der Tür her. Sie war, nach einem Nachmittag auf der Eisbahn, gerade nach Hause gekommen und stand nun mit von der Kälte geröteten Bäckchen im Türrahmen, den dicken Wollschal noch um den Hals gewickelt.

Lars' Hand blieb auf halber Strecke zum Glas stehen und drehte sich zu Paula um.

»Oh«, sagte er dann lächelnd, »da muss ich ja wohl dich fragen. Also, darf ich ein paar von deinen Gummibärchen essen?«

»Du siehst aus wie Mathis, bist aber nicht Mathis«, stellte Paula mit erstaunten Augen fest, ohne ihm auf seine Frage eine Antwort zu geben.

»Du kennst Mathis?«

»Klar, der ist doch immer hier.«

Der Blick, den Lars mir jetzt zuwarf, sprach Bände.

Oje, Zeit, sich einzumischen! »Aber Paula, das stimmt doch gar nicht, so oft …«

Aber Paula überhörte meinen Einwand. »Bist du Mathis' Bruder oder seid ihr Zwingelinge? Karl und Jasper sehen auch genau gleich aus und die sind Zwingelinge. Keiner kann die auseinanderhalten, nur ich natürlich. Weil nämlich, Karl ist kleiner als Jasper. Bist du auch kleiner als Mathis?«

»Mathis ist nicht mein Bruder, sondern mein Papa.« Lars strahlte nun über das ganze Gesicht und schien Spaß an der Unterhaltung mit meiner Tochter zu finden.

»Oh. Na, macht ja nichts.«

»Das finde ich auch.«

»Du darfst ein paar Gummibärchen haben«, sagte Paula nun gönnerhaft, griff in das Glas und legte Lars fünf Stück auf die Hand.

»Danke, Paula, das ist lieb von dir.«

»Willst du mein Klassenfoto sehen? Mathis sagt, ich und Anneke sind die Schönsten von allen.«

»Da hat er bestimmt recht.«

Paula wetzte in ihr Zimmer und kam kurz darauf mit dem Foto zurück.

»Siehste!«, sagte sie forsch und hielt es Lars vors Gesicht.

»Ja, eindeutig, du bist die Schönste. Und wer ist Anneke?«

Paula zeigte es ihm.

»Klar, auch die Schönste.«

»Willst du noch ein Gummibärchen?«, fragte Paula strahlend, augenscheinlich hochzufrieden mit Lars' Antwort.

»Gerne. Aber dann muss ich auch gehen.«

»Wohin?«

»Paula! Das geht dich doch gar nichts an.«

Paula ließ sich von mir nicht beirren. »Gehst du zu Mathis?«

»Ja, genau, ich gehe zu Mathis«, gab Lars bereitwillig Auskunft. »Weißt du, mein Bruder hat Geburtstag, da wollen wir ein wenig feiern.«

Ein Familienfest bei Hagenas. Mir wurde plötzlich ganz anders.

»Darf ich mitkommen? Ich feiere gerne Geburtstag.«

»Paula, jetzt reicht es aber!«, rief ich in einem derart scharfen Ton, dass sowohl Paula als auch Lars zusammenzuckten.

Paula guckte mich kurz irritiert an, dann traten ihr Tränen in die Augen und sie schlich zur Tür hinaus.

»Hab ja sowieso kein Geschenk«, hörte ich sie noch schluchzend murmeln, dann ließ sie die Tür ins Schloss fallen.

Nachdem Lars eine ganze Weile gar nichts gesagt und ruhig ein paar Gummibärchen im Mund hin- und hergeschoben hatte, schaute er mich schließlich an und sagte: »Du musst es mir nicht erzählen, aber was läuft eigentlich zwischen Mathis und dir? Es ist doch wohl mehr als eine geschäftliche Beziehung, oder?«

»Nein, unsere Beziehung ist tatsächlich rein geschäftlich. Leider«, fügte ich noch leise hinzu.

»Und das war sie immer?«

»Nein, für kurze Zeit war mehr. Es war im Sommer, im Urlaub …«

Ich wollte Lars plötzlich alles erzählen. Gleichzeitig verspürte ich einen großen Schmerz, da mir jetzt klar wurde, dass Mathis vermutlich niemandem auch nur ein Wort von uns erzählt hatte. Er kam anscheinend gut alleine damit zurecht, hatte alles längst abgehakt.

»Ihr wart zusammen im Urlaub?«

»Wir haben uns nur zufällig getroffen. Ein blöder Zufall, wie sich hinterher herausstellte. Aber du wolltest doch gehen, ich will dich nicht aufhalten.«

»Ich hab noch Zeit. Halte mich bitte nicht für neugierig. Aber so langsam dämmert mir, warum Mathis sich in letzter Zeit so komisch aufgeführt hat.«

»Er hat sich komisch aufgeführt?«

»Ziemlich. Und wenn ich es genau überlege, begann es, nachdem er aus dem Urlaub zurück war.«

Nun wurde es ja interessant! »Was hat er denn getan?«

»Nichts.«

»Nichts?«

»Genau. Nichts. Das ist ja das Seltsame. Mathis macht niemals nichts. Aber seit einigen Wochen kann er stundenlang in der Ecke sitzen und vor sich hin grübeln. Ich habe ihn so nie erlebt.«

Ich wollte schon anfangen, mich über diese Information zu freuen – da war ich ihm ja wohl doch nicht so egal! –, als es mir plötzlich eiskalt den Rücken runterlief. Die Blondine! Vielleicht grübelte er ja gar nicht wegen mir, sondern wegen dieser Blondine. Schließlich hatte er doch vor Kurzem in der Sitzung … und dann war sie da gewesen, unten am Auto, und er hatte gestrahlt …

»Und seine Freundin?«, entfuhr es mir.

»Welche Freundin?«

»So 'ne Blondine.«

»Blondine? Kenne ich nicht.«

»Sie treten in letzter Zeit öfter zusammen auf.«

»Und du bist sicher, dass es seine Freundin ist?«

»Es sah so aus, sie schienen so glücklich zusammen, so vertraut.«

»Na, dazu fällt mir jetzt wirklich nichts ein.«

Irgendwie war ich erleichtert, denn wenn Lars sie nicht kannte, konnte sie ja so fest noch nicht zu Mathis' Leben gehören. Oder?

»Was soll's«, sagte ich »auf jeden Fall hat er mir deutlich gesagt, dass er mich nicht will.«

»Mir scheint, du leidest ziemlich unter der Situation. Aber Mathis ist ein Mensch, der die Freiheit liebt. So leid es mir tut,

Nele, aber ich würde mir an deiner Stelle keine Hoffnung machen. Ob es nun eine Blondine gibt oder nicht – wenn Mathis eine Entscheidung getroffen hat, dann hat er sie getroffen. Ich bin aber sicher, dass sie nichts mit dir zu tun hat.«

»Wenn er mich sitzen lässt, hat das nichts mit mir zu tun?«

»Du weißt, wie ich es meine.«

»Nein, das weiß ich nicht. Denn ich hatte leider nicht die Zeit, ihn so gut kennenzulernen wie du.«

»Nun, wie dem auch sei, Mathis verhält sich derzeit etwas seltsam und steht anscheinend heftige innere Kämpfe aus. Ob sie etwas mit dir zu tun haben oder mit einer Blondine oder mit seinem üblichen Fernweh oder ob sie vielleicht Ausdruck einer allgemeinen Midlife-Crisis sind, weiß ich nicht. Ich kann dir nur raten, vergiss ihn.« Damit sprang er auf. »Ich muss jetzt gehen. Mach's gut, Nele, und melde dich doch bitte, wenn du einen Termin beim Bürgermeister hast.« Dann war er verschwunden.

»*Vergiss ihn*«, pah! Schon wieder dieser Rat, den ich nun schon so oft gehört hatte und den ich ja auch zu gerne befolgen würde.

Und Familie Hagena feierte Geburtstag, und Nele musste zu Hause bleiben.

Von Eifersucht und Selbstmitleid zerfressen kochte ich mir erst mal meinen Milchreis.

Geschieht dir recht!, schrie mein Verstand, geschieht dir ganz recht.

Aber wer wollte das schon wissen?

Es klappte mit dem Termin beim Bürgermeister. Vier Tage vor Weihnachten trafen Mathis und ich zeitgleich in dessen Büro ein. Die Vorzimmerdame begrüßte Mathis wie einen alten Freund, und sie fingen eifrig an zu plaudern. Dass meine Nervosität von Minute zu Minute stieg, schien dabei niemanden zu interessieren.

Aber es war nicht der anstehende Vortrag beim Bürgermeister, der mich nervös machte. Schließlich war ich schon oft genug bei ihm gewesen.

Es war Mathis.

Er war gerade aus dem Auto gestiegen, als ich am Rathaus ankam. Hinter dem Steuer hatte wieder diese Blondine gesessen, hatte ihm über die Wange gestrichen, als er ausstieg, und war dann fröhlich lachend davongefahren.

Obwohl Mathis bemerkt haben musste, dass ich sie beobachtet hatte, tat er so, als sei nichts gewesen. Er hatte mich begrüßt, wie er vermutlich jeden Geschäftspartner begrüßt hätte, und war dann ohne ein weiteres Wort die Treppen zum Bürgermeister-Büro hinaufgegangen. Tja, und nun stand ich hier wie bestellt und nicht abgeholt und war mal wieder den Tränen nahe.

Da nahte unerwartet meine Rettung in Gestalt von Herbert, meinem Gehst-du-mit-mir-Kaffee-trinken-Freund. Er trat beschwingten Schrittes aus des Meisters Büro und hatte wohl gerade erfolgreich mit diesem verhandelt. Jedenfalls schien er bester Laune zu sein.

Und wahnsinnig erfreut mich zu sehen.

»Mensch, Nele-Schatz, was machst denn du hier? Kommst du oder gehst du?«

»Ich komme gerade. Habe einen Termin.«

»Oh, ich wollte gerade gehen.«

Ach!

»Ich habe jetzt noch ungefähr zwei Stunden in der Stadt zu tun. Wenn du dann hier fertig bist, würde ich dich gerne zum Mittagessen einladen. Vielleicht bei *Lorenzo*.« Dann neigte er seinen Kopf an mein Ohr und flüsterte, für jeden im Raum gut hörbar: »Da ist es immer so hübsch romantisch.«

Gerade wollte ich etwas Schnippisches erwidern, als das schon Mathis für mich übernahm:

»Die Dame ist heute Mittag schon verabredet. Tut mir leid, aber Sie kommen leider zu spät. Nele, ich glaube wir müssen jetzt zum Bürgermeister rein.«

Im nächsten Moment fasste mich Mathis doch tatsächlich am Arm und war drauf und dran, mich mit sich fortzuziehen. Die Vorzimmerdame blickte angesichts dieser harschen Reaktion betreten von einem zum anderen, während Herbert mit offenem Mund dastand und offensichtlich sprachlos war.

Endlich hatte ich Gelegenheit, zurückzuschlagen.

»Aber Mathis«, sagte ich zuckersüß, »meine Verabredung für heute Mittag hat doch abgesagt, das habe ich dir doch erzählt. Deswegen habe ich natürlich Zeit, mit Herbert zu *Lorenzo* zu gehen. Aber nun ist es wirklich Zeit hineinzugehen. Also, Herbert, wir sehen uns um eins vor dem Restaurant. Ich freu mich!« Ich warf Herbert noch schnell mein süßestes Lächeln zu, dann schritt ich in Richtung Büro davon.

»J-ja, bis dann … äh … ich freu mich auch«, hörte ich Herbert stottern, bevor die Tür sich hinter mir schloss.

Eins zu null für dich, Nele, dachte ich, als ich triumphierend in Mathis' belämmertes Gesicht sah. Er war drauf und dran zu explodieren, das war unverkennbar. Anscheinend gelang es ihm nur mit Mühe, sich nicht vor den Augen des Bürgermeisters gehen zu lassen, der uns jetzt freundlich und ahnungslos begrüßte.

Natürlich würde ich nachher nicht mit Herbert essen gehen, das war ja klar. So masochistisch war ich dann doch nicht veranlagt. Irgendeine Ausrede würde mir schon einfallen. Aber das musste Mathis ja nicht wissen. Sollte er doch ruhig schmoren, schließlich war ich nicht sein Spielzeug, über das er nach Belieben verfügen konnte. Wäre Herbert nicht zufällig erschienen, hätte er mich doch auch nicht zum Essen eingeladen. Oder?

Diesen Gedanken wollte ich lieber nicht zu Ende denken, und so konzentrierte ich mich nun voll und ganz auf meinen Vortrag.

Eine halbe Stunde hatte ich mir gegeben, die wichtigsten Ideen und Zusammenhänge zu erläutern. Ich blieb voll im Plan. Und sogar dem Bürgermeister gelang es, mich nicht ein einziges Mal zu unterbrechen.

Mathis schien sowieso nichts sagen zu wollen, sondern starrte nur stur auf einen Spruch an des Bürgermeisters Wand, als wäre dieser die wichtigste Botschaft seit der Bergpredigt.

Nach meinem Vortrag entspann sich eine lebhafte Diskussion, zunächst nur zwischen dem Bürgermeister und mir; als der aber immer häufiger irritiert zum stoisch schweigenden Mathis hinüberstarrte, fasste sich dieser ein Herz und diskutierte schließlich eifrig mit.

Nach fast zwei Stunden ging ich mit dem guten Gefühl aus der Sitzung, den Bürgermeister für unser Vorhaben gewonnen zu haben.

Wie gerne wäre ich jetzt mit Mathis in ein gutes Restaurant gegangen, hätte noch einmal alles mit ihm durchdiskutiert und wäre dann in die kurzen Weihnachtsferien gestartet. Aber eigentlich war Mathis' Reaktion auf Herbert schon Genugtuung genug, um nicht mehr ganz so deprimiert in die Welt zu schauen. Es war Mathis ganz und gar nicht egal, wenn ich mit anderen Kerlen zum Essen ging. Das war nach dem Blondinen-Schock Balsam auf meiner Seele.

»Nun, ich denke, unser Vorhaben kam beim Bürgermeister gut an. Dann können wir ja nach Weihnachten weitersehen. Ich wünsche dir ein schönes Fest, Nele.«

»Ja, bis dann, Mathis.«

Mathis blickte mir lange Sekunden in die Augen, als wollte er mir noch etwas sagen, zuckte dann aber nur die Schultern, drehte sich um und ging.

»Ich liebe dich auch, Mathis«, flüsterte ich leise.

Dann griff ich zum Handy und sagte mein Essen mit Herbert ab.

»Paula, beeil' dich bitte, ich habe keine Lust, im Weihnachtsstau zu stehen.«

Leider sollte das Weihnachtsfest auch diesmal nicht ausfallen, auch wenn ich die ganze Zeit über die Hoffnung nicht aufgegeben hatte. Aber Paula bestand auch einen Tag vor Heiligabend noch darauf, mit Opa den Weihnachtsbaum zu schmücken. Und so musste ich sie nun also zur Eile antreiben, damit mich nicht bereits die Fahrt zu meinen Eltern die letzten Nerven kosten würde. Denn die brauchte ich gewiss noch für die anstehenden Auseinandersetzungen mit meinem Bruder Frank und seiner Familie.

Mein Bruder Jochen war der Einzige gewesen, dem anscheinend noch rechtzeitig eine mehr oder weniger plausible Ausrede eingefallen war. Die herbe Enttäuschung meiner Mutter in Kauf nehmend, hatte er doch stur und steif behauptet, er könne seiner pubertierenden Tochter Saskia unmöglich zumuten, zum Fest zu erscheinen. Sie habe gerade eine Zahnspange bekommen und weigere sich aufgrund eines erheblichen Sabberproblems beim Essen und Sprechen standhaft, der lieben Verwandtschaft unter die Augen zu treten.

Ich nahm an, dass ihr Jochen bei dieser Entscheidung behilflich gewesen war, und fand, dass er das alles recht clever angestellt hatte.

Beinahe wünschte ich, dass Paula auch bald eine Zahnspange bräuchte.

Wie befürchtet schien ganz Deutschland noch eben am Heiligabend einen Ortswechsel vornehmen zu wollen. Sämtliche Straßen waren heillos verstopft, und den Gesichtern hinter den Autoscheiben war unschwer anzusehen, dass auch sie noch keineswegs in eine besinnliche Feiertagsstimmung eingetaucht waren. Vielleicht haben die hier alle ja auch einen Bruder Frank, dachte ich bei mir. Gab es den nicht in jeder Familie?

In meiner jedenfalls gab es ihn, und er empfing mich genauso, wie ich es von ihm kannte. Aber was wollte man von solch krawattierten Langweilern auch erwarten, für Überraschungen waren die nie gut.

Schon gar nicht für positive:

»Da ist sie ja, unser Sorgenkind. Und wie immer ganz allein. Aber vielleicht solltest du ja einfach mal aus deiner uralten Jeans heraussteigen. Dann würde sich vielleicht mal ein Kerl deiner erbarmen. Schau mal, Cordula hat erst gestern dieses wirklich sündhaft teure Seidenkostüm in einer Boutique erworben. *Le dernier cri.* Sieht sie nicht ganz hinreißend damit aus?«

Wie auf Kommando sprang Schwägerin Cordula aus dem Sofa auf und drehte mehrere Pirouetten. Ihr affektiertes Lachen schallte durch die gute Stube meiner Eltern, und ich hatte nicht wenig Lust, ihr einfach Paulas Wollschal, den ich noch in der Hand hielt, in den viel zu großen Mund zu stopfen.

»Ja, wirklich allerliebst«, säuselte ich stattdessen. »Aber gab es das nicht in ihrer Größe? Sag mal, Cordula-Liebste, hast du schon wieder zugenommen?«

Dieser Spruch war mindestens ebenso alt wie meine nunmehr zehnjährige Bekanntschaft mit Cordula und gehörte gewissermaßen zum Wiedersehensritual. Aber es war doch immer wieder schön zu sehen, wie Cordula mit entsetztem Gesichtsausdruck an ihrer magersüchtigen Gestalt herunterstarrte und anfing, nervös an ihrer blondierten Dauerwellenpracht zu drehen.

Und auch auf die Reaktion meines Bruders Frank war wie immer Verlass. »Lass dich doch von der frustrierten Gans nicht ärgern, meine Schöne. Deine Rundungen sind nach wie vor, wie sie sein sollen.« Damit griff er seiner Frau beherzt an ihren Wonderbra-Busen und lachte sein ordinäres Lachen.

In diesem Augenblick betrat meine Mutter mit einem Kaffeetablett das Zimmer.

»Na, wie ich sehe, versteht ihr euch ja bereits ganz wunderbar. Aber ihr habt ja recht, es ist so wunderschön, wenn man sich zum heiligen Fest im Kreise der Familie trifft.«

Ganz beseelt vom Familienglück setzte sich meine Mutter neben ihre Schwiegertochter und tätschelte ihr das Knie.

»Sieht Cordula heute nicht wieder besonders reizend aus, Nele?«

Dann warf sie einen bedauernden Blick auf meine abgewetzten Jeans und stieß einen tiefen Seufzer aus.

»Ja, meine arme kleine Nele, so ohne einen Mann, der für dich sorgt, kannst du dir solch feine Sachen natürlich nicht leisten. Aber sei nicht traurig, eines Tages kommt bestimmt auch für dich der Richtige. Habe ich dir eigentlich schon erzählt, wer nächste Woche heiratet? Direkt zum Neujahrsfestfest? Na, wenn das mal keine feine Idee ist …«

Aber wir sollten zunächst nicht mehr erfahren, wer aus unserer Bekanntschaft sich diesmal ins Unglück stürzen wollte, denn wir wurden unterbrochen von einem ganz herzzerreißend quiekenden Schwein.

»Wird bei Nachbars heute noch ein Schwein geschlachtet?«, fragte ich ehrlich erstaunt. Schließlich war der Nachmittag des Heiligabends ja bereits weit fortgeschritten. Sollte man nebenan in all der Weihnachtshektik den Festbraten vergessen haben?

Seltsamerweise kam das Quieken aber immer näher, und schließlich stand das vermeintliche Schwein mitten bei uns im Zimmer.

»Olivia-Schatzi-Mausi, was ist denn passiert?! *Was ist denn nur passiert?!*« Schwägerin Cordulas hysterisches Gekreische schaffte es fast, das Gequieke ihrer Tochter zu übertönen, aber Olivia-Schatzi-Mausi schaltete noch einen Gang höher, sodass sich sogar meine Mutter unwillkürlich die Ohren zuhielt.

»Ich … ich … die … die ha-haben … meine Glo-ho-ria ist …«, schluchzte Mamas Liebling, kam aber leider nicht auf den Punkt. Brauchte sie auch nicht, denn nun standen Paula und Anton breit grinsend in der Tür. Anton schwenkte triumphierend den Kopf von Gloria sowie deren rechten Arm, während Paula Glorias Barbie-Torso über ihrem Kopf in Schwingungen versetzte.

»Ihr kleinen Biester, ihr verzogenen Bälger!«, ließ sich nun mein Bruder Frank wenig gentlemanlike vernehmen.

Er sprang aus dem Sessel und hechtete hinter Paula und Anton die Treppe zu den Schlafräumen hinauf, vermutlich, um nun seinerseits zur Enthauptung zu schreiten.

Aber die Kinder waren auf Zack und drehten schnell den Schlüssel im Schloss herum, um dann meinem Bruder, der wie wild an die Tür hämmerte, *»Fang uns doch, du Eierloch!«* zuzurufen.

»Was ist denn hier passiert?«, hörte ich nun hinter mir eine vertraute, leicht amüsiert klingende Stimme.

»Sabine!« Wirklich glücklich, einen vernünftigen Menschen im Haus meiner Eltern anzutreffen, umarmte ich meine Schwester herzlich.

Grinsend schaute sie auf die Szene, die sich ihr darbot: das in rosa Tüll gehüllte quiekende Schweinchen in den Armen seiner verzweifelten Mutter.

»Olivia-Liebling«, sagte Sabine, »hör doch bitte auf zu weinen, sonst wird dein wunderschönes Kleidchen doch ganz nass, und das ist keineswegs gut für kleine Zuckerpüppchen wie dich. Die zerlaufen dann«, und das in einem so ernsten Ton, dass Olivia tatsächlich für einen Augenblick vergaß zu quieken und – genauso wie vorher ihre Mutter – panisch an sich herunterschaute.

»Was seid ihr doch für abscheuliche Ekel!«, schleuderte Cordula uns fuchsteufelswild entgegen und rannte, ihre abermals quiekende Brut hinter sich herziehend, aus dem Zimmer. »Fraaaank! *Fraaaank!* Wir reisen sofort ab. Bei deinen abscheulichen Schwestern und ihren gemeinen Kindern bleibe ich keinen Augenblick länger. Fraaaank!«

»Aber Cordula-Schatz, nun warte doch, du musst doch nichts übereilen. Sabine hat es doch nicht so gemeint und, na ja, es sind doch Kinder, die streiten halt manchmal ein wenig.«

Auch meine Mutter rannte nun Richtung Treppe und versuchte zu retten, was noch zu retten war.

Vergeblich. Wutschnaubend kam Frank hereingerannt, würdigte uns keines Blickes, schnappte sich seine Sachen und verließ wortlos das Zimmer.

Als Nächstes hörten wir diverse Autotüren zuschlagen und den Motor einer S-Klasse starten. Danach quietschende Reifen. Dann nichts mehr.

»Puh«, stöhnte Sabine und warf einen Blick auf ihre Uhr. »Wir werden immer besser. Diesmal sogar noch vor der Bescherung. Nele, darauf müssen wir anstoßen. Ich hole mal ein wenig Sekt.«

»Hat Frank was vergessen oder sind seine Gläubiger hinter ihm her? Es waren doch die Rücklichter seines Autos, die ich an der Ausfahrt gesehen habe, oder?« Mein Vater blickte mich fragend an.

Neben ihm stand lächelnd Sabines Mann Günther. Die zwei hatten einen Winterspaziergang über die Felder gemacht, wie sie es immer taten, wenn sie zusammentrafen.

Ihren dicken Winterjacken entströmte noch kalte Winterluft, und ich sog sie tief ein, als ich meinen Vater und meinen Schwager umarmte.

»Ach«, begann ich ihn aufzuklären, »Anton und Paula haben Olivias Barbie geköpft, und das fand Cordula irgendwie gar nicht witzig, von Olivia ganz abgesehen, und da sah sich Frank wohl genötigt …«

»Reicht schon. Hab verstanden. Also nichts Besonderes. Aber wo ist denn Paula? Die habe ich ja noch gar nicht gesehen.«

»Paula und Anton sind oben und halten wahrscheinlich eine Trauerzeremonie für Gloria ab.«

»Nun gut, da geh ich doch gleich mal schauen. Vielleicht brauchen sie ja noch Unterstützung.«

Dem wenig später ertönenden Jubel meiner Tochter konnte ich entnehmen, dass ihr Opa oben angekommen war.

Sabine, Günther und ich stießen gerade genüsslich unsere Sektgläser aneinander, als meine Mutter ins Zimmer kam, ihre Finger theatralisch an die Schläfen gedrückt. »Ich glaube, ich bekomme meine Migräne. Ich muss mich gleich hinlegen. Dass ihr aber die lieben Kinder auch so ärgern müsst … ihr solltet euch was schämen.«

Damit war sie verschwunden.

So wurde es doch noch ein wunderbarer und gemütlicher Heiligabend.

12

»Oh Gott, mir ist schlecht!«, würgte Ines gerade noch heraus, presste sich die Hand vor den Mund und rannte hinaus. Kurz darauf hörte man aus Richtung Badezimmer ein heftiges Würgen.

»Die Arme, nimmt das bei ihr denn nie ein Ende? Wir Frauen sind doch echt gestraft.« Sandra schaute Ines kopfschüttelnd hinterher und schnappte sich dann schnell die letzte Rosinenschnecke. »Ich glaube, Ines mag jetzt nichts mehr essen, und du willst ja sicher sowieso nichts mehr.«

»Sicher. Sag mal, Sandra, bist du vielleicht auch schwanger? Das ist bereits deine vierte Schnecke, ich meine, da könnte man doch …«

»Quatsch schwanger! Das Thema ist für mich abgehakt, das solltest du eigentlich wissen.«

»Na, ich weiß nicht, unverhofft kommt oft, und als erfolgreiche Kinderbuchautorin könntest du dir doch eigentlich eine größere Familie …«

»Vergiss es!«, winkte Sandra unwirsch ab und fischte sich mit der Zunge ein paar Krümel aus den Mundwinkeln. »Für Christoph und mich ist die Sache völlig klar, wir fangen ganz bestimmt nicht noch mal von vorne an. Anneke ist doch gerade so schön groß und vor allem – so schön selbstständig. Sie zieht sich alleine an, sie geht alleine zur Schule, keiner muss ihr mehr den Popo abwischen ... Hm. Die Schnecken sind echt gut.«

»Apropos selbstständig. Wann sollten wir die Kinder eigentlich wieder vom Geburtstag abholen?«

»Um sieben – ups, da müssen wir ja gleich los! Hätte jetzt beinahe mein eigenes Kind vergessen. Ist aber auch zu gemütlich, hier bei Ines. Äh ... wo ist Ines eigentlich?«

Wir lauschten Richtung Toilette, aus dieser Richtung war aber nichts mehr zu hören. Und auch sonst war alles ruhig.

»Sag mal, hast du die Spülung gehört?«

»Nee, jetzt wo du's sagst ... komisch ...«

Wie der Blitz schossen wir beide von unseren Stühlen hoch und rannten Richtung Bad.

»Oh mein Gott, Ines!«

Ines lag leichenblass auf dem Boden des Badezimmers und rührte sich nicht. Schnell rannten wir zu ihr und wollten sie gerade anheben, als Sandra einen spitzen Schrei ausstieß.

»Sie blutet! Oh mein Gott, Nele, Ines blutet am Kopf. Ines, was ist mir dir, mach doch die Augen auf!«

Aber Ines zeigte keinerlei Regung und wir gerieten in Panik.

»Schnell, Sandra, ruf einen Krankenwagen! Ich hole ein paar Decken, sie kühlt ja ganz aus.«

Ich rannte ins Schlafzimmer und griff, was mir zwischen die Finger kam.

Lieber Gott, betete ich, lieber Gott, mach, dass es nicht so schlimm ist! Nicht Ines, bitte nicht Ines! Und das Kind! Lass sie bitte nicht das Baby verlieren!

Behutsam deckte ich Ines zu, traute mich aber nicht, sie anzuheben und ihr eine Decke unterzuschieben. Scheiße, dachte ich, die Fliesen sind doch so kalt, sie kann doch hier nicht liegen bleiben. Aber es nutzte nichts. Mit der Kopfwunde durfte ich sie auf keinen Fall bewegen.

»Der Krankenwagen ist schon unterwegs.« Sandra kniete sich neben Ines. Ihr Gesicht war tränenüberströmt, und sanft streichelte sie die Wange ihrer Freundin. »Bitte, Ines, bitte, sag doch was!« Ohne Erfolg.

»Warum kommt denn dieser verdammte Krankenwagen nicht?«, fluchte ich und fing jetzt ebenfalls an zu weinen. Konnten die sich denn nicht mal ein bisschen beeilen? Doch bereits kurz darauf hörten wir das Martinshorn näher kommen, und ich stürzte zur Tür, um dem Arzt den Weg zu zeigen.

Wie sich später herausstellen sollte, hatten sie von der Klinik bis zu Ines' Wohnung gerade einmal sieben Minuten gebraucht. Uns war es vorgekommen wie eine Ewigkeit.

»Sie ist schwanger«, klärte ich den Arzt über die besonderen Umstände auf, während er vorsichtig anfing, ihre Kopfwunde zu untersuchen.

»Welche Woche?«

»Etwa achtzehnte.«

»Sie muss sofort ins Krankenhaus. Hat sich irgendwo den Kopf angeschlagen. Auch der Kreislauf ist instabil. Ging es ihr schon vorher nicht gut?«

»Sie hat sich übergeben«, sagte ich, »die Schwangerschaft. Ihr ist schon seit Wochen ständig schlecht.«

Der Arzt nickte nur, während die Sanitäter Ines vorsichtig auf eine Trage legten und sie zum Krankenwagen hinaustrugen.

Ich wollte gleich hinter ihr her in den Wagen springen, aber der Sanitäter bedeutete mir, draußen zu bleiben.

»Uni-Klinik«, sagte er nur. »Sagen Sie ihrem Mann Bescheid.«

Und schon rollte der Krankenwagen los.

Oh Gott, Marco! Natürlich, der Arme wusste ja von nichts. Hoffentlich hatte er sein Handy eingeschaltet!

»Ich kann Marco nicht erreichen, er hat sein Handy aus.« Sandra kam aus dem Haus gerannt und hatte anscheinend schneller gedacht als ich.

Und jetzt?

»Er wollte doch irgendwo mit Tristan hin. Was sagte Ines noch gleich?«

»Mist, ich weiß es nicht mehr. Aber vielleicht weiß ja Christoph, wo er ist. Irgendwas hat er heute Morgen von einem Treffen gemurmelt.« Schnell wählte Sandra Christophs Handynummer, aber auch der hatte nur die Mailbox an.

»Das gibt's doch gar nicht. Wozu haben die eigentlich die Scheißdinger, wenn man sie doch nicht erreicht!« Sandra trippelte nun nervös von einem Fuß auf den anderen. »Und jetzt?«

»Fahr du ins Krankenhaus, Uni-Klinik. Ich versuche, Marco aufzutun. Irgendwo muss er ja sein. Aber wir können Ines jetzt nicht alleine lassen. Ich komme dann nach.«

»Okay«, sagte Sandra nur, und schon saß sie in ihrem Auto und brauste davon.

Bei dem Gedanken, Marco die schlechte Nachricht überbringen zu müssen, wurde nun auch mir ganz schlecht, und ich wünschte mich weit fort. Wenn irgendetwas mit Ines passieren würde … nicht auszudenken! Marco würde es nicht verkraften, er liebte sie doch so sehr …

Ach Quatsch, schalt ich mich, mal jetzt nicht den Teufel an die Wand! Ines wird schon sehr bald wieder wohlauf sein und ein gesundes Baby bekommen, und dann werden wir alle gar nicht mehr an diese schrecklichen Momente zurückdenken und …

Ich holte einmal tief Luft und versuchte, das Zittern meiner Hände in den Griff zu bekommen, als ich erneut Marcos Nummer wählte. Aber wieder war nur seine Mailbox dran. Mist!

Mathis!, dachte ich, vielleicht wusste der, wo Marco war. Schnell wählte ich Mathis' Nummer und – Gott sei Dank! – er ging dran.

»Hallo Nele, was führt dich zu mir, es ist ja eine seltene Ehre, dass du mich anrufst. Hast du schon mit Lars gesprochen, er wusste …«

»Mathis, ist Marco bei dir?«

»Ja, aber sag doch erst einmal …«

»Mathis! Ines musste ins Krankenhaus, es ist ganz furchtbar, bitte …«

»Was!? Oh Mist! Warte, ich geb dir Marco …«

»Wo brennt's denn, Nele?«, hörte ich kurz darauf Marcos Stimme. »Mathis macht ein so betretenes Gesicht …«

»Marco«, fing ich an und kämpfte mit den Tränen, riss mich dann aber zusammen, »es ist Ines.«

»Ines? Was ist mit Ines?«

»Sie ist zusammengebrochen und hat sich am Kopf verletzt und …«

»*Wo ist sie?*« Marco schrie jetzt mit panischer Stimme in den Hörer.

»In der Uni-Klinik, sie … Marco?«

Aber Marco hatte anscheinend den Hörer zur Seite geschmissen. Im Hintergrund hörte ich nur noch ein wildes Durcheinander von Stimmen und den kleinen Tristan, der weinte und nicht verstand, warum jetzt alle so aufgeregt waren.

Nachdem sich anscheinend keiner mehr um den verwaisten Telefonhörer scherte, legte ich auf.

Was jetzt?

Ich beschloss, auch ins Krankenhaus zu fahren. Sandra und Marco konnten sicherlich jede Unterstützung gebrauchen. Hoffentlich ließen die Männer Marco nicht alleine fahren!

Schnell sprang ich in mein Auto und kurvte durch den dichten Feierabendverkehr. Natürlich sprang jede Ampel sofort auf Rot, wenn ich mich näherte, und so hatte ich das Gefühl, eine Ewigkeit gebraucht zu haben, als ich schließlich in der Klinik ankam.

Trotz des kühlen Wetters war ich schweißgebadet und hatte Angst, so tierische Angst.

Bis sich in der Klinik mal jemand erbarmt hatte, mir zu sagen, wohin sie Ines gebracht hatten, verging noch mal eine Ewigkeit.

Zunächst einmal war weit und breit keiner zu sehen, der mir hätte Auskunft geben können.

»Wofür werden Sie hier eigentlich bezahlt?!«, giftete ich die junge, Kaugummi kauende Frau an, die schließlich an der Rezeption auftauchte. »Sagen Sie mir jetzt sofort, wo ich Ines Gerlach finde. Sie wurde vorhin eingeliefert!«

Die junge Frau ließ sich von mir aber gar nicht aus der Ruhe bringen. Gelangweilt blickte sie auf den Bildschirm ihres Rechners, klickte ab und zu mal mit der Maus und ließ nebenbei eine rosarote Kaugummiblase nach der anderen zerplatzen.

»Wie hieß die Frau?«, fragte sie nach ein paar Minuten schließlich.

Ich war bereits kurz davor, sie über den Tresen zu ziehen und ihren Kopf auf eben diesen zu schlagen.

»Gerlach, verdammt! Sind Sie taub?«

»Gerlach ... hm ... Gerlach ... ja, hier, Gerlach, Ingrid, Zimmer ...«

»Ines!«

»Hä?«

»Ines Gerlach, nicht Ingrid!« Mein Gott, konnte jemand wirklich so beschrubbt sein?

»Ines ... hm ... Ines ... gerade eingeliefert, he? Ach, die mit dem Kopf ... Station drei.«

»Ach, und wo ist das?«

»Zweiter Stock.«

»Hoffentlich sind Sie bald arbeitslos!«, plärrte ich der unverschämten Zicke noch zu, während ich bereits Richtung Fahrstuhl raste.

Oben angekommen, sah ich schon von Weitem Sandra nervös den Flur auf und ab gehen und – auf einer Bank sitzend – Marco, den Kopf in die Hände gestützt und nervös mit den Füßen scharrend. Neben ihm saß Mathis und redete anscheinend beruhigend auf ihn ein. Er warf mir einen kurzen, verzweifelten Blick zu, als ich näher kam, sagte aber nichts. Oh Mist! Das sah ja alles nicht gut aus.

»Was ist mit Ines?«, fragte ich Sandra mit zitternder Stimme, die mich nur still umarmt hatte, als ich kam.

»Wir wissen noch nichts. Sie wird noch untersucht, geröngtgt und so.«

»War sie wieder bei Bewusstsein?«

»Nein, leider nicht. Keine Regung.«

»Scheiße, was können wir denn nur tun, was …«

Da klingelte mein Handy.

»Nele? Wollt ihr eure Kinder nicht mehr haben, oder wieso holt sie keiner ab?«

Mist! Die hatten wir ja ganz vergessen!

»Entschuldige, Evelyn, hier geht gerade alles drunter und drüber. Eine Freundin hatte einen Unfall und – aber ich komme sofort!« Ein Blick auf die Uhr sagte mir, dass es schon nach acht war.

»Ich fahr mal schnell die Kinder abholen, Sandra.«

Sandra guckte erschrocken auf die Uhr. »Mist, die habe ich ja auch glatt vergessen. »Aber ich kann auch fahren, Nele, wenn du lieber …«

Mathis schaltete sich ein. »Lasst nur, ich hole sie ab. Ihr müsst mir nur sagen, wo ich sie finde und wo ich sie hinbringen soll. Bleibt ihr ruhig hier. Ines und Marco brauchen euch womöglich hier.«

»Das würdest du tun? Oh Mathis, das wäre einfach fantastisch, aber wenn du doch lieber hierbleiben würdest …«

»Nein, ihr seid jetzt wichtiger. Also, was mache ich jetzt?«

Ich nannte ihm die Adresse von Evelyn, und wir vereinbarten, dass er die Kinder zu mir nach Hause brachte. Mathis wollte sich irgendeine Ausrede einfallen lassen, um Paula und Anneke nicht zu beunruhigen. Ich gab ihm meinen Haustürschlüssel. Dann rief ich noch einmal bei Evelyn an, um ihr Bescheid zu sagen.

»Wo ist eigentlich Tristan?«, fiel mir ein, nachdem ich aufgelegt hatte.

»Christoph hat ihn nach Hause gebracht und wollte dort auf ihn aufpassen.«

»Na, dann könnten er und Tristan doch vielleicht auch in meine Wohnung kommen. Dann sind wenigstens alle zusammen und leichter zu erreichen … falls es was Neues gibt«, fügte ich leise hinzu.

»Ich kümmere mich darum«, sagte Mathis und klopfte Marco, der völlig apathisch auf der Bank saß, aufmunternd auf die Schulter. Dann war er verschwunden.

Ich hätte ihn knutschen können, und auch Sandra sah ihm dankbar hinterher.

»Ich besorg uns mal einen Kaffee«, sagte sie dann und verschwand nun ebenfalls. Ich blieb mit Marco allein und kam mir plötzlich sehr hilflos vor. Was sagte man in solch einer Situation? Oder hielt man am besten die Klappe? Unsicher setzte ich mich neben Marco auf die Bank und strich ihm über den Arm.

»Sie wird doch wieder gesund, oder, Nele?«, fragte Marco leise, ohne mich anzublicken.

»Natürlich wird sie wieder gesund, ganz bestimmt«, sagte ich überzeugter, als mir tatsächlich zumute war.

»Ich hätte sie nicht allein lassen dürfen, ich wusste doch, dass es ihr nicht gut geht, immer diese Übelkeit …«

»Sie war nicht allein, Marco, Sandra und ich waren doch bei ihr, und außerdem kannst du doch nicht den ganzen Tag …«

»*Kann ich nicht?*« Marco war so unvermittelt aufgesprungen und fing so laut an zu brüllen, dass ich zusammenzuckte. »*Meine Frau ist krank, und ich treib mich in der Weltgeschichte rum! Ich … ich …*«

Genauso plötzlich, wie er angefangen hatte zu brüllen, verfiel er jetzt wieder ins Schweigen, sackte förmlich in sich zusammen und sank in die Bank zurück.

Ein älteres Paar kam gerade den Gang entlang und schaute Marco kopfschüttelnd an. »Und das im Krankenhaus, da kann man doch wohl ein bisschen leise sein.«

»Spießer!«, zischte ich ihnen hinterher und sah, dass das Kopfschütteln noch heftiger wurde.

»Warum kommt denn keiner? Was machen sie denn bloß mit ihr? Und warum darf ich nicht dabei sein?«

Marco saß zusammengesackt da und raufte sich die Haare. Er hatte sehr leise und mehr zu sich selbst gesprochen. Über seine Wangen liefen Tränen. Ich legte meinen Arm um ihn und zog ihn an mich. Ich sagte nichts. Was denn auch?

Endlich kam Sandra zurück, in den Händen drei Plastikbecher mit Kaffee. Dankbar nahm ich einen entgegen.

Sandra hielt Marco einen Becher hin. »Hier, trink, wird dir guttun.«

Apathisch griff Marco nach dem Becher und nahm einen Schluck. Minutenlang saßen wir schweigend nebeneinander und nichts geschah.

»Herr Gerlach?«

Keiner von uns hatte bemerkt, dass eine junge Krankenschwester im grünen Kittel vor uns stand. Sie guckt viel zu ernst für ihr junges hübsches Gesicht, dachte ich.

Dann stieg plötzlich eine Eiseskälte in mir hoch: Warum dieser ernste Blick?

Marco blickte sie jetzt ebenfalls an, er war leichenblass geworden. Er reichte Sandra seinen Kaffee und stand wie in Zeitlupe auf. Auch Sandra und ich erhoben uns, und ich sah, dass meine beste Freundin ebenfalls am ganzen Körper zitterte.

»Was ist mit Ines?«, fragte Marco mit bebender Stimme.

»Wir können es noch nicht genau sagen, gravierende Kopfverletzungen konnten wir keine feststellen. Nur ist sie noch immer nicht bei Bewusstsein …«

»Kann ich bitte den Arzt sprechen, ich …«

»Ich bin die zuständige Ärztin, Doktor Krüger.« Damit reichte sie Marco die Hand und blickte ihn durchdringend an, so als würde sie sich für eine allzu bekannte Reaktion wappnen. Aber Marco nickte nur und murmelte eine Entschuldigung.

»Kann ich zu ihr?«

»Natürlich. Sie liegt auf der Intensivstation. Bitte erschrecken Sie nicht. Es sieht alles schlimmer aus, als es ist.«

Was ist mit dem Baby, warum sagt sie nichts dazu, dachte ich bei mir, als Marco eben diese Frage laut stellte.

»Dem Kind geht es gut. Wir haben bereits die entsprechenden Untersuchungen gemacht. Es geht ihm wirklich gut.«

Ich hörte, wie Sandra erleichtert aufatmete. Gott sei Dank! Aber Marco nickte auch jetzt nur schwach.

An der Tür zur Intensivstation wies uns die Ärztin zurück. »Hier können Sie leider nicht mit, warten Sie bitte draußen.«

»Fahrt ruhig nach Hause«, sagte Marco, ohne uns anzublicken. »Ich bleibe bei Ines und melde mich, wenn was ist.«

Dann war er hinter der schweren Tür verschwunden.

»Und nun?« Sandra schaute mich fragend an.

»Keine Ahnung. Ich weiß nicht, ob es richtig wäre, Marco hier ganz allein zu lassen, ich meine, falls ...«

»Andererseits, er rechnet jetzt sicherlich damit, dass wir nach Hause fahren. Ich schlage vor, dass wir das jetzt auch tun. Ausrichten können wir im Moment sowieso nichts.«

Ich zögerte kurz, nickte dann aber zustimmend. »Du hast recht. Wir können hier nichts ausrichten. Marco wird uns rufen, wenn er uns braucht.«

Also setzten wir uns in unsere Autos und fuhren nach Hause. Der Verkehr hatte merklich nachgelassen, und auf einmal schien es auch nur noch grüne Ampeln zu geben.

Als ich aus dem Wagen stieg, blickte ich mehr zufällig zum sternenklaren Himmel hinauf. Gerade in diesem Moment sah ich eine Sternschnuppe, die sich glühend ihren Weg durch die Galaxie bahnte.

»Viel Glück, Ines!«, murmelte ich leise.

Als ich das Wohnzimmer betrat, bot sich mir ein anrührendes Bild. Mathis saß im Sofa, sein Kopf war zur Seite gefallen. Er war offensichtlich eingeschlafen. Auf seinem Schoß lag *Pippi geht an Bord*. An ihn gekuschelt und in flauschige Decken gehüllt saßen, nein, lagen drei schlafende Kinder. Klein Tristan lutschte selig an seinem Daumen.

Schnell griff ich nach meinem Fotoapparat, um dieses schöne Bild für die Nachwelt festzuhalten.

Blitz!

Mathis blinzelte in den Raum, rekelte sich und sagte nur: »Hallo Nele.« Dann begann er, sich vorsichtig von seinen kleinen Gefährten zu befreien.

»Was ist mit Ines?«

»Wissen sie noch nicht. Keine schweren Kopfverletzungen, aber sie ist noch bewusstlos.«

»Und das Baby?«

»Ist okay.«

»Gott sei Dank!«

»Wo ist eigentlich Christoph?«

»Hier«, hörte ich aus Richtung Küche. »Wollte uns gerade einen Kaffee machen. Und wo ist meine Frau? Noch bei Marco?«

»Nein, Marco hat uns beide heimgeschickt. Sie taucht sicher gleich hier auf.« Und schon klopfte es an der Tür.

Sandra sank in Christophs Arme. »Ich bin total kaputt. Lass uns bitte nach Hause gehen. Es ist alles so furchtbar. Ich fürchte, dass ich die ganze Nacht nicht schlafen kann … was man von den Kindern ja nicht behaupten kann.« Lächelnd blickte sie auf unsere Brut. »Christoph, nimmst du bitte Anneke, dann können wir gleich gehen.«

Christoph tat, wie ihm geheißen, und wenige Augenblicke später waren die drei verschwunden.

»Und du? Kaffee?« Mathis zeigte auf die volle Kanne, die Christoph gerade ins Zimmer getragen hatte.

Ich schüttelte den Kopf.

»Nee, ich bringe jetzt die Kinder ins Bett und werde mich dann auch schlafen legen.«

Ehe ich michs versah, hatte Mathis Paula auf dem Arm und trug sie ins Kinderzimmer. Ich schnappte mir Tristan, der kurz seine Augen aufschlug, mich anlächelte und dann weiterschlief. Ich war so gerührt über so viel kindliches Vertrauen, dass mir wieder die Tränen in die Augen stiegen. Vorsichtig legte ich ihn auf die Matratze in Paulas Kinderzimmer und deckte ihn mit einer warmen Decke zu.

»Schlaf schön, mein Süßer«, sagte ich leise und gab ihm ein Küsschen auf die warme Wange. »Deine Mama ist bald wieder gesund.«

Dann ging ich zu Paula und gab ihr ebenfalls einen Kuss.

»Ich geh dann mal.« Mathis wandte sich zur Tür und wollte sie gerade öffnen, als mich Panik ergriff. Ich hatte plötzlich

Angst davor, morgen alleine aufzuwachen, Ines' Kind bei mir, die Ungewissheit …

»Mathis, kannst du bitte bei mir bleiben? Ich meine, ich möchte nicht so gerne alleine …«

»Kein Problem. Ich leg mich aufs Sofa.«

Zum wiederholten Male dachte ich, wie unkompliziert dieser Mann doch war, na ja, von bestimmten Dingen mal abgesehen. Aber das Sofa kam ja gar nicht infrage. Zum Schlafen war es eigentlich zu unbequem.

»Schläfst du bei mir im Bett?« Ups!

»Nele, ich weiß nicht …«

»Nur so, Mathis, ich tu dir nichts, ich will nur nicht so gern …«

Wortlos drehte Mathis sich um und ging Richtung Schlafzimmer. Er zog seine Jeans und die Socken aus und legte sich hin.

Kurze Zeit lagen wir schweigend nebeneinander, dann streckte er den Arm aus, ich kuschelte mich ein … und war auf der Stelle eingeschlafen.

In meinen Träumen schrie ein Kind, und ich wusste nicht, woher es kam. Das Geschrei wurde lauter und lauter, ich suchte, und dann klingelte auch noch ein Telefon, auch das wurde lauter und lauter und …

»Mama, Telefon, Marco, wach auf!«

»Was?« Verwirrt schlug ich die Augen auf. Da stand Paula, den Telefonhörer in der Hand und … Marco! Schnell riss ich ihr den Hörer aus der Hand.

»Marco? Wie geht's Ines?«, schrie ich heiser in den Hörer.

»Nele … ich … Nele …« Oh mein Gott, weinte Marco? Ich saß starr vor Schrecken im Bett und konnte nichts sagen. Nein, es konnte doch nicht sein, dass …

»Sie wacht nicht auf, Nele. Sie rührt sich nicht. Was soll ich denn nur machen?«

Ich atmete auf. Gott sei Dank, sie lebte. »Sollen wir kommen, Marco? Brauchst du irgendwas?«

»Vielleicht wenn ihr Tristan herbringt ... ich meine ... vielleicht hilft's?!«

Tristan! Wo war der denn eigentlich?

»Klar, sind in einer halben Stunde da. Ich ...« Aber Marco hatte schon aufgelegt. Ich sprang aus dem Bett und rannte zum Kinderzimmer.

Da saß Tristan, den Kopf an Mathis' Schulter gelehnt, den Daumen im Mund, und schluchzte alle paar Sekunden auf. Sein kleines Gesichtchen schwamm in Tränen, und Mathis war gerade dabei, es mit einem Taschentuch abzutupfen.

»Er hat nach seiner Mama gerufen«, sagte Mathis leise, »hat sich wohl erschrocken, hier in der fremden Umgebung aufzuwachen. Aber ich glaube, jetzt geht's wieder. Was sagt Marco?«

»Ines ist noch nicht aufgewacht. Er meinte, wir sollten Tristan bringen. Vielleicht würde ihr das helfen. Tristan, sag mal, hast du Lust, zu Mama zu fahren? Dein Papa ist auch schon da.«

Klein Tristan nickte und seine Augen strahlten. »Mama gehen, Hause.«

Ich schluckte. Mathis kam mir zu Hilfe.

»Mama ist nicht zu Hause, Tristan. Mama hat heute Nacht woanders geschlafen. Da können wir jetzt mal hinfahren. Aber ich glaube, Mama schläft noch. Wollen wir versuchen, sie zu wecken?«

Wieder nickte Tristan eifrig und hob seinen kleinen Zeigefinger in die Luft. »Sissan auch woanners slafen hat. Aber setz Sissan Mama wecken.« Er sprang schnell von Mathis' Schoß, griff nach seiner Hose und versuchte sie sich anzuziehen. Ich war ihm behilflich, und so konnten wir schon bald darauf aufbrechen.

Mathis fuhr, und ich versuchte krampfhaft, die Tränen zu unterdrücken. Schließlich konnte ich vor den Kindern nicht dauernd heulen. Aber was war, wenn Ines nicht auf ihren kleinen Sohn reagierte? Mathis spürte meine Angst und strich mir übers Bein. Dankbar lächelte ich ihn an.

»Wo hat Ines denn geschlafen?«, fragte Paula. »Wo fahren wir jetzt eigentlich hin, und warum guckst du so traurig, Mama?«

»Ines ist im Krankenhaus, Paula. Sie hatte einen kleinen Unfall. Aber es geht ihr sicher bald wieder gut.« Wie gut, dass Tristan den Sinn meiner Worte noch nicht begreifen konnte.

»Wie ist der Unfall passiert? Ist sie vor ein Auto gelaufen?«

»Nein, ihr ist zu Hause schwindlig geworden. Aber Sandra und ich waren gerade da und konnten ihr gleich helfen.«

Mit Schaudern dachte ich an den Anblick, wie Ines leichenblass auf den Badezimmerfliesen gelegen hatte.

»Und darum hast du vergessen, uns abzuholen.«

»Ja, genau, tut mir leid, Paula, aber …«

»Macht ja nichts, mit Mathis war es sowieso viel lustiger.«

Als wir auf der Intensivstation ankamen, saß Sandra schon wieder auf der Bank und schlürfte einen Kaffee. Erleichtert sah sie uns kommen und sprang gleich auf.

»Sie lassen mich nicht rein. Ich glaube, Marco weiß noch nicht einmal, dass ich hier bin, aber ich hab's zu Hause nicht mehr ausgehalten. Wisst ihr was Neues?«

»Marco hat angerufen. Ines ist noch immer nicht aufgewacht.«

»Mist.«

»Mama lange slafen«, meldete sich nun Tristan zu Wort.

Sandra blickte auf ihn hinunter. »Findet ihr es richtig, das Kind hierherzubringen?«

»Marco wollte ihn hierhaben. Er meint, Ines reagiert vielleicht auf ihn.«

»Kommt Anneke auch noch? Hier ist es langweilig«, mischte sich nun auch Paula ein.

»Ja, Christoph und Anneke frühstücken noch, dann kommen sie auch her«, sagte Sandra.

»Ich will auch Frühstück. Hab nämlich Hunger.«

»Wir gehen gleich zusammen in die Kantine«, sagte nun Mathis. »Warst du schon mal in einer Kantine?«

»Nö, glaub nicht, weiß nicht.«

In diesem Moment kamen auch schon Christoph und Anneke um die Ecke, und nachdem wir sie kurz über den Sachstand aufgeklärt hatten, verschwanden Christoph und Mathis mit den Kindern in Richtung Frühstück.

»Und wie kommen wir jetzt da rein?« Kritisch sah Sandra auf die schwere Eisentür, die uns nach wie vor von Marco und Ines trennte.

Hm. Ich blickte mich um und mein Blick fiel auf einen Klingelknopf. Ob der zur Station gehörte? Ich beschloss, einfach mal draufzudrücken. Und tatsächlich, nach kurzer Zeit öffnete sich die Tür und eine junge Schwester – oder auch Ärztin? – lächelte uns entgegen. »Ja, bitte?«

»Wir bringen den Sohn von Herrn und Frau Gerlach, Ines Gerlach, weil …«

»Ja, richtig, das hatten wir heute Nacht so besprochen.« Die Schwester lächelte immer noch und sagte dann, an Tristan gewandt: »So, und du bist der kleine Tristan und willst deine Mama besuchen. Na, dann komm mal mit.«

Aber das war leichter gesagt als getan, denn Tristan wehrte sich nun mit Händen und Füßen und fing wieder an zu brüllen. Anscheinend wollte er nicht mit der fremden Frau gehen, da konnte sie lächeln, wie sie wollte.

Schließlich bat die Schwester – immer noch freundlich lächelnd – um ein paar Minuten Geduld und kam bald darauf mit Marco zurück. Der sah einfach furchtbar aus, total übernächtigt, mit dunklen Ringen unter den Augen. Das aber schien Tristan überhaupt nicht zu stören, und er warf sich jubelnd in seines Vaters Arme.

»Danke«, sagte Marco schwach, und schon verschwand er mit seinem Sohn wieder hinter der Tür.

»Musst du heute gar nicht arbeiten, Mama?« Paula saß schmatzend, den Mund voller Schokocroissant, an einem Kantinenecktisch, nicht ahnend, dass sie mir mit dieser Frage einen fürchterlichen Schrecken einjagte.

»Arbeiten?« Erschrocken sah ich in die Runde. »Was haben wir denn heute?«

»Mittwoch«, sagte Mathis trocken.

»Mittwoch«, wiederholte ich blöde und nahm schnell einen Schluck Tee. Mittwoch. Und warum saßen dann alle hier so trautvereint in der Kantine herum?

»Ich habe mich schon abgemeldet«, sagte Mathis.

»Ich auch«, sagte Christoph. »Du nicht?«

»Nee. Mist. Hoffentlich habe ich heute keine wichtigen Termine. Und Marco. Oje! Der ist ja auch nicht da. Vera dreht bestimmt schon am Rad.«

Schnell rannte ich raus, um mit ihr zu telefonieren. Gut, dass wenigstens noch Ferien waren. Die Schule hätte ich in der Aufregung auch verpennt.

»Vera, ich bin's, Nele. Was liegt heute an?«

»Anscheinend nichts, kommt ja keiner von euch. Wollte schon eine Suchmeldung rausgeben.«

»Ob wir heute Termine haben, will ich wissen. Schau doch bitte mal nach.«

»Wer ist *wir*?«

»Himmel, Vera, Marco und ich natürlich.«

»Früher hat Marco ja schon noch mal selbst angerufen …«

»Marco ist im Krankenhaus, er kann jetzt nicht anrufen.«

»*Waaaas?* Was hat er denn, was ist passiert? Er war doch gestern noch ganz fit.«

»Nicht er, seine Frau hat Probleme.«

Würde ich ihr jetzt die ganze Geschichte erzählen, wüsste es innerhalb einer Stunde die ganze Stadt.

»Was denn für Probleme?«

»Ist jetzt nicht wichtig. Ich gehe jedenfalls davon aus, dass er diese Woche nicht mehr kommen wird. Also, was liegt an?«

»Hm, der Bürgermeister will irgendwas von euch. Du sollst ihn mal anrufen. Und das Finanzamt hat geschrieben. Irgendwas Wichtiges.«

»Sollen warten. Sonst noch was?«

»Deine Mutter hat angerufen.«

»Im Büro?«

»Ja. Hat irgendwas von einer geköpften Gloria gefaselt. Nimmt die irgendwie Tabletten oder so?«

»Nee, Köpfen ist bei uns gerade Thema.«

»Ach so. Nee, sonst ist nichts. Muss aber noch die Post abwarten.«

»Okay, ich melde mich später noch einmal. Muss mich jetzt um Wichtigeres kümmern. Halt die Stellung, Vera. Und versuch auf keinen Fall, Marco zu erreichen. Er ist bis zum Ende der Woche für niemanden zu sprechen, nicht mal für den Papst.«

»Wieso, ist er katholisch?«

Ich legte auf.

»Und was machen wir jetzt?«, fragte Anneke, nachdem sie noch ein Eis verdrückt hatte. »Schläft Ines noch länger oder können wir sie gleich mitnehmen?«

»Mitnehmen sicherlich nicht«, sagte Sandra. »Aber ich hoffe, dass sie zumindest bald wieder aufwacht«, und sah von einem zum anderen, als könnte ihr irgendjemand darauf eine Antwort geben.

»Aber schlafen ist doch gesund, sagst du immer. Dann lasst doch Ines einfach ausschlafen. Kann ja dann nicht viel passieren.« Paula und ihre bestechende Kinderlogik.

»Ja, sicher«, erwiderte ich, »aber zu lange schlafen ist auch nichts.«

»Christoph«, schaltete sich Mathis ein, »lass uns doch mit den Kindern in den Zoo gehen, wo wir jetzt schon mal einen freien Tag haben. Den könnten wir doch eigentlich genießen, oder?«, und packte, während er sprach, schon alle Tabletts zusammen und trug sie zum Servierwagen.

»Klar, gute Idee«, stimmte Christoph ihm zu, »und ihr bleibt hier und wartet auf Neuigkeiten?«

»Ja.«

»Sagt uns gleich Bescheid, wenn irgendetwas ist. Wir sind ja nicht weit. Also, Mädels, kommt ihr oder wollt ihr bleiben? Dann gehen wir alleine in den Zoo.«

Wie der Blitz schossen Anneke und Paula aus den Stühlen hoch und rannten zum Ausgang. Mathis und Christoph klopften uns aufmunternd auf die Schulter, dann waren auch sie weg.

Es wurde ein langer Tag in der Klinik, und Sandra und ich vertrieben ihn uns mit Lesen, Quatschen, wieder Lesen, Essen, In-die-Luft-Starren. Ich hätte noch nicht einmal sagen können, was ich gelesen hatte, aber immerhin war ich damit wenigstens für ein paar Augenblicke abgelenkt.

Gerade hatten wir beschlossen, wieder nach Hause zu fahren, da von Marco anscheinend keine Neuigkeiten zu erwarten waren, als mein Handy klingelte.

»Nele? Sie ist aufgewacht! Sie ist wirklich aufgewacht! Und sie hat *Tristan* gesagt, sie hat uns erkannt, Nele! Nele?«

Heftig schluchzend brachte ich kein Wort heraus, so erleichtert war ich über die gute Nachricht. Die arme Sandra jedoch war angesichts meiner Reaktion zu Tode erschrocken und weiß wie die Wand.

»Wir kommen sofort rauf, Marco, wir sind noch in der Klinik. Wir sind sofort da!« Schnell riss ich Sandra aus ihrem Stuhl hoch, die mir verwirrt folgte.

»Nele, was um Gottes willen ist denn passiert? Es ist doch nicht … Ines ist doch nicht …?«

»Sie ist aufgewacht, Sandra!«, jubelte ich und drehte übermütig ein paar Pirouetten. »Sie ist wieder wach.«

Nun brach auch Sandra in Tränen aus und schwenkte mich wild tanzend durch die Halle. Auch wenn sie nicht wussten, worum es ging, fingen doch etliche Leute um uns herum an zu lachen und zu klatschen, und ein älterer Herr rief uns sogar *»Glückwunsch und alles Gute!«* zu.

Dann rannten Sandra und ich, so schnell wir irgend konnten, hinauf zur Intensivstation, wo Marco und Tristan bereits vor der Tür auf uns warteten. Ohne ein Wort flogen wir Marco um den Hals und drückten ihn.

Alles brach auf einmal aus dem armen Kerl heraus, die ganze Angst und Qual der letzten Stunden. Er weinte bitterlich und wir ließen ihn gewähren.

»Sissan nach Hause«, quengelte Tristan schließlich und zog an Marcos Hosenbein.

»Ja, Tristan, wir fahren jetzt nach Hause«, beschwichtigte ich ihn. »Hast du die Mama geweckt, ja?«

»Ja, Mama weckt, aber Mama lange slafen. Setz Sissan müde.«

Und so nahmen wir den müden Sissan und seinen überglücklichen Vater und fuhren nach Hause.

Zur Feier des Tages gönnten wir uns ein paar Flaschen wirklich guten Rotwein und viele leckere Gerichte aus einem China-Restaurant.

Die Kinder verstanden die ganze Aufregung nicht, fragten aber auch nicht weiter, sondern nahmen die unangekündigte Feier einfach mit Freuden zur Kenntnis.

»Danke, Mathis, danke für alles«, sagte ich zu Mathis, als er schließlich als Letzter ging, und ich spürte, angeschickert durch den Wein, ein wildes Verlangen in mir aufsteigen. Könnte er doch nur noch eine Nacht bleiben. Nur eine Nacht …

»Du bist eine tolle Frau, Nele«, gab er leise zur Antwort und gab mir einen Kuss auf die Stirn. Fast schien es, als müsste er seine Hand mit Gewalt aus meiner lösen.

Bleib doch einfach!, wollte ich schreien, aber kein Laut kam aus meiner Kehle.

Mathis ging in die Nacht hinaus, ohne sich umzudrehen.

Marco hatte nach Ines' Entlassung aus dem Krankenhaus beschlossen, noch mindestens zwei Wochen zu Hause zu bleiben, obwohl Ines lautstark dagegen protestierte. Sie fühlte sich bereits wieder topfit, auch wenn sie noch immer etwas blass aussah und ab und zu unter Schwindelattacken litt. Und genau das war es, was Marco bewegte, so lange nicht ins Büro zu gehen, bis diese Attacken endgültig vorbei waren.

Für mich bedeutete Marcos Abwesenheit Arbeit ohne Ende, denn natürlich hatten sich auf unseren Schreibtischen inzwischen Sachen angesammelt, die keinen Aufschub mehr duldeten.

Sobald Paula in der Schule war, hetzte ich von Termin zu Termin, verfluchte regelmäßig die Erfinder der mobilen Telefonie, vergaß, dass jeder Mensch ab und zu auch etwas zu Essen brauchte, und kam abends viel zu spät und mit schlechtem Gewissen zu meinem quengelnden Kind zurück, das sich bitterlich über meine ständige Abwesenheit und meine Übellaunigkeit beschwerte.

Um nicht ganz bei Paula in Ungnade zu fallen, las ich mit ihr jeden Abend noch eine lange Geschichte, und nicht selten kam es vor, dass ich noch vor meiner Tochter eingeschlafen war, mitten in der Nacht mit steifem Nacken und halb aus dem Bett hängend erwachte und mich halb schlafend in mein eigenes Bett schleppte.

Um mein Unglück perfekt zu machen, träumte ich oft von glücklichen Tagen an der Nordsee, sah mich Hand in Hand mit Mathis durch das geliebte Watt schlendern und wunderbare erotische Abenteuer durchleben – die meistens abrupt durch das herrschsüchtige Klingeln des Weckers beendet wurden.

Wenn ich Mathis dann bei der Arbeit traf, was aufgrund unseres fortschreitenden Projektes und Marcos Abwesenheit jetzt deutlich häufiger vorkam, fühlte ich mich mehr denn je zu ihm hingezogen und bekam bei seinem Anblick fürchterliches Herzklopfen. Ich hatte Mühe, mich auf den Inhalt unserer Arbeit zu konzentrieren.

Mathis schien von alldem nichts zu bemerken und war wie immer mit voller Aufmerksamkeit bei der Sache, zog sich aber auffallend häufig und unter irgendeinem Vorwand sofort nach Ende unserer Sitzungen zurück.

Im Raum saß eine völlig deprimierte Nele.

Als Marco nach fünf Wochen schließlich wieder im Büro erschien, fiel ich ihm überschwänglich um den Hals. Noch nie war ich so glücklich gewesen, ihn zu sehen.

Ines ging es nun deutlich besser, die Schwindelattacken hatten von einem Tag auf den anderen aufgehört, und nachdem Marco sich noch eine Woche lang vom stabilen Zustand seiner Frau überzeugt hatte, wagte er es auch wieder, sich mehr als fünf Schritt weit von ihr zu entfernen. Was Ines, wie sie mir später anvertraute, wohl sehr entgegenkam, denn wer halte es schon über längere Zeit mit einem überfürsorglichen Kerl aus, der auch nicht davor zurückschrecke, sie selbst aufs Klo zu begleiten.

Ich jedenfalls war über diese Entwicklung mehr als glücklich und konnte es kaum fassen, dass es mir möglich war, noch vor dem Dunkelwerden nach Hause zu gehen.

Und mit Erstaunen stellte ich fest, dass sich in der Zwischenzeit der Frühling seinen Weg durch Eis und Schnee gebahnt hatte. Schneeglöckchen und Krokusse schienen gar nicht schnell genug der warmen Frühlingssonne entgegenwachsen zu können, erstes fröhliches Vogelgezwitscher war zu vernehmen und an Büschen und Bäumen zeigten sich erste zarte Knospen.

Plötzlich von neuer Energie erfüllt, beschloss ich, mit Paula einen langen Spaziergang zu machen. Da das Laufen weiter Strecken nicht gerade zu Paulas Lieblingsbeschäftigungen gehörte, zog sie ihre Inliner an und sauste in einer Affengeschwindigkeit in die wiedererstarkende Natur hinaus.

Ich genoss unseren kleinen Ausflug in vollen Zügen, sog die frische Frühlingsluft tief in meine Lungen und dachte, dass es vielleicht ganz gut gewesen war, für ein paar Wochen mal richtig in Stress zu geraten. Hätte ich diesen Spaziergang sonst so intensiv erleben können?

»Schau mal, Mama, da sind lauter rote Käfer unter der Bank!«, rief mir Paula an einer Weggabelung entgegen und zeigte aufgeregt unter eine hier aufgestellte Bank.

Und tatsächlich, hier wimmelte es nur so von kleinen und großen Feuerwanzen, die hektisch umherwuselten.

Ich trat näher, um sie mir genau anzuschauen, als ich von einem entsetzten Schrei meiner Tochter zurückgerissen wurde.

»Pass doch auf, Mama, siehste, nun hast du einen Käfer zertreten!« Unwirsch zog Paula mich am Ärmel zurück und bückte sich nach der nun eher platten Wanze. »Oh nee, immer machst du alle Tiere tot!«, empörte sie sich lautstark, und ich musste angesichts ihrer Betroffenheit wider Willen lachen, weil mir gerade eine Begebenheit aus Paulas jüngster Kindheit einfiel.

Wie heute waren wir auch damals zu einem Spaziergang aufgebrochen. Jedenfalls hatte es einer werden sollen. Zwar hatte meine Tochter, damals etwa anderthalb Jahre alt, bestimmt einige Hundert Meter zurückgelegt, diese aber nur durch das Hin- und Zurücklaufen zwischen zwei Leitpfosten. Nichts hatte sie damals so spannend gefunden wie das Einsammeln von Blättern, Regenwürmern und kleinen Steinchen, die sie alle auf einem Haufen zusammengetragen oder – wenn es ihrer Meinung nach besonders schöne Exemplare waren – in die Jackentasche gestopft hatte.

Ich hatte Paula still bei ihrer Arbeit beobachtet, und schließlich war mir eine Schnecke ins Auge gefallen, die mühsam ihr Häuschen Millimeter für Millimeter den Weg entlangschleppte.

»Guck mal, Paula«, hatte ich gerufen, »hier ist eine Schnecke!«

Neugierig war Paula herbeigetapst, hatte einen kurzen Blick auf das Tierchen geworfen, in Windeseile ihren kleinen Fuß gehoben und – *knirsch!* – das Schneckchen samt Häuschen ins Jenseits befördert.

Ohne mich auch nur einmal anzusehen, hatte sie sich wieder ihren Blättern zugewandt und meine empörten Ausrufe stoisch ignoriert.

»Das ist gar nicht witzig, Mama!«, schrie mich Paula nun an. »Tiere wollen nämlich auch leben.«

»Du hast ja recht, ich habe es aber nicht mit Absicht getan. Entschuldigung.«

Mit einem letzten bedauernden Blick auf die matschige Feuerwanze drehte sich Paula um und rollte in flottem Tempo weiter.

Ich war erstaunt, wie sicher sie sich bereits auf den Inlinern bewegte, die sie kaum mehr als fünfmal an den Füßen gehabt hatte. Ich überließ ihr die Auswahl unserer Wegstrecke und folgte ihr strammen Schrittes.

Auch Paula schien unseren Ausflug zu genießen und gar nicht mehr nach Hause zu wollen. Als die Dämmerung kam, mahnte ich sie dann doch, den Rückweg anzutreten.

»Das war aber mal ein schöner Tag, Mama«, sagte sie glücklich, als wir uns hungrig über unser Abendessen hermachten, und ihre von der frischen Luft geröteten Bäckchen leuchteten im Kerzenschein.

Wie sehr ich dieses Kind liebte!

13

Nachdem Marco sich wieder in unsere Arbeit eingeklinkt hatte, gewann sie noch einmal an Schwung. Er hatte viel Zeit gehabt, sich mit etwas Abstand Gedanken über unsere Projektarbeit zu machen, und die Ergebnisse konnten sich sehen lassen.

Aber ganz egal, was jeder Einzelne von uns auch an Ideen und Kreativität einbrachte, eines war über die Monate immer deutlicher geworden: Die treibende Kraft des Projektes war Mathis. Neidlos mussten wir anerkennen, dass die zwei Jahrzehnte, die er mehr an Berufserfahrung mitbrachte, unserer Arbeit nur zum Vorteil gereichten, sei es über im Laufe der Zeit geknüpfte persönliche Kontakte oder einfach über ein Mehr an Wissen und Verstandenhaben.

Umso mehr traf uns, und insbesondere mich, eines Tages im März seine Eröffnung, dass er für einige Zeit nicht in der Stadt sein werde, da er sich auf Rügen um andere Geschäfte zu kümmern habe und wir uns folglich weitestgehend alleine durchschlagen müssten.

»Es tut mir leid, aber ich muss dort persönlich erscheinen.«

Ratlos blickten wir uns an. Unmöglich konnten wir unser Projekt für ein paar Wochen ruhen lassen. Und ohne Mathis konnte es unmöglich weitergehen. Was nun? Eine ganze Weile schwiegen wir vor uns hin.

»Wie viele Wohnungen hat denn dein Ferienhaus in Rügen?«, fragte Marco dann unvermittelt.

»Acht.«

»Was tut denn das jetzt zur Sache?«, knurrte Christoph Marco mürrisch an. »Denk lieber mal über die Lösung unseres Problems nach.«

»Tu ich doch!« Marco strahlte jetzt fröhlich in die Runde, und es dauerte einen Moment, bis ich dahinterstieg, was er meinte.

»Du meinst doch nicht etwa …«

»Doch, genau das meine ich, Nele. Wenn Mathis nicht zu uns kommen kann, müssen wir zu ihm fahren. Ist doch logisch, oder?«

Jetzt kam Bewegung in die Herren.

»Mensch, Marco, das ist ja genial!«, rief Christoph aus. »Darauf hätten wir auch gleich kommen können. Meinst du, es wäre möglich, Mathis, dass wir einfach für ein paar Tage nach Rügen kommen?«

»Werde mich sofort darum kümmern«, sagte Mathis nur und griff zu seinem Handy. »Wie viele Wohnungen braucht ihr?«

»Wie groß sind die denn?«

»Unterschiedlich. Ihr könnt eine kleine für jeden haben, eine große zusammen, und wenn ihr eure Familien mitbringt, gibt's auch Möglichkeiten …«

»Wow! Wenn das möglich ist, nehme ich Ines und Tristan natürlich mit«, strahlte Marco.

»Klar geht das. Und ihr zwei?« Fragend blickte Mathis zu Christoph und mir.

»Hm«, meine Christoph nachdenklich, »Sandra würde bestimmt gerne mitkommen, hat ihr so gut gefallen auf Rügen, und sie könnte sich ja in Sachen Seehund Heinrich neu inspirieren lassen. Aber Anneke hat ja Schule …«

»Nee«, unterbrach ich seine Überlegungen, »in einer Woche fangen doch die Osterferien an. Da kann sie doch mit.«

»Nele, du bist ein Schatz. Genau, Osterferien, genial!«, rief er aus und drückte mir schnell ein Küsschen auf die Wange, als hätte ich irgendetwas mit der Festlegung der Ferientermine zu tun gehabt. »Sandra wird total happy sein.«

»Und du, Nele?«, sagte Mathis ganz emotionslos. »Dann könnt ihr doch sicherlich auch.«

Alle drei sahen mich plötzlich still und durchdringend an.

Mit Mathis im Ferienhaus. Auf einer herrlichen Insel. Und er selbst unerreichbar. Nee, das würde ich nicht durchstehen. Und – oh Gott! – womöglich nahm er auch noch seine Familie oder – noch schlimmer! – die Blondine mit. Nee, das musste ich mir nicht antun.

Andererseits … Ich musste auch an die Arbeit denken, und außerdem würde Paula sich mächtig freuen …

»Ja, wir kommen auch mit«, stieß ich zu meiner eigenen Überraschung heftig hervor und hörte, wie Marco geräuschvoll ausatmete. Bestimmt hatte sich der Arme schon wieder auf längere Diskussionen eingestellt. Er warf mir einen dankbaren Blick zu.

»Nun, dann will ich mal sehen, was sich machen lässt.« Mathis stand auf und verließ den Raum, um zu telefonieren.

Christoph tätschelte mir die Hand. »Danke, Nele, ich weiß, dass es dir nicht leichtgefallen ist.«

»Ist schon okay. Bestimmt wird es ganz lustig.« Ich war mir nur nicht sicher, für wen.

»Wir fahren wieder nach Rügen? Krass!« Paula kriegte sich gar nicht mehr ein vor Glück. »Und du, Mama, kommst du auch mit?«

»Ja, diesmal komm ich auch mit.«

»Juhuuu!«, schrie mein Kind und fiel mir stürmisch um den Hals. »Können wir dann wieder ein Picknick am Strand machen?«

»Wenn's nicht zu kalt ist.«

»In Rügen ist es ganz warm, das weiß ich noch vom letzten Mal.«

»Na dann.«

»Fahren wir wieder in das gleiche Haus?«

»Nee, diesmal fahren wir in Mathis' Haus.«

»Och, das andere war aber so schön.«

»Mein Haus ist aber auch schön«, meldete sich nun Mathis zu Wort. »Kommt, ich zeige es euch, wir schauen mal zusammen im Internet.«

Sandra war, gerade als wir unsere Besprechung beenden wollten, mit den Kindern ins Besprechungszimmer geplatzt. Sie hatten in der Stadt Einkäufe gemacht und Paula wollte »unbedingt Mama Hallo sagen«.

»Und für dich ist das okay, Nele?«, fragte Sandra, als Mathis mit Paula und Anneke ins Nachbarbüro gegangen war.

»Mitgefangen, mitgehangen«, sagte ich fatalistisch.

»Wir passen auf dich auf.«

»Danke, aber ich glaube …«

Weiter kam ich nicht, denn schon rissen die Kinder mit vor Aufregung leuchtenden Augen die Tür auf.

»Mama, du hast geschummelt, wir fahren ja doch in das gleiche Haus, das mit dem Stroh auf dem Dach.«

Ungläubig schauten wir sie an.

»Nee, Paula«, sagte Christoph dann, »Mathis hat euch doch gerade sein Haus gezeigt und …«

»Eben«, unterbrach ihn Mathis, der gerade zur Tür hereinkam, grinsend. »Wie mir eure Töchter soeben mitteilten, haben sie bereits im Sommer in meinem Haus Urlaub gemacht.«

»Das will ich sehen.« Christoph schoss aus seinem Stuhl hoch und rannte ins Nebenzimmer. Wir folgten ihm auf den Fersen. Solch einen Zufall konnte es doch gar nicht geben!

Aber tatsächlich. Nach einem eingehenden Blick auf das Foto im Internet mussten auch Sandra und Christoph feststellen, dass sie im Sommer im Haus von Dr. Mathis Hagena Urlaub gemacht hatten.

Kopfschüttelnd standen sie vor dem Computer.

Nachdenklich wandte ich mich ab und ging ins Besprechungszimmer zurück, wo ich mich schwer in einen Stuhl fallen ließ. Während ich mit Mathis an der Nordsee gewesen war, hatte meine Tochter in seinem Haus Urlaub gemacht. Wie irrwitzig! Von nebenan hörte ich Lachen und Kichern. Na, wenigstens schienen die anderen sich gut über diesen Zufall zu amüsieren.

Mein Gott, war das schön! Dieses Haus war wirklich ein Traum. Ein altes Bauernhaus, weiß, mit blauem Fachwerk und reetgedeckt. Und erst die Wohnungen! Alles in hellem Kiefernholz, Terrakottafliesen, freigelegte Deckenbalken, und die bestimmende Farbe der Polstermöbel, Tischdecken und Bettbezüge war – natürlich! – Blau. Viel zu schade für Ferienwohnungen, befand ich, hier würde ich direkt selbst einziehen.

Ich schaute mich draußen um. Ein riesiger Garten umgab das Haus, selbst Spielgeräte für die Kinder waren aufgestellt. Nicht weit vom Haus entfernt standen vier Windräder und drehten sich gemächlich im Wind. Schön, dachte ich, hier ist selbst der Strom sauber, was will man mehr.

Auch das Wetter meinte es gut mit uns. Die Frühlingssonne schien vom strahlend blauen Himmel, und wir beschlossen kurz nach unserer Ankunft, einen gemeinsamen Spaziergang am Nordstrand zu machen. Es war nur ein zehnminütiger Fußweg bis zum Sandstrand, und es roch herrlich nach Kiefernwald.

Die Kinder tobten in ihren Gummistiefeln ausgelassen am Wasser entlang und machten Hüpfspiele auf den riesigen Steinen, die zu Hunderten über den Strand verstreut lagen.

Der kleine Tristan hatte sichtlich Mühe, sie zu erklimmen, aber die Mädels halfen ihm kollegial, stolz, schon so viel größer zu sein als er.

»Ist es nicht herrlich hier?«, seufzte Sandra schwärmerisch und hängte sich bei mir und Ines ein.

»Ja«, meinte Ines zustimmend. »Kein Wunder, dass dein Heinrich hier das Licht der Welt erblickte. Diesen Ort hätte ich mir an seiner Stelle auch ausgesucht. Und, sind dir schon ein paar neue Abenteuer eingefallen?«

»Ein paar? Dutzende!«

Lachend liefen wir weiter. Die Männer waren ein Stück vorausgelaufen und anscheinend in eine angeregte Unterhaltung vertieft. Jeder, der uns hier sah, musste annehmen, dass hier drei glückliche Familien die Frühlingssonne genießen, dachte ich. Wäre es doch nur wirklich so. Tatsächlich aber gab es hier nur zwei glückliche Familien – und Mathis und Nele und Paula.

Unwillkürlich stieß ich einen tiefen Seufzer aus. Als hätte sie meine Gedanken gelesen, drückte mir Sandra fest die Hand und sah mich aufmunternd an. Ich drückte nur still zurück.

Gegen Abend wurde es rasch kühl, und wir machten es uns in der Wohnung von Marco und Ines bei einem guten Essen, das die Männer gemeinsam gekocht hatten, und einem Glas Rotwein am prasselnden Kaminfeuer gemütlich.

Die Kinder hatten vor Müdigkeit schon ganz rote Bäckchen, weigerten sich aber natürlich standhaft, ins Bett zu gehen.

»Hier gehen wir nämlich überhaupt nicht ins Bett«, hatten Paula und Anneke uns beim Spaziergang mitgeteilt, »weil es hier nämlich total cool ist und schlafen voll öde.«

Aber es dauerte nicht lange, da lagen alle drei der Länge nach auf dem flauschigen Teppich und schliefen tief und fest. Wir beschlossen, sie alle gemeinsam in einem Zimmer schlafen zu lassen. Christoph und Marco standen sofort auf, um ihre Kinder ins Bett zu tragen. Ich wollte es ihnen gleichtun, aber Mathis war schneller. Ohne ein Wort schnappte er sich die schlafende Paula und trug sie hinter ihren Kumpels her.

Ines und Sandra warfen mir bedeutsame Blicke zu, aber ich hätte am liebsten nur lautstark geheult. Irgendwie ging das alles hier doch über meine Kräfte.

Wir hatten uns vorgenommen, vierzehn Tage auf Rügen zu bleiben und diese Zeit intensiv zum Arbeiten zu nutzen. Und das taten wir auch.

Angeregt diskutierten wir tagein, tagaus über unser Projekt, formulierten den Förderantrag und malten uns aus, wie die praktische Umsetzung aussehen würde. Selbst Ines diskutierte eifrig mit, während die Kinder sich einträchtig auf dem riesigen

Grundstück beschäftigten. Ab und zu setzte Mathis sich für wenige Stunden ab, um sich um seine anderen Projekte auf Rügen zu kümmern.

Sandra saß meistens etwas abseits und brütete vertieft über ihren neuen *Heinrich*-Geschichten. Abends stellte sie uns ihre Entwürfe vor, und wir hatten viel Spaß dabei, gemeinsam mit Heinrich die Insel zu erkunden.

»Solche gemeinsamen Ausflüge sollten wir häufiger machen«, stellte Christoph eines Morgens beim Frühstück fest. »Ich glaube, ich habe noch nie in meinem Leben so effektiv gearbeitet – und so viel gelacht – und so gut geschlafen.«

»Ja, gut, dass Marco auf diese geniale Idee gekommen ist«, pflichtete Mathis ihm bei. »Da sieht man mal, wie schön das Leben sein könnte.«

Und warum wandten sich jetzt schon wieder alle Blicke mir zu?

»Ich find's auch schön«, sagte ich trotzig und stand auf. Angeblich, um mir noch einen Joghurt aus dem Kühlschrank zu holen. Aber wahrscheinlich war sowieso allen klar, dass ich nur Mathis' Blick ausweichen wollte, der mich aus seinen tiefblauen Augen forschend ansah.

»Machen wir heute einen Strandspaziergang?«, fragte Mathis plötzlich, ohne seinen Blick von mir zu wenden.

»Au ja, gute Idee, an welchen Strand fahren wir diesmal?«, rief Christoph freudig aus und erntete dafür von seiner Angetrauten einen heftigen Stoß in die Rippen.

»Au, was ist denn in dich gefahren?«, brummte er empört, worauf er auch noch einen Stoß von Ines bekam, die zu seiner Linken saß.

»Aber …«

»Christoph, wir arbeiten heute und lassen Mathis und Nele an den Strand gehen, was hältst du davon?« Marco bemühte sich sichtlich um Fassung.

Christoph schlug sich mit der flachen Hand auf die Stirn.

»Na, angekommen?«, fragte Sandra sarkastisch.

»Wenn Mama und Mathis an den Strand fahren, fahre ich mit. Und Anneke auch.« Auch Paula meinte, hier dringend ebenfalls noch ein Wörtchen mitreden zu müssen.

»Nein, Paula«, versuchte Ines sofort, meine Tochter von diesem Plan abzubringen. »Der Strand, an den Mathis und Nele fahren, ist gar nicht schön. Keine Muscheln, keine Steine. Ich fahre mit euch an einen anderen Strand und wir spielen zusammen Ball.«

»Und wieso fahren Nele und Mathis an den Strand, der gar nicht schön ist? Da können sie doch viel besser mit uns kommen«, mischte sich nun auch Anneke in ihrer bestechenden Logik ein.

»Weil ... äh ... nun ja, sie wollen vermutlich ...«

»... allein sein«, beendete Paula das Gestammel.

»Genau, weil sie nämlich verliebt sind«, erklärte Anneke und sah wichtig in die Runde. »Und wenn man verliebt ist, will man alleine sein und ...«

»Könntet ihr euch bitte schon mal die Zähne putzen«, sagte nun Christoph sehr bestimmt und zeigte auf die Tür.

»Aber ...«

»Nichts aber!«

Als die Mädchen merkten, dass Widerspruch hier zwecklos war, zogen sie schmollend von dannen.

»Also, ich finde ...«, setzte Sandra mit einem Blick auf mich an, aber mir reichte es jetzt.

»Darf ich bitte auch mal Mathis' Frage beantworten? Was ihr alle findet, ist mir inzwischen klar!«

»Entschuldige, Nele, natürlich ...«, murmelte Ines kleinlaut und sah die anderen betreten an. Dann schnappte sie sich ihren Sohn und ging nach draußen. Die anderen drei folgten ihr und schlossen die Tür hinter sich.

Mathis hatte sich die ganze Szene nur geduldig angesehen und sagte auch jetzt erst mal kein Wort. War er verärgert?

»Machen wir heute einen Strandspaziergang?«, fragte er dann in dem gleichen Tonfall wie schon zuvor, so als hätte er von all dem nichts mitbekommen.

»Warum?«

»Ja oder ja?«

»Wenn du mich so fragst: Ja.«

»Dann sollten wir gleich aufbrechen.« Er stand auf, hielt mir seine Hand hin und zog mich hoch.

Genau wie damals im Watt, dachte ich, und seinem Blick sah ich an, dass auch er gerade an diesen Moment zurückdachte.

»Es ist so wunderschön hier«, seufzte ich und setzte mich in den von der Frühlingssonne gewärmten Sand.

Schweigend hatten wir den Weg zum Strand zurückgelegt. Ich hatte ständig darauf gewartet, dass Mathis das Wort ergriff, schließlich musste er doch einen Grund gehabt haben, mich zu diesem Spaziergang einzuladen. Aber er hatte kein Wort gesagt, war an der Steilküste schließlich über eine von dem Hauptweg nicht einzusehende Treppe zum Strand hinabgestiegen, und hier saßen wir nun. Von der Sonne gewärmt und windgeschützt. Weit und breit war kein Mensch zu sehen, obwohl der Strand gar nicht so klein war. Vermutlich ein Geheimtipp, dachte ich.

Mathis ließ sich neben mich fallen und fing an, mit einem kleinen Stock eine Sonne in den Sand zu zeichnen.

»Ja, es ist herrlich hier. Aber du bist nicht glücklich, Nele.«

»Ich …«, setzte ich an, wurde aber sofort von Mathis unterbrochen.

»Wir haben uns da in etwas verrannt. Als Marco die Idee hatte, dass ihr alle mit nach Rügen kommt, hätte ich gleich ablehnen sollen. Ich habe nächtelang nicht geschlafen und mit mir gerungen. Vergeblich. Ich fand keine Möglichkeit, an der Entscheidung noch etwas zu ändern. Das Projekt hatte Vorrang. Oder wir hätten es gleich in die Tonne treten können. Aber dafür birgt es zu viele Chancen. Für uns alle. Tja. Da sind Gefühle zweitrangig. Und ich hatte gehofft, es würde schon nicht so schwer werden. Aber ich habe mich getäuscht. Es wurde mit jedem Tag schwerer.«

Mathis malte zur Sonne nun noch ein paar Wolken. Aus ihnen fiel Regen.

»Aber du brauchst dich doch jetzt nicht dafür zu rechtfertigen, Mathis, ich bin schließlich alt genug, meine Entscheidungen selbst zu treffen. Irgendwie komme ich schon mit der Situation zurecht. Außerdem …«

»Ich habe nicht von dir gesprochen, sondern von mir, Nele. Für deine Entscheidung, trotz der schwierigen Umstände mitzukommen, habe ich dich sehr bewundert. Ich weiß, dass es dir nicht leichtgefallen ist. Aber darum geht es mir diesmal nicht. Es geht um mich. Dich zu Hause nur ab und zu mal zu sehen, war schon schwierig genug. Aber dich hier den ganzen Tag um mich zu haben, übersteigt meine Kräfte. Ich liebe dich, Nele, mehr als ich mir in den vergangenen Monaten eingestehen wollte. Ich habe versucht, dagegen anzukämpfen. Aber es hat keinen Sinn. Ich liebe dich.«

Mein Herz tat einen Luftsprung, und ich glaubte zu träumen. Er liebt mich! Mathis liebt mich wirklich! Er war mit mir an diesen traumhaften Platz gekommen, um mir eine Liebeserklärung zu machen! Gleich würde er mich in seine starken Arme nehmen, er würde mich küssen, mir den Ring an den Finger stecken und auf seinem Schimmel heimreiten, mit fliegenden Fahnen …

… aber als ich erwartungsvoll in Mathis' Gesicht sah, kehrte ich schnell aus meinen romantischen Träumen zurück. Irgendetwas in seinem Gesichtsausdruck alarmierte mich. Nein, dachte ich, bitte nicht schon wieder! Jetzt wird er mir wieder sagen, dass es nicht geht, dass wir uns nicht mehr sehen dürfen, dass er seine Freiheit braucht, keine neue Verantwortung übernehmen will … dass ich ihm nur im Weg bin.

»Sag' es nicht, Mathis, sag es bitte nicht«, flüsterte ich und sprang panisch auf.

Und plötzlich stand mein Entschluss fest. Ich würde es nicht mehr mitmachen. Monatelang hatte ich mich gequält, mich immer wieder bequatschen lassen, dieses dämliche Projekt zu bearbeiten. War mit Herzklopfen in die Besprechungen gegangen und anschließend tagelang nicht zu gebrauchen gewesen.

Ich war mit ihm auf irgendwelchen Partys gewesen, zu denen wir nicht gemeinsam gegangen waren. Dann diese Reise nach Rügen. In sein Haus. Pseudo-Familienidyll inklusive. Die Nächte in getrennten Wohnungen verbracht. Alles hatte ich mitgemacht. Und jetzt sollte ich mir schon wieder einen Korb abholen und mir irgendwelche Erklärungen anhören und womöglich noch Verständnis heucheln.

Nein, so konnte er mit mir nicht umgehen. Was nutzte mir diese verdammte Liebeserklärung? Konnte er nicht einfach seine Klappe halten? Was erwartete er denn von mir? Dass ich ihn bemitleidete, weil er sich in einer solch schwierigen Situation befand und offensichtlich nicht in der Lage war, konsequente Entscheidungen zu treffen? Was denn noch?

Da wurde dieses dämliche Projekt in Angriff genommen, weil es angeblich große Chancen birgt. Scheiß auf die Chancen! Aber was dabei aus mir wurde, schien ja allen völlig egal zu sein. Hauptsache beruflichen Erfolg. Da konnte die gute alte Nele ruhig auf der Strecke bleiben.

Aber nicht mit mir, Jungs und Mädels, nicht mit mir! Ich gehe!

Während ich mich so in meine Wut hineinsteigerte, lief ich los, zunächst langsam, dann immer schneller. Tränen liefen meine Wangen hinunter, und ich hörte Mathis hinter mir rufen. Aber ich drehte mich nicht um, ich lief einfach weiter. Nur was ich nicht bedacht hatte: Ich war in die falsche Richtung gerannt. Dieser Strand hatte offensichtlich nur einen Zugang, und so kam ich schon bald nicht mehr weiter. Meine Flucht endete vor einer steilen Felswand.

Hemmungslos schluchzend ließ ich mich in den Sand fallen. Ich wollte auf der Stelle tot sein.

Ein Schatten fiel auf mein Gesicht. Zwei starke Arme zogen meinen Oberkörper in die Höhe, und ich fand meinen Kopf an Mathis' Schulter gebettet. Wie gut er roch! Wie damals, an der Nordsee, auf seinem Kutter. Wieder schluchzte ich laut auf.

»Weine nicht, Nele, bitte weine nicht mehr. Es wird alles gut, bestimmt.«

»Nein, ich … lass mich los, ich will alleine sein.«

Ich konnte es nicht ertragen, an seiner Schulter zu liegen, seinen Duft einzuatmen und doch zu wissen, dass er mich gleich wieder von sich stoßen würde.

Aber er ließ mich nicht los. Schon im nächsten Moment spürte ich seine Lippen auf den meinen. Ich wollte mich dagegen wehren, aber ich konnte nicht. Nach einem weiteren schwachen Versuch, mich zu befreien, gab ich auf.

Mathis' Kuss wurde fordernder und seine Hand begann, meinen Körper hinunterzuwandern, schob sich unter meinen Pullover und streichelte meine Brüste.

Ich stöhnte auf. Mathis legte sanft meinen Kopf auf seinen Schoß, zog seine gelbe Jacke aus, legte sie in den Sand und bedeutete mir, mich daraufzulegen. Aber bevor ich es tat, knöpfte ich langsam sein Hemd auf und küsste jede Stelle seiner Haut, die sich vor mir auftat. Mit einem lauten Seufzer drückte mich Mathis schließlich in den Sand und begann mich auszuziehen, während er mich unendlich sanft weiterstreichelte.

Es gab kein Zurück mehr.

Wir liebten uns lange und ausgiebig, so als wollten wir das Verpasste der letzten Monate nachholen. Bitte, lieber Gott, lass es niemals wieder anders sein, schickte ich ein Stoßgebet zum Himmel, als wir uns schließlich schwer atmend in den Armen hielten. Denn ich hatte Angst. Unendliche Angst, ihn wieder zu verlieren.

Aber der Himmel meinte es diesmal anscheinend gut mit mir.

»Lass es uns versuchen, Nele.« Mathis stützte sich auf seinen Ellenbogen und strich mir sanft eine Haarsträhne aus der Stirn. »Ich kapituliere.«

Nun hätte ich eigentlich in Jubelschreie ausbrechen sollen, schließlich hatte ich diesen Moment seit Monaten herbeigesehnt. Aber ich schwieg und schaute ihn nur an. Es war, als hätte mich all meine Kraft verlassen. Ich kuschelte mich in seine Arme und schlief auf der Stelle ein.

Mathis weckte mich, indem er mir sanft mit den Lippen über die Augen fuhr. »Es wird bald dunkel, mein Schatz, wir sollten uns auf den Heimweg machen. Außerdem ist mein Arm eingeschlafen.«

Ich hatte tatsächlich über zwei Stunden geschlafen. Um zu verhindern, dass ich von der Frühjahrssonne gegrillt wurde, hatte Mathis mich mit meinen Klamotten zugedeckt, die ich nun nach und nach wieder anzog.

»Was für eine himmlische Ruhe hier herrscht«, schwärmte ich und sog die frische Seeluft ein.

In der Ferne sah ich ein paar Segelboote, die lautlos über die Ostsee glitten. Verträumt sah ich ihnen nach. So frei wäre ich jetzt auch gerne, so frei und ungebunden auf den Weltmeeren unterwegs. Mit Mathis Hagena als Kapitän.

»Genieß es. Zu Hause werden wir nicht mehr viel davon merken.« Mathis schaute bei diesen Worten so betreten drein, dass ich unweigerlich lachen musste.

»Na, dann auf in die Höhle des Löwen, wir werden sicherlich mit Spannung erwartet.«

»Ja, das fürchte ich auch. Was, meinst du, wird Paula sagen?«

»Sie wird begeistert sein.«

»Hm. Na, wir werden sehen. Komm, es wird nun wirklich Zeit, ansonsten schicken sie noch Suchtrupps los.«

Auf den Klippen angekommen, nahm mich Mathis fest in die Arme und wir blickten noch einmal über das Meer. Am Horizont schickte sich die Sonne an, blutrot zu versinken. Vor ihr glitten sanft schaukelnd die schwarzen Konturen eines Segelbootes dahin. Ich schaute zu Mathis auf. In diesem Moment fiel ein letzter Sonnenstrahl auf sein Gesicht.

In seinen Augen glitzerten Tränen.

»Heiratet ihr jetzt?« Paula rutschte aufgeregt auf ihrem Stuhl hin und her. Auf dem Grill brutzelten ein paar herrlich duftende Forellen, und Marco entkorkte gerade eine gut gekühlte Flasche Weißwein. Keiner hatte ein Wort gesagt, als Mathis und ich Hand in Hand in den Garten geschlendert kamen. Später hatte mich Sandra in der Küche nur einmal fest gedrückt und mir »Viel Glück!« ins Ohr geflüstert.

»Nein.« Ich schob mir ein paar Chips in den Mund.

»Warum nicht?«

»Weil man nicht unbedingt heiraten muss, um zu wissen, dass man zusammengehört.« Mathis fand mal wieder die richtigen Worte. So beschloss ich, ihn reden zu lassen.

»Aber dürft ihr denn dann überhaupt in einem Bett schlafen, wenn ihr nicht verheiratet seid?«

»Es steht nirgends, dass wir das nicht dürfen«, antwortete Mathis ihr.

»Doch, in der Bibel steht das, das weiß ich ganz genau«, mischte sich Anneke ein. »Unser Regellionslehrer hat das gesagt.«

»Re-li-gions-lehrer heißt das«, korrigierte sie Sandra.

»Der ist Pfarrer, der kennt sich aus«, meinte Anneke unbeeindruckt. »Außerdem«, fügte sie dann hinzu und ließ mit einem lauten Knall die geleerte Chips-Tüte platzen, »außerdem ist es ja auch egal, weil Mathis ja schließlich schon verheiratet ist. Das gilt bestimmt auch.«

Lautes Gelächter war die Folge, und in entspannter Atmosphäre genossen wir den Abend in vollen Zügen.

Mathis drückte zwischendurch immer wieder meine Hand, als wollte er sich vergewissern, dass ich tatsächlich noch da war. Er sah sehr glücklich aus an diesem Abend, und ausgelassen erzählte er lustige Geschichten, die er während seiner Architekten-Laufbahn erlebt hatte.

»Anneke und Paula wollen heute mal ganz alleine in einer Wohnung schlafen«, verkündete Sandra, als es Zeit war, ins Bett zu gehen, und warf mir einen unschuldigen Blick zu. »Du hast doch bestimmt nichts dagegen, wenn sie in deiner Wohnung schlafen und du heute Nacht bei Mathis bleibst, Nele?«

Ich hätte sie knutschen können.

»Ja, habt ihr denn da gar keine Angst, so alleine?«, hakte nun Mathis mit gespielt besorgter Miene nach. »Ich meine, vielleicht seid ihr ja doch noch ein wenig zu klein für solch ein Abenteuer«, und erntete für seine Bemerkung erwartungsgemäß empörte Widerrede.

»Zu klein, pah!«, stieß Paula aus. »Wir sind doch keine Babys mehr. Wirst schon sehen, wie gut wir das können. Bitte, bitte, Mama, dürfen wir?« Sie sah mich gespannt an.

»Hm, weiß nicht … na gut. Ich glaube, das schafft ihr. Und wenn ihr Angst habt, müsst ihr einfach bei uns klingeln.«

»Pah, Klingeln ist Kickikram.«

»Na gut, dann mal los. Zähneputzen und ab geht's!«

Wie der Blitz waren die Mädchen verschwunden. Und auch Mathis und ich zogen uns sehr bald zurück.

Die letzten Tage auf der Insel vergingen wie im Traum. Endlich war auch die Spannung weg, die die ganze Zeit über zwischen Mathis und mir und damit natürlich auch innerhalb der ganzen Gruppe geherrscht hatte. Entspannt genossen wir die sonnigen Frühlingstage, arbeiteten mehrere Stunden am Tag, machten Ausflüge mit den Kindern und verlebten lustige, gesellige Abende – und Nächte voller Liebe.

»Wann und wie fahrt ihr zurück?« Mathis lag der Länge nach auf dem Sofa und blätterte in irgendeiner Broschüre.

»Wir werden morgen früh fahren«, meinte Christoph, »gleich nach dem Frühstück. Leider. Ich habe morgen Abend noch einen Vortrag zu halten.« Er stieß einen tiefen Seufzer aus und blickte sehnsüchtig zum Fenster hinaus über die weiten Wiesen, auf denen in Kürze, so hatte Mathis uns erklärt, Tausende Mohnblumen leuchten würden. »Ich habe wirklich einen blöden Job. Gäbe es eine Alternative, ich würde sofort zugreifen.«

»Und ihr, Ines?«, fragte Mathis. »Wann brecht ihr auf?«

»Auch morgen. Meine Oma wird fünfundneunzig. Da wollen wir hin. Und du? Bleibst du noch hier?«

»Nee, hab hier alles erledigt. Muss aber noch bei meinem Kutter vorbei. Werde also noch einen Abstecher an die Nordsee machen, bevor ich zurückfahre.«

Das hatte er mir ja noch gar nicht gesagt! Ich hatte es mir so schön vorgestellt, mit ihm zurückzufahren, mich nicht zwischen die Kinder auf die Rückbank quetschen und *Wer hat die Kokosnuss geklaut* singen zu müssen. Hm. Enttäuscht nippte ich an meinem Tee.

»Wie lange sind eigentlich noch Osterferien?«, fragte Mathis nun.

»Die Schule fängt am Montag wieder an. Also in fünf Tagen«, erklärte Sandra.

»Na, Paula, wie sieht's aus«, wandte sich Mathis nun an meine Tochter. »Warst du schon mal an der Nordsee?«

Gespannt schaute ich auf. Würde er uns also doch mitnehmen?

»Nee. Und auch nicht an der Westsee und an der Südsee. Nur an der Ostsee.«

»Aha. Hättest du denn Lust, mal mit auf meinen Kutter zu kommen?«

»Was ist ein Kutter?«

»Ein altes Fischerboot«, antwortete Mathis ihr. »Aber ich habe es ganz neu gemacht. Kann man jetzt richtig gut damit über das Meer fahren.«

»Nur wenn Anneke mitkommt. Und es da auch was zu spielen gibt.«

»Ich will am Samstag zu Johanna auf den Geburtstag«, vermeldete nun Anneke bestimmt, und mir sackte das Herz in die Hose.

»Ach, ich will ja auch zu Johanna auf den Geburtstag. Mama«, wandte sich Paula nun an mich, »haben wir überhaupt schon ein Geschenk?«

Damit war das Thema Nordsee wohl erledigt.

Mathis warf mir einen enttäuschten Blick zu und zuckte nur kurz mit den Schultern.

»Wie lange würdest du denn an der Nordsee bleiben?« Sandra sah Mathis fragend an.

»Nur bis zum Wochenende. Montag muss auch ich wieder im Büro sein. Leider.«

»Und du würdest sicherlich nicht gerne ganz alleine fahren wollen.«

»Ganz und gar nicht gerne ganz alleine. Wie hast du das erraten?«

»Och, habe ich mir einfach mal so gedacht.«

»Da hast du aber schlau gedacht«, grinste Mathis und zwinkerte ihr zu.

»Paula, würdest du Mama denn mit Mathis fahren lassen, damit er nicht so ganz alleine ist? Du könntest dann ja solange bei uns bleiben.«

»Mir egal.« Paula schaute nicht einmal von ihrer Zeichnung hoch.

»Ich bring dir auch etwas Schönes mit«, fügte ich noch schnell hinzu.

Da war es wieder, das schlechte Gewissen.

»Na gut«, nahm Paula meine Bemerkung ganz unaufgeregt zur Kenntnis.

Was war sie doch für ein pflegeleichtes Kind!

Die Sonne schien, aber es blies ein kühler Nordostwind, als wir oben auf dem Deich standen. Es waren nur wenige Menschen zu sehen, kein Vergleich zu unserem Aufenthalt im Sommer. Aber wie damals bei meiner Ankunft war auch jetzt Ebbe, das Wasser hatte sich bis hinter die große Muschelbank zurückgezogen. Und die Priele glitzerten wieder im Sonnenlicht.

Im Watt stand ein junger Mann mit seinem Lenkdrachen, den er mit einem laut surrenden Geräusch auf- und abschwirren ließ. Kaum kam der Drachen in Bodennähe, sauste ein großer, schwarzer Hund aufgeregt kläffend hinter ihm her und versuchte ihn zu fangen. Vergeblich. Der junge Mann zog die Schnur kurz vor seiner Schnauze wieder an, der Drachen stieg hoch hinauf.

»Es ist wie im wahren Leben«, bemerkte Mathis trocken, als der Hund dem Drachen wieder einmal enttäuscht hinterherschaute. »Kaum glaubt man, das Ziel sei zum Greifen nah, wird es einem vor der Nase weggeschnappt.«

»Wie wahr. Darum lass uns nun schnell etwas essen gehen, bevor uns das auch noch jemand vor der Nase wegschnappt. Ich habe einen Mordshunger.«

»Am besten gehen wir direkt in den *Seestern*.«
»Wie damals.«
»Ja, wie damals.«
Mathis drückte fest meine Hand.

»Tut mir leid, wir haben bis um circa zwanzig Uhr keinen freien Platz mehr.« Der Kellner blickte uns zunächst bedauernd an, wirkte aber leicht eingeschnappt, als Mathis und ich gleichzeitig in schallendes Gelächter ausbrachen.

»Wie im wahren Leben eben«, sagte Mathis schließlich, was den Kellner aber anscheinend noch mehr verwirrte. Er wandte sich beleidigt ab.

»Und nun?«
»*Skipper?*«
»*Skipper!*«

Wir kehrten in die Kneipe unseres ersten gemeinsamen Abends zurück, und kurz nach dem obligatorischen »Moin!« standen auf unserem Ecktisch wieder ein Pils und – vor mir ein schwarzer Tee. Verdattert schaute ich ihn an. Eigentlich hatte ich doch auch ein Bier trinken wollen. Mathis grinste.

»Das wird nun jedes Mal so sein. Den musst du jetzt trinken, sonst ist Onno beleidigt. Genau genommen ist es eine Ehre für dich. Du bist jetzt als Stammgast aufgenommen.«

»Na, wenn das so ist – prost! Und was gibt's zu essen? Wird das etwa auch schon gekocht?«

»Nee, das kannst du dir noch aussuchen.«

Das tat ich dann auch. Zuerst eine Krabbencremesuppe, dann Butterscholle. Es schmeckte herrlich.

»Du hast mir schon lange keine Geschichte mehr erzählt.«

»Stimmt. Wo in meinem Lebenslauf hatte ich denn aufgehört?«

»Du hast geheiratet. Die blonde Helga.«

»Hm. Und wo soll ich weitermachen?«

»Bei der Scheidung. Warum habt ihr euch scheiden lassen?«

»Letztlich waren hieran die Achtundsechziger schuld.«

»Wie das?«

»Es war eine bewegte Zeit. Und sie brachte bewegte Beziehungen hervor. Und eine davon führten wir.«

»Klingt spannend.«

»Ja, aber nur im Nachhinein. Als wir mittendrin steckten, war es unerträglich.«

»Also?«

»Puh. Na gut. Ich will's versuchen. Es wird nicht ganz leicht.«

Nervös eine Zigarette rauchend, saß der junge Mathis Hagena in seiner kleinen Wohnung, die er mit Helga und Lars teilte. Zum wiederholten Male dachte er über seinen Vater nach und wusste, hätte der ihn hier so sitzen sehen, mit lockigen Haaren, die ihm bis über die Schulter reichten, ausgeleiertem Wollpullover, die Beine in einer fleckigen Jeans, an den Füßen selbst gestrickte Socken, hingelümmelt auf eine alte Matratze in der Ecke des Wohnzimmers, Mathis hätte sich vermutlich eine Moralpredigt über anständiges und sittliches Verhalten anhören müssen, über die verdorbene Jugend von heute, die die alten Werte nicht mehr zu schätzen wisse, die eine Gefahr für das deutsche Vaterland sei.

Aber einer Sache konnte sich Mathis ganz sicher sein: Niemals würde sein alter Herr freiwillig über die Schwelle dieser Wohnung treten. Gut möglich, dass er sogar niemals wieder auch nur ein einziges Wort mit seinem Sohn sprechen würde – dem Kommunisten.

Mit einem unwilligen »Pfff« stieß Mathis den Rauch seiner Zigarette aus und sprang auf, um zum wiederholten Male im Zimmer auf und ab zu gehen. Er wusste nicht, wie es weitergehen sollte, mit seiner politischen Arbeit, mit Helga, mit seinem kleinen Sohn, mit seinem Leben.

»Verdammter Mist!«, schrie er schließlich entnervt in den Raum und zerdrückte den Stummel seiner Zigarette an der kahlen Betonwand. Sogleich steckte er sich die nächste an. Wie war er nur in diese Situation hineingeraten – und wie, verdammt, kam er wieder heraus? Das konnten seine Freunde doch nicht machen! Merkte denn keiner, dass ihre Sache einen komplett falschen Weg nahm, dass man hier auf die Bremse treten musste, dass man ansonsten nie wieder rauskam aus der Scheiße, die man sich eingebrockt hatte?

»Revanchist« hatten sie ihn genannt!

Pah!

Er und ein Revanchist! Hatten denn jetzt alle den Verstand verloren? Wie konnte nur alles so schieflaufen!? Dabei war doch die Idee, die man verfolgte, eine gute, eine wichtige, eine ohne Alternative.

Aber so wie es jetzt lief – nein, das war nicht Mathis' Weg. Das konnte nicht gut gehen. Das war Wahnsinn!

Bis zu seiner Zeit bei der Marine war Mathis nie ein politischer Mensch gewesen. Er war glücklich gewesen, zur See fahren zu können, eifrig seinen Dienst auf dem Minensuchschiff der Bundesmarine zu tun, mit seiner Mannschaft vor der deutschen Ostseeküste zu kreuzen, ab und an mal ein paar Flüchtlinge aufzugabeln, die der Ostzone den Rücken kehren wollten, Skat zu spielen und so viel Zeit wie möglich zu Hause bei seiner Helga zu verbringen.

Doch dann schien sich etwas zu verändern. Auf Kuba waren Atomsprengköpfe stationiert worden, die Welt nur haarscharf einer atomaren Auseinandersetzung zwischen Ost und West entkommen. In Berlin hatte man eine Mauer gebaut, die Grenzen zwischen der Ost- und der Westzone dichtgemacht, Deutsche von Deutschen, ja ganze Familien voneinander getrennt.

Mathis war entsetzt gewesen und hatte angenommen, es würde nun doch sicherlich alles getan werden, um diese Teilung rückgängig zu machen und den Ost-West-Konflikt zu entschärfen.

Aber weit gefehlt! So als wäre nichts geschehen, suhlte man sich seither zu Hause im Wirtschaftswunder, baute sich sein Eigenheim, frönte ungezügelt dem Konsum, feierte wieder Partys – und verdrängte ganz nebenbei seine unrühmliche Vergangenheit.

Wirtschaftsbosse, Staatsanwälte und sonstige Menschen mit tiefbrauner Vergangenheit saßen, wie bereits vor und während des Krieges, in einflussreichen Positionen und steuerten die Geschicke der aus Ruinen auferstandenen Bundesrepublik.

Gerade so, als hätte es Hitler und die unvorstellbaren Gräueltaten seiner Schergen nicht gegeben, predigten sie den uneingeschränkten Konsum und priesen den Kapitalismus als die allein selig machende Wirtschaftsform. Der Kommunismus wurde systematisch als das Feindbild schlechthin aufgebaut, das es bis aufs Blut zu bekämpfen gelte, koste es, wen oder was es wolle.

Die Menschen öffneten sich willfährig dieser Propaganda, half das neue Feindbild doch, sich aus der Schmuddelecke der Täter zu befreien, und war es doch Rechtfertigung genug, sich auf Gegenwart und Zukunft statt auf die Vergangenheit zu konzentrieren.

Langsam, aber unweigerlich hatte sich der Widerstand gegen dieses bewusste Weggucken formiert und sollte die Gesellschaft in nicht absehbarer Zeit in seinen Grundfesten erschüttern.

Auch Mathis war Teil dieses Widerstands gewesen. Damals noch Student, hatte er sich an den Sitzblockaden in den Universitäten beteiligt. Wie so vielen anderen war auch ihm daraufhin mit der Zwangsexmatrikulation gedroht worden, die aufgrund der großen Solidarität, die unter den Studenten herrschte, nie hatte vollzogen werden können.

Er hatte an Friedenskundgebungen teilgenommen und die Gummiknüppel so mancher Polizisten zu spüren bekommen, am Grab von Benno Ohnesorg gestanden, auf Open-Air-Konzerten den Gitarrenklängen von Joan Baez gelauscht und lange Abende auf dem Balkon über Methoden des Haschanbaus diskutiert.

Und er hatte sich mit seinem Vater überworfen, der sich strikt weigerte, über seine nationalsozialistische Vergangenheit zu sprechen und über das Unrecht, das im Dritten Reich geschehen war. Auch anderswo, wo er versucht hatte, Geschichte zu verstehen, war er auf Mauern des Schweigens und des Verdrängens gestoßen.

Auch hatte er sich am Aufruf gegen Konsumterror und Kapitalismus beteiligt, hatte jeglichen Konsum, der über das Notwendigste hinausging, verweigert, hatte in den Geschäften geklaut statt gekauft. Und er hatte an die Idee geglaubt, die Welt in eine gerechtere Zukunft führen zu können.

Und all das war möglich gewesen durch die große Solidarität unter denen, die sich von der Generation ihrer Eltern verraten fühlten und sich gemeinsam gegen das Vergessen aufgelehnt hatten.

Und nun das.

Mathis ging in die Küche, um sich einen Kaffee aufzubrühen. Er lebte hauptsächlich von Kaffee und Zigaretten. Wo Helga nur schon wieder blieb, dachte er wütend, nun war sie schon seit Stunden mit Lars unterwegs. Vermutlich hatte der Kleine nicht einmal seinen Mittagsschlaf gehabt und würde wieder furchtbar rumquengeln. Er hätte drauf bestehen sollen, dass er hierblieb. Der Kleine wurde doch mehr und mehr von Helga und ihren angeblichen Freunden instrumentalisiert.

Maos Kinder, pah!

Gerade als Mathis die Kühlschranktür öffnete, um Milch für den Kaffee herauszunehmen, hörte er den Schlüssel im Schloss, und kurz darauf stand Helga in der Küche, den schlafenden Lars auf dem Arm.

»Stell dir vor, Mathis, du glaubst nicht, was passiert ist, ich habe es gerade gehört ...«, sprudelte sie aufgeregt hervor, aber Mathis wollte nichts hören.

»Vielleicht könntest du erst mal den Jungen ins Bett legen, wenn du ihn schon den ganzen Tag in der Gegend rumschleifst. Nächstes Mal lässt du ihn hier, dann hat er wenigstens seine Ruhe.«

Helga warf ihm einen missmutigen Blick zu, drehte jedoch auf dem Absatz um und ging in Richtung Schlafzimmer.

»Es gab eine Explosion in der deutschen Botschaft in Stockholm.«

Helga hatte Lars ins Bett gebracht und nahm sich nun auch eine Tasse aus dem Schrank.

»Ja, und?« Mathis hatte keine Lust auf seichtes Geplauder.

»Uli Wessel ist tot, Sigi Hausner schwer verletzt. Totale Scheiße. Aber wenigstens sind auch zwei von denen draufgegangen.«

Mathis glaubte nicht richtig gehört zu haben. Das konnte doch wohl nicht sein. Ein Anschlag in Stockholm?

»Das ist doch nicht wahr, oder? Ihr habt die Botschaft in die Luft gejagt?« Mit zitternden Händen setzte er seine Kaffeetasse ab. »Und warum?«, schrie er Helga plötzlich an. »Seid ihr denn total verrückt geworden?«

»Es war für Holger.«

»Für Holger.«

Mathis wusste sofort, was sie meinte. Es war das Kommando Holger Meins gewesen. Holger Meins, der im vergangenen Jahr nach einem Hungerstreik gestorben war. Sie hatten ihn im Knast einfach verhungern lassen. Er und Helga waren auf seiner Beerdigung gewesen und hatten Rache geschworen.

Aber doch nicht so!

»Was soll das, Helga? Was soll die Gewalt? Das alles hat doch mit unserem Kampf nichts mehr zu tun. Wo soll denn das verdammt noch mal enden?«

Helga fuhr aus ihrem Stuhl hoch und fauchte Mathis an: »Du bist ein elendiger Feigling, Mathis Hagena, und ein Verräter! Sitzt hier blöd in der Bude rum, während andere für unsere Sache den Arsch hinhalten. Unserer Kampf! Pah! Dein Kampf ist es doch schon lange nicht mehr. Was willst du denn. Diskutieren? Mit denen? Wie du vielleicht schon gemerkt hast, hat das nicht funktioniert. Die verstehen nichts anderes, als wenn man ihnen den Arsch in die Luft jagt. Wir tun es auch für dich, Mathis, und für unser Kind. Und was machst du? Kneifst den Schwanz ein!«

»Du weißt doch genau, warum ich mit alledem nichts zu tun haben will, Helga! Mein Gott, ihr bringt Menschen um und wundert euch dann, dass euch keiner mehr zuhört. Es ist der falsche Weg, Helga! Will das denn in eure indoktrinierten Hirne nicht rein?«

Auch Mathis schrie jetzt seine Wut heraus und wusste doch, dass es keinen Zweck haben würde. Zu oft hatten sie diese Diskussion schon geführt. Und zu oft schon hatten sie ihn einen Revanchisten geschimpft, einen Verräter, einen Feigling. Und zu oft schon hatte er versucht, seinen Standpunkt zu erläutern, dass er nach wie vor an die Sache glaube, nur dass er die Wahl der Mittel für falsch hielt.

Sie hatten nur höhnisch gelacht und ihm gesagt, er solle sich bloß nicht in die Hosen machen vor Angst.

Aber er hatte keine Angst. Er hatte nur Zweifel. Sie hatten ihn nie verstanden. Auch Helga nicht.

»Ach, halt doch die Klappe, Mathis.« Helga wandte sich zur Tür. »Ich gehe jetzt zur Sitzung. Ich nehme an, du kommst nicht mit? Na, da kann ich mir ja wieder schöne Sprüche anhören. Ausgerechnet mein Mann beschwört sein schlechtes Gewissen, wenn ein paar Arschlöcher, die es verdient haben, dran glauben müssen.«

Die Haustür knallte hinter ihr ins Schloss.

Die Sitzungen. Mathis war auf vielen von ihnen gewesen. Schulungen wurden sie genannt, politische Schulungen. Mathis nannte sie Indoktrination. Denn was da seiner Meinung nach stattfand, war nichts anderes als Gehirnwäsche der übelsten Art. Man hatte sogar von ihm verlangt, sein Hobby, das Reiten, aufzugeben. Es sei ein zu feudalistischer Sport, hatte es geheißen. Aber nicht nur das Reiten, sondern Hobbys im Allgemeinen waren verpönt. Seine freie Zeit hatte man ausschließlich der Sache zu widmen, die sogenannten »Hobbymenschen« galten als angepasst und gehörten automatisch zum Establishment.

Das Kommunistische Manifest wurde in diesen Sitzungen nicht nur gelesen, sondern regelrecht seziert. Auch er hatte mal an die kommunistische Idee geglaubt. Der Gedanke, dass alle Menschen die gleichen Chancen bekämen, war verlockend.

Aber die Idee wurde bereits während der vermeintlich weltverändernden Sitzungen ins Gegenteil verkehrt. Wehe, es hatte mal jemand versucht oder stellte die Form der Gruppenorganisation infrage, so wie Mathis es getan hatte! Er hatte damals gedacht, er käme vermutlich nicht mehr lebend aus der Sitzung heraus. So sehr waren sie über ihn hergefallen.

Seufzend ging Mathis ins Schlafzimmer. Alles pseudointellektuelles Geschwätz, dachte er. Wie nur wollte man denn mit derart abgehobenem geistigen Schwachsinn das einfache Volk, um das es ja eigentlich gehen sollte, erreichen? Die verstanden doch von all dem Geschwätz kein Wort.

Sein kleiner Sohn Lars lag friedlich schlummernd in den Kissen und hatte die ganze Breite des Bettes eingenommen. Mathis schob ihn sanft auf eine Seite des Bettes und legte sich dann neben ihn.

»Irgendetwas muss sich ändern, kleiner Kerl«, flüsterte Mathis und strich Lars sanft eine blonde Locke aus dem schlafwarmen Gesichtchen. »Aber eines ist sicher. Dich gebe ich auf keinen Fall her. Um dich werde ich kämpfen, kleiner Genosse.«

Die Entscheidung fiel eine Woche und stundenlange polizeiliche Verhöre später.

»Ich werde mich von dir trennen, Helga.«

»Das kannst du nicht.« Helga starrte ihn fassungslos an, die Zigarette fiel ihr aus der Hand und brannte ein Loch in den Tisch.

Mathis drückte sie wie nebenbei aus. Sie hatten soeben ihr Abendessen beendet, Lars lag bereits in seinem Bettchen.

»Oh doch, das kann ich sehr gut. Und ich werde Lars mitnehmen.«

»Das wirst du nicht!« Helga schrie es hinaus. »Du wirst mir mein Kind nicht wegnehmen! Lars wird bei mir bleiben, da kannst du Gift drauf nehmen.«

»Wozu? Dass ihr ihn weiterhin mit diesem Müll zuschwallen könnt? Ist dir eigentlich klar, was du dem Kind da antust? Steckst ihn in ein maoistisches Theater. Hat man schon jemals so einen Schwachsinn gehört! Er ist ein kleines Kind, Helga, das draußen im Sandkasten spielen und über Wiesen und Felder springen sollte. Stattdessen stopfst du ihn in einen grauen Mao-Kittel und lässt ihn Das Kommunistische Manifest rezitieren. Das ist doch krank. Nein, Helga, ich habe schon viel zu lange gewartet. Was ihr mit dem Kind macht, geht eindeutig zu weit.«

»Du meinst es wirklich ernst.«

»Ja.«

»Ist es wegen der Geschichte mit dem Boot? Das ist doch noch mal gut gegangen. Die konnten uns doch nichts nachweisen.«

»Uns nichts nachweisen? Ich hatte nichts, aber auch rein gar nichts mit der Sache zu tun, Helga, und das weißt du genauso gut wie ich. Du hast den Irren den Schlüssel gegeben, den Schlüssel von meinem Boot. Du wusstest, dass du mich damit ganz gewaltig in die Scheiße reiten konntest. Aber das war dir egal.«

»Es konnte doch keiner ahnen, dass ...«

»Jetzt mach mal halblang, Helga! Wir werden seit Monaten beobachtet. Vor unserem Haus steht rund um die Uhr ein mit zwei Männern besetztes Auto. Es folgt uns auf Schritt und Tritt, sobald wir das Haus verlassen. Und du willst mir erzählen, dass die von meinem Boot in Hamburg nichts wissen? In welcher Welt lebst du eigentlich?«

»Aber ...«

»Nein!«

Mathis schäumte vor Wut und donnerte mehrere Male wie wild mit der Faust auf den Tisch. Helga zuckte entsetzt zusammen. So hatte sie Mathis noch nie erlebt.

»Nichts aber! Ein ganzes Waffenlager hatten sie auf meinem Boot deponiert. Ein Waffenlager, Helga. Auf meinem Boot! Weißt du, wie die Bullen mich in die Mangel genommen haben? Mein Glück nur, dass ich wirklich von nichts wusste. Die hätten mich sonst eingebuchtet. Die buchten einen wegen viel geringerer Dinge ein, Helga. Keine Ahnung, wie ich da rausgekommen bin. Aber ich bin draußen und jetzt ist Schluss. Mit allem. Und jetzt geh, ich will dich nicht mehr sehen. Pack dein Zeug und geh!«

Wenig später fiel die Haustür ins Schloss. Das Kapitel Mathis und Helga war beendet.

»Uff! Das war ja heftig. So weit zu den romantischen Achtundsechzigern.« Als Mathis mit seiner Geschichte fertig war, bemerkte ich, dass ich am ganzen Leib zitterte, und kuschelte mich in seine Arme. Mein Bier stand abgestanden vor mir. Vor lauter Aufregung hatte ich vergessen zu trinken.

»Das war nur ein kleiner Ausschnitt. Die lange Version erzähle ich dir ein anderes Mal. Wenn du willst.«

»Sicher.« Nachdenklich starrte ich auf mein abgestandenes Bier.

Etwas seltsam war das ja schon alles. Da hatte ich mich von Kindesbeinen an mit den Achtundsechzigern beschäftigt, mich ihnen auf irgendeine komische Art verbunden gefühlt, ohne jemals tatsächlich etwas mit ihnen zu tun gehabt zu haben.

Und nun saß ich in den Armen eines waschechten Achtundsechzigers, der all das tatsächlich erlebt hatte, was mich in meinen Tagträumen so unglaublich fasziniert hatte. Er war mittendrin gewesen. Und ich hatte mich in ihn verliebt. Komisch, wie die Dinge manchmal liefen!

»Worüber denkst du nach?« Mathis strich mir sanft über die Schulter.

»Hat Helga dich in Ruhe gelassen? Ich meine, wegen Lars.«

»Nein, natürlich nicht. Drei Wochen nachdem sie gegangen war, passte sie mich mit drei von ihren Genossen vor der Haustür ab. Ich hatte gerade Lars vom Kindergarten abgeholt. Sie sagten mir, dass sie das Kind mitnehmen würden. Es gehöre zu seiner Mutter, und es sei wichtig, es *in der Sache* zu schulen. Sie sagten mir, ich würde das Kind nie wiedersehen.«

»Und?«

»Ich habe sie windelweich gehauen, alle drei. Ich war so außer mir, da habe ich sie plattgemacht. Sie sind winselnd davongerannt, allerdings nicht, ohne mir noch wüste Drohungen hinterherzurufen.«

Über Mathis Blick huschte ein Schatten.

»Lars hatte alles mit angesehen. Es hat lange gedauert, bis ich ihn wieder beruhigt hatte. Den Rest haben die Scheidungsanwälte erledigt. Wir haben uns dann das Sorgerecht geteilt. Hätte ich die Diskussion vor Gericht politisch geführt, hätte Helga das Kind nie wiedergesehen. Aber das ist nicht meine Art. Die politischen Dinge habe ich aus dem Scheidungsverfahren völlig herausgehalten. Und so hatten wir halt beide abwechselnd das Kind. Hat Lars nicht geschadet.«

»Und Helga, war sie nach wie vor so radikal?«

»Ja. Aber dann schlug eines Tages der Radikalenerlass zu. Helga wurde aus dem Schuldienst suspendiert. Später durfte sie dann wieder als Lehrerin arbeiten.«

Noch auf dem Weg zurück zum Kutter dachte ich lange über Mathis' Achtundsechziger-Vergangenheit nach. Vielleicht war es doch ganz gut, dass ich damals noch nicht gelebt hatte. Wer weiß, in welchem Mist ich gelandet wäre!

»Tu es bitte nie wieder, Nele, es würde mir das Herz brechen.«

Irritiert drehte ich mich zu Mathis um. Vor wenigen Minuten erst hatten wir uns in unserer Koje so leidenschaftlich geliebt, dass ich einer Ohnmacht nahe gewesen war. Und nun so eine Bemerkung? Wovon sprach er nur, um Gottes willen? Was hatte ich denn getan? Ich war mir keiner Schandtat bewusst.

»Was soll ich nie wieder tun?«

»Die Party damals. Ines' Geburtstag.«

»Was war denn da?« Ich stand völlig auf dem Schlauch.

Doch plötzlich dämmerte es mir. Steffen! Er meinte Steffen. Und ich war zwischenzeitlich überzeugt gewesen, dass er davon gar nichts mitbekommen hatte.

»Es war nichts.«

»So sah es aber nicht aus.«

»Es war Sex, sonst nichts.«

»Du hast mit ihm geschlafen.«

»Ja und? Du wolltest ja nicht.«

»Deswegen musst du doch nicht gleich …«

»Nein, natürlich nicht, ich hätte mich auch für den Rest meines Lebens dem Zölibat verschreiben können. Mathis lieben und sterben. Das ist ein bisschen viel erwartet, findest du nicht?«

»So meine ich es doch gar nicht.«

»Aha. Und was meinst du dann?«
»Er sieht gut aus.«
»Stimmt.«
»Er ist jung.«
»Richtig.«
»Er ist frei.«
»Ja, tatsächlich, ich hätte bei ihm bleiben sollen. Gut aussehend, jung und frei. Wie dumm von mir, dass mir das nicht gleich aufgefallen ist. Aber ich kann ihn ja noch mal fragen. Vielleicht nimmt er mich ja zurück, der Supermann. Bist du jetzt zufrieden?«

»Zurück?«, fragte Mathis verwirrt und schaute auf. »Wieso zurück? Ist dieser Steffen etwa …?«

Ich blöde Kuh! Warum musste ich nur jetzt schon wieder so voreilig … hätte ich nicht vorher überlegen können, was ich sage?

»Ich war mal mit Steffen zusammen, ja«, sagte ich kleinlaut. »Nach der Trennung von Paulas Vater.«

Mathis schwieg eine ganze Weile, er musste das Geständnis erst einmal verdauen.

»Und warum bist du es jetzt nicht mehr?«, fragte er dann leise.

»Es ging nicht mehr. Er wollte mich zum Heimchen am Herd machen, von Beruf Arztgattin. Das war nicht meins und ich bin gegangen.«

»Aber … du hast ihn trotzdem geliebt. Du bist nicht gegangen, weil du ihn nicht mehr geliebt hast.«

Mein Schweigen dauerte etwas zu lange und ich merkte, dass Mathis' Körper sich versteifte.

»Es ist vorbei, Mathis. Es ist schon lange vorbei.«

»Aber trotzdem bist du in dieser Nacht mit ihm gegangen.«

»Ich sagte es bereits, es war nur Sex.«

»Hm.« Mathis schien nicht überzeugt.

»Vergiss es einfach!«

Nachdem er wieder eine Weile nachgedacht hatte, schien Mathis das auch für die beste Idee zu halten.

»Okay, wenn du es sagst, vergessen wir's.« Er drückte mir einen schnellen Kuss auf. Dann seufzte er: »Ach Nele, es tat einfach so weh. Allein deine Anwesenheit hat mich an diesem Abend schon völlig aus dem Konzept gebracht. Obwohl ich natürlich damit gerechnet hatte, dich dort zu sehen. Ich hatte schwer mit mir gerungen, ob ich hingehen sollte oder nicht. Aber ich konnte nicht anders, ich wollte dich einfach sehen, vielleicht mit dir sprechen. Aber du warst gleich so abweisend …«

»Reiner Selbstschutz.«

» … und als ich dich dann auf der Tanzfläche sah, du sahst so wundervoll aus in deinem blauen Kleid, so sexy, so verführerisch. Da war es um mich geschehen, meine Selbstbeherrschung war dahin. Ich wollte zu dir gehen, dich in die Arme nehmen, dich bitten, mich nie wieder alleine zu lassen. Und dann … dieser Mann. Ich war drauf und dran, dich aus seinen Armen zu reißen, ihm gründlich die Fresse zu polieren, doch dann …«

» … hast du dich doch lieber mit der Blondine auf und davon gemacht.«

Eigentlich hatte ich ihn nie darauf ansprechen wollen. Die Blondine war am Strand von Rügen endgültig für mich gestorben. Aber so, wie die Dinge jetzt lagen … Glaubte er denn wirklich, ich hätte von alldem nichts mitbekommen? Wollte er mir etwa eine Moral aufdrücken, die für ihn nicht galt? Was fiel ihm eigentlich ein, mich als die große Sünderin darzustellen, die ihm, dem armen, armen Mathis so wehgetan hatte, wo er sich doch gerade erbarmt hatte, mit mir ins Bett zu gehen. Nur um sich – so bitter von mir getäuscht – gleich darauf mit der Nächstbesten zu trösten.

Nein, Herr Dr. Hagena, so nicht!

Mathis sah mich wie vom Donner gerührt an, so als wisse er gar nicht, worum es geht.

»Was für eine Blondine?«

»Tu doch nicht so scheinheilig. Erst mir Vorwürfe machen und dann selbst den Schwanz einziehen. Du weißt genau, wovon ich spreche. Und – versuch gar nicht erst, dich da herauszureden, Sandra hat euch nämlich gesehen.«

»Wen gesehen?« Mathis sah nun tatsächlich aus wie die reine Unschuld.

Ich wurde unsicher. Hatte Sandra womöglich übertrieben? Nein. Bestimmt nicht. Das konnte ja wohl auch kaum sein, schließlich hatte ich die zwei ja nun auch des Öfteren zusammen turteln sehen.

»Mathis! Dich und deine Blondine. Sandra sagt, ihr habt gemeinsam eng umschlungen die Party verlassen. Außerdem habe ich dich diverse Male mit ihr zusammen gesehen. Ständig hat sie dich irgendwo abgeholt oder hingebracht. Und deine Angetraute wird es ja wohl kaum gewesen sein. Oder habt ihr euch jetzt wieder ganz doll lieb?«

Gerade wollte ich angesichts seines Täuschungsmanövers verzweifelt in Tränen ausbrechen, als Mathis plötzlich ein »Ach sooo!« von sich gab, sich mit der flachen Hand vor die Stirn schlug, dann lautstark anfing zu lachen und gar nicht wieder aufhörte.

Oh mein Gott!, dachte ich, war er jetzt hysterisch geworden? Was gab's denn da zu lachen?

»Ist ja schön, dass du alles so lustig findest, aber ich kann nun wirklich nicht sehen …«

»Nele … Nele, mein Schatz … es tut mir leid, dass ich lachen muss, aber … stimmt, du hast recht, wenn man uns nicht kennt und nicht weiß … man könnte vielleicht annehmen …«

»Mathis!«

»Helga.«

»Ich heiße Nele.«

»Es war Helga, meine Exfrau, mit der du mich gesehen hast, die Mutter von Lars. Von der ich dir eben noch erzählt habe.«

»Helga. *Die* Helga?«

»Ja, genau, die Helga. Wir sehen uns recht häufig, treffen uns auch manchmal gemeinsam mit Lars. Wir sind gute Freunde, mehr nicht. Und du hast wirklich geglaubt …«

Ich Schaf! Aber woher sollte ich das denn wohl wissen? Helga, na klar! Das Lächeln! Deshalb war es mir bekannt vorgekommen. Es war das gleiche Lächeln wie auf Lars' Foto. Die glückliche kleine Familie. Helga, dreißig Jahre älter.

Nun war es an mir, die Hand vor die Stirn zu schlagen. »Entschuldige, Mathis, aber ich …«

»Keine Entschuldigung, mein Schatz, du konntest ja wirklich nicht ahnen, dass Helga und ich noch – oder besser gesagt, wieder – so eng verbandelt sind. Wenn auch lange nicht so eng, wie du anscheinend geglaubt hast.«

Mathis zog mich an sich. »Da warst du also die ganze Zeit eifersüchtig auf meine Exfrau«, sagte er leise und strich mir sanft über den Kopf. »Was für ein blödes Missverständnis.«

»Na ja, gewissermaßen sind wir ja jetzt quitt.«

»Und keiner braucht mehr eifersüchtig zu sein.«

»Warst du etwa auch die ganze Zeit eifersüchtig auf Steffen?«

»Eifersüchtig? Ich war wochenlang kurz vorm Durchdrehen. Ich wusste ja nicht, dass ihr nur eine Nacht … ich dachte …«

»Weil er so gut aussehend, jung und frei …«

»Genau.«

»Wir waren beide dumm.«

»Und jetzt?«

»Machen wir alles wieder gut.« Damit ließ ich mich zurück in die Koje fallen, und bald hatten wir, sanft schaukelnd, alles um uns herum vergessen.

14

Der Alltag. Er hatte uns wieder. Und hatte ich geglaubt, meiner würde sich durch meine – nun erfüllte – Liebe zu Mathis von Grund auf verändern, so hatte ich mich getäuscht. Mathis war nun natürlich häufiger bei uns, wir aßen oft gemeinsam zu Abend, wir gingen ab und zu aus, mal alleine, mal zu dritt. Und wir liebten uns. Aber schon sehr schnell wurde mir bewusst, was es heißt, mit einem Familienvater liiert zu sein. Es war gewöhnungsbedürftig.

Auch wenn er seine Ehe als gescheitert ansah, so wollte Mathis seinen Kindern doch ein richtiges Zuhause bieten. Für ihn hieß das, dass er nur sehr selten bei mir übernachtete, um seinen Kindern morgens die Pausenbrote schmieren und den Tagesablauf mit ihnen besprechen zu können. Und auch auf die Wochenenden konnte ich nicht zählen. Die verbrachte er in der Regel bei seiner Familie, um sich um Haus und Hof zu kümmern, mit seinen Söhnen zum Drachensteigen oder zum Segeln zu gehen.

Kurzum, für mich lief eigentlich alles weiter wie bisher, außer dass nun häufiger mal ein Mann bei uns am Tisch saß und ich keinen Liebeskummer mehr hatte.

Für Paula war es nicht ganz so einfach, ihre Mama mit jemand anderem zu teilen. War es in Rügen für sie noch in Ordnung gewesen, dass ich mit Mathis zusammen war und mit ihm in einem Bett schlief, so konnte sie es in ihrem eigenen Zuhause nur schwer akzeptieren.

Manchmal wurde sie sogar richtig ekelig zu Mathis. Nur gut, dass er ein so geduldiger Mensch war.

»Mathis, wie alt bist du eigentlich?«, fragte sie eines Abends, als wir gerade ein leckeres Käsefondue hinter uns gebracht hatten. Es war so ziemlich der erste zusammenhängende Satz, den sie an diesem Abend zu Mathis sagte.

»Ich bin sechzig«, antwortete Mathis.

»Das ist ja noch nicht so alt«, meinte Paula, und ich freute mich, dass sie anscheinend auch mal bereit war, etwas Nettes zu Mathis zu sagen, und zwinkerte ihm verschwörerisch zu. Aber ich hatte mich zu früh gefreut.

»Schade, dass du noch nicht neunzig bist, dann würdest du wenigstens bald sterben.«

Womm!!! Das hatte gesessen. Voller Entsetzen ließ ich auf dem Weg zur Spülmaschine ein Messer fallen, das ich gerade in der Hand hielt. Das konnte ich jetzt nicht wirklich gehört haben, oder? Ich sah zuerst meine Tochter, dann Mathis an, war aber so baff, dass ich zunächst gar nichts sagen konnte.

»Du willst wohl nicht, dass ich mit deiner Mama zusammen bin, oder?«, fragte Mathis in einem erstaunlich ruhigen Ton. Aber ich sah ihm an, dass ihn Paulas Bemerkung schwer getroffen hatte.

»Was Paula will oder nicht will, tut hier gerade überhaupt nichts zur Sache«, mischte ich mich schnell und lautstark ein, denn es konnte ja wohl nicht angehen, dass sie mit dieser bösen Bemerkung durchkam. »Wenn du glaubst, hier rumzicken zu können, Paula, und das nur, weil ich jetzt auch Mathis lieb habe, dann hast du dich gewaltig geschnitten. Entschuldige dich sofort bei Mathis, und dann gehst du ins Bett.«

Ohne mich oder Mathis auch nur eines Blickes zu würdigen, stand Paula von ihrem Stuhl auf, zog einen Schmollmund und schlurfte Richtung Badezimmer davon.

»*Ich habe gesagt, du sollst dich bei Mathis entschuldigen!*«, schrie ich ihr – nun vollends geladen – hinterher und sah, wie sie zusammenzuckte.

Sie drehte sich um, schaute Mathis mit tränenverhangenen Augen an und murmelte: »Tschulligung.«

Dann rannte sie schnell ins Badezimmer.

»War das jetzt nicht ein bisschen hart, Nele? Ich meine, man könnte doch versuchen …«

»Nein, Mathis, da wird jetzt überhaupt nichts versucht. Es gibt Grenzen, und die hat Paula soeben deutlich überschritten.«

»Aber sie muss sich doch auch erst an die neue Situation gewöhnen. Ich könnte ihr doch mal erklären, dass ich ihr die Mama gar nicht wegnehmen will. Das Kind muss das alles doch auch erst mal verstehen.«

»Mathis, ich habe schon Stunden damit zugebracht, Paula die neue Situation zu erklären. Du kannst mir glauben, dass es hier nicht ums Begreifen geht. Das, was Paula hier abzieht, ist Rumgezicke, und sonst gar nichts. Aber sie ist nicht alleine auf der Welt, und auch nicht die Prinzessin vor dem Herrn. Sie muss akzeptieren, dass auch ich mein eigenes Leben habe. Und dass ich dieses Leben gestalte, ohne sie bei jedem Schritt, den ich tue, um Erlaubnis zu fragen. Gut, sie hatte mich nun einige Jahre für sich alleine. Aber soll ich vielleicht warten, bis sie erwachsen ist und auszieht, bevor ich wieder an meine eigenen Interessen denke? Nein, Mathis, jetzt ist Schluss!«

Ich hörte, wie Paula vom Bad ins Kinderzimmer schlich.

»Ich sag ihr mal Gute Nacht.«

Als ich ins Kinderzimmer kam, lag Paula schon im Bett, Knut, den Elch, fest an sich gepresst und das Gesicht zur Wand gedreht. Ihr kleiner Körper zuckte bei jedem Aufschluchzen.

Der Anblick meiner traurigen kleinen Tochter zerriss mir fast das Herz, aber ich wusste, dass ich diesmal hart bleiben musste.

»Gute Nacht, Paula«, sagte ich daher nur und strich ihre Bettdecke glatt.

»Bist du jetzt böse, Mami?«, schluchzte mein Kind, und ich hätte sie am liebsten in den Arm genommen. Stattdessen sagte ich: »Ja, Paula, und ich denke, du weißt, dass du diesmal zu weit gegangen bist. Wenn sich dein Verhalten gegenüber Mathis nicht ändert, werde ich noch viel öfter böse sein, das kannst du mir glauben. Es gibt überhaupt keinen Grund, sich so zu verhalten, denn Mathis hat dir nichts getan. Oder war er jemals böse oder frech zu dir?«

Paula schüttelte kaum merklich den Kopf.

»Na siehste, und warum in alles in der Welt bist du dann so ekelig zu ihm?«

»Weiß nicht.«

»Na, dann denk mal drüber nach. Und jetzt schlaf schön.«

Ich drückte ihr ein Küsschen auf die Wange, schaltete ihren CD-Player ein, damit Benjamin Blümchen sie tröstete, und ging dann hinaus.

»Was hältst du davon, wenn wir drei mal für ein verlängertes Wochenende wegfahren? Ist doch bald Himmelfahrt und Pfingsten oder so ähnlich. Da hat Paula frei. Vielleicht fahren wir einfach mal ans Meer, ich könnte ihr meinen Kutter zeigen, oder auch woanders hin, an die See zum Beispiel …«

Ich hatte eigentlich damit gerechnet, dass Mathis nach diesem missglückten Abschluss des Abendessens sofort gekränkt nach Hause fahren würde. Stattdessen schlug er mir nun vor, mit mir und meiner kleinen Zicke in Urlaub zu fahren.

Er musste wirklich ein verdammt dickes Fell haben. Schnell drückte ich ihm einen Kuss auf sein Haar. Mmh, wie gut er roch! Ich konnte nicht anders, ich fuhr mit meinem Mund die Linie bis zu seinem Hals hinunter und fühlte das wohlbekannte Kribbeln in mir aufsteigen.

Meine Hände verloren sich in seinem Hemdsausschnitt, doch kurz bevor ich es in voller Länge aufgeknöpft hatte, griff er nach ihnen, drückte einen Kuss drauf und hielt sie fest umklammert.

»Nicht ablenken, Nele. Ich will wissen, ob du mit mir in Urlaub fährst, und wenn ja, wohin!«

»Hmhm«, antwortete ich, während ich ihn mit der Zunge weiter liebkoste, »mit dir fahre ich überall hin.«

»Na, so genau wollte ich es gar nicht wissen«, lachte Mathis, sprang auf und zog mich ins Schlafzimmer.

Na endlich!

Als ich am nächsten Morgen mein Büro betrat, kam Marco mir gleich aufgeregt entgegen. Seine Haare standen noch wilder vom Kopf ab als üblich, und er sah aus, als hätte er in eine Steckdose gegriffen.

»Ich habe schon mehrmals versucht, dich auf dem Handy zu erreichen, aber das hast du wohl noch nicht an«, maulte Marco in vorwurfsvollem Ton.

»Ach«, sagte ich, während ich das Handy aus dem Rucksack wühlte und es anschaltete, »wo brennt's denn?«

»Christophs Gesellschaft wird aufgelöst.«

»Wie aufgelöst?«

»Na, aufgelöst eben, abgewickelt. Fort, futsch, weg!« Marco fuchtelte wie wild mit den Armen.

»Aber das geht doch gar nicht … ich meine … einfach so, von jetzt auf gleich.« Waren jetzt alle verrückt geworden?

Völlig vor den Kopf gestoßen, setzte ich mich in meinen Schreibtischstuhl, bedeutete Marco, sich auch zu setzen, griff nach dem Telefonhörer und plärrte »Vera, zwei Kaffee, bitte!« hinein.

Erst mal wach werden.

»Nun, die Gesellschafter waren anderer Meinung. Angeblich macht Jobförderung in unserer Region keinen Sinn mehr. Zumindest nicht so, wie sie bisher gelaufen ist. Also, fort damit.«

»Und wann haben sie es beschlossen? Seit wann weiß Christoph es? Warum hat er uns nicht längst was gesagt? Wir hätten doch vielleicht …«

»Gestern Abend. Gestern Abend war Gesellschafterversammlung.«

»Ja, aber Christoph muss es doch vorher schon gewusst haben.«

»Nein, eben nicht. Christoph hat es erst gestern Abend ohne Vorankündigung erfahren. Wie er sagt, haben sie ihn erst mal alle Tagesordnungspunkte abarbeiten lassen, um ihm dann zu verkünden, dass sie den Laden dichtmachen.«

»Diese gemeinen Hunde. Und Christoph?«

»Ist völlig fertig, natürlich.«

»Ja, logisch, aber wo wollen sie ihn dann einsetzen?«

»Nirgends. Christoph ist dann arbeitslos. Kriegt nur 'ne Abfindung.«

»Die reißen ihm über Nacht den Stuhl unterm Hintern weg und halten es nicht einmal für nötig, ihm eine Alternative anzubieten!? Unfassbar!«

»So sieht's aus.«

»So weit ist es mit diesem Land also schon gekommen. Ich wandere aus.«

»Das war auch Christophs erster Gedanke.«

Vera kam mit dem Kaffee herein und stellte ihn auf den Schreibtisch.

»Gibt's Stress?«, fragte sie neugierig.

»Danke für den Kaffee.«

»Hab schon verstanden. Ist wohl wieder mal nicht für mich bestimmt.« Beleidigt rauschte sie zur Tür hinaus.

Ich schüttete Unmengen von Zucker in den Kaffee. Den Energieschub konnte ich jetzt gut gebrauchen. Marco tat es mir gleich.

»Ja, aber jetzt mal im Ernst«, fuhr ich dann fort. »Wie soll es denn weitergehen? Hat er denn nichts von unserem Projekt gesagt, von den Perspektiven, die sich damit auftun?«

»Doch klar, hatte einen ellenlangen Vortrag vorbereitet, unser Konzept vorgestellt, die Chancen aufgezeigt …«

»Ja, und?«

»Haben sie sich alles mit Interesse angehört, und dann hat wohl einer gesagt, das wäre ja eine wirklich interessante Idee, auch wegen der Zusammenarbeit mit uns und mit Mathis und so, aber da müsse sich jetzt wohl eine andere Gesellschaft drum kümmern.«

»Nee, ne?«

»Doch. Genau so.«

Ich nahm einen großen Schluck Kaffee und kramte in meiner Schublade nach Schokolade. Höchste Zeit für Nervennahrung.

»Weiß Mathis es schon?«, fragte ich, nachdem ich fündig geworden war.

»Nee, glaub nicht. Es sei denn, Christoph hat ihn schon angerufen. Aber der war so fertig, der arme Kerl, ich glaube, der hat sich irgendwo verkrochen.«

»Na, dann will ich Mathis mal gleich hierherbeordern. Der muss jetzt alles stehen und liegen lassen. Jetzt müssen Sanierungspläne erarbeitet werden.«

Wieder griff ich zum Telefon.

»Ja, auch guten Morgen, Nele Martens hier. Ich müsste dringend mit Herrn Doktor Hagena sprechen … Ach, der ist unterwegs, na, dann versuche ich es über Handy … ach, nicht über Handy erreichbar … ja, es ist wirklich sehr, sehr dringend … nein, absolut keinen Aufschub … das ist nett … ja … ja … vielen Dank!«

»Mathis ist nicht da?«

»Nee, aber Frau Brenner, seine Sekretärin, will versuchen, ihn zu erreichen. Sie weiß, wo er steckt. Hoffentlich klappt's!«

»Na gut, dann mach ich mich mal so lange ans Tagesgeschäft, bis Mathis sich meldet. Bitte sag mir dann sofort Bescheid.« Damit stand Marco auf und ging hinaus.

Tagesgeschäft. Na, der hatte Nerven! Ich schob mir noch schnell einen Riegel Schokolade in den Mund, bevor ich mich ebenfalls daranmachte, den Computer hochzufahren, um meine E-Mails zu checken. Seufzend arbeitete ich eine nach der anderen ab, wenn ich auch größte Mühe hatte, mich zu konzentrieren.

Nach etwa einer halben Stunde wurde meine Bürotür so heftig aufgerissen, dass ich erschrocken hochfuhr. In der Tür stand Vera, offenbar immer noch schmollend.

»Bitte schön, Herr Doktor Hagena.«

Oh, Mathis war schon da! Dicht gefolgt von Marco, der ihn hatte kommen hören, trat er ins Büro.

Vera knallte die Tür wieder zu.

»Na«, bemerkte ich, »du bist ja ein ganz Schneller!«

»Tja, wenn meine Nele Alarm läutet, komme ich natürlich gleich gerannt. Frau Brenner hat es auch echt wichtig gemacht.«

»Wo warst du denn, dass du dein Handy nicht an hast?«

»Beim Zahnarzt.« Mathis kam um den Schreibtisch herum und gab mir einen Kuss. »Ach«, sagte er dann, »du isst ja Schokolade. Na, dann muss ja wirklich der absolute Ernstfall eingetreten sein.« Und schon schob er sich auch einen Riegel in den Mund.

»Der absolute Ernstfall, ja, das ist es leider tatsächlich«, meldete sich nun Marco zu Wort. »Setz dich, Mathis.«

»Und wo ist Christoph? Müssen wir auf den noch warten? Ich nehme doch an, dass es um unser Projekt geht?«

»Auch um unser Projekt, ja. Aber in erster Linie um Christoph. Sie lösen seine Gesellschaft auf.«

Mathis schaute Marco sekundenlang nur schweigend an.

»Kann ich bitte auch einen Kaffee haben?«, sagte er dann. »Und noch ein wenig Schokolade, bitte.«

Ich schob sie zu ihm rüber, und er verschlang gleich die restliche halbe Tafel. Und dann bestellte ich den Kaffee.

»Und woher wisst ihr das?«

»Von Christoph«, antwortete ihm Marco. »Er hat mich heute Morgen angerufen. Und der weiß es von seinen Gesellschaftern. Die haben es ihm gestern Abend gesagt.«

»Unwiderruflich?«

»Sieht so aus.«

»Und wann soll Schluss ein?«

»Zum ersten Januar.«

»Und er?«

»Arbeitslos.«

»Hm. Schöner Mist.«

Mathis griff zu seinem Handy und begann, eine Nummer in die Tasten zu hauen.

Ich war baff. Was war das denn nun für eine Übersprungshandlung? Überrascht starrte ich ihn an, und auch Marco gucke leicht verwirrt.

Aber wir hatten uns geirrt. Mathis zeigte keine Übersprungshandlung, er handelte schon.

»Einen schönen guten Morgen, Frau Scholz, Mathis Hagena. Ich bräuchte noch heute einen Termin beim Bürgermeister … sehr kurzfristig, ja, aber auch entsprechend dringend … er wird es wissen, wenn er meinen Namen hört … ja … haha, Frau Scholz, da haben Sie recht … heute Abend, halb sechs … für uns kein Problem … ich bringe Frau Martens und Herrn Gerlach mit … vielen Dank, Frau Scholz. Ja, bis dann.«

»Was willst du denn beim Bürgermeister, meinst du, der kann uns helfen?«, fragte ich irritiert.

»Vielleicht. Aber erst mal will ich von ihm hören, was da gestern Abend gelaufen ist.«

»Woher soll er das denn wissen?«

»Er ist einer der Gesellschafter, mein Schatz.«

»Ach ja, klar, die Stadt macht da ja auch mit. Na, da darf man aber gespannt sein. Hm. Halb sechs, sagtest du? Dann muss ich ja Paula noch umbuchen. Sandra passt es heute mit Sicherheit nicht. Hm. Doof. Na ja, ich werde es mal bei Juliane versuchen.«

Ich rief sofort Julianes Mutter an. Ihr passte es und Juliane auch. Paula durfte sogar bei ihr schlafen. Na prima. Ein Problem weniger.

»Tja, das ist wirklich eine etwas unangenehme Geschichte.« Der Bürgermeister rutschte nervös in seinem Sessel hin und her. Er schien sich überhaupt nicht wohl in seiner Haut zu fühlen.

»Nein, Herr Bürgermeister«, sagte Mathis in scharfem Ton, »das ist keineswegs eine etwas unangenehme Geschichte, das ist eine unfassbare Geschichte. Und eine mehr als dumme und kurzsichtige Entscheidung. Ich glaube, dass die handelnden Personen gar nicht wissen, was sie da kaputt machen, oder?« Er hatte wohl nicht vor, sich in irgendeiner Form diplomatisch zu verhalten.

Mathis war mächtig sauer und wollte das dem Bürgermeister wohl auch unumwunden vor Augen führen. Keine Diplomatie, keine Kompromisse.

Mathis war der Überzeugung, so hatte er mir schon des Öfteren erklärt, dass in manchen Situationen weder das eine noch das andere angebracht war, da ein halbherziges Ergebnis äußerst schädigend für alle Beteiligten wäre. Diese schien er für eine solche Situation zu halten.

Der Bürgermeister war bei Mathis' kurzer Ansprache sichtlich blass geworden. Nervös griff er nach seinem Wasserglas.

»Wir wüssten gerne«, schaltete sich Marco ein, »wie und mit welcher Begründung die Entscheidung zustande gekommen ist. Da muss doch etwas im Vorfeld gelaufen sein, von dem Herr Wiegandt nichts erfahren hat. Bis gestern Abend, versteht sich. Also, welche konspirative Veranstaltung steckt dahinter?« Auch er schien nicht gerade auf Schmusekurs zu sein.

Na, hoffentlich ging das gut. Womöglich würden wir gleich aus des Meisters Büro geschmissen. Ich schluckte.

Aber das schlechte Gewissen des Bürgermeisters war wohl ausgeprägter als gedacht. Er wurde immer blasser um die Nase.

»Nun, *konspirative Veranstaltung* ist vielleicht etwas übertrieben, ich denke …«

»Wie würden Sie es denn nennen?«

»Ähm … nun ja …«

»Sehen Sie, Ihnen fällt auch nichts Passenderes ein.« Mathis lehnte sich mit einem hörbaren Seufzer in seinen Sessel zurück und schüttelte stumm den Kopf.

Nun beschloss ich, mich auch in die Diskussion einzumischen.

»Sie erinnern sich doch sicherlich, Herr Bürgermeister, dass wir Ende letzten Jahres bei Ihnen waren, um Ihnen ein neues Konzept zu erläutern. Ein Konzept, das unser Büro gemeinsam mit Herrn Doktor Hagena und Herrn Wiegandt erarbeitet. Es geht dabei um die Förderung einer nachhaltigen Stadtentwicklung, von dessen Umsetzung wir uns auch äußerst positive

Impulse für den Arbeitsmarkt versprechen. Ich denke, dass das damals in meinem Vortrag auch klar wurde?«

Fragend sah ich den Bürgermeister an.

»Sicher«, sagte er nur.

»Na schön. Aber um diese positiven Impulse für den Arbeitsmarkt auch tatsächlich zu erreichen, müssen sehr viele Menschen in innovativen Geschäftsfeldern ausgebildet und qualifiziert werden. Wenn es aber die Gesellschaft von Herrn Wiegandt nicht mehr gibt, fällt dieser Part zu großen Teilen weg. Der beschäftigungswirksame Effekt verpufft. Kann man sich das in dieser Region erlauben?«

»Nun, ich denke, dass sich die Situation am Arbeitsmarkt ohnehin gerade entspannt. Zum Beispiel hatten wir gerade in unserer Stadt im letzten Monat einen deutlichen Rückgang zu verzeichnen. Einen Rückgang um einen halben Prozentpunkt …«

» … von sechzehn Komma eins auf fünfzehn Komma sechs Prozent.«

»Genau. Und das …«

»… nennen Sie eine Entspannung auf dem Arbeitsmarkt. Noch dazu zum Sommer hin«, vollendete Mathis in einem unüberhörbar angespannten Tonfall seinen Satz. »Und was war nun der tatsächliche Grund für die Entscheidung? Da muss doch mehr dahinterstecken. Denn um in einer Arbeitslosenquote von fünfzehn Komma sechs Prozent einen deutlichen Hinweis auf eine Entspannung am Arbeitsmarkt zu sehen, nun, dazu muss man doch eine ordentliche Portion Zynismus mitbringen, finden Sie nicht auch?«

Der Bürgermeister erkannte wohl nun endlich, dass er mit solch einer lapidaren Argumentation bei uns nicht landen konnte. Er hätte es vorher wissen müssen, dachte ich … Nun ja, man kann es ja mal versuchen.

»Wir«, begann der Bürgermeister sich zu verteidigen, »meine Gesellschafterkollegen und ich, sehen in einer Beschäftigungsgesellschaft, wie sie Herr Wiegandt leitet, keine Zukunft. Seit

Hartz vier ist Arbeitslosigkeit wieder zur Bundessache geworden. Da haben wir nur noch sehr eingeschränkte Möglichkeiten, eigene Konzepte zu verwirklichen. Und auch gar nicht das Geld, weil ...«

»... Sie es lieber für die Finanzierung von Arbeitslosigkeit ausgeben.«

»Aber Herr Gerlach, sehen Sie ...«

»Ja, Herr Bürgermeister«, entgegnete ihm Marco, »ich sehe ganz deutlich, was hier gespielt wird. Hier ist keiner bereit, sich in irgendeiner Form um die zigtausend Arbeitslosen zu kümmern, weil man gar kein Interesse daran hat, dass mutige Beschäftigungsprogramme, sobald sie von der falschen Partei kommen, tatsächlich zum Erfolg führen. Lieber lässt man die Menschen ohne Arbeit, um dann hinterher sagen zu können: *Siehste, hat doch alles nichts gebracht, das Programm.*«

Marco nahm einen Schluck Wasser aus dem Glas, das vor ihm stand.

»Oder kann es auch daran liegen, dass die Projektidee nicht aus der Feder der werten Herren Gesellschafter stammt? Da kann ich sie beruhigen. Die Herren können sich gerne hinterher mit diesem Projekt schmücken. Denn uns ist lediglich daran gelegen, dass es für die Betroffenen zum Erfolg führt. Dass nämlich Arbeitsplätze entstehen und diese Stadt lebenswerter wird. Sonstige Eitelkeiten sind uns fremd.«

An der nervösen Reaktion des Bürgermeisters, der anfing, seinen Krawattenknoten zu lockern, konnte man sehen, dass Marco mit seinen provozierenden Unterstellungen nicht ganz falsch lag.

»Herr Bürgermeister«, setzte nun Mathis wieder an, »wie wir Ihnen bei besagtem Treffen im vergangenen Jahr erläutert hatten, haben wir gute Chancen, für unser Projekt eine Förderung in Millionenhöhe zu bekommen. Nur der geringste Teil der Kosten entfiele dann überhaupt noch auf die Stadt. Sie wollen nicht wirklich, aus parteipolitischem Kalkül heraus, Millionen in den Wind schlagen, oder?«

»Keiner gibt uns die Garantie, dass die Projekte zum gewünschten Erfolg führen. Und …«

»Garantie?«, fragte Mathis gereizt. »*Eine* Garantie kann ich Ihnen schon heute geben, Herr Bürgermeister. Wenn Sie tatsächlich die Gesellschaft von Herrn Wiegandt abwickeln und unser Projekt nicht zur Umsetzung kommt, dann werden Sie und Ihre Kollegen bald vor lauter Arbeitslosen in dieser Stadt und in dieser Region nicht mehr geradeaus gucken können. Können Sie sich die soziale Situation vorstellen? Tausende unzufriedene Menschen, ohne Perspektive für sich und ihre Familie, ohne Geld, ohne sinnvolle Beschäftigung, lungern den ganzen Tag auf der Straße rum, kommen auf blöde Ideen …«

» … gehen nicht mehr zur Wahl oder wählen ganz andere Parteien …«, fügte ich hinzu.

»Nun«, begann der Bürgermeister sich zu rechtfertigen, »so schlimm wird es schon nicht kommen. Es gibt doch noch zahlreiche andere Möglichkeiten, die Leute in Lohn und Arbeit zu bringen.«

»Zahlreiche Möglichkeiten«, meinte Mathis, nicht ohne Ironie in der Stimme. »So. Und welche zum Beispiel?«

»Ähm … tja … da fällt mir doch vieles ein …«

»Ein-Euro-Jobs vielleicht, Herr Bürgermeister?«, half ich ihm auf die Sprünge.

»Ja, ganz richtig, Ein-Euro-Jobs sind ein probates Mittel …«

»… den Hundekot im Stadtpark zu entfernen«, ergänzte Marco. »Eine wirklich sinnstiftende Arbeit. Macht bestimmt total zufrieden.«

Es folgte ein längeres Schweigen. Mist, dachte ich, jetzt ist alles völlig festgefahren.

Endlich meldete Mathis sich wieder zu Wort.

»Herr Bürgermeister, wenn ich Ihnen einen Vorschlag unterbreiten dürfte.«

»Bitte.«

Oje! Das klang ziemlich schmollend.

»Danke«, sagte Mathis. »Die konzeptionelle Erarbeitung unseres Projektes ist bald abgeschlossen, der Förderantrag ist schon raus. Spätestens Ende des Sommers werden wir Bescheid wissen, ob wir eine Förderung bekommen. Könnten Sie bei Ihren Kollegen möglicherweise darauf hinwirken, mit der endgültigen Entscheidung, ob die Gesellschaft von Herrn Wiegandt weitergeführt wird, bis zu diesem Zeitpunkt zu warten? Denn wenn die EU bereit ist, finanzielle Mittel in Millionenhöhe in unser Projekt zu investieren, dann kann es ja eigentlich kein ganz so sinnloses Vorhaben sein, oder?«

»Nun«, reagierte der Bürgermeister, »ich werde darüber nachdenken. Wenn Sie mich jetzt bitte entschuldigen, ich habe noch einen Termin. Sie hören von mir.«

Mit diesen Worten streckte mir der Bürgermeister seine Hand hin. Na, das war ein klarer Rausschmiss.

Als Mathis dem Meister die Hand gab, sah ich, wie dieser schmerzhaft das Gesicht verzog.

Aha, dachte ich, mit seiner Seemannspranke hat Mathis ihm noch eine letzte Warnung mit auf den Weg gegeben. Hoffentlich nützte es was.

Ich jedenfalls hatte so gar kein gutes Gefühl bei der Sache.

Der Sommer nahte und mit ihm Paulas Geburtstag.

»Wie viele Kinder willst du eigentlich einladen?«, fragte ich sie eines herrlichen Frühsommerabends, als wir zum ersten Mal in diesem Jahr auch in der Dämmerung noch auf dem Balkon sitzen konnten.

»Weiß nicht, so zwanzig vielleicht.«

»Zwanzig!?«, wiederholte ich entsetzt.

»Vielleicht auch fünfundzwanzig. Aber mehr glaube ich nicht.«

»Na, da bin ich ja beruhigt.«

»Warte, ich mache gleich 'ne Liste.« Sie rannte in ihr Zimmer.

»Hm, scheint ja eine größere Party zu werden«, schmunzelte Mathis und schenkte uns noch Rotwein nach.

»Glaube mir, Mathis, es werden höchstens zehn, und das auch nur, wenn schönes Wetter ist und wir zum Beispiel ins

Schwimmbad können. Zwanzig! Wovon träumt die denn? Da zieh ich besser gleich aus!«

»Was wir ja auf gar keinen Fall wollen. Aber wenn es wider Erwarten doch mehr als zehn Kinder werden, könntet ihr ja vielleicht in dem kleinen Tierpark feiern. Da sind die Kinder abgelenkt …«

»… die Hälfte der armen Tiere kriegt 'nen Herzinfarkt, weil die Kinder sie durch den halben Park hetzen …«

» … du zahlst Hunderte Euro an gemeinnützige Einrichtungen, wie zum Beispiel …«

»… den städtischen Tierfriedhof.«

»Der ist nicht gemeinnützig.«

»Bei meinem Glück wird er es bis dahin. Nee, lass mal, für die Horde muss ich mir etwas anderes einfallen lassen.«

Paula kam mit ihrer Liste angerannt, und sie hatte ernst gemacht. Auf einem Zettel standen, schön säuberlich aufgelistet und durchnummeriert, zweiundzwanzig Namen.

»Das ist alles?«, fragte ich ironisch.

»Mehr sind mir nicht eingefallen. Aber vielleicht fällt dir ja noch jemand ein.«

»Nee, ganz bestimmt nicht. Ich fange jetzt lieber mal an zu streichen.«

»*Streichen?*«, schrie Paula entsetzt auf. »Aber das sind doch alles meine allerbesten Freunde!«

»Das ist fast deine ganze Klasse, Paula!«

»Nee, Kira und Lukas und Michael stehen nicht drauf, weil die sind doof.«

»Und wo sollen die alle sitzen, in dieser kleinen Wohnung? Und wer soll den ganzen Kuchen backen?«

»Hm.« Paula rieb sich nachdenklich die Nase. »Ich finde, die können auch mal auf dem Boden sitzen. Und den Kuchen backt Oma. Ich glaube, die kann das. Außerdem kriegt sie auch ein Stück ab.«

»Na, das ist ja großzügig.«

»Na ja, wenn sie schon backt. Sonst ist das ja gemein.«

»Aha. Aber trotzdem fangen wir jetzt mal an zu streichen. Mindestens die Hälfte.«

»Aber ...«

»Keine Widerrede. Die anderen laden schließlich auch nie so viele ein.«

Maulend riss Paula mir die Liste aus der Hand und ging sie noch mal durch. Nach etwa fünf Minuten gab sie sie mir zurück. Zwei Namen waren fett durchgestrichen, blieben immer noch zwanzig.

»Nee, Paula, mehr als zehn lädst du auf keinen Fall ein.«

»Aber nun habe ich doch schon so viele Namen gestrichen.«

»Zwei.«

»Genau.«

»Und wen streichen wir jetzt noch?«

»Och Mensch«, Paula stampfte wütend mit dem Fuß auf, »immer bist du so gemein zu mir. Nie darf ich meinen Geburtstag feiern!«

»Wenn du so weitermachst, könnte das passieren, ja.«

»Also guuut«, sagte sie gönnerhaft, »nehmen wir also noch ein paar raus. Den Ludwig kann ich eh nicht leiden.«

»Aha.« Schnell strich ich also Ludwig aus.

Wer war das überhaupt?

»Und Karina rülpst immer, das ist ekelig, und Melanie heult immer, weil sie keine Geschenke kriegt, wenn andere Geburtstag haben, und Klara ...«

Langsam, aber sicher kamen wir voran, bis die Liste endlich auf zehn geschrumpft war. Vielleicht sagten ja noch welche ab, dann hätten wir eine gute Gruppe, dachte ich hinterhältig.

»Morgen schreiben wir die Einladungskarten«, verkündete ich mit einem Blick auf die Uhr. Es war inzwischen dunkel und kühl geworden und mich fröstelte. »Und jetzt ab ins Bett, schließlich hast du morgen Schule.«

Paula zog von dannen, und Mathis und ich machten es uns im Wohnzimmer bei einem weiteren Glas Rotwein gemütlich.

Paulas großer Tag kam und mit ihm der Regen. Ich hörte ihn schon an die Scheiben trommeln, als ich aufwachte, und sofort war die schlechte Laune da. Mist, dachte ich, da setzte ich schon ein Kind im Sommer in die Welt und dann so ein Wetter!

Wie hatten mich alle beglückwünscht, dass ich ein Sommerkind, genauer gesagt, ein Juni-Kind bekommen würde! Da könne ich ja immer draußen feiern und hätte nicht so viel Dreck in der Bude.

Tja. War wohl nichts draus geworden. Paulas achter Geburtstag würde unter grauem Himmel stattfinden, und im Haus.

Mit einem Seufzer quälte ich mich aus dem Bett und wollte gerade gucken, ob der Festschmuck, den Mathis und ich am Vorabend noch angebracht hatten, und die Geschenke noch an der richtigen Stelle lagen, als Paula schon reingeschossen kam.

»Boah! Ist das alles für mich?«, fragte sie aufgeregt und fing sofort an, das erste Päckchen aufzureißen.

»Darf ich dir erst mal gratulieren, Paula?«

»Ja, gleich, aber – boah, guck mal!« Sie hielt einen Detektivkoffer mit allerlei Zubehör in der Hand und zeigte ihn mir mit einem strahlenden Grinsen. »Das ist das tollste Geschenk, das ich je in meinem Leben bekommen habe! Danke, Mama!«

Nun sprang sie doch auf, und ich hatte endlich Gelegenheit, ihr zu gratulieren.

Es dauerte eine ganze Weile, bis Paula sich durch die Geschenke gewühlt hatte. Dann noch schnell das Frühstück und ab in die Schule. Schnell stopfte ich ihr noch die Süßigkeiten in den Ranzen, die sie ihrer Klasse ausgeben wollte.

»Oh«, stellte auch sie treffend fest, als sie aus dem Haus trat, »heute können wir wohl nicht draußen feiern.«

Es goss in Strömen, und ich ging noch mal zur Wohnung hinauf, um ihren Regenschirm zu holen.

Gerade als ich den Flur betrat, klingelte das Telefon.

»Wer stört? Ich habe jetzt keine Zeit!«, plärrte ich hinein.

»Oh, hallo Nele, ich bin's, Mutter. Ich möchte gerne mit dem kleinen Geburtstagsschatz sprechen.«

»Der Geburtstagsschatz ist schon auf dem Weg zur Schule, Mutter.«

Nervös griff ich nach dem Regenschirm und schlug ihn in rhythmischen Schlägen an die Wand.

»So. Und warum hast du dann keine Zeit?«

»Weil ich ihr den Regenschirm hinterhertragen muss.«

»Oh. Bei euch regnet's«, stellte sie überflüssigerweise fest. »Also, Nele, ich finde, wenn ein Kind schon im Sommer Geburtstag hat, dann könntest du …«

»Ich habe den Regen nicht bestellt, Mutter!«

Die Schläge an die Wand wurden heftiger.

»Natürlich nicht, aber dennoch … wer schreit denn da so?«

»Paula. Sie will ihren Regenschirm.«

»Na, und wieso bringst du ihr den nicht? Aber wenn sie schon mal da ist, könnte sie doch auch gerade mal ans Telefon kommen.«

»Bis später, Mutter, ich muss gehen.«

Ich legte einfach den Hörer auf. Wieso hatte ich überhaupt abgenommen?

Von unten ertönte wieder ein lang gezogener Schrei von Paula, und alle Nachbarn, die bisher noch selig geschlafen hatten, waren jetzt mit Sicherheit wach.

Ich beeilte mich, nach unten zu kommen, gab Paula noch ein Küsschen mit auf den Weg und schloss dann schnell die Haustür. Brrr! Kalt war es auch noch!

Ich hatte gerade die letzten Muffins aus dem Ofen geholt, als Paulas erster Gast vor der Tür stand. Es war ihr Freund Benedikt. Er hatte nicht nur ein Geschenk, sondern auch noch ein paar selbst gepflückte Gänseblümchen für Paula dabei. Nee, wie süß! Und wie galant Paula das Sträußchen entgegennahm.

Und auch meine Rolle wurde jetzt klar. Ohne sich zu mir umzudrehen, reichte Paula die Blumen an mich weiter und sagte: »Die müssen in die Vase!«

Ich wollte gerade empört etwas erwidern, als schon das nächste Kind die Treppen hochkam. Und dann ging es Schlag auf Schlag, bis unsere Wohnung der reinste Taubenschlag war.

Mit Bedauern stellte ich fest, dass alle zehn Kinder Zeit gehabt hatten. Und ich war ganz alleine! Sandra hatte mich ursprünglich unterstützen wollen, aber dann musste sie doch kurzfristig zu ihrem Verlag fahren. Pech gehabt!

Aber ich sollte nicht alleine mit der Brut bleiben. Als die Kinder fröhlich schmatzend ihren Kuchen hinunterschlangen, klingelte es wieder an der Tür. Hatte etwa noch ein Kind gefehlt?

Nein, leider nicht. Es kam noch schlimmer. Es war meine Mutter.

»Hallo, mein Kind«, begrüßte sie mich. »Ich war gerade in der Gegend und dachte, ich schau mal rein und gratuliere meinem Geburtstagsschatz. Wo ist sie denn?«

»Such dir eine aus«, sagte ich nur und zeigte ins Wohnzimmer.

»Uch, es ist aber voll hier. Würde es nicht regnen, könnte man ja besser ...«

»Es regnet aber.«

»Ja, leider.« Sie warf mir doch tatsächlich wieder einen vorwurfsvollen Blick zu.

»Weißt du, in der letzten Woche hatte ja mein Olivia-Schätzchen Geburtstag. Herrlichstes Wetter, sage ich dir. Sonne, Sonne und noch mal Sonne! Und warm war es, warm, sag ich dir! Aber weißt du, bei Frank und Cordula ist es ja eigentlich auch egal. Die haben ein so schönes, großes Haus mit Garten und Gartenhaus und allem, was sich ein Kinderherz nur wünschen kann. Das hast du ja nicht, und dann ist es halt blöd, wenn es regnet.« Mit sichtlichem Bedauern ließ sie ihren Blick durch die Wohnung gleiten. »Aber so ist es eben, wenn man nicht verheiratet ist und keinen Mann hat, der für einen sorgt. Weißt du eigentlich schon, wer am Wochenende ...«

»... geheiratet hat?«, ergänzte ich entnervt.

»Aber nein, wie kommst du denn darauf? Kennst du etwa jemanden? Nein, ich meinte, wer gestorben ist.«

»Nee.«

»Der Herr Jungwirth von nebenan. War erst fünfundsiebzig. Weiß nicht, warum die alle so früh sterben müssen. Bums, lag er da und war tot. Einfach so. Also, da hat er seiner Frau aber einen ordentlichen Schrecken eingejagt.«

»Wie unachtsam von ihm.«

»Ja, nicht wahr? Hm. Nur schade, dass dann doch nur drei gekommen sind.«

»Zur Beerdigung?«

»Nee, zu Olivias Geburtstag.«

»Ach, sollte es eine größere Party werden?«

»Aber ja. Zwanzig Kinder hatte das Schätzchen eingeladen. Nun, wenn alle plötzlich krank werden, was will man da machen?«

»Tja, wenn auf einmal eine Unlust-Epidemie ausbricht …«

»Ja, nicht wahr, nicht wahr, da …«

»Oma, was machst du denn hier?« Paula kam angestürmt und sprang der Oma geradewegs in die ausgebreiteten Arme. »Das ist aber toll, dass du kommst. Hast du mir auch was mitgebracht?«

»Aber ja, mein Schatz, natürlich. Hier!« Meine Mutter schob ihr mit strahlendem Gesicht ein riesiges Paket hin, das sie vor der Tür hatte stehen lassen.

Oje! Was mochte da nur wieder drin sein? Es überstieg meine schlimmsten Befürchtungen.

»Ein Schlagzeug! Ein richtiges Schlagzeug! Kommt mal alle her und guckt euch das an! *Ein richtiges Schlagzeug!*« Paula kriegte sich gar nicht wieder ein vor Freude.

»Mutter, das ist nicht dein Ernst, oder?« In Gedanken sah ich uns schon ausziehen, geschmäht und beschimpft von unseren Nachbarn; von meinem Ohrenschaden mal ganz abgesehen …

»Aber ja, mein Kind, Musik ist so wichtig für Kinder. Cordula hat mich auf die Idee gebracht. Sie hat immer so schöne Ideen, nicht wahr!«

Aha! Na, das würde ich dieser falschen Schlange heimzahlen. Da konnte sie drauf wetten.

Aber erst mal musste ich die Kinder von dem Ungetüm fernhalten, denn natürlich wollten jetzt alle auf einmal darauf rumhämmern.

»Schluss jetzt!«, brüllte ich und hatte Mühe, gegen den Lärm anzukommen. *Schluuuuss!*«

»Aber warum denn, Mama, das macht doch Spaß!«

»Fragt sich nur, wem.«

Meine Mutter stand in der Küche und hielt sich die Ohren zu. Aber sie strahlte wie ein Honigkuchenpferd.

»Na, das wird euch aber noch viel Spaß machen, nicht wahr!«

Ich riss den Kindern einfach die Stöcke aus der Hand und scheuchte sie ins Kinderzimmer.

»Gleich spielen wir Topfschlagen, das reicht an Trommelei für heute.«

»Ich will aber zuerst«, ertönte es von sechs Kindern gleichzeitig, und mir war klar, dass hier längere Auseinandersetzungen wohl nicht zu vermeiden waren.

Kaum dass ich mich umgedreht hatte, dröhnte aus dem Kinderzimmer ohrenbetäubende Musik – oder was auch immer es sein sollte.

Welches Kind hatte nur diese grauenhafte CD hier angeschleppt?

Seufzend ging ich ins Wohnzimmer, um den Kaffeetisch abzudecken, als es schon wieder an der Tür klingelte. Kopfschüttelnd und der Verzweiflung nahe öffnete ich und – erblickte einen riesigen Teddybären. Er hatte Mathis' Stimme. Und nun sah man auch Mathis' Kopf hinter ihm zum Vorschein kommen.

Jubelnd fiel ich ihm um den Hals. »Wo kommst du denn her? Bist du sicher, dass du zu uns wolltest, oder hast du vergessen, dass Paula Geburtstag hat? Kein vernünftiger Mensch tut sich das hier freiwillig an.« Ich konnte gar nicht mehr aufhören, ihn zu drücken, so dankbar war ich, ihn zu sehen.

»Du hast zwar nicht gesagt, dass du Hilfe brauchst, aber ich habe es mir gedacht. Glaub mir, mit Kindergeburtstagen kenne ich mich aus. Die sind der reinste Horror.«

Mathis klopfte an die Tür des Kinderzimmers, und als Paula ihre Nase heraussteckte, sah auch sie nichts weiter als einen riesigen Teddy. Sie drückte ihn an sich und man hörte einen erstickten Jubelschrei.

Dann lugte sie um den Teddy herum, warf ihn zu mir und stürzte sich in Mathis' Arme.

»Danke, vielen Dank, Mathis! Stimmt's, den haben wir letztens im Schaufenster gesehen, und ich wollte ihn so gerne haben. Stimmt's, das ist er, Mathis?«

»Ja, Paula, das ist er. Genau der Teddy aus dem Schaufenster.«

Gerührt schaute ich auf meine zwei Lieblinge. So ging es also auch …

»Ich krieg wohl keinen Kuchen«, hörte ich plötzlich eine maulende Stimme aus Richtung Wohnzimmer.

Mutter! Die hatte ich ja ganz vergessen.

Mathis setzte Paula ab, die mir ihren Teddy aus dem Arm riss und mit einem erneuten Jubelschrei zurück ins Kinderzimmer rannte. Ich ging mit Mathis ins Wohnzimmer und ahnte Böses.

Er reichte meiner Mutter die Hand.

»Guten Tag, Hagena, Mathis Hagena. Sehr angenehm.«

Meine Mutter nickte nur und blickte dann zu mir. »Ist das dein Chef, Nele?«

Ich hatte es gewusst. »Ich bin selbstständig, Mutter, ich habe keinen Chef.«

»So. Na dann. Und wer ist es dann?«

»Mein Freund.«

»Ach, der gute Freund der Familie!«, rief meine Mutter und warf Mathis ein schräges Grinsen zu.

»Nichts guter Freund der Familie, Mutter. Mathis ist *mein* Freund, mein Lebensabschnittspartner, oder wie auch immer du es nennen willst.«

»Du hast mir ja gar nicht erzählt, dass du einen Freund hast. Nele, das hättest du mir aber wirklich mal sagen können.«

»Hättest du mir zugehört, wüsstest du es. Erinnerst du dich nicht? Stichwort Architekt. Na, klingelt's?«

»Ach, der … äh … Architekt. Den hatte ich mir aber jünger vorgestellt.«

»Mutter!«

»Tja, also, bekomme ich nun einen Kuchen, oder nicht? Und vielleicht ist ja sogar noch ein Kaffee da?«

»Tut mir leid«, flüsterte ich Mathis ins Ohr.

»Ist schon okay«, flüsterte Mathis mit einem Augenzwinkern zurück. »Auch von Schwiegermüttern bin ich einiges gewöhnt.«

Ich schaufelte meiner Mutter ein Stück Kuchen auf den Teller.

»Kaffee kommt gleich«, sagte ich und zog Mathis mit in die Küche. Ich konnte ihn doch unmöglich in den Fängen dieser Hyäne lassen!

»Was ist denn *das*?«, fragte er, als er das Schlagzeug bemerkte.

»Wonach sieht's denn aus?«

»Schlagzeug?«

»Richtig!«

»Von dir?«

»Mutter.«

»Wirklich schlimm, von seiner Mutter nicht geliebt zu werden.«

»Wem sagst du das.«

»So, und was machen Sie sonst so, wenn Sie nicht gerade Architekt sind?«

Meine Mutter hatte Mathis eine ganze Weile so prüfend gemustert, dass ich kurz davor war, ihr den Kaffee ins Gesicht zu schütten.

»Wie meinst du das, Mutter? Reicht das etwa nicht?«, fragte ich warnend.

»Na, nun hab dich mal nicht so. Man wird ja mal fragen dürfen.«

»Nein, darf man nicht.«

»Haben Sie denn wenigstens ein eigenes Architekturbüro?«, fuhr meine Mutter unbeirrt mit ihrer Inquisition fort.

»Ja, habe ich, mit einem Partner zusammen«, antwortete Mathis bereitwillig, aber Mutter schien ihm schon gar nicht mehr zuzuhören.

»Mein Sohn Frank verdient ja jede Menge Geld, wissen Sie!?«, bemerkte sie mit stolzgeschwellter Brust. »Der macht auch in Geld, wenn Sie verstehen, was ich meine.«

Nachdenklich schaute sie für eine Weile auf die Wand neben dem Sofa, befeuchtete dann ihren Finger mit Spucke und fing an, einen alten Fleck wegzuwischen, während mir Mathis aufmunternd den Oberschenkel tätschelte.

»Tja«, sagte sie dann seufzend, »Nele hatte ja mal so einen netten Freund, einen, der immer ganz adrett aussah, so mit Bügelfalten und so. Der hat Karriere gemacht, kann ich Ihnen sagen.«

Abschätzend sah sie an Mathis hinunter, der wie immer in Jeans und Hemd gekleidet war.

»Und dann war da ja noch der Arzt, Steffen hieß der, der war ja mal genau der Richtige für Nele. Aber sie wollte ja … ach, was sie wollte, wusste Nele eigentlich noch nie so recht …«

»Mutter!«

Aber Mutter ließ sich nicht beirren. »Nele arbeitet ja auch irgendwas. Aber fragen Sie mich nicht, was genau. Sie hat es mir noch nie richtig erklärt.«

»Oh, Nele hat eine sehr interessante und abwechslungsreiche Arbeit. Wir arbeiten gerade gemeinsam an einem Projekt …«

»So, so, ja dann …«, unterbrach Mutter ihn. »Wie alt sind Sie eigentlich?«

»Mutter!«

»Sechzig.«

»So. Neles Vater ist dreiundsechzig. Dem geht's auch gar nicht mehr so gut. Der Ischias, wissen Sie. Tja, das ist das Alter.«

»Mutter, das tut doch überhaupt nichts zur Sache!«

Schon als sie in der Tür gestanden hatte, war mir klar gewesen, dass es eine Katastrophe geben würde. Es gab immer Katastrophen, wenn meine Mutter irgendwo auftauchte.

Hoffentlich ging sie bald wieder!

»Mama, wir wollten doch Topfschlagen spielen.« Paula kam mit erhitztem Gesicht ins Wohnzimmer. »Wir haben auch schon ausgelost, wer anfangen darf und wer der Zweite ist und der Dritte und so.«

»Na«, begann Mathis, »das ist ja ganz prima, Paula. Hast du etwas dagegen, wenn ich auch helfe? Topfschlagen ist mein Lieblingsspiel«, und sah sie fragend an. Er hatte anscheinend die Chance gewittert, meiner Mutter zu entrinnen.

Er erntete ein strahlendes Lächeln meiner Tochter. »Klar kannst du mitmachen. Kannst ja vielleicht die Kinder drehen oder das Band zubinden, das geht nämlich immer total schwer. Aber ich glaube, das schaffst du schon.«

»Ich werde mir die allergrößte Mühe geben.«

Mathis war wie der Blitz im Kinderzimmer verschwunden. Auch ich stand auf und ging in die Küche, um die Süßigkeiten zu holen, die unter dem Topf versteckt werden sollten.

Als ich ins Kinderzimmer kam, hörte ich, wie meine Mutter gerade sagte: »… sollten Sie nicht so auf dem nackten Boden sitzen. In Ihrem Alter hat man sich ruck, zuck verkühlt.«

»Mutter, ich glaube wirklich, du solltest jetzt gehen. Wird doch alles viel zu anstrengend für dich.« Rasch griff ich nach ihrer Handtasche, um ihr unmissverständlich klarzumachen, dass sie nun die Biege machen konnte.

»Aber …«

»*Nein, kein aber!*«, schrie ich sie nun an, woraufhin mehrere Kinder erschrocken zusammenzuckten.

»Nichts passiert«, sagte ich gespielt fröhlich in die Runde. »Wisst ihr, Paulas Oma hört nicht mehr so gut.«

»Wie meine«, nickte Benedikt wissend.

Meine Mutter hatte endlich verstanden. Mit beleidigter Miene griff sie nach ihrer Tasche, tätschelte Paula den Kopf und fegte Richtung Ausgang davon.

»Auf Wiedersehen, Frau Martens!«, rief Mathis ihr nach. »War nett, Sie kennenzulernen.«

Aber meine Mutter hatte anscheinend keine Lust zu antworten und rauschte zur Tür hinaus – als ich auch schon die nächste Katastrophe auf mich zukommen sah.

Oh mein Gott! Gerade als meine Mutter die erste Treppenstufe nahm, stolzierte ihr mein Ex entgegen. Steffen! Mit einem Paket auf dem Arm.

»*Aber das ist ja …*«, kreischte meine Mutter entzückt und riss die Arme auseinander. »Das ist ja unser Steffen.« Und noch ehe sich Steffen zur Wehr setzen konnte, hatte sie ihn schon an ihre Mutterbrust gedrückt.

»Hallo Frau Martens, wir haben uns ja lange nicht gesehen. Wie geht es Ihnen? Na, Sie werden aber auch mit jedem Tag jünger.« Steffen strahlte meine Mutter an, zwinkerte mir aber hinterlistig zu.

Der Schuft, dachte ich, er hatte es schon immer verstanden, den großen Charmeur zu mimen.

In Wahrheit hatte ihn meine überkandidelte Mutter immer mindestens ebenso genervt wie mich. Aber die war nun natürlich hingerissen.

»Ach Steffen, du bist aber auch ein Schlimmer«, lachte sie pikiert.

Dann flüsterte sie ihm noch irgendwas ins Ohr, das ich nicht verstehen konnte, und mit einem letzten vielsagenden Blick auf mich ging sie schließlich ihrer Wege.

»Was willst du denn jetzt schon wieder?«, fragte ich bissig, als Steffen schließlich vor mir stand.

»Paula besuchen«, sagte er frech. »Als ich heute in den Kalender schaute, ging mir auf …«

»Ich glaube nicht, dass ich das jetzt für eine besonders gute Idee halte, Steffen.«

»Nun hab dich mal nicht so«, lachte Steffen und – nahm mich in den Arm.

Zu meinem Ärger wurde mir in diesem Augenblick ganz anders. Wie gut er roch! Und er sah wieder so unverschämt gut aus. Noch ehe ich mich wieder gefangen hatte, war Steffen schon in der Wohnung verschwunden.

Na, dachte ich, nun aber nichts wie hinterher! Was, wenn Mathis ihn sah?

»So, und jetzt geht's rund«, sagte Mathis gerade, als ich ins Kinderzimmer kam.

Er konnte ja nicht ahnen, wie recht er damit hatte. Er war gerade dabei, einem Mädchen die Augen zu verbinden, um es dann so schnell im Kreis herumzuwirbeln, dass es laut anfing zu juchzen. Steffen hatte er noch nicht entdeckt. Als er sich aber im nächsten Moment umdrehte, blickte er ihm direkt in die Augen – und sämtliche Fassung fiel ihm aus dem Gesicht.

Verlegen räusperte ich mich. »Steffen ist gerade überraschend gekommen, er war nicht eingeladen«, beeilte ich mich zu sagen.

Mathis und Steffen nickten sich zu, keiner sagte ein Wort.

»Steffen?«, riss uns Paula mit einem Jubelschrei aus der Verlegenheit. Genauso wie vorhin bei Mathis stürzte sie sich nun in Steffens Arme. »Das ist aber schön, dass du an meinen Geburtstag gedacht hast.«

»Hallo, mein Sonnenschein. Ist doch klar, dass ich dich nicht vergesse. Hier«, er drückte ihr das Paket in die Hand, »das ist für dich. Das wünschst du dir, glaube ich, schon länger.«

Während ich wie in Trance dastand und nicht wusste, in welchem Loch ich mich jetzt am schnellsten verkriechen sollte, riss Paula strahlend das Geschenk auf.

»Ein Playmobil-Reiterhof!«, jubelte sie. »Das ist ja toll!« Strahlend umarmte sie Steffen und drückte ihn an sich.

»Freut mich, dass er dir gefällt, Paula«, strahlte Steffen.

Täuschte ich mich, oder warf er Mathis einen triumphierenden Blick zu.

Der jedenfalls zog sich, ohne ein Wort zu sagen, ins Wohnzimmer zurück.

Das brachte mich wieder in die Realität zurück.

»Nett, dass du da warst, Steffen«, sagte ich bestimmt, »aber wir haben noch viel vor, und deswegen solltest du jetzt gleich wieder gehen«, und schob ihn zur Tür.

»Ist das dein Neuer?«, fragte Steffen und nickte mit dem Kopf Richtung Wohnzimmer.

»Würdest du jetzt bitte gehen«, forderte ich ihn energisch auf.

»Hab schon verstanden«, sagte er, und ich fragte mich, warum er dabei so grinste.

»Dann ist ja gut. Tschüss Steffen!«

Noch ehe ich reagieren konnte, drückte mir Steffen schnell ein Küsschen auf die Wange. Dann drehte er sich um und ging.

Erleichtert ließ ich mich mit dem Rücken gegen die Tür fallen und blieb so eine Weile stehen, als mir plötzlich aufging, warum Steffen so gegrinst hatte.

Verdammt, dachte ich, warum hatte ich ihm nicht einfach geantwortet: *Ja, das ist mein Mathis, und ich liebe ihn sehr.*

Aber nein, ich hatte einfach geschwiegen, so als wäre mir irgendwas unangenehm daran.

Was war ich doch für eine blöde Kuh! Langsam schlich ich ins Wohnzimmer.

»Tut mir leid, Mathis, aber …«, setzte ich zu einer Erklärung an, aber Mathis winkte ab.

»Schon gut, Nele, ich glaube dir ja, dass das auch für dich überraschend kam. Das hat man deinem verdatterten Gesichtsausdruck deutlich angesehen.« Mathis gelang nur ein schiefes, wenig überzeugendes Grinsen.

»Ich …«

»Ist wirklich okay, Nele, Haken dran. Lass uns über was anderes sprechen.«

Ich nickte schwach.

»Wirklich ganz reizend, deine Mutter«, sagte Mathis schließlich breit grinsend.

»Tut mir wirklich leid, Mathis, aber ich muss dir leider sagen, dass sie immer so ist.«

»Na, da kann ich ja froh sein, dass ich mich nicht in sie verliebt habe. Obwohl sie ja vom Alter her viel besser zu mir passen würde«, sagte er grinsend.

»Spinner!« Ich schlug ihn mit flacher Hand leicht auf den Hinterkopf.

Zum ersten Mal wurde mir wirklich bewusst, dass Mathis und meine Eltern der gleichen Generation angehörten. Unglaublich!

Aber Mathis hatten die Angriffe meiner Mutter und wohl auch das Auftreten von Steffen doch mehr beschäftigt, als er es sich zunächst hatte anmerken lassen.

Als schließlich alle Eltern ihre Brut wieder eingesammelt hatten, das Chaos in der Wohnung beseitigt war, Paula mit ihrem neuen Teddy Melchior und ihrem alten Teddy Balthasar selig schlummernd im Bett lag und wir uns die Reste des Abendessens schmecken ließen, kam er noch einmal auf das altbekannte Thema zurück.

»Eigentlich hat deine Mutter ja recht.«

»Womit? Mutter hat eigentlich nie recht.«

»Na, damit, dass ich zu alt für dich bin.«

»Wie kommst du denn jetzt auf den Quatsch?«

»Das ist kein Quatsch, Nele. Ich bin eine ganze Generation älter als du. Ich könnte dein Vater sein.«

»Mathis, das hatten wir doch schon alles. Mir ist es egal, wie alt du bist. Warum willst du das Thema denn jetzt schon wieder aufwärmen?«

Im Stillen schwor ich, meine Mutter bei nächster Gelegenheit in ihrem Gartenteich zu ertränken.

»Nele, darüber kann man nicht einfach hinweggehen.«

»Doch, das kann man. Oder hast du irgendwie das Gefühl, dass unsere Beziehung unter dem Altersunterschied leidet? Ich jedenfalls nicht. Es ist alles perfekt.«

»Es ist *noch* alles perfekt, Nele. Aber in zwanzig Jahren? Nele, ich habe einen Sohn, der fast so alt ist wie du.«

»Ja, und was ist nun wirklich dein Problem? Du hast schon mal versucht, mir weiszumachen, dass du dir Gedanken um die Zukunft machst. Aber dein Problem ist doch nicht das Alter, oder? Dein Problem ist deine persönliche Freiheit. Nun, Mathis, ich werde dich nicht daran hindern, das zu tun, was du tun willst oder musst. Du kannst gehen, wann immer du es für richtig hältst.«

Mathis schob seinen noch halb vollen Teller von sich fort und holte eine Flasche Rotwein aus dem Regal. Er goss sich und mir ein Glas ein.

»So einfach ist das nicht, mein Schatz. Ich habe es doch lange genug versucht, ohne dich auszukommen. Wie du unschwer gemerkt hast, ist es mir nicht gelungen. Ich liebe dich so sehr, Nele. Ich könnte ohne dich gar nicht mehr sein.«

Wäre die Liebeserklärung in einem anderen Zusammenhang gefallen, hätte ich mich sicherlich mächtig gefreut. Aber so hatte sie doch einen sehr bitteren Beigeschmack. Ich beraubte Mathis seiner Freiheit, mehr sollte sein Gejammer doch wohl nicht heißen.

»Und was soll ich jetzt machen? Dich fortschicken, damit du deine Freiheit hast, dir dafür aber nicht die Schuld geben musst?«

»Ach Nele, so ist das doch alles gar nicht gemeint. Versteh doch, dass … komm mal her!«

Mit diesen Worten zog er mich abrupt auf seinen Schoß, ungeachtet der Tatsache, dass ich ein Glas Rotwein in der Hand hielt – mit dem Resultat, dass jetzt ein riesiger Fleck auf seinem Hemd prangte.

»Ups, da muss wohl Salz drauf!«, rief ich erschrocken und entwand mich seinem Griff, um in die Küche zu flitzen.

Als ich wiederkam und mich daranmachte, das Salz über sein Hemd zu schütten, setzte er noch einmal an.

»Versteh doch, dass …«

Aber weder sollte ich an diesem Abend erfahren, was ich verstehen sollte, noch sollte ich meine Rettungsversuche am Hemd zu einem guten Ende bringen. Denn just in diesem Augenblick klingelte das Telefon, und nur wenige Minuten später hatten wir das Babyfon bei der Nachbarin deponiert und waren unterwegs ins Krankenhaus.

Ein neuer Erdenbürger schickte sich an, das Licht der Welt zu erblicken.

15

Ich schaute auf das winzige Wesen, das da friedlich schlummernd in den Armen seiner Mutter lag, und der Anblick schnürte mir die Kehle zu.

»Mein Gott, ist die süß«, sagte ich leise. Hatte man schon jemals etwas so Winziges und Hilfloses gesehen?

»Ja, nicht wahr, sie ist wirklich eine kleine Prinzessin. Meine kleine Prinzessin!« Voller Vaterstolz hielt Marco das kleine Händchen seiner Tochter.

»Wie heißt sie denn eigentlich?«, wollte ich wissen. Man musste sie doch schließlich korrekt ansprechen können.

»Nun, unser Sohn heißt Tristan, und da heißt unsere Tochter natürlich …«

Mir schwante Böses. »Doch nicht Isolde, oder?«, fragte ich entsetzt, was dazu führte, dass Ines angesichts meines empörten Gesichtsausdrucks anfing zu lachen.

»Nein, Nele, keine Angst, da hätte auch ich gestreikt.«

»Aber wie …?«

»Na«, sagte Marco vorwurfsvoll, »Helen natürlich. Unsere kleine Prinzessin heißt Helen.«

»Helen«, sagten Mathis und ich gleichzeitig und guckten uns schulterzuckend an, was so viel heißen sollte wie: *Ist ja ein hübscher Namen, aber was um alles in der Welt hat Helen mit Tristan zu tun?*

»Oh Mann«, setzte Marco an, es uns zu erklären, »kennt ihr denn nicht *Der Doktor und das liebe Vieh*? Meine absolute Lieblingsserie, als ich noch klein war. Damals wollte ich auch unbedingt Tierarzt werden!« Marco war jetzt ganz aus dem Häuschen.

»Ach so, na klar. Aber«, gab ich zu bedenken, »was hatte da denn Tristan mit Helen zu tun? Helen war doch, soweit ich mich erinnern kann, die Frau von James Harriot, dem Tierarzt. Und Tristan war doch der Bruder von Siegfried …«

»Nun sei mal nicht so kleinlich. Tristan hatte nun mal keine Frau.«

»Aha, und dann musste halt die Frau eines anderen herhalten.« Mathis, der anscheinend Spaß an dieser abenteuerlichen Konstruktion hatte, grinste über das ganze Gesicht. »Na, das ist ja wirklich so naheliegend, da hätten wir auch gleich draufkommen können.«

»Das finde ich aber auch«, sagte Marco ernst, und aus Helens winzig kleinem Mündchen kam ein zustimmendes Glucksen.

»Warum habt ihr Sandra eigentlich nicht Bescheid gesagt?«, fiel mir deren Abwesenheit plötzlich auf.

»Haben wir doch, aber sie war immer noch unterwegs. Und Christoph musste bei Anneke bleiben.« Marcos Blick blieb auf Mathis' Hemd mit dem riesigen roten Fleck hängen. »Was ist denn das? Hat unsere Nele versucht, dich zu erdolchen? Ich hab's dir gleich gesagt, Mathis, bei der Frau musst du vorsichtig sein. Die ist zu allem fähig. Aber du wolltest ja nicht auf mich hören.«

»Quatsch, das Messer hebe ich mir lieber für dich auf«, antwortete ich patzig und brach im gleichen Moment in ein herzhaftes Gähnen aus. Ich fühlte plötzlich eine heftige Müdigkeit in mir aufsteigen. »Seid mir nicht böse, aber ich glaube, ich muss ins Bett. Paulas Geburtstag war schon so anstrengend und …«

»Ach ja, richtig, Paula hatte ja heute Geburtstag!«, rief Ines. »Na, ich war so mit meinen Wehen beschäftigt … ach, Moment mal, dann haben unsere Töchter ja am gleichen Tag Geburtstag.« Strahlend und triumphierend zugleich sah sie ob dieser überraschenden Erkenntnis von einem zum anderen.

»Ja, und immer an einem Freitag«, fügte Marco trocken hinzu, woraufhin er von seiner Frau einen heftigen Stoß in die Rippen bekam.

»Witzbold.«

»Du hast so sehnsüchtig geguckt, als du das Baby angeschaut hast, Nele«, bemerkte Mathis, als wir wieder im Auto saßen.

»So, hab ich das?«

»So sah es zumindest aus, ja. Bist du sicher, dass du nicht doch noch ein Kind haben möchtest? Ich meine, du bist ja noch jung genug ...«

»Mathis, sag mal, was ist heute eigentlich los mit dir? Erst kriegst du deinen Moralischen, weil meine Mutter irgendwelche hirnverbrannten Sprüche von sich gegeben hat, jetzt willst du mir ein Kind aufschwätzen – ist irgendwas nicht okay?«

»Nein, es ist nur ... ich mache mir eben Gedanken. Manchmal glaube ich, dass ich dich vom wirklichen Leben fernhalte, dass du deine Chancen vertust, wenn du dich mit mir abgibst.«

»... wenn du dich mit mir abgibst«, äffte ich ihn nach. »Ich finde, dass ich mit dir wahrhaft genug wirkliches Leben habe, Mathis. Vielleicht akzeptierst du einfach mal, dass ich eine erwachsene, selbstständige Frau bin, der keiner sagen muss, was sie zu tun und zu lassen hat. Meine Entscheidungen kann ich schon selbst treffen, Mathis, ich bin nämlich schon groß, und wenn ich mich für dich entschieden habe, dann ist das so. Hör doch endlich auf mit deinem Geschwätz über Altersunterschiede und Kinderkriegen. Ich will es nicht mehr hören.«

Ich hatte mich nun in Rage geredet und machte lieber eine kurze Pause, bevor ich hier noch anfing herumzubrüllen.

Mathis hätte jetzt seine Chance gehabt, etwas zu erwidern, aber er starrte nur stur geradeaus und sagte kein Wort.

Ich schluckte. Irgendwas lag hier doch im Busch. Irgendwas beschäftigte Mathis doch. Etwas, das er mir verschwieg.

War es wegen Steffen? Dachte er noch immer über ihn nach?

Ich wusste es nicht. Aber eines merkte ich: Mathis war nicht offen, und das machte mir Angst. Ich hatte Mathis schon einmal verloren. Und ein unbestimmtes Gefühl sagte mir, dass es wieder passieren könnte.

»Ich liebe dich, Mathis«, sagte ich leise, mehr zu mir selbst.

Mathis drückte nur still meine Hand.

Mein ungutes Gefühl hatte mich auch am Montag noch nicht verlassen. Mathis war am Freitagabend gleich nach Hause gefahren, nachdem er mir einen Gutenachtkuss gegeben, aber kein Wort mehr gesagt hatte, außer: »Schlaf gut.«

Trotz meiner Müdigkeit hatte ich bis spät in die Nacht kein Auge zugemacht. Zu allem Überfluss hatte ich dann auch noch einen erotischen Traum gehabt. Es war so wunderschön gewesen.

Nur ... Der Protagonist war nicht Mathis gewesen, sondern Steffen!

Erschrocken über mich selbst, war ich kurz vorm Weckerklingeln aufgewacht und fühlte mich wie gerädert. Am liebsten hätte ich mich mit meinem Frust still und leise auf dem Sofa verkrochen, aber Paula wollte natürlich die kleine Helen bewundern, »die«, wie sie meinte, »ja ein ziemliches Glück hat, dass sie mit mir zusammen Geburtstag hat«.

So hatten wir uns mit Sandra und Anneke verabredet und waren ins Krankenhaus gefahren.

Ich hatte versucht, mir von meinem Kummer nichts anmerken zu lassen, aber Sandra hatte mich natürlich durchschaut.

Ich hatte ihr meine Ängste erklärt, was Mathis betraf. Den erotischen Steffen-Traum hatte ich lieber verschwiegen.

Aber was sollte Sandra schon dazu sagen, außer dass ich abwarten sollte und sich wahrscheinlich alles als ein blödes Missverständnis herausstellen würde.

Das hatte mich natürlich nicht beruhigt. Denn im tiefsten Innern wusste ich, das es so einfach nicht war, schließlich hatte Mathis das ganze Wochenende nichts von sich hören lassen.

Gerade hatte ich beschlossen, mich in die Arbeit zu stürzen und endlich ein paar liegen gebliebene Sachen aufzuarbeiten, als das Telefon klingelte.

In der Hoffnung, es wäre Mathis, der sich endlich melden würde, nahm ich schnell ab.

»Der Bürgermeister für dich, Nele«, sagte Vera.

Hm. »Okay, danke.«

»Guten Morgen, Frau Martens, ich hoffe, ich störe nicht. Ich hatte schon versucht, Herrn Doktor Hagena zu erreichen, aber der war nicht da.« Als ich nichts erwiderte, sprach er weiter. »Also wissen Sie, wir, das heißt meine Gesellschafterkollegen und ich, haben uns noch mal Gedanken um die Zukunft der Beschäftigungsgesellschaft von Herrn Wiegandt gemacht.«

»Ach?« Ich war auf der Stelle hellwach. Damit hatten wir alle schon gar nicht mehr gerechnet, schließlich waren seit unserem letzten Gespräch schon wieder fast zwei Wochen vergangen.

»Ja. Und es wird Sie freuen zu hören, dass wir da tatsächlich noch eine Aufschubfrist gewähren.«

»Oh, das ist ja … das freut mich jetzt aber …«

»Ja. Wann, sagten Sie, wäre mit dem Förderbescheid zu rechnen?«

»Ende August, denke ich. So ist zumindest der Stand der Dinge.«

»Na, dann sagen wir mal, frühestens Mitte September. Denn«, der Herr Bürgermeister ließ ein glucksendes Lachen vernehmen, »es wird ja schließlich über eine Behörde bearbeitet, und das funktioniert ja selten termingerecht, nicht wahr?«

Seinem Lachen war zu entnehmen, dass er sich selbst wohl am meisten über diesen kleinen Scherz freute. Aber höflicherweise stimmte ich in das Lachen mit ein. Schließlich hing jetzt viel von seiner guten Laune ab.

»Ja, gewiss, da könnten Sie recht haben, Herr Bürgermeister.«

»Und wie hoch war noch gleich die beantragte Summe?«

»Sechs Millionen.«

»Sechs Millionen. Hm. Und wie viel müssten wir noch hinzusteuern?«

»Eine Million.«

»Ja, richtig, das hatte ich ja unterschrieben. Gut. Na, bis dahin hören wir ja sicherlich noch öfter voneinander. Ich nehme aber an, dass ich gleich Bescheid bekomme, wenn Sie Näheres wissen?«

»Selbstverständlich. Sie werden es als Erster erfahren.«

»Gut. Dann wünsche ich Ihnen noch einen schönen Tag, Frau Martens.«

»Ihnen auch, Herr Bürgermeister. Und vielen Dank.«

Ich legte auf und atmete erst mal tief durch. Gnadenfrist. Wer hätte das gedacht? Ich ging in Marcos Büro, um auch ihm die frohe Kunde mitzuteilen.

Auch er atmete erleichtert auf.

»Na, dann kannst du es ja gleich Mathis erzählen und ich rufe Christoph an. Der wird sich freuen.«

»Nee, lass mal, ruf du mal beide an.«

»Ups! Hat's Stress gegeben bei den Frischverliebten?«

»Nicht wirklich. Es ist nur – so ein Gefühl.«

»Hm. Na dann.« Marco blickte mich kritisch an, fragte aber nicht weiter.

Ich drehte mich um und verließ sein Büro.

Mathis hatte sich den ganzen Tag nicht bei mir gemeldet, und um mich abzulenken fuhr ich am späten Nachmittag zu Ines. Sie war jetzt wieder zu Hause. Ihr und der kleinen Helen ging es richtig gut.

»Und wie wär's?«, fragte Ines, als sie Helen zum Stillen an die Brust gelegt hatte. »Willst du nicht auch noch mal nachlegen, so babymäßig, meine ich?«

»Och nee, Ines, nicht du jetzt auch noch, bitte!«, stöhnte ich.

»Wieso? Drängen dich schon andere? Mathis vielleicht?«

»Quatsch!«, entfuhr es mir heftiger, als ich eigentlich wollte, und Ines runzelte angesichts dieser harschen Reaktion die Stirn.

»Alles in Ordnung bei euch?«

»Ja, sicher … ach, ich weiß auch nicht. Mathis hat mit irgendwas ein Problem, ich komme aber nicht dahinter, was es ist.«

»Er ist ein Mann.«

»He?«

»Männer klären unsereinen nie über ihre Gefühlslage auf. Ich habe mich inzwischen damit abgefunden, dass Marco ab und an rumspinnt und auf Nachfrage nur rummault.«

»Nee, Ines, das ist es nicht. Es hat irgendwas mit unserer Beziehung zu tun. Ich glaube, Mathis zweifelt, dass die Entscheidung, die er getroffen hat, richtig war. Ich glaube, er fühlt sich eingeengt. Zu viel Familie auf einmal oder so.«

»Er liebt dich, Nele. Das sieht selbst ein Blinder. Er ist ganz vernarrt in dich.«

»Das genau ist ja, glaube ich, sein Problem. Er liebt mich und will bei mir bleiben, und gleichzeitig will er am liebsten weg. Vermutlich ist es wieder sein Fernweh und sein Freiheitsdrang, die an ihm nagen.«

»Da hilft nur eines.«

»Nämlich?«

»Er geht weg und nimmt dich mit.«

»Als wenn das so einfach wäre.«

»Und was hält euch hier?«

»Das ist eine gute Frage. Ich glaube, er käme nicht damit zurecht, seine Kinder hierzulassen.«

»Die sind doch bald erwachsen.«

»Ja, bald, aber noch nicht.«

»Sag mal, Nele, macht es dir eigentlich gar nichts aus, dass du ihn teilen musst? Ich meine jetzt nicht seine Kinder – na ja, die vielleicht ein bisschen. Aber seine Frau. Er lebt doch noch bei ihr. Also ich weiß nicht, ob ich das könnte.«

»Ich versuche mich zu arrangieren. Was soll ich sonst auch machen.«

»Du glaubst also nicht, dass er zu dir ziehen würde, wenn du ihn darum bittest?«

»Nicht, solange die Kinder noch zu Hause wohnen.«

»Puh. Schwierig. Und er kommt ja anscheinend so auch nicht zurecht, wenn deine Vermutungen stimmen. Mein Gott, haben Marco und ich eine langweilige Beziehung.«

»Sei froh, ein bisschen mehr Langeweile würde ich mir auch manchmal wünschen.«

»Weiß seine Frau eigentlich, dass es dich gibt?«

»Angeblich hat er es ihr gesagt.«

»Ich denke, das kannst du ihm glauben. Spielchen sind nicht Mathis' Ding. Außerdem weiß es ja sowieso schon die halbe Stadt. Wie sollte es da ausgerechnet an ihr vorbeigehen? Aber dass die das mitmacht, erstaunlich.«

»Nee, ich glaube, so erstaunlich ist das gar nicht.«

Als Ines mich fragend ansah, erzählte ich ihr alles, was mir Mathis über die besondere Konstellation seiner Ehe erzählt hatte. Dass er nicht aus Liebe geheiratet hatte, dass er sich beweisen wollte, standhalten zu können, und so weiter.

»Na, wenn das wirklich so ist, dann verstehe ich aber erst recht nicht, warum ihm die Trennung so schwerfällt«, sagte Ines kopfschüttelnd, als ich geendet hatte.

»Ist doch ganz einfach. Wenn man seinen Partner nicht mehr liebt, ist es für alle einsichtig, dass man ihn verlässt. Kann ja schließlich passieren, dass die Gefühle im Laufe der Zeit abklingen. Wenn es aber nie Liebe gewesen ist, und man verlässt seinen Partner und noch dazu die aus dieser Zweckkonstellation entstandenen Kinder, dann heißt es von allen Seiten: *Das kann er doch nicht machen, schließlich wusste er von Anfang an, worauf er sich einlässt.* So, und dann stehst du da wie Karl Arsch und hast noch dazu ein furchtbar schlechtes Gewissen.«

»Hm, klingt nicht ganz unlogisch.« Ines legte Helen in ihre Wiege zurück, wo sie zufrieden vor sich hin schmatzte.

»Nee. Und ich glaube, das ist unter anderem Mathis' Zwickmühle, in der er sich befindet. Aber ich denke, wenn er schon auszieht und sich die Schmach antut, dann will er auch ganz weg aus dieser Stadt.«

Für eine Weile hingen wir beide schweigend unseren Gedanken nach, bis wir einen Schlüssel in der Tür hörten.

Sandra lächelte. »Oh, Marco und Tristan kommen zurück. Sie waren beide beim Frisör.«

Das sah man Marco nun gerade nicht an, als er reinkam, aber Tristan hatte einen ganz entzückenden Kurzhaarschnitt bekommen. Er rannte gleich auf die Wiege zu und linste hinein.

»Na, Tristan, gefällt dir deine neue Schwester?«, fragte ich neugierig.

»Hm.« Er schien erst überlegen zu müssen. »Schreit immer und kann nix spielen«, sagte er dann, »aber mussa hier bleim, sacht Mama.«

»Aha. Na, da kann man ja wohl nichts machen.«

»Nee.« Tristan zupfte noch ein wenig an Helens Decke herum, aber als sie nicht darauf reagierte, rannte er in sein Zimmer.

Ich verabschiedete mich gleich darauf, weil Paulas Voltigierstunde bald zu Ende war.

Mist, Straße gesperrt! Oje! Ob ich es über die Umleitung wohl noch rechtzeitig nach Hause schaffen würde? Überall hatten sich lange Autoschlangen vor den Ampeln gebildet. Hoffentlich kam Paula auf die Idee, zu Anneke zu gehen, wenn ich zu spät kam. Fluchend sah ich immer wieder auf die Uhr. Ich hätte nicht so lange bei Ines bleiben dürfen.

Aber ich hatte mir die Sorgen ganz umsonst gemacht. Als ich mit einer Viertelstunde Verspätung in unsere Straße einbog, sah ich Paula schon durch den Vorgarten toben. Aber sie war nicht allein.

Mathis war bei ihr.

Mein Herz fing wie wild an zu klopfen, und aller Frust war auf der Stelle verflogen.

Er war gekommen! Es dauerte noch mal fünf Minuten, bis ich eine Parklücke gefunden hatte. Aber Paula und Mathis hatten mich schon entdeckt und kamen mir entgegengelaufen.

»Ich habe mit Mathis Fangen gespielt, Mama!«, rief Paula mir entgegen.

»Das ist ja toll, mein Schatz«, antwortete ich und gab ihr einen Kuss. »Tut mir leid, dass ich so spät bin. Aber ich war noch bei Ines, und auf den Straßen ist die Hölle los.«

»Und wie geht's Ines und dem Nachwuchs?«, fragte nun Mathis und gab mir einen superzärtlichen Kuss. Wieder machte mein Herz einen Sprung.

»Sehr gut. Haben sich schon aneinander gewöhnt.«

»Ist das Baby immer noch so klein, Mama?«

»Ja, klar. Es wird auch noch eine Weile dauern, bis sie so groß ist wie du.«

»Und dann bin ich schon erwachsen.«

Ich rechnete nach. »Ja ... äh ... stimmt ... äh ... dann bist du fast schon erwachsen.« Der Gedanke gefiel mir eigentlich überhaupt nicht.

Mathis hatte mein Stottern richtig gedeutet. »Tja, mein Schatz, ruck, zuck sind die Kinder aus dem Haus.«

»Das fürchte ich auch.«

Als wir in die Wohnung kamen, rannte Mathis schnurstracks in die Küche. »Ich koche uns was Schönes!«, rief er, und schon hörte ich ihn mit Geschirr und Töpfen hantieren.

Ich schüttelte den Kopf. Anscheinend hatte nur ich mir die ganze Zeit Sorgen gemacht. Mathis jedenfalls schien wieder bester Laune zu sein.

»Darf Anneke heute bei mir schlafen, Mama?« Paula stand aufgeregt hüpfend vor mir und hielt ihren Detektivkoffer in der Hand.

»Wie kommst du denn jetzt darauf?«

»Na, dann können wir noch ein bisschen Detektiv spielen, das haben wir noch gar nicht gemacht, und heute ist es doch so schön draußen, da können wir noch ein bisschen draußen spielen.«

»Und wieso muss Anneke dann hier schlafen?«

»Mensch, Mama, nun sei doch nicht so dumm!« Paula tippte sich mit dem Finger an die Stirn, was ich beschloss zu übersehen. »Wer weiß, ob wir nachher nicht verfolgt werden, wenn wir zu viel rausgefunden haben. Und da ist es doch immer besser, man ist zu zweit, oder?«

»Das stimmt natürlich. Na gut, dann lauf schnell rüber und frag, ob das geht. Und wenn es geht, sag doch bitte kurz Bescheid.«

Paula rannte los. »Und, Paula, um acht Uhr gibt es Essen!«, rief ich ihr noch hinterher, kurz bevor die Tür ins Schloss fiel.

Ich ging zu Mathis in die Küche. Der Chefkoch stand am Herd, hatte das Oberhemd ausgezogen und dafür eine Schürze vor den Bauch gebunden.

Sexy! Ich schlich mich leise von hinten an und fuhr mit meinen Händen unter die Schürze, bis ich den Bauch ganz umfangen hielt. Es ging gerade so.

»Willst du mich diskret darauf hinweisen, dass ich abnehmen muss?«, fragte er, während er unbeirrt weiter in einer herrlich duftenden Soße rührte.

»Ich will dich darauf hinweisen, dass wir schon lange keinen erotischen Abend mehr verlebt haben.«

Meine Hände wanderten nun tiefer und Mathis stöhnte auf.

»Sag jetzt nicht, es ist schon wieder der Monatserste«, erwiderte er seufzend. »Das artet ja so langsam in Stress aus.«

»Scheusal!«, fauchte ich scherzhaft und kniff ihm sanft in seine edelsten Teile.

»Au! Warte, bis ich hier fertig bin«, lachte er, »und solange kannst du ja schon mal den Tisch decken. Dann bist du wenigstens beschäftigt und kommst nicht mehr auf gewisse Gedanken.«

Selig ging ich ins Wohnzimmer zurück und begann, das Geschirr aufzutragen.

»Mathis hat gar kein Problem mit mir«, jubelte ich still vor mich hin, »ich habe mal wieder alles überbewertet!« Nie wieder würde ich so ins Zweifeln geraten, schwor ich mir.

Es klingelte an der Wohnungstür.

»Anneke ist bei mir, und wir spielen jetzt hier unten!«, rief Paula durch die Sprechanlage.

»Gut, aber seid vorsichtig an der Straße!«, rief ich zurück und legte den Hörer wieder auf.

»Auf Christoph und das Fortbestehen unseres Projekts!« Mathis hob sein Glas und prostete mir und den Kindern zu.

»Ja, einen ersten Teilsieg haben wir ja jetzt errungen.« Auch ich hob mein Glas.

»Hat Papa Geburtstag oder was?«, fragte Anneke mit großen Augen. »Davon hat mir aber keiner was gesagt.«

»Hm, das ist ja wirklich doof«, stellte Paula fest. »Dann hast du ja auch gar kein Geschenk für ihn.

»Nein, Anneke«, beruhigte Mathis sie. »Dein Papa hat nicht Geburtstag. Wir haben nur einen Erfolg bei der Arbeit zu feiern.«

»Papa«, meinte Anneke, »sagte letztens zu Mama, dass er stinksauer ist, weil sie ihm seine Arbeit wegnehmen«, und versuchte, Unmengen Spaghetti auf ihre Gabel zu drehen. »Hm«, fügte sie dann hinzu, »eigentlich sollte ich das ja gar nicht hören, habe es aber doch gehört, als ich aufs Klo gegangen bin. Und da hat Mama gesagt, dass sie zur Not ja immer noch mit den *Heinrich*-Büchern Geld verdient, aber das wollte Papa wohl nicht hören, denn da sagte er *Ach, sei doch ruhig!* oder so.« Anneke schob sich ihre übervolle Gabel in den Mund und war nun sprechtechnisch für eine Weile außer Gefecht gesetzt.

»Männer!«, bemerkte ich trocken. »Ein bisschen Macho steckt doch in ihnen allen.«.

»Ist Mattschos was Schlimmes, Mama, tut das weh, wenn das in einem steckt?«

»Manchmal wär's gut, es täte weh«, antwortete ich, worauf Mathis mich finster ansah.

»Wieso?«, ließ mein Kind nicht locker.

»Was deine Mama meint, ist«, erklärte Mathis ihr, »dass sich die Männer so langsam mal daran gewöhnen könnten, dass auch Frauen arbeiten gehen und nicht nur zu Hause sitzen und kochen.«

»Ja, so wie es bei uns ist. Mama geht arbeiten und du kochst. Das geht doch auch«, nickte Paula, und ich brach angesichts Mathis' verdutztem Gesicht in schallendes Gelächter aus, was mir auch Paulas verdutztes Gesicht einbrachte.

»Ja, so ähnlich hatte ich es gemeint«, sagte Mathis resigniert und widmete sich seinem Essen.

»Meine Mama arbeitet ja zu Hause, und ich glaube, sie verdient damit mehr Geld als Papa«, ließ sich nun Anneke wieder vernehmen. »Das sagt jedenfalls Oma. Papa meinte aber, das wäre doch Quatsch.«

Na, das klang ja nach heißen Diskussionen im Hause Wiegandt. Ich musste mich doch dringend mal wieder bei Sandra zum Kaffeeklatsch einladen. Hatte mich sowieso viel zu wenig um sie gekümmert in letzter Zeit. Bestimmt hatte sie gewaltig Stress und Nerverei, seit Christoph die Hiobsbotschaft erhalten hatte. Konnte ja nicht überall so glatt laufen wie bei uns, dachte ich glücklich und strahlte Mathis an.

»Gibt's was?«, fragte er.

»Ja, eine ganze Menge, mein Schatz«, flüsterte ich. »Aber zuerst müssen die Kinder ins Bett.«

»Was machen wir eigentlich in den Sommerferien?«, fragte ich Mathis, als ich fest an ihn gekuschelt im Bett lag.

»Müssen wir mal schauen. Ich werde für zwei Wochen nach Rügen fahren und …«

»Au ja, da kommen wir mit!«, rief ich begeistert.

»Ich nehme meine Jungs mit.«

»Oh.« Ich schluckte.

Wenn er seine Jungs mitnahm, konnten wir nicht mit. Die wollten mit uns nichts zu tun haben. Sie hatten Angst, ich nähme ihnen den Vater weg, hatte Mathis gesagt. Schade eigentlich, aber ich musste es wohl akzeptieren.

»Und dann muss ich noch für eine Woche nach Stockholm.«

»Stockholm?«, fragte ich verdutzt. Das war ja nun ganz neu.

»Ja, da ist ein Architekten-Kongress. Spannende Sache.«

»Aha. Und da fährst du auch alleine hin.«

»Ich nehme meinen Partner mit. Für euch wäre das nichts, ich werde quasi Tag und Nacht beschäftigt sein.«

»Bleiben also noch drei Wochen.«

»Na ja, so lange kann ich hier nicht weg. Aber eine Woche könnte ich sicherlich noch freischaufeln.«

Ich ließ mich enttäuscht in die Kissen zurückfallen. Das hatte ich mir ja anders vorgestellt. Eine Woche nur.

»Jetzt bist du sauer.« Es war mehr eine Feststellung als eine Frage.

»Enttäuscht.«

»Hm. Ja, es ist nicht einfach, mit einem Familienvater liiert zu sein.«

Es folgte ein längeres Schweigen.

»Kennst du Schweden?«, fragte Mathis unvermittelt.

»Nee, da war ich noch nie.«

»Es ist sehr schön dort. Vor allem im Sommer. Herrliche weite Landschaft, riesige Seen, weit und breit nichts als Gegend – und Elche natürlich.«

»Und wieso erzählst du mir das?«

»Weil ich mir gerade überlegt habe, ob es nicht schön wäre, wenn ihr einfach nachkämt und wir noch eine Woche, na, sagen wir zehn Tage, gemeinsam durchs Land streifen würden.«

»Ist das dein Ernst?« Ich setzte mich auf und starrte ihn an.

»Klar, warum denn nicht? Oder spricht irgendetwas dagegen?«

»Wann wäre das denn?«

»Ich bin in Stockholm in der letzten Juliwoche. Dann wäre das die erste Augustwoche, wenn mich nicht alles täuscht.«

»Das ginge auf jeden Fall.« Ich war nun ganz aufgeregt. Schweden! Da wollte ich schon immer mal hin! »Mathis, du bist ein Schatz«, freute ich mich und drückte ihm einen Kuss auf die Wange.

»Mit Marcos Urlaub wird das doch nicht kollidieren, oder?«, gab Mathis zu bedenken.

»Nee, die wollen dieses Jahr Urlaub auf Balkonien machen. Ines will mit dem kleinen Baby nicht gerne unterwegs sein. Somit war es Marco egal, wann ich in Urlaub gehe. Er meinte, er würde sich danach richten.«

»Na, dann ist ja alles in Butter. Müssen wir nur noch was buchen. Wird vielleicht nicht ganz einfach, so kurzfristig. Aber machbar ist es bestimmt. Ich werde morgen mal Frau Brenner auf Recherche schicken. Die findet immer noch was, wenn alle anderen schon sagen, es wäre zwecklos.«

»Und wann bist du auf Rügen?«

»In den ersten zwei Ferienwochen.«

»Das ist ja dann schon bald.« Das Herz sackte mir in die Hose bei dem Gedanken, dass ich ganze drei Wochen ohne Mathis auskommen sollte. »Kommst du zwischen Rügen und Stockholm noch mal her?«

»Nein, ich werde von Rügen aus mit der Fähre übersetzen, das ist am einfachsten. Die Jungen fahren alleine mit dem Auto zurück.«

Mathis drehte sich zu mir um. Und als hätte er meine Gedanken erraten, fügte er mit zärtlicher Stimme hinzu: »Glaube nur nicht, dass es mir leichtfällt, dich drei ganze lange Wochen nicht zu sehen«, er streichelte sanft meinen Bauch, »und nicht zu spüren. Wir haben eigentlich schon viel zu viel Zeit verpasst – was natürlich allein meine Schuld war. Aber es gibt Dinge, die sind nun mal so, wie sie sind, und da nützt es nichts, zu jammern und zu jaulen. Dafür werden wir es uns hinterher umso schöner machen, mein Sonnenschein.«

Er drückte mir noch einen zärtlichen Kuss auf den Bauch, dann sprang er unvermittelt aus dem Bett. »So, und nun muss ich leider gehen. Malte hat morgen Geburtstag, und ich muss noch den Geburtstagstisch fertig machen.«

Als er die Tür hinter sich zugezogen hatte, stieß ich einen langen Seufzer aus. *Familienvater eben!*

Zum neuen Kindergartenjahr fehlen rund zweihundert Plätze für unter Dreijährige. Wie das städtische Jugendamt mitteilte, sei die Nachfrage gegenüber dem Vorjahr um drei Prozent gestiegen. Es sei daher äußerst bedauerlich, dass die Koalition sich noch nicht auf den Bau einer weiteren Tagesstätte habe einigen können. Bereits im Sommer letzten Jahres sei das Planungsverfahren für die Kita im Lärchenweg abgeschlossen worden, eine Umsetzung der Planung ließe aber bis heute auf sich warten. Wie aus dem Baudezernat verlautete, sei man in dieser Angelegenheit aber nach wie vor »im Gespräch«. Baudezernent Schlüter zeigte sich zuversichtlich, dass es in absehbarer Zeit zu einer Einigung kommen werde. »Angesichts der derzeitigen Haushaltslage muss die Bevölkerung aber auch Verständnis dafür aufbringen, dass dringlicheren Projekten Vorrang eingeräumt wird«, so Schlüter und fügte mit einem Lachen hinzu, »vor allem natürlich der hochgeschätzte weibliche Teil der Bevölkerung.«

Fiel einem dazu noch was ein? Kopfschüttelnd legte ich die Zeitung beiseite. *Hochgeschätzter weiblicher Teil der Bevölkerung.* Na, der traute sich ja was! Und man sei noch im Gespräch, stand da. Unfassbar!

Seit Sommer letzten Jahres hatten vier solcher Gespräche stattgefunden. Sie waren gekennzeichnet gewesen von Parteiengeplänkel, gegenseitigen Schuldzuweisungen, Starrsinn und – Machogehabe.

Kinder-Küche-Kirche stand bei der konservativen Front nach wie vor hoch im Kurs. Kannte man aber die eine oder andere Ehefrau der dort sitzenden Entscheidungsträger, wusste man, warum sie sich nur unter Ausschluss der Öffentlichkeit getrauten, die billigsten Machosprüche loszulassen.

Der Presse gegenüber gerierten sie sich lieber als unerschrockene Kämpfer für die Gleichberechtigung von Mann und Frau, was zweifelsohne nicht nur besser für ihren guten Ruf, sondern vor allem auch für ihre Gesundheit war. Zumindest dann, wenn sie weiterhin vorhatten, die heimische Schwelle unbeschadet zu überschreiten.

Die eingeschobene Bemerkung von Herrn Schlüter würde daher sicherlich nicht ohne Folgen bleiben, dachte ich hämisch …

Nun, wie dem auch sei und wie zu erwarten gewesen war, hatten all diese Sitzungen nur Vertagungen ergeben, und so vertagte man sich noch heute.

Ich selbst hatte längst Marco diesen Part unserer Arbeit überlassen, der hatte eindeutig die besseren Nerven. Wäre ich nicht umhin gekommen, auch nur an noch einer einzigen dieser Sitzungen teilzunehmen, hätte ich den werten Herren womöglich die Gesichter zerkratzt.

Ich beschloss, den Rest der Zeitung später zu lesen und mich einer dringlicheren Angelegenheit zuzuwenden.

Ich kramte meinen frisch erstandenen Schweden-Reiseführer aus dem Rucksack, legte die Beine auf den Schreibtisch und begann zu lesen.

Gerade wollte ich mich durch die Stockholmer Innenstadt arbeiten, als das Telefon klingelte.

»Mist«, murmelte ich leise vor mich hin, »ich hätte Vera sagen sollen, dass ich nicht gestört werden will.«

»Ich möchte nicht gestört werden, Vera«, holte ich meinen Spruch nun also nach, war dann aber mit einem Schlag hellwach, als ich hörte, wer dran war:

Eva-Maria Katthaus, die Frauenbeauftragte unserer Stadt.

Ich hatte schon viel von ihr gehört und war auch mal bei einem ihrer Vorträge gewesen. Die Frau war genial! Powerfrau sondergleichen und Schrecken aller krawattierten Parteisoldaten und sonstigen Würdenträger mit Mutterkomplex. Wo sie auftauchte, zogen sie alle sofort den Schwanz ein.

Aber was um Himmels willen konnte sie von mir wollen?

»Stell durch, Vera!«, rief ich aufgeregt.

»Guten Tag, Frau Katthaus«, sagte ich und bemühte mich um eine ruhige Stimme.

»Guten Tag, Frau Martens, ich hoffe, ich störe nicht«, sagte eine dunkle Stimme.

»Nein, natürlich nicht, ganz und gar nicht. Was führt Sie zu mir?«

»Sie haben heute sicherlich schon die Zeitung gelesen.«

»Ja, sicher ... äh ... zumindest zum Teil«, fügte ich schnell hinzu.

»Den Artikel zur Kindertagesstätte haben Sie aber gesehen.«

Aha, dachte ich, daher weht also der Wind. Na, das konnte ja spannend werden!

»Diesen unsäglichen Artikel habe ich gelesen, ja, und wenn ich das hinzufügen darf, mich furchtbar darüber geärgert.«

»Nun, da sind Sie nicht die Einzige. Bei mir laufen schon den ganzen Morgen die Telefone heiß. Lauter aufgebrachte Mütter.«

Schön! Endlich wachten sie auf! Na dann viel Spaß, Herr Dezernent, dachte ich schadenfroh.

»Kann ich mir vorstellen«, sagte ich. »Und wie kann ich da behilflich sein?«

»Sie waren doch bei einigen der Sitzungen dabei, wie man mir sagte. Vielleicht könnten Sie mir kurz schildern, was da so besprochen wurde und wie es da so vor sich ging. Ich überlege mir nämlich, ob ich mich mal zu einer dieser Sitzungen einladen lasse. Wenn Sie verstehen, was ich meine.«

Das wurde ja immer besser! »Klar verstehe ich, was Sie meinen, und gerne erzähle ich ein bisschen. Sie werden Ihre wahre Freude daran haben. Vielleicht beginne ich einfach damit, dass ich bei den letzten Sitzungen nicht mehr gewesen bin, sondern meinen Kollegen geschickt habe, und das geschah aus folgendem Grund …«

Meine Ausführungen dauerten etwas über eine Viertelstunde, und ich redete mich nach und nach richtig in Rage. Frau Katthaus unterbrach mich nur gelegentlich für kurze Nachfragen, ansonsten war sie eine geduldige Zuhörerin.

»Das ist ja alles sehr interessant, was Sie mir da erzählen, Frau Martens. Ich glaube wirklich, dass ich mich da mal einklinken muss. Sollte mich wundern, wenn die nicht noch in diesem Jahr anfangen würden zu bauen.«

»Das wäre ja mal eine gute Nachricht.«

»Ich danke Ihnen, dass Sie sich die Zeit genommen haben, Frau Martens.«

»Gern geschehen. Jeder Zeit wieder. Auf Wiederhören, Frau Katthaus.«

»Auf Wiederhören … und, Frau Martens … unser Gespräch hat nie stattgefunden.«

»Welches Gespräch?« Lachend legte ich den Hörer auf die Gabel und rieb mir schadenfroh die Hände.

Gebt gut acht, Jungs! Jetzt gibt's einen Satz heiße Ohren!

Still vor mich hingrinsend, legte ich wieder die Beine auf den Schreibtisch und setzte meine Route durch Stockholm fort.

Die Sommerferien kamen und mit ihnen der Abschied von Mathis. Ich versuchte, es nicht so schwerzunehmen, schließlich sollte es ja nur für drei Wochen sein, und dann würde ein herrlicher gemeinsamer Urlaub folgen. Aber es gelang mir nur unter größter Anstrengung, die aufsteigenden Tränen zu unterdrücken, als Mathis sich von mir verabschiedete.

»Mach's gut, mein Sonnenschein. Wir sehen uns in drei Wochen in Stockholm.«

Ich nickte nur und drückte mich an ihn.

»Ach Nele, du fehlst mir jetzt schon.«

»Du mir auch«, flüsterte ich, und wir versanken in einem Kuss.

»Vergiss mich nicht, mein Schatz«, sagte er dann, zwinkerte mir zu und stieg ins Auto. Er winkte noch einmal, dann war er weg.

Langsam schlich ich ins Haus, und eine unendliche Leere breitete sich in mir aus. Und nun konnte ich auch die Tränen nicht mehr zurückhalten. Ich schalt mich eine dumme Kuh, dass ich mich wegen drei Wochen so anstellte. Aber im tiefsten Innern wusste ich, dass es nicht nur um die drei Wochen ging. Es ging um viel mehr.

Ich war zwar jetzt mit Mathis zusammen, wie ich es mir so sehr gewünscht hatte. Aber er gehörte mir trotzdem nicht. Er gehörte nach wie vor seiner Familie. Sie war es, die sein Leben bestimmte und damit unweigerlich auch meins.

Und ich? Ich hatte keine Ahnung, wie ich da rauskam. Sicherlich, ich konnte ihn in die Wüste schicken. Ich konnte ihn vor die Wahl stellen, seine Familie oder ich. Oder ich konnte es so akzeptieren, wie es war. In den ersten beiden Fällen würde ich ihn ganz verlieren. Ich war sicher, dass er sich für seine Familie entscheiden würde. Alles andere konnte er mit seinem Gewissen nicht vereinbaren.

Wenn ich ihn also wenigstens immer mal wieder für einige Stunden oder wie jetzt für eine gemeinsame Urlaubsreise haben wollte, musste ich meine Klappe halten und die Situation so hinnehmen, wie sie war.

Ich hatte mir schon oft darüber Gedanken gemacht, wie ich eine für mich zufriedenstellendere Lösung herbeiführen könnte, und auch jetzt zermarterte ich mir wieder das Hirn.

Aber alles Grübeln half nichts. Ich musste es wohl so hinnehmen.

»Bist du traurig, Mama?«

Paula war leise ins Zimmer geschlichen, hatte sich zu mir aufs Sofa gesetzt und ihren kleinen Arm um meinen Hals gelegt.

»Nur ein bisschen, mein Schatz. Aber das ist gleich vorbei.«

»Ist es, weil Mathis weggefahren ist?«

»Ja, aber es ist eigentlich dumm, es ist ja nicht für lange, und dann treffen wir uns in Schweden. Da machen wir dann einen ganz tollen Urlaub.«

Paula nickte still.

»Mathis ist gar nicht mein neuer Papa, oder?«, fragte sie dann.

»Wie kommst du denn jetzt darauf?«

»Na, wenn er mein neuer Papa wäre, dann würde er doch bei uns wohnen. Das tut er aber nicht, er kommt immer nur zu Besuch.«

»Manchmal schläft er auch hier.«

»Das tut Anneke auch. Und sie ist trotzdem nur Besuch.«

Hm. Dem Kind war also auch schon aufgefallen, dass es in unserer Beziehung anders lief als in anderen. Aber klar, Kinder nahmen sowieso viel mehr wahr, als wir Erwachsenen gemeinhin annahmen.

Ich nahm sie in den Arm und streichelte ihr über den Kopf.

»Hättest du denn gerne, dass Mathis hier wohnt?«

»Nur wenn er nicht bei dir im Bett schläft.«

»Wenn man sich ganz doll lieb hat, schläft man aber nun mal in einem Bett.«

»Ich habe dich auch ganz doll lieb und schlafe trotzdem nicht bei dir im Bett.«

»Das ist etwas anderes.«

»Warum?«

»Nun ... na, ist ja auch egal«, wich ich ihrer Frage aus. »Mathis wohnt ja nicht hier, wie du schon ganz richtig festgestellt hast. Da brauchen wir uns darüber ja nicht den Kopf zu zerbrechen.«

»Spielst du jetzt was mit mir?«

»Ja, das ist eine gute Idee. Wozu hättest du denn Lust?«

»*Mensch ärgere dich nicht.* Das ist lustig.«

»Richtig. Und was Lustiges ist immer gut, stimmt's?«

»Stimmt!«

16

Meine Stimmung wurde von Tag zu Tag schlechter. Mathis fehlte mir sehr. Um mich abzulenken, machte ich mit Paula viele Ausflüge, häufig schlossen sich Sandra und Anneke an. Das Wetter meinte es gut mit uns, die Sonne strahlte seit Beginn der Ferien vom blauen Himmel, und wir hatten Spaß daran, mit den Fahrrädern ins Grüne zu fahren. Hungrig und durchgeschwitzt machten wir zwischendurch an einem See halt, erfrischten uns im kühlen Nass und machten an einem schattigen Platz ein ausgiebiges Picknick. Paula blühte in dieser Zeit regelrecht auf, und mir wurde schmerzlich bewusst, dass ich im täglichen Einerlei zwischen Job, Haushalt und anderen Verpflichtungen viel zu wenig Zeit für sie hatte.

Eines Tages kam Paula mit geröteten Wangen zu mir ins Arbeitszimmer gestürmt. Normalerweise war ich über solche Störungen eher ungehalten, heute aber war ich für jede Abwechslung dankbar. Denn statt zu arbeiten, war ich wieder in meine schwermütigen Gedanken versunken, die zu keinem Ergebnis führten, außer vielleicht, dass ich mich stimmungsmäßig immer tiefer in einer Abwärtsspirale verfing.

»Weißt du was!?«, rief mir Paula aufgeregt entgegen und zerrte an meinem T-Shirt.

»Nee«, sagte ich dumpf.

»Am Wochenende ist Stadtfest, hat mir Juliane gerade erzählt. Mit ganz tollen Karussells und so.«

»Ja, und?«

»Juliane geht da hin und hat gefragt, ob ich auch mitgehe. Oh bitte, Mama, darf ich?« Mein Kind sah mich mit flehenden Augen an, so als wäre dieses Stadtfest für sie überlebenswichtig.

»Ach Paula, du weißt doch, dass ich so Massenveranstaltungen überhaupt nicht leiden kann. Da ist immer ein unheimliches Gedränge, man wird ständig von irgendwelchen Besoffenen angerempelt, meistens regnet es auch noch …«

»Bitte, Mama, ich war doch noch nie auf einem Stadtfest und außerdem – du brauchst ja gar nicht mitzugehen. Julianes Mutter hat gesagt, sie würde mich auch mitnehmen.«

Mein Kind mit mir fast fremden Leuten alleine unter lauter Besoffenen? Nee, das kam ja nun gar nicht infrage!

»Also gut«, gab ich nach, »wenn dir so viel daran liegt. Aber nur für ein, zwei Stunden am Freitagnachmittag, okay?« Ich hatte die leise Hoffnung, dass es dann vielleicht noch nicht ganz so voll sein würde.

»Danke, Mama. Ich rufe gleich bei Juliane an und sag es ihr.«

Wenige Minuten später kam sie mit enttäuschtem Gesichtsausdruck ins Zimmer zurück. »Juliane kann am Freitag nicht, sie will am Sonntag gehen.« In Paulas Augen traten Tränen.

Ich fasste mir ein Herz. »Schon gut, mein Schatz, wir gehen trotzdem. Vielleicht will Anneke ja mitkommen.«

Paula fiel mir jubelnd um den Hals und griff gleich zum Hörer, um Anneke zu fragen.

Es wurde ausgemacht, dass ich mit den Kindern alleine gehen würde, da Sandra sich um die Fertigstellung ihres neuen *Heinrich*-Buches kümmern musste, mit dem sie schon etwas in Verzug war.

Hatte ich bis zur letzten Stunde gehofft, dass es in Strömen regnen würde und das Stadtfest für uns damit ausfiele, wurde ich schließlich eines Besseren belehrt. Als wir Anneke zur verabredeten Zeit abholten, war am Himmel nicht das kleinste Wölkchen zu sehen. Seufzend fügte ich mich dem Unvermeidlichen, holte die Fahrräder aus dem Keller und radelte mit den Mädchen Richtung Festplatz – wo sich auch meine zweite Hoffnung zerschlug: Es war gerammelt voll, die Menschenmassen schoben sich in dichten Trauben an den Ständen vorbei, vor den Karussells herrschte ein heilloses Gedränge, und man musste ewig Schlange stehen, um an die begehrten Fahrchips zu kommen.

Zu meinem Leidwesen wollten die Mädchen unbedingt Autoskooter fahren. Schon immer hatte ich vor diesen Dingern einen Heidenrespekt gehabt, hatte ich mir doch jedes Mal, wenn ich als Kind in solch einem Ding gesessen hatte, die Lippe aufgeschlagen oder eine dicke Beule am Kopf geholt. Bis ich schließlich beschlossen hatte, dieses Feld den rüpelhaftesten aller Zeitgenossen zu überlassen, denen es anscheinend nicht um Spaß, sondern allenfalls um das Abreagieren ihres aufgestauten Frustes ging.

Ich versuchte, Paula und Anneke von ihrem Vorhaben abzubringen, aber es half nichts. Sie quengelten und maulten, bis ich schließlich nachgab.

Wir hatten uns gerade ins Ende der Schlange eingereiht, als ich plötzlich einen warmen Atem an meiner Wange spürte und mir jemand ein leises »Hallo Nele« ins Ohr flüsterte.

Mir wurde augenblicklich heiß und kalt, ich konnte nichts dagegen tun. Bevor ich mich umdrehte, holte ich einmal tief Luft, um mich zu sammeln.

»Hallo Steffen, auch hier?«, fragte ich, und mir gelang sogar ein Lächeln.

»Sieht so aus«, meinte er grinsend. »Hallo Paula, hallo Anneke«, sagte er dann an die Kinder gewandt, und die kriegten sich gar nicht mehr ein vor lauter Begeisterung, ihn hier zu sehen.

»Willst du auch Autoskooter fahren?«, fragte Paula mit strahlenden Augen, und Anneke rief: »Au ja, komm doch mit uns in ein Auto!«

»Geht leider nicht, Anneke, denn ich habe jemanden mitgebracht, der auch mit mir fahren möchte.« Steffen deutete auf einen kleinen, vielleicht vierjährigen Jungen neben sich, den ich erst auf den zweiten Blick als seinen Neffen erkannte. War der groß geworden, seit ich ihn das letzte Mal gesehen hatte!

»Hallo Max«, sagte ich und strich ihm über den Kopf, »hab dich ja lange nicht gesehen.«

Aber Max erkannte mich natürlich nicht und versteckte sich schnell hinter dem Bein seines Onkels.

»Was ja nicht seine Schuld ist«, bemerkte Steffen flapsig.

»Natürlich nicht«, antwortete ich und ärgerte mich sofort, dass mir schon wieder keine passendere Antwort eingefallen war.

»Hast ja deinen neuen Freund gar nicht mitgebracht. Hat für so was wohl keine Zeit, oder?«

»Klar hat er für so was Zeit«, sagte ich ärgerlich, »er ist nur gerade in Urlaub.«

Mist! Schon wieder ein Fehler.

Und ich kannte Steffens Erwiderung, bevor er sie aussprach.

»Ohne euch? Na, das ist mir ja ein lieber Freund.«

»Das geht dich gar nichts an!«, fauchte ich ihn an, wusste aber bereits, dass ich mal wieder verloren hatte. Anstatt Steffens Bemerkungen einfach zu übergehen, ließ ich mich bereitwillig auf ein Wortgefecht ein.

»Na, wenn du so viel Zeit hast, könnten wir ja nach dem Autoskooterfahren noch ein Eis essen gehen, was hältst du davon?«, ließ sich Steffen nicht davon abbringen, weiter an mir herumzuzerren.

Noch ehe ich antworten konnte, brachen Paula und Anneke in Jubelschreie aus. »Au ja, das machen wir! Weißt du noch, wie lustig es immer war, mit Steffen Eis essen zu gehen, Mama? Er hat dann immer so toll mit uns gespielt und so, und manchmal ist er mit uns zur Rutsche gegangen und …«

»Ja, ich weiß, Paula«, unterbrach ich unwirsch ihren Redeschwall und sagte dann etwas, das ich gar nicht wollte: »Also gut, gehen wir nachher also in die Eisdiele.« Kaum hatte ich es ausgesprochen, erschrak ich über mich selbst.

Warum nur gelang es mir nicht, Steffen etwas entgegenzusetzen?

Aber ich hatte keine Zeit mehr, darüber nachzudenken, denn im nächsten Augenblick waren wir bis zum Kassenhäuschen vorgedrungen.

Doch noch bevor ich etwas sagen konnte, hörte ich schon Steffen sagen: »Zwei Erwachsene und drei Kinder bitte.«

Und als hätte das noch nicht gereicht, antwortete die Kassiererin mit einem schnellen Blick auf uns: »Wir haben auch eine Familienkarte, ist drei Euro billiger.«

»Das ist prima«, hörte ich Steffen sagen, »wissen Sie, für eine Familie mit drei Kindern ist das hier wirklich ein teures Vergnügen.«

Er warf der jungen Frau einen gespielt verzweifelten Blick zu, und sie schenkte ihm ihr süßestes Lächeln.

Früher hatte mich solch ein Geplänkel immer wahnsinnig gemacht, denn ich wusste, dass Steffen mit dieser Masche bei jeder Frau landen konnte. Und er hatte keine Gelegenheit ausgelassen, mir das auch zu beweisen.

Und was noch schlimmer war: Ich bemerkte, dass ich der Kassiererin auch jetzt noch einen vernichtenden Blick zuwarf, sodass ihr Lächeln auf der Stelle gefror. Steffen hatte es bemerkt, und mit einem triumphierenden Gesichtsausdruck nahm er die drei Kinder und stellte sich mit ihnen an den Rand des Fahrfeldes, um sich bei passender Gelegenheit zwei Autos zu schnappen.

Während ich meine Aufmerksamkeit auf ein kleines Kind richtete, das seinem wenig begeisterten Vater gerade eine Eiskugel in den Hemdkragen gekippt hatte, und Steffen sein Wechselgeld verstaute, geschah das Unglück.

Paula sprang plötzlich auf das Fahrfeld. Ich wollte ihr gerade hinterherrufen, sie solle sofort zurückkommen, als ich aus den Augenwinkeln einen Autoskooter auf sie zurasen sah. Noch ehe ich einen Ton herausbringen konnte, sah ich mein Kind in hohem Bogen durch die Luft fliegen. Sie landete mit dem Kopf zuerst auf dem Beton und blieb dann regungslos liegen. Schreckensstarr stand ich für einen Augenblick nur da und schlug die Hände vors Gesicht.

»Nein«, stammelte ich leise, um dann aus vollen Kräften zu schreien: »*Paula, nein, bitte, nein!!!*«

Wie besessen kämpfte ich mir einen Weg durch die Menschentraube, die sich in null Komma nichts um mein regloses Kind gebildet hatte, und schrie die ganze Zeit panisch nach Paula.

Als ich bei ihr ankam, sah ich Steffen über sie gebeugt, und einer rief ihm zu: »Lassen Sie doch das Kind liegen, sie braucht einen Arzt, bloß nicht bewegen!«

»Ich bin Arzt«, sagte Steffen ruhig und konzentriert und begann mit geübten Fingern, Paulas Kopf abzutasten und leise auf sie einzureden.

Aber Paula reagierte nicht.

»Bitte, Paula, sag doch was«, flehte ich und strich ihr über das kleine Gesichtchen. »Bitte, bitte, sag doch was!«

»Sie ist bewusstlos, Nele, sie hört dich nicht. Sie muss sofort ins Krankenhaus.«

Noch ehe Steffen seinen Satz beendet hatte, quetschten sich auch schon zwei Herren vom Rettungsdienst durch die Menge und fingen gleich an, mit Steffen zu fachsimpeln.

Ich saß bewegungslos daneben und nahm alles nur wie durch eine Dunstglocke wahr. Es konnte doch nicht sein, dass es mein Kind war, das da lag, meine kleine Paula, regungslos, den Kopf blutig. Das alles konnte doch nur ein böser Traum sein!

Ines fiel mir ein, die nach ihrem Sturz so lange im Koma gelegen hatte. Ich dachte an die schweren Stunden zwischen Hoffen und Bangen. Und jetzt sollte ich das schon wieder durchstehen, noch dazu mit meinem eigenen Kind?

»Was ist mit Paula? Ist sie tot?«, fragte eine weinerliche Stimme neben mir, und erst jetzt fielen mir Anneke und Max wieder ein, die leichenblass und mit tränenüberströmten Gesichtern dastanden.

»Nein, hab keine Angst, Anneke, Paula ist nicht tot, sie schläft nur ganz tief«, sagte Steffen ruhig. »Wir bringen sie jetzt ins Krankenhaus, und dann geht es ihr schon bald wieder besser.«

Er warf mir einen aufmunternden Blick zu und strich mir sanft über den Arm.

»Wird schon wieder«, flüsterte er mir zu.

In diesem Moment hörte ich auch schon das Tatütata des Krankenwagens, und nur wenige Minuten später rasten wir Richtung Klinik davon. Steffen fuhr mit Anneke und Max hinterher.

Schon nach zwei Tagen wurde Paula aus der Klinik entlassen, mit einem dicken Verband um den Kopf, aber ansonsten ohne größere Verletzungen. Nur eine heftige Gehirnerschütterung hatte sie davongetragen und klagte entsprechend über Kopfschmerzen. An unseren Ausflug zum Stadtfest konnte sie sich nicht mehr erinnern. Ich war sicher, dass mich der Schock und die Angst um Paula mindestens zehn Jahre meines Lebens gekostet hatten, aber ich war unendlich erleichtert und dankbar, dass alles so glimpflich ausgegangen war. Vor allem fühlte ich mich Steffen gegenüber zu Dank verpflichtet, der sich wirklich rührend um Paula gekümmert und mir viele Gänge im Krankenhaus abgenommen hatte. Noch am gleichen Tag, an dem Paula aus dem Krankenhaus entlassen wurde, stand er abends in der Tür.

»Ich wollte mal schauen, was unsere kleine Patientin macht«, sagte er, als er zur Tür hereinkam. Und diesmal war ich weit davon entfernt, ihn gleich wieder hinauszuschmeißen, war ich doch froh, dass sich auch weiterhin jemand Kompetentes um meine Tochter kümmerte. Man wusste ja nie, ob sich nicht doch noch irgendwelche Komplikationen einschlichen. Man hörte ja so manches von Patienten, die als angeblich geheilt aus der Klinik entlassen worden waren …

Ich brachte ihn zu Paula und ließ die zwei dann alleine. Bei Steffen brauchte ich keine Angst zu haben, dass er Paula überforderte.

Auf dem Weg zurück warf ich einen sehnsüchtigen Blick aufs Telefon. Ich hatte schon ein paarmal versucht, Mathis zu erreichen, aber er hatte sein Handy abgestellt. Wie immer im Urlaub.

Wie sehr hätte ich jetzt seinen Trost und Zuspruch gebraucht! Aber er meldete sich auch nicht bei mir, und so musste ich sehen, wie ich die Sache ohne ihn durchstand.

Seufzend machte ich mich daran, Paulas Lieblingsessen zu kochen: Nudeln in einer Lammfleisch-Pilz-Soße. Die aß sie für ihr Leben gern.

Als ich ihr eine große Portion in ihr Zimmer tragen wollte, kam mir Steffen an der Kinderzimmertür entgegen und legte den Finger auf den Mund. »Psst, Paula schläft jetzt.«

»Oh«, sagte ich enttäuscht, »habe ihr gerade ihr Lieblingsessen gekocht.«

»Hmmm, duftet gut!« Steffen sog den leckeren Essensduft in die Nase. »Aber trotzdem, sie wird es später essen müssen.«

»Was hast du für einen Eindruck von ihr?«, fragte ich forschend und stellte mit einem Schulterzucken den Teller in die Küche zurück.

»Ihr geht es so weit gut. Aber sie braucht noch viel Ruhe. Es wäre besser, sie würde die nächsten Tage noch keinen Besuch von ihren Freunden bekommen, es sei denn, sie verhalten sich ganz ruhig. Ich habe ihr gerade noch etwas gegen ihre Kopfschmerzen gegeben und ihr eine kurze Geschichte vorgelesen. Dabei ist sie eingeschlafen.«

Als er mein besorgtes Gesicht sah, nahm er mich behutsam in die Arme und strich mir sanft über den Kopf.

»Mach dir keine Sorgen, Nele, sie ist bald wieder obenauf. Du wirst keinen Unterschied zu vorher merken.«

Erleichtert ließ ich meinen Kopf an seine Schulter sinken, und obwohl auch ich furchtbar müde war, merkte ich doch, wie beim Einatmen seines äußerst maskulinen Aftershaves erotische Erinnerungen in mir hochstiegen. Verlegen räuspernd löste ich mich aus seiner Umarmung.

»Ich gehe dann wieder«, befreite mich Steffen aus meiner Verlegenheit. »Wenn du willst, schaue ich morgen noch mal rein.«

»Das wäre toll, ja«, sagte ich schnell und hätte am liebsten hinzugefügt: *Aber bitte nimm mich nie wieder in den Arm!* Ich wollte jeden Körperkontakt verhindern. Ich traute mir nicht.

Steffen kam in der nächsten Woche jeden Tag. Es war fast wie früher. Und wenn ich es mir auch nicht eingestehen wollte, so erwischte ich mich doch dabei, dass ich abends auf ihn wartete. Oft tranken wir noch ein Glas Wein zusammen, nachdem er nach Paula gesehen hatte, deren Zustand sich Tag für Tag besserte. Mir, und sicherlich auch ihm, war klar, dass Paula nach spätestens drei Tagen nur noch als Vorwand diente, dass er kam. Aus medizinischen Gründen hätte dazu keinerlei Anlass bestanden.

Am Freitagabend schließlich lud ich ihn zum Essen ein. Ich bildete mir ein, dass ich es nur tat, um mich an Mathis zu rächen, der sich noch immer nicht gemeldet und den ich, trotz häufiger Versuche, noch immer nicht erreicht hatte.

Für den nächsten Tag war seine Weiterreise nach Stockholm geplant, und ich hatte eigentlich gedacht, dass er spätestens dann von sich hören lassen würde. Fehlanzeige. Er blieb stumm.

Ich hatte sogar schon mit dem Gedanken gespielt, ihm gar nicht mehr nach Schweden zu folgen.

Wenn er lieber alleine war – bitte schön, das konnte er haben.

Es war ein herrlich lauer Sommerabend, und wir beschlossen, draußen auf dem Balkon zu essen. Paula hatte wieder über Kopfschmerzen geklagt und war früh zu Bett gegangen. Vielleicht lag es daran, dass Anneke am Nachmittag zu Besuch gekommen und Paula deswegen sehr aufgeregt gewesen war, da sie ihre Freundin nun schon so lange nicht gesehen hatte.

Steffen baute draußen Tisch und Stühle auf und deckte den Tisch, während ich unserem Essen den letzten Schliff gab.

Eigentlich sollte es Mathis sein, der hier alles für ein romantisches Abendessen vorbereitet, schoss es mir durch den Kopf, und prompt meldete sich mein schlechtes Gewissen. Das, was wir hier taten, konnte doch nicht richtig sein! Was würde Mathis sagen, wenn er davon erfuhr?

Ach was!, tat ich den Gedanken schnell wieder ab. Schließlich war es nur ein Abendessen, was war denn schon dabei.

Steffen war gerade dabei, eine Flasche Rotwein zu entkorken, als ich mit dem Essen hinaus auf den Balkon trat. Schnell sprang er auf, um mir eine Schüssel abzunehmen, die vom Tablett zu rutschen drohte. Er fing sie gerade noch auf, bevor sie fiel, konnte aber nicht mehr verhindern, dass sich ein ganzer Schwall heißer Soße über sein Hemd ergoss.

»Scheiße, ist das heiß!«, schrie er auf und verzog schmerzhaft das Gesicht.

Jeder normale Mensch hätte nun reflexartig die Schüssel fallen lassen, nicht aber Steffen. Er stellte sie sorgfältig auf dem Tisch ab, bevor er sich das Hemd vom Leib riss.

»Oh Steffen, es tut mir so leid!«, rief ich entsetzt, als ich die verbrühten Stellen auf seinem Bauch sah. Sie hoben sich in einem leuchtenden Rot vom tiefgebräunten Oberkörper ab, es musste furchtbar wehtun. Wie konnte ich nur so trottelig sein!

»Halb so schlimm«, sagte Steffen mit einem schiefen Grinsen und fügte doppeldeutig hinzu: »Du hast mir schon schlimmere Wunden zugefügt. Hast du vielleicht eine Brandsalbe da?«

»Äh … klar«, erwachte ich aus meiner Erstarrung und rannte schnell ins Bad, um sie zu holen. Zurück auf dem Balkon begann ich, die Salbe zart auf seiner wunden Haut zu verteilen. »Tut es sehr weh?«, fragte ich ängstlich, aber Steffen lachte nur heiser auf.

»Wenn ich die Garantie hätte, dass es deine Finger sind, die mir die Salbe auftragen, würde ich mir öfter eine heiße Soße über den Körper gießen.«

Vor lauter Verlegenheit hielt ich in der Bewegung inne, und Steffen nahm mir die Salbe aus der Hand. Dann legte er sanft die Hand unter mein Kinn, und ich sah sein Gesicht immer näher kommen.

Das darfst du nicht!, dachte ich bei mir, aber es war zu spät.

Wir küssten uns lange und leidenschaftlich. Ich spürte die Hitze meine Schenkel hinaufwandern und ließ mich seufzend in Steffens Arme sinken. Er zuckte kurz zusammen, als ich dabei seine Verbrennungen berührte, aber als ich begann, diese mit zarten Küssen zu bedecken, stöhnte er vor Wonne laut auf. Ich ließ meine Lippen tiefer wandern, knöpfte dabei langsam seine Hose auf und zog seinen Unterleib zu mir heran.

»Lass uns reingehen«, keuchte er, aber ich schüttelte nur den Kopf und bedeutete ihm, die Kissen von den Gartenstühlen zu nehmen und auf dem Balkonboden auszubreiten.

Er tat, wie ihm geheißen, und schon wenig später wälzten wir uns über den Boden und klammerten uns aneinander wie zwei Verhungernde.

Steffen liebkoste meinen schweißnassen Körper, und seine Finger waren plötzlich überall. Ich spürte heiße Stoßwellen durch mich hindurchlaufen.

»Komm, bitte komm«, stöhnte ich und meinte, es nicht länger aushalten zu können. Aber Steffen fuhr erbarmungslos fort, und erst, als ich schon glaubte, vom Feuer zerfressen zu werden, drang er in mich ein.

Es war nicht das letzte Mal in dieser Nacht, dass wir uns liebten. Nur dass wir irgendwann in mein Bett umzogen, weil die Mücken drohten, uns restlos auszusaugen.

Es war schon fast Morgen, als wir endlich einschliefen und ich die Welt um mich herum vergaß.

Umso größer war der Schrecken, als ich am Vormittag aufwachte und Steffen neben mir liegen sah.

Oh, verdammt, dachte ich, das alles war ja gar kein Traum gewesen!

Steffen lag neben mir im Bett, noch tief im Schlaf versunken.

Ich schlich mich leise hinaus, um nach Paula zu sehen. Auch sie lag noch tief schlummernd im Bett, den Teddy, den sie von Mathis zum Geburtstag bekommen hatte, fest an sich gepresst.

Mathis! Was sollte ich jetzt nur tun?

»Bitte komm zu mir zurück, Nele«, sagte Steffen rund eine halbe Stunde später, als wir gemeinsam am Frühstückstisch saßen. »Wir gehören zusammen, und ich denke, das weißt du auch.«

Ich? Ich weiß gar nichts mehr, dachte ich bei mir, aber laut sagte ich: »Es war eine schöne Nacht Steffen, ja, es war … wie früher. Aber wie du weißt, bin ich inzwischen wieder liiert …«

»Aber du bist nicht glücklich, Nele«, unterbrach mich Steffen und sah mich durchdringend an.

»Woher willst du das denn wissen?«, fragte ich unwirsch.

»Nele, man müsste wahrlich blind sein, um das nicht zu sehen. Und außerdem, ich würde meine neue Freundin nicht sofort mit meiner alten betrügen, wenn sie mal für ein paar Tage alleine wegfahren würde. Nicht, wenn mir etwas an der Beziehung liegen würde. Du aber …«

»Ich aber war im Ausnahmezustand, schließlich war da die Sache mit Paula und …«

»Nele, mach dir doch nichts vor. Du fühlst dich nach wie vor zu mir hingezogen, genauso wie ich mich zu dir.«

»Das hat nichts mit Liebe zu tun, das ist … etwas anderes«, sagte ich matt.

»Wenn du meinst.« Steffen schob sich seinen letzten Bissen Toast in den Mund und stand auf. »Ich bin jetzt zum Tennis verabredet. Sehen wir uns heute Abend?«

Mein Körper fing beim Gedanken an eine weitere heiße Nacht mit Steffen sofort innerlich an zu vibrieren, aber ich hob nur in einer hilflosen Geste die Schultern.

»Ich … ich weiß nicht, ob das so gut wäre, Steffen, es ist vielleicht besser … ich meine, es macht doch keinen Sinn …«

»Nun, das sehe ich anders«, unterbrach mich Steffen und küsste mich sanft auf den Mund. »Also, dann bis heute Abend«, flüsterte er und setzte, bevor er hinter der Haustür verschwand, noch eins drauf: »Ich bin immer für dich da, Nele, ich hoffe, das weißt du.«

Täuschte ich mich, oder hatte er die Betonung bei diesen Worten tatsächlich auf das erste »Ich« gelegt? Das war doch eindeutig schon wieder ein Seitenhieb auf Mathis, der sich, wie ich mutlos feststellte, ja schließlich auch noch immer nicht gemeldet hatte.

»Scheiße, Scheiße, Scheiße!«, fluchte ich laut und trat vor lauter Verzweiflung gegen den Küchentisch, sodass das Geschirr wie wild schepperte.

»Was ist denn passiert, Mama?«, hörte ich im nächsten Moment Paulas verschüchterte Stimme. »Warum bist du denn so sauer?«

Erschrocken drehte ich mich zu meiner Tochter um, sah ihr immer noch sehr blasses kleines Gesicht und schämte mich augenblicklich meiner Unbeherrschtheit.

»Ach«, stammelte ich, »es … ist nicht so wichtig. Hat nichts mit dir zu tun, habe nur gerade an etwas denken müssen.«

Paula warf mir einen misstrauischen Blick zu, sagte aber nichts mehr und setzte sich neben mich auf den Stuhl, auf dem gerade noch Steffen gesessen hatte.

»Wer hat denn mit dir gefrühstückt?«, fragte sie im nächsten Moment erstaunt und schaute auf Steffens Teller, der mit Brotkrumen übersät war.

Ich spürte, wie mein Kopf hochrot anlief. »Äh … das … äh … Steffen war hier«, stotterte ich schließlich.

»Hat der denn hier geschlafen?«, bohrte Paula nach.

»Ja«, sagte ich schwach und fühlte mich plötzlich unendlich müde. »Ja, er hat hier geschlafen.«

»Warum?«

»Warum? Hm … ich weiß nicht …«

»Hast du jetzt wieder Steffen lieb und nicht mehr Mathis?« Paula sah mich herausfordernd an.

Warum nur mussten Kinder immer so gnadenlos sein und in den tiefsten Wunden stochern?

»Nein, Paula, so ist es nicht, es ist nur so, dass …« Ja, fragte ich mich im nächsten Augenblick, wie ist es eigentlich? »Ach Paula, ich weiß es doch auch nicht, es ist … alles gar nicht so leicht.«

Paula starrte noch einige Sekunden schweigend auf Steffens Teller. »Wann darf ich wieder zur Schule gehen, Mama?«, fragte sie dann unvermittelt.

»Du hast doch noch Ferien.«

»Ach so, ja, stimmt ja«, nickte sie aufgeregt, »wir fahren ja bald zu Mathis nach Schweden, stimmt's, Mama?«

»Schweden«, sagte ich dumpf, »äh ... ja, wir fahren bald nach Schweden.«

»Wann denn?«

»In einer Woche.«

»Das ist aber noch lange«, stellte Paula fest.

»Ja«, murmelte ich, »da hast du recht. Ich wünschte auch, wir könnten schon heute fahren. Unter diesen Umständen kann es wirklich eine sehr lange Woche werden.«

Ich bin immer für dich da. Dieser letzte Satz von Steffen ging mir nicht mehr aus dem Kopf und machte mir schwer zu schaffen. Aber er hatte ja recht. Es stimmte. Steffen war immer für mich da. Das war er schon immer gewesen. Ein bisschen zu sehr, für meinen Geschmack.

Und Mathis? War er auch immer für mich da? In der letzten Woche ja wohl nicht. Dabei hätte ich ihn doch so dringend gebraucht.

Und ich? Wusste ich überhaupt noch, was ich wollte? Wollte ich ein ruhiges und gesichertes Leben führen, eines, das keine großen Überraschungen bereithielt, das aber dennoch nicht ohne Liebe war, und ganz gewiss nicht ohne guten Sex, dann war sicherlich Steffen mein Mann. Oder wollte ich ein etwas verrücktes Leben führen, das mir ständig Überraschungen präsentierte, nicht nur positive wahrscheinlich, mit einem Mann, der eigentlich schon gebunden war, der mein Vater hätte sein können, der mich aber auch liebte und mit dem Sex ganz gewiss nicht langweilig werden würde – und mit dem ich mir irgendwann vielleicht doch noch meinen Traum von Freiheit erfüllen konnte? Dann sollte ich bei Mathis bleiben.

Und Paula? Was war für sie am besten? Brauchte ein Kind die Sicherheit einer Familie? Bestimmt! Aber brauchte es nicht auch die etwas andere Sicht auf die Welt, fern ab von den Zwängen und Erwartungen des deutschen Durchschnittsalltags?

Hm. Es war alles so verdammt verworren.

Steffen kam auch in den nächsten Tagen weiterhin jeden Abend, und ich brachte nicht die Kraft auf, mich dagegen zu wehren.

Doch der Tag unserer geplanten Abreise nach Schweden rückte immer näher, und ich grübelte stundenlang darüber nach, ob ich tatsächlich fahren sollte.

Wenn ich es nicht täte, wäre auch unweigerlich meine Beziehung mit Mathis zu Ende. Wollte ich das? Und wenn ja, was war dann? Würde ich bei Steffen bleiben? Bei diesem Gedanken schnürte sich wieder die mir nur allzu bekannte Kette um mein Herz, die mich bei der Vorstellung, als Arztfrau ein angepasstes Vorstadtleben leben zu müssen, immer zu erwürgen drohte.

Die Nächte mit Steffen waren wunderschön gewesen, ich hatte es genossen, von ihm in den Arm genommen zu werden, nicht alleine zu sein. Aber konnte ich mir ein Leben an seiner Seite wirklich vorstellen? Und war es nicht so, dass ich mich, auch wenn Steffen bei mir war, in jeder Sekunde und mit jeder Faser meines Körpers nach Mathis sehnte?

»Ich bin immer für dich da.«

Warum konnte es nicht Mathis sein, der mir diese Worte sagte?

Um mich von meinen trüben Gedanken abzulenken, beschloss ich, mit Paula ein wenig rauszugehen. Es wurde Zeit, dass sie mal wieder an die frische Luft kam. Sie hatte nun schon so lange fast ausschließlich im Bett gelegen und sah ganz blass aus. Dabei war doch so herrliches Wetter!

»Sag mal, Paula, wen magst du eigentlich lieber, Mathis oder Steffen?«, fragte ich sie, als wir im Stadtpark umherwanderten und jede an einer Kugel Schoko-Eis schleckten.

»Hm. Eigentlich kann ich Steffen besser leiden«, antwortete Paula nach kurzem Überlegen.

»Und warum?«

»Weil er nicht bei dir im Bett schläft.«

Ich schluckte. Na, wenn die wüsste.

»Und sonst gibt es dafür keinen Grund?«, hakte ich noch einmal nach.

»Nö«, sagte sie nur und schleckte weiter genüsslich an ihrem Eis.

»Hast du eigentlich Lust, nach Schweden zu fahren?«, fragte ich nach einer Weile.

»Klar, nach Schweden fahren ist doch witzig. Da war ich noch nie. Vielleicht kann ich da ja mal Pippi Langstrumpf besuchen gehen. Sandra hat gesagt, die wohnt da.«

»Und wenn wir sie nicht finden?«

»Ist auch egal. Wird auch so bestimmt total lustig.«

Lustig war im Moment nicht gerade das Wort, das ich mit einem Wiedersehen mit Mathis verband, dafür trug ich ein viel zu schlechtes Gewissen mit mir herum. Mathis würde es spüren, und er würde Fragen stellen. Was in Gottes Namen sollte ich dann antworten?

Ganz und gar nicht lustig fand schließlich Steffen meine nach langen Überlegungen getroffene Entscheidung, trotz allem doch zu Mathis zu fahren. Ich hatte mir diese Entscheidung wahrhaftig nicht leicht gemacht, hatte nächtelang wach gelegen und gegrübelt, aber schließlich war sie gefallen.

Als ich ihm meinen Entschluss zwei Tage vor der geplanten Abreise schließlich eröffnete, fiel ihm zunächst nur der Unterkiefer herunter und er stotterte: »D-das kann doch nicht dein Ernst sein, nach allem, was in den letzten Tagen war.«

»Doch, Steffen, es ist mein voller Ernst. Ich habe in den letzten Tagen viel darüber nachgedacht, und mein Entschluss steht fest. Ich fahre zu Mathis nach Schweden.« Ich war dankbar, dass meine Stimme, trotz meiner Nervosität, erstaunlich fest klang.

»Aber warum, Nele? Ich meine, wir hatten doch ein paar herrliche Tage und … Nächte. Ich dachte, zwischen uns wäre wieder alles … ich meine, das kannst du doch jetzt nicht so einfach bringen …« Steffens Stimme brach, und er sah jetzt so verzweifelt aus, dass auch mir die Tränen in die Augen stiegen.

Was bist du doch für eine unendlich dämliche und gemeine Kuh, Nele Martens, schalt ich mich. Wo du auch auftrittst, hinterlässt du nur Scherben! Mein Gott, das hat Steffen nicht verdient!

Aber ich wusste, es gab kein Zurück mehr. Ich musste ihm noch weiter wehtun, wenn ich meinen Entschluss über die nächste Runde retten wollte.

»Steffen, ich bitte dich, nun sieh es doch mal realistisch. Wir haben es doch schon mal versucht, und es hat nicht geklappt. Unsere Vorstellungen von einem gemeinsamen Leben sind einfach zu verschieden. Und ich nehme an, dass sich an deiner Einstellung nichts geändert hat.«

»*An deiner Einstellung nichts geändert hat*«, äffte Steffen mich nach. »Du tust ja gerade so, als sei es eine Krankheit, sich eine Familie zu wünschen, Kinder, die sich freuen, wenn man abends nach Hause kommt …«

»Und eine Frau, die brav ein warmes Essen auf den Tisch stellt«, ergänzte ich in ätzendem Tonfall.

»Na und?«, brauste Steffen nun auf. »Was ist daran so verkehrt? Was um Himmels willen kann dir dieser Mathis denn geben, was du bei mir nicht bekommst?«

»Freiheit«, murmelte ich schwach.

»Freiheit? Pah! Nele, hör doch auf zu träumen. In welcher Welt lebst du denn? Was ist denn Freiheit für dich? Etwa das, was dein Mathis dir bietet? Fährt einfach so weg und meldet sich wochenlang nicht? Ist es das, was du willst? Wenn ja, dann hast du bei ihm tatsächlich alle Freiheiten der Welt. Und? Glücklich bist du trotzdem nicht. Weißt du was, Nele? Ich glaube nicht, dass das Problem wirklich bei mir liegt. Das Problem bist du. Du und deine Bindungsangst.«

Steffen kam zu mir und fasste mich bei den Schultern.

»Du weißt doch gar nicht, was du wirklich willst, Nele«, sagte er eindringlich. »Sei doch kein Schaf und verschwende dein Leben nicht an einen verheirateten Mann, der locker dein Vater sein könnte.«

»Tut mir leid, Steffen, ich kann nicht anders«, sagte ich leise.

Als Nächstes hörte ich die Wohnungstür ins Schloss fallen.

»Da ist er! Da ist Mathis!« Wild mit den Armen fuchtelnd, stand Paula an der Reling der Fähre, bis auch er uns entdeckt hatte und uns fröhlich zuwinkte.

Mir sprang das Herz bis zum Hals, als ich ihn da so stehen sah, in seiner hellen Sommerhose und einem blauen Hemd, sonnengebräunt und die Haare vom Wind zerzaust.

In diesem Moment wusste ich, dass ich mit ihm noch lange nicht fertig war.

Ich beeilte mich, mit Paula zum Ausgang zu kommen.

Sobald wir festen Boden unter den Füßen hatten, stürzte Mathis auf uns zu, und ehe ich auch nur Hallo sagen konnte, spürte ich seine Lippen auf den meinen.

»Mein Gott, Nele, du hast mir so sehr gefehlt!«, flüsterte er und konnte gar nicht aufhören, mich zu küssen. Augenblicklich schwebte ich im siebten Himmel und alle Zweifel waren wie weggeblasen.

»Könnt ihr mal aufhören zu knutschen? Ich bin auch noch da!«, hörte ich plötzlich eine maulende Stimme neben mir.

»Klar, weiß ich doch, Paula«, sagte Mathis lachend, nahm Paula auf den Arm und wirbelte sie im Kreis herum. »Und, hat dir die Schiffsreise gefallen?«

»Ja, war ganz, ganz toll! Und weißt du, was ich gekriegt habe?«

Sie fuchtelte Mathis mit ihrem Piratendiplom, das sie im Kinderprogramm auf der Fähre gemacht hatte, vor der Nase herum, und er sah es sich interessiert und lange an.

»Oje!«, sagte er dann mit gespielter Verzweiflung. »Da muss ich ja von nun an höllisch aufpassen, wenn du jetzt Pirat bist. Sonst haust du mich noch aus den Stiefeln!«

»Und ob!«, lachte Paula und knuffte ihn in die Rippen.

»So«, meinte Mathis, »und jetzt fahren wir mal ein Stückchen aus dieser Stadt heraus. Ich habe uns nicht weit von hier in einem hübschen kleinen Strandhotel eingebucht. Nur für diese Nacht. Und ab morgen fahren wir, wie geplant, die Küste hoch, bis wir in neun Tagen in Stockholm sind.«

Er hatte sich für die Urlaubszeit einen Mietwagen genommen, in dem wir bequem zu dritt reisen konnten. Wir stiegen ein, und es dauerte nicht lange, bis wir aus Trelleborg heraus waren.

»Willkommen in Schweden«, sagte Mathis und drückte meine Hand. »Es ist so schön, dass ihr da seid. Die letzte Woche war furchtbar anstrengend, und ich habe auch noch gar nicht viel von der herrlichen Landschaft gesehen. Und von Stockholm auch nicht. Das machen wir jetzt alles gemeinsam.«

»Du hättest dich ruhig mal melden können«, maulte ich.

»Hab ich doch.«

»Ja, vorgestern. Um mir zu erzählen, dass wir die Fähre statt das Flugzeug nehmen sollen. Aber mehr als zwei Wochen lang habe ich gar nichts von dir gehört.«

»Ich habe viel nachgedacht«, sagte Mathis nur.

»Das ist aber kein Grund …«

»Doch, Nele, das war genau der Grund. Aber ich hatte auch schreckliche Sehnsucht nach dir, Nele, glaube mir. Nur manchmal brauche ich halt mal etwas Zeit für mich.«

Irrte ich mich, oder klang da etwas Warnendes mit, etwas, das mir untersagte, diesem Thema weiter nachzugehen?

Als ich gerade trotzdem noch mal nachlegen wollte, meldete sich Paula zu Wort.

»Ich war ganz doll krank in den Ferien, Mathis, weißt du das eigentlich schon?«

»Wirklich? Was hast du denn so Schlimmes gehabt?«, fragte er.

»Ich bin auf den Kopf gefallen und war dann im Krankenhaus und musste dann ganz lange im Bett liegen, und mein Kopf hat ganz doll wehgetan.«

Mathis schaute mich fragend an, aber ich nickte nur. »Wie ist denn das passiert?«, fragte er erschrocken.

Ich erzählte ihm die Geschichte mit dem Autoskooter.

»Na, du machst ja Sachen«, sagte er dann an Paula gewandt. »Das hätte aber schlimm ausgehen können.«

»Och nee, eigentlich nicht«, sagte Paula fröhlich. »Weißt du, Steffen war ja da, und da kann einem eigentlich nicht viel passieren, weil der ist ja ein richtiger Arzt. Der ist dann auch jeden Tag bei mir gewesen und hat gefragt, wie es mir geht. Manchmal hat er mir eine Tablette gegeben und mir was vorgelesen. Da habe ich mich gefreut. Weißt du, Steffen ist echt okay.«

Bei dieser Ansprache war Mathis sichtlich blass geworden. Im Gegensatz zu mir. Mein Kopf musste inzwischen ein tiefes Dunkelrot angenommen haben, seiner gefühlten Temperatur nach zu urteilen.

»Wie mir scheint, hattest du während meiner Abwesenheit keine Langeweile«, bemerkte Mathis vieldeutig, nachdem er sich wieder gefangen hatte.

»Ich ... nee, ach, es war wirklich nett von Steffen, sich so um Paula zu kümmern«, sagte ich gedehnt.

»Nett. Ja, sicher. Wirklich nett. Und so selbstlos.« Ich spürte, dass sich Mathis schwer zusammenreißen musste.

Na und?, wollte ich ihn anschreien. *Du warst ja schließlich nicht da!*

Aber dann packte mich wieder mein schlechtes Gewissen. Ich schwieg.

»Hast du mir etwas zu sagen, Nele?«, fragte Mathis schließlich leise.

Ich schüttelte nur den Kopf. Es war, wie ich fand, in diesem Moment die beste Lösung. Wer weiß, ob ich ihm überhaupt jemals von den Tagen mit Steffen und meinen Zweifeln erzählen würde.

Außerdem spürte ich, dass Mathis es auch so schon ahnte. Doch er sagte nichts, sondern drückte nur still meine Hand.

Das kleine Strandhotel war wirklich ein Traum. Es stand – in typisch schwedischer Bauweise – auf einer kleinen Anhöhe, und von unserem kleinen Appartement aus hatte man einen herrlichen Blick über eine kleine Bucht hinaus aufs Meer.

Die ausladende Terrasse, auf der wir uns zum Abendessen eingefunden hatten und die ebenfalls einen atemberaubenden

Blick bot, lag in einem Meer bunter Blumen, deren Duft betörend zu uns aufstieg.

»Es ist wie im Traum«, sagte ich seufzend, während ich meine Krabbensuppe schlürfte und ein erfrischend kühles Bier dazu trank.

Wir vermieden es, das Thema Steffen noch mal anzusprechen, und langsam löste sich die Spannung, die sich im Auto zwischen uns aufgebaut hatte. Stattdessen genossen wir den lauen Sommerabend draußen auf der Terrasse, bis die Dämmerung sich über das Meer neigte und es schlagartig kühl wurde. Dann gingen wir hinauf in unsere Zimmer.

Ich konnte es kaum noch erwarten, Mathis' warme Haut auf meiner zu spüren.

»Was war zwischen Steffen und dir?«, fragte Mathis plötzlich. Ich war gerade, eng in seine Arme gekuschelt, im Begriff gewesen einzuschlafen, als mich seine Worte hochfahren ließen.

»Wieso, was soll gewesen sein?«, fragte ich blöde und hätte mich im gleichen Moment ohrfeigen können.

Jetzt war ja wohl Ehrlichkeit angesagt, alles andere würde nur in einer Katastrophe und einem nicht mehr zu reparierenden Misstrauen enden. Mathis schwieg und sah mich durchdringend an.

»Du hast recht«, murmelte ich, »ich habe dich mit Steffen betrogen.«

Anstatt darauf irgendetwas zu erwidern, drehte Mathis sich nur von mir weg und starrte an die Wand.

Ich wiederum starrte unglücklich auf seinen muskulösen, nun sehr angespannten Rücken und kam mir unendlich schlecht vor. Mit meinem verantwortungslosen Verhalten hatte ich beide, Mathis und Steffen, tief verletzt.

Und wofür? Was versprach ich mir davon? Ich wusste darauf keine Antwort.

»Es … tut mir so leid, Mathis. Ich will auch gar nicht versuchen, mich da rauszureden. Es … ist einfach so über mich gekommen.«

Ich wartete auf eine Reaktion von Mathis, aber der schwieg nur nach wie vor die Wand an.

Plötzlich brach alles aus mir heraus, und ich brach in Tränen aus.

»Ich … war doch so alleine, Mathis, dann der Schreck mit Paula, ich hatte doch solche Angst um mein Kind, ich war so verzweifelt, und du warst nicht da, warst nicht erreichbar, aber Steffen, der war da, hat sich um Paula gekümmert und … mein Gott, Mathis, du hast mir so gefehlt, aber du warst nicht da, als ich dich so dringend brauchte, ich …«

Ich schluchzte laut auf und vergrub mein Gesicht in den Händen. Minutenlang weinte ich die Anspannung der letzten Tage aus mir heraus, und als Mathis nach kurzer Zeit seinen Arm um mich legte, ließ ich mich einfach hineinsinken.

»Es tut so weh, Nele«, sagte Mathis dann mit trauriger Stimme, »allein die Vorstellung, du liegst in den Armen dieses … Ach Nele, du hast ja recht, ich habe dich schmählich vernachlässigt, und wenn ich mir vorstelle … mein Gott, dem Kind hätte ja auch Schlimmeres passieren können, und ich … ich wäre nicht erreichbar gewesen, mache wochenlang einen auf Selbstfindung und … du bist ganz allein. Das geht so wirklich nicht, das ist unverantwortlich, ja, da hattest du allen Grund, sauer auf mich zu sein, aber … deswegen musst du dich doch nicht gleich wieder an diesen Steffen schmeißen.«

Den letzten Satz hatte Mathis nur noch ganz leise gesagt, sodass ich ihn kaum verstehen konnte.

Als ich nun meinen Blick hob und ihm mit verheulten Augen ins Gesicht blickte, sah ich, dass auch in seinen Augen Tränen schwammen.

»Lass es uns vergessen, Mathis«, flüsterte ich und strich mit dem Finger eine Träne fort, die ihm langsam die Wange herunterlief. »Ich weiß, dass ich dich tief verletzt habe und … du es nicht einfach so vergessen kannst. Aber bitte, versuche es. Ich liebe dich, Mathis.«

Mathis nickte und strich mir sanft eine Strähne aus der Stirn. »Ich liebe dich auch, Nele, mehr, als ich sagen kann. Ja, lass es uns versuchen. Ich verspreche dir, dass auch ich versuchen werde, mich zu bessern. Ich möchte dich nicht verlieren, Nele.«

Noch bevor ich vor lauter Rührung wieder anfangen konnte zu heulen, zog Mathis mich in die Kissen zurück, und wir liebten uns mit einer so intensiven Zärtlichkeit, wie ich sie noch nie mit einem Mann erlebt hatte.

Das Wetter hielt sich auch in den kommenden Tagen, und wir genossen die abwechslungsreiche schwedische Landschaft in vollen Zügen. Wir liehen uns Fahrräder aus und erkundeten das waldreiche Hinterland, machten Kanufahrten durch die idyllische Seenlandschaft, starteten zu einem Segeltörn durch die herrlichen Schären oder schlenderten durch die malerischen kleinen Ortschaften, die aussahen, als müssten hier im nächsten Augenblick Pippi Langstrumpf oder Michel aus Lönneberga um die Ecke biegen.

Und wir genossen unser Zusammensein. Es war wie im Traum, und ich befahl mir, nicht darüber nachzudenken, dass auch diese Reise unweigerlich zu Ende gehen und wir in den Alltag zurückkehren würden.

Aber als wir nach acht Tagen Stockholm erreichten, überkam mich eine tiefe Wehmut. Nur noch zwei Tage, dann wäre alles wieder vorbei. Mathis würde zu seiner Familie zurückkehren und zu uns nur zu Besuch kommen.

Ja, dachte ich, Paula hatte recht. Mathis war in unserer Wohnung letztlich doch nur ein Besucher, egal was man versuchte, hineinzuinterpretieren. Nach dieser wunderschönen, gemeinsam verbrachten Zeit würde es mir noch schwerer fallen, das zu akzeptieren. Noch dazu lief ich hinter jeder Ecke Gefahr, Steffen zu begegnen.

Ach, könnte doch alles so bleiben, wie es hier in Schweden war! In dieser Nacht weinte ich mich leise in den Schlaf.

»Du siehst müde aus«, stellte Mathis am nächsten Morgen beim Frühstück fest und schaute mich besorgt an. »Irgendetwas nicht in Ordnung?«

Ich schüttelte den Kopf. »Hab nur nicht so gut geschlafen.«

»Mama will nicht wieder nach Hause«, mischte sich Paula ein. »Ich auch nicht. Wenigstens noch nicht. Warum machen wir eigentlich nur so kurz Urlaub, wo wir doch noch so lange Ferien haben?«

»Weil wir wieder arbeiten müssen«, sagte ich nur knapp.

»Andere Eltern müssen auch arbeiten, und trotzdem fahren sie drei Wochen in Urlaub, zum Beispiel die von Juliane.«

»Ich war vorher schon in Urlaub und kann nicht so lange wegbleiben«, erklärte Mathis ihr.

»Und warum hast du uns nicht mitgenommen?«

»Weil«, antwortete ich für Mathis, »er mit seinen anderen Kindern weg war.«

»Aber da können wir doch trotzdem mit. Oder sind die doof?«

Ich seufzte entnervt. Dass Kinder aber auch immer die Dinge ganz genau wissen wollten, die man so schön versuchte zu verdrängen.

»Mathis' Kinder wollen eben gerne auch mal was mit ihrem Vater alleine machen. Die sehen ihn doch auch nicht so oft.«

»Wieso? Mathis wohnt doch bei denen.«

So langsam fiel mir nichts mehr ein, was ich gegen diese Kinderlogik sagen sollte. Zumal Paula ja wirklich recht hatte. Ich wandte mich schweigend meinem Müsli zu und überließ Mathis das Antworten. Warum sollte ausgerechnet ich sein Handeln rechtfertigen, mit dem ich ja schließlich selbst nicht zurechtkam?

»Weißt du, Paula«, setzte Mathis nun auch zum Reden an, als er merkte, dass von mir nichts mehr kam, »es ist nicht ganz einfach, wenn man zwei Familien hat. Man möchte immer bei beiden gleichzeitig sein, und das geht ja nicht.«

»Wieso nicht?«

»Weil …« Mathis guckte mich Hilfe suchend an, aber ich ignorierte es und stand auf, um noch mal zum Büfett zu gehen. Als ich wiederkam, hatte Paula immer noch nicht lockergelassen.

» … ich kann es nun mal nicht ändern«, hörte ich Mathis gerade etwas gereizt sagen.

»Was wollen wir denn heute Schönes machen?«, fragte ich, um nun endlich einmal von diesem Thema wegzukommen.

»Ich will das Schloss der Königin sehen«, ging Paula sofort auf meinen Ablenkungsversuch ein. »Wohnen da auch richtige Prinzessinnen, Mama?«

»Ja, zwei Prinzessinnen und ein Prinz.«

»Wie heißen die denn?«

»Victoria und Madeleine. Und der Prinz heißt … hm … ich glaube Philipp.« Ganz sicher war ich mir nicht, musste wohl dringend mal wieder zum Frisör, um mich auf dem Laufenden zu halten. Aber Paula war zufrieden.

»Sandra sagt, die Königin kommt auch aus Deutschland. Stimmt das?«

»Ja, Königin Silvia ist Deutsche.«

»Kann man mit der auch sprechen?«

»Ich denke, dass sie dafür keine Zeit hat. Sie muss ja das Land regieren.«

»Ist Land-Regieren schwer?«

»Keine Ahnung, hab ich nie gemacht.«

»Sandra sagt, Pippi Langstrumpf kommt auch aus Schweden. Wo wohnt die denn?«

»*Pippi Langstrumpf* ist nur eine Geschichte, Paula, die gibt es nicht wirklich.«

»Doch, die gibt es wohl!«, warf Paula empört ein. »Die habe ich nämlich im Fernsehen gesehen. Die hat so rote Zöpfe und ein Pferd mit Punkten drauf.«

»Ich weiß, dass sie rote Zöpfe hat, aber …«

»Siehste! Die gibt es also doch!«

»Nun lasst uns mal das Frühstück beenden und einen Ausflug zum Schloss der Königin machen«, unterbrach Mathis unsere kleine Auseinandersetzung und stand auf.

»Au ja!«, rief Paula begeistert. »Das wird bestimmt wieder ein lustiger Tag.«

Hm. Da war ich mir nicht so sicher. Und ein Blick auf Mathis sagte mir, dass es nach diesem anstrengenden Frühstück auch mit seiner Laune nicht mehr zum Besten stand. Er blieb auch für den Rest des Tages sehr nachdenklich.

Zwei Tage später setzte uns Mathis vor unserer Wohnung ab. »Ich fahre gleich weiter«, sagte er, nachdem er uns geholfen hatte, unser Gepäck heraufzutragen. »Ich muss noch dringend was mit den Jungs besprechen.« Er gab mir einen schnellen Kuss auf die Wange, strich Paula über den Kopf und war nach einem »Es war ein schöner Urlaub, wir sehen uns morgen« auch schon zur Tür heraus.

Ich blieb noch für eine ganze Weile auf meinem Koffer sitzen, während Paula gleich losstürmte, um ihre zahlreichen Puppen und Kuscheltiere zu begrüßen.

»Ich geh dann mal und schau nach, ob Anneke da ist!«, rief sie Minuten später, und ich hörte sie stürmisch die Treppe hinunterrennen.

Und ich? Ich blieb mal wieder allein zurück.

17

Auf meinem Schreibtisch lag ein unscheinbarer Brief. Aber unscheinbar oder nicht, ich starrte nur auf den Absender. *Berlin. Bundesministerium.* Oh mein Gott, das war bestimmt der Bescheid. Unser Antrag war bewilligt – oder durchgefallen. Ich musste mich erst mal setzen und tief durchatmen. Vielleicht sollte ich Marco den Brief geben, dann bräuchte wenigstens nicht ich … Aber nein, da musste und da wollte ich jetzt auch durch. Schließlich hatte ich schon so lange darauf gewartet. Es war nur ein einziges Blatt Papier in dem Umschlag. Mit zittrigen Händen faltete ich es auseinander und begann zu lesen:

Sehr geehrte Frau Martens,

wir freuen uns, Ihnen mitteilen zu können, dass Ihr Antrag auf Förderung positiv beschieden wurde. Die Fördersumme in Höhe von sechs Millionen Euro wird Ihnen in jährlichen Raten von und so weiter, und so weiter …

Das war ja … Das war ja … »*Fantastisch!*«, schrie ich jubelnd in den Raum und wollte gleich in Marcos Büro stürmen. Endlich mal ein Highlight!

Aber Marco hatte mich schon schreien hören, und wir prallten an der Tür aufeinander.

»Was ist denn los?«, fragte er verdattert und rieb sich seinen Ellenbogen, den er sich bei unserer Karambolage an der Tür gestoßen hatte.

»Da!«, hielt ich ihm den Bescheid unter die Nase. »Das ist einfach fantastisch!«

Marco riss mir den Zettel aus der Hand und las. »Das ist ja … Das ist ja … das … Nele!«, stotterte er und raufte sich die wuscheligen Haare. »Huuh!«, rief er dann, hakte mich unter und wirbelte mich im Kreis herum. »*Wir haben es geschafft, wir haben es tatsächlich geschafft!*« Er ließ mich los und sich in einen Sessel fallen, sodass ich vor lauter Schwung beinahe meinen Schreibtisch geküsst hätte. »Ich kann's gar nicht glauben, Nele. Es wurde in voller Höhe bewilligt. *Sechs Millionen Euro, Nele!*«

»Jetzt können sie nicht mehr zurück, und Christoph behält seinen Job.«

»Das denke ich auch, Nele. Jetzt können wir loslegen. Wissen die anderen es schon?«

»Wo denkst du hin. Ich hab's ja gerade erst bekommen.«

»Na, dann trommle sie mal alle zum Mittagessen zusammen. Bei *Alfonso*. Ich lade alle ein. Und dann fangen wir gleich an, den weiteren Schlachtplan zu entwickeln. Das wird ein Fest! Und, Nele, sage ihnen nicht, worum es geht. Wir überraschen sie damit. Und – denk auch an Lars, der muss natürlich auch kommen. Und dann kopiere den Bescheid ein paar Mal, damit ihn jeder hat. Und ein Tisch bei *Alfonso* muss auch noch reserviert werden.«

Marco verschwand zur Tür hinaus.

»Klar, Chef, mache ich doch«, murmelte ich und beschloss, zur Feier des Tages zu übersehen, dass mich Marco offensichtlich mit seiner Sekretärin verwechselt hatte.

Ungläubig starrte Christoph auf das Schreiben. Er drehte es hin und her, als suche er nach dem Haken an der Sache.

»Du kannst es uns ruhig glauben«, lachte Marco, »es gab nur diesen Brief. Und da steht ja eigentlich alles drin, was wichtig ist. Die Begleitunterlagen kommen später, das steht da ja auch. Nun freu dich einfach mal. Wir sind tatsächlich einen wichtigen Schritt vorangekommen.«

Christoph nickte nur und nahm erst mal einen großen Schluck Bier. »Na gut«, sagte er dann, »dann will ich es mal so hinnehmen.«

»Na, dann Prost!«, hob ich mein Glas und alle anderen taten es mir gleich. »Auf ein gutes Gelingen!«

»Und wie soll es jetzt weitergehen?«, fragte Lars. Er wischte sich mit dem Ärmel den Schaum vom Mund und griff nach der Speisekarte.

»Wir«, begann Marco zu erklären, »werden das Schreiben dem Bürgermeister überreichen und abwarten, was dann passiert. Er muss ja erst mal unterschreiben, dass die Stadt seinen Anteil an der Finanzierung sicherstellt. Und das kann er nicht alleine, sondern das Ding muss durch diverse Gremien. Aber ich denke, dass das nur noch eine Formsache ist. Die Gremien wurden ja bereits im Vorfeld informiert und haben die Antragsunterlagen gelesen – hoffe ich zumindest.«

»Und dann«, ergänzte Mathis, »wird der Beschluss, Christophs Gesellschaft aufzulösen, hoffentlich bald wieder rückgängig gemacht.«

»Das glaube ich erst, wenn es so weit ist«, seufzte Christoph.

»Das ist sicher auch besser so«, murmelte ich.

Ein gesundes Maß an Skepsis konnte sicherlich nicht schaden.

»Und, hat sich die Sache mit der Blondine doch noch geklärt, oder?«, fragte Lars, als wir nach dem Essen gemeinsam vor dem Lokal auf dem Bürgersteig standen und auf Mathis warteten, der noch ein dringendes Telefonat erledigen wollte. Marco und Christoph hatten sich schon verabschiedet, weil sie zu irgendwelchen Terminen mussten.

»Welche Blondine denn?«

Ich stand gerade etwas auf dem Schlauch.

»Na die, von der du vor nicht allzu langer Zeit noch meintest, Mathis wäre mit ihr zusammen. Aber wie ich hörte, hat sich Mathis ja nun wohl für dich entschieden.«

Hatte das irgendwie vorwurfsvoll geklungen?

»Ach die!«, lachte ich. »Weißt du, wer das war?«

»Wer denn?«

»Deine Mutter. Helga.«

Lars guckte im ersten Moment etwas verdutzt, musste dann aber auch lachen.

»Was für ein blödes Missverständnis! Aber stimmt, die waren zur der Zeit viel gemeinsam unterwegs, wegen irgendeiner Projektgeschichte, die Mathis gemeinsam mit irgendeinem von Helgas zahlreichen Bekannten … ach, ich krieg das nicht mehr so richtig zusammen. Ist ja auch egal.« Er machte eine längere Pause, bevor er weitersprach. »Und, wie läuft es bei euch? Bist du glücklich?«

»Warum fragst du?«

»Nur so. Mathis jedenfalls macht einen glücklicheren und auch ausgeglicheneren Eindruck, seit ihr liiert seid. Na ja, meistens wenigstens. Manchmal ist ihm, glaube ich, auch alles ein wenig viel.«

»Soll das ein Vorwurf sein?«

»Nein, ganz und gar nicht. Es ist ja eure Sache, wie ihr mit der Situation zurechtkommt. Ich an deiner Stelle«, er zögerte kurz, als müsste er erst nach den richtigen Worten suchen, »tja, ich glaube, ich könnte das so nicht akzeptieren. Aber«, fügte er mit einem verschmitzten Lächeln hinzu, »wie ich schon sagte, ist es ja eure Sache.«

»Meine Traumsituation ist es auch nicht gerade, das kannst du mir glauben, Lars. Ich wäre auch glücklicher, wenn Mathis ganz bei mir wäre. Noch dazu ist es auch nicht so einfach, wie ich es mir vorgestellt hatte.«

»Das klingt nicht so gut.«

»Es ist nicht alles perfekt, aber doch deutlich besser als die Monate vorher. Er gehört mir zwar nicht allein, aber er hat sich für mich entschieden und ist so oft bei mir, wie es die Situation zulässt. Und er steht zu mir. Das ist alles viel, viel mehr, als ich vorher hatte.«

»Wenn es dir reicht, ist es ja gut.«

Lars klang nicht überzeugt.

»Nein, ich sagte doch gerade schon, dass es mir nicht reicht, aber dass es momentan anscheinend nicht anders geht. Er wird seine Familie nicht verlassen.«

»Nein, das wird er nicht.«

Ich schluckte. So definitiv hatte ich es gar nicht hören wollen.

»Was also soll ich deiner Meinung nach dann tun?«

»Das ist deine Entscheidung.«

»So ist es.«

»Ach, ich dachte, das war dir bisher noch nicht klar.«

»Wie meinst du denn das nun schon wieder?«

»Na, der Einzige, der derzeit entscheidet und eigentlich immer entschieden hat, wo es langgeht, ist doch Mathis. Und du«, er stupste mir seinen Zeigefinger in den Bauch, »du beugst dich seiner Entscheidung.«

Ich nickte. Das alles waren ja auch für mich nicht gerade brandheiße Neuigkeiten.

Aber wieso sagte Lars es mir so deutlich? Dafür musste es doch einen Grund geben.

»Willst du ihn mir ausreden?«, hakte ich vorsichtig nach.

»Ich ihn dir ausreden? Nein, Nele, ganz im Gegenteil. Ich wünsche euch wirklich von ganzem Herzen, dass es klappt. Und derzeit habe ich den Eindruck, dass du ihm guttust. Aber, Nele, es wird nicht ganz einfach. Das war eigentlich alles, was ich dir sagen wollte.«

Gerade wollte ich noch erwidern, dass mir das inzwischen auch klar war, als Mathis um die Ecke kam.

»So«, sagte er, »jetzt kann's weitergehen. Soll ich dich irgendwo hinfahren, Lars, oder bist du selbst mit dem Auto da?«

»Weder noch. Ich habe noch was in der Stadt zu tun. Also, macht's gut, ihr zwei. Und meldet euch, wenn es was Neues gibt.«

»Und, was machen wir zwei jetzt?« Mathis sah mich fragend an, nachdem Lars in der Menge verschwunden war, und strich mir eine Haarsträhne aus der Stirn. »Du siehst so nachdenklich aus. Machst du dir wegen irgendetwas Sorgen?«

»Nein … äh … nee«, stotterte ich. »Ach, lass uns doch einfach mal etwas Schönes machen. Oder musst du noch ins Büro?«

»Nein, nicht mehr unbedingt. Außerdem ist heute so ein herrliches Wetter, viel zu schade zum Arbeiten. Also, wo fahren wir hin?«

»Lass uns einen langen Spaziergang machen. Ich brauche Bewegung, ich bin vom vielen Hocken vor dem Computer schon ganz steif. Und dann können wir ja vielleicht irgendwo im Biergarten Kaffee trinken oder so.«

»Gute Idee. Sollen wir Paula vorher abholen oder hinterher?«

»Hinterher. Um fünf Uhr. Die ist heute mit ihrer Hortgruppe im Schwimmbad. Und lange Spaziergänge sind ihr sowieso ein Graus.«

»Na, dann ist ja alles prima.« Und mit einem kritischen Blick auf meine finstere Miene fügte er hinzu: »Na ja, fast. Jetzt muss ich dich nur noch wieder zum Lachen bringen. Aber das kriege ich schon hin.« Damit hakte er mich unter und zog mich die Straße entlang zum Auto.

»Weißt du, wer schwanger ist?«

Oh nee, dachte ich. Heilfroh hatte ich registriert, dass anscheinend alle Heiratskandidaten aus dem unfangreichen Bekanntenkreis meiner Mutter inzwischen unter der Haube waren. Zumindest hatte sie es jetzt schon einige Wochen lang geschafft, mich in Sachen Heirat nicht mehr vollzuquatschen. Aber nun würden wahrscheinlich alle frischgetrauten Paare demnächst im Wir-werden-Eltern-Glück schwelgen und meiner Mutter damit neuen Gesprächsstoff liefern. Ich sah schlimme Zeiten auf mich zukommen.

»Wer denn?«

»Anna Nass … äh … Treber-Nass.«

»Ja und?«

»Aber sie ist doch die Frau von Heiner Nass und nicht von irgendwem, Nele!«

»Ja ... äh ... weiß ich doch ... und?« Ich kam zunächst nicht ganz dahinter, was sie mir sagen wollte, aber plötzlich meinte ich es zu wissen. »Sie ist die Frau von Heiner und bekommt das Kind von einem anderen! Das ist ja 'n Ding, Mutter!«

Das war ja wirklich spannend, aber andererseits konnte ich der guten Frau ihren Seitensprung auch nicht verdenken. Wer wollte schon mit Heiner ...

»Aber Nele, Kind, wie kommst du denn auf so etwas.« Meine Mutter klang ehrlich empört. »Heiner würde so etwas doch nie machen.«

»He? Wieso Heiner, sie ist doch ...«

»Nele, nun bleib aber mal ernst.«

»Aber ...«

»Ich hätte mich ja auch gefreut, von so einem patenten Schwiegersohn wie Heiner ...«

»Mutter!«

Das wurde ja immer besser. Erst mich mit dieser Nullnummer verkuppeln wollen und dann auch noch ... schon allein der Gedanke, ich müsste mit Heiner ins Bett gehen, trieb mir den kalten Schweiß auf die Stirn, aber dann auch noch ein Kind von ihm – *würg*! Das war eindeutig zu viel.

Dann doch lieber von meinem Ex, dem Möchtegern-Revoluzzer. Der war wenigstens nur durchgeknallt und sah nicht noch dazu aus wie ein blutleeres Marsmännchen, an das mich Heiner immer erinnerte.

Nicht auszudenken, wenn mein armes Kind so aussehen müsste.

»Falls es dir entfallen sein sollte, Mutter, ich habe bereits ein Kind, und das reicht mir vollkommen. Und ich würde dich herzlichst bitten, mich zukünftig mit Geschichten über die werdenden Kinder von wem auch immer zu verschonen.«

»Ach Nele, ein einziges Kind ist doch nichts«, fuhr meine Mutter völlig unbeeindruckt fort. »Kinder brauchen Geschwister, aber nun hast du ja einen so alten Freund, da geht das natürlich nicht mehr. Wenn es wenigstens Steffen sein könnte, der ist schließlich Arzt und ...«

»Halt dich doch einfach aus meinen Angelegenheiten heraus, Mutter!«, erwiderte ich schärfer, als ich eigentlich wollte. Aber beim Stichwort Steffen schrillten bei mir immer noch alle Alarmglocken. Glücklicherweise war er mir nach dem Urlaub noch nicht wieder über den Weg gelaufen und würde es, so hoffte ich inbrünstig, auch so bald nicht tun. »Die Sache mit den Kindern kannst du ja meinen Geschwistern erzählen. Frank und Jochen haben schließlich auch nur ein Kind und Sabine ...«

»Oh, Cordula will ja so gerne noch ein Kind«, unterbrach mich meine Mutter, »aber weißt du, es klappt nicht so richtig.«

»Na, das ist doch endlich mal eine gute Nachricht. Auf noch so ein Zuckerpüppchen wie Olivia kann die Welt auch ganz gut verzichten.«

»Du musst jetzt aber nicht so gehässig sein, nur weil du verstimmt bist, dass Heiner ...«

Den Rest des Satzes hörte ich nicht mehr. Ich hatte den Hörer aufgeknallt.

»War das Oma?«, fragte Paula emotionslos, die genau in diesem Moment mit einem Zettel in der Hand ins Zimmer kam.

Ich grinste. Zwischen Höreraufknallen und Oma hatte Paula also schon einen Zusammenhang hergestellt.

»Ja, das war Oma. Hat wieder rumgesponnen. Bist du schon fertig mit den Hausaufgaben?«

»Nee, nicht ganz. Aber wir sollen den Inhalt vom Alten Testament auswendig lernen, da kann ich aber die Namen nicht lesen.«

»Ihr sollt *was*?«

Entsetzt starrte ich Paula an. Da musste ich mich doch verhört haben, oder?

»Na, das hier.« Sie hielt mir den Zettel unter die Nase. »Kannst du mir dabei vielleicht helfen?«

Tatsächlich. Fein aufgereiht stand hier zwar nicht der gesamte Text des Alten Testaments, aber immerhin doch dessen Inhaltsverzeichnis.

»Und du bist ganz sicher, dass es eine Hausaufgabe ist und keine Strafarbeit?«

Kein Lehrer konnte doch ernsthaft eine solch schwachsinnige Hausaufgabe aufgeben.

»Nee, die Strafarbeit habe ich doch schon fertig.«

Ach! Das war ja interessant. Aber ich wollte gar nicht wissen, wofür sie diese schon wieder aufgebrummt bekommen hatte.

»Und wer hat euch diese Hausaufgabe aufgegeben?«

»Unser Regellionslehrer.«

»Und der meint das ernst?«

Paula sah mich nur fragend an. Klar, sie nahm alle Hausaufgaben ernst, so schwachsinnig sie auch sein mochten. Das Inhaltsverzeichnis des Alten Testaments auswendig lernen … wollte der die Kinder verarschen, oder was?

»Kannst du mir jetzt helfen, oder nicht?«

»Nein, Paula, ich werde dir nicht helfen, weil du diese Hausaufgabe nämlich nicht machen wirst.«

»Aber ich muss doch …«

»Du kannst Hausaufgaben machen, die einen Sinn ergeben. Das stupide Auswendiglernen des Alten Testaments ergibt aber gar keinen Sinn, sondern ist reine Schikane. Also wirst du diesen Zettel zerreißen und in den Papierkorb schmeißen.«

Paula starrte mich entgeistert an.

»Ich werde es mit deinem Lehrer klären, Paula. Du brauchst also keine Angst zu haben, morgen ohne Hausaufgaben in den Unterricht zu gehen.«

»Na gut.«

Noch immer zweifelnd ging Paula wieder hinaus, aber wenig später hörte ich, wie sie einen Zettel zerriss. Na also!

Ich setzte mich ans Telefon, um Sandra anzurufen.

»Ich wollte nur mal hören, wie schön Anneke das Inhaltsverzeichnis des Alten Testaments aufsagen kann«, kam ich gleich zur Sache.

»He? Wieso sollte sie so etwas aufsagen? Alles okay mit dir, Nele?«

»Ja, nun sag nur, du hast die Hausaufgaben noch nicht kontrolliert.«

»So ein Schwachsinn soll Hausaufgabe sein?«

»Ich sehe, wir sind mal wieder einer Meinung. Paula hat den Zettel gerade zerrissen.«

»Das wird Anneke dann wohl auch tun.«

»Gut. Ich rufe dann noch ein paar andere Eltern an und werde danach einen kleinen Plausch mit dem Lehrer halten.«

»Tu das. Das werde ich dann wohl nachher auch noch tun.«

»Ich sehe, wir haben uns verstanden. Tschüss Sandra.«

»Ciao!«

Ich griff noch ein paarmal zum Hörer, und eine knappe halbe Stunde später war klar, dass der Herr Lehrer keinen beschaulichen Abend verleben würde. Es sei denn, er würde den Telefonstecker aus der Buchse ziehen.

Na, da wollte ich den Abend mal einläuten.

»Guten Tag, Herr Pfarrer, Nele Martens hier, die Mutter von Paula.«

»Ach ja, guten Abend, Frau Martens. Was kann ich für Sie tun?«

»Ist heute irgendetwas Besonderes vorgefallen in Ihrem Unterricht? Ich meine, war Paula irgendwie frech oder so?«

»Aber nein, Frau Martens, wie kommen Sie denn darauf? Paula arbeitet immer sehr schön mit.«

»Sie hat sich also einwandfrei benommen?«

»Sicher. Aber wieso fragen Sie?«

Er klang jetzt etwas irritiert.

»Und wieso bekommt sie dann diese Strafarbeit auf?«

»Strafarbeit?«

»Ja, Strafarbeit. Sie soll doch das Inhaltsverzeichnis des Alten Testaments auswendig lernen. Oder habe ich da irgendetwas falsch verstanden?«

»Nein, das stimmt schon. Aber es ist keine Strafarbeit, es ist eine Hausaufgabe.«

»Was in diesem Fall ja wohl auf das Gleiche hinausläuft.«

»Ich verstehe nicht.«

»Nun, dann will ich es Ihnen gerne erklären. Meine Tochter Paula geht zur Schule, um etwas Sinnvolles zu lernen. So dachte ich zumindest, bis sie heute mit Ihrem Zettel nach Hause kam. Als ich ihn mir anschaute, kamen mir in Sachen Sinnhaftigkeit aber erhebliche Zweifel. Denn was kann am Auswendiglernen eines Inhaltsverzeichnisses schon Sinn machen, egal ob es das Alte, das Neue oder welches Testament auch immer ist? Wenn das einreißt, kommt womöglich irgendjemand irgendwann auf die Idee, unseren Kindern die Einträge aus dem Telefonbuch ins Hirn zu stampfen.«

»Aber das kann man doch nicht vergleichen, Frau Martens, das müssen Sie …«

»Ich muss gar nichts, Herr Pfarrer, und meine Tochter in diesem Fall auch nicht. Denn was, frage ich Sie, sollte es für einen Sinn machen, wenn meine Tochter weiß, ob die Psalmen vor oder hinter Moses oder wem auch immer stehen? Schließlich kann sie da jederzeit in der Bibel nachschauen, wenn es ihr auf den Nägeln brennt, das zu wissen. Dafür sind nämlich Inhaltsverzeichnisse da und aus keinem anderen Grund. Gibt es denn in der Religionslehre so gar nichts Spannendes, um einen kurzweiligen Unterricht zu gestalten? Das wäre schade. Wenn es nämlich so ist, dann werde ich es in den kommenden Wochen unweigerlich mitbekommen, es bedauernd zur Kenntnis nehmen und die einzig richtige Konsequenz daraus ziehen und Paula vom Religionsunterricht abmelden.«

»Aber Frau Martens, um Gottes willen, das können Sie doch nicht machen!«

Der Herr Pfarrer war nun ganz außer sich.

»Und woher wollen Sie das wissen?«

»Weil … aber … also, wenn sich das herumspricht, haben wir womöglich bald gar kein Kind mehr im Religionsunterricht. Sie als Vorsitzende des Elternbeirates sollten da eigentlich besonnener mit umgehen. Schließlich haben Sie eine gewisse Vorbildfunktion zu wahren …«

»Genau. Und eben deswegen wäre es sicherlich auch in Ihrem Sinne, wenn es gar nicht erst so weit kommen würde, Herr Pfarrer. Ich wünsche Ihnen noch einen angenehmen Abend.«

Bevor der Herr Pfarrer noch etwas erwidern konnte, hatte ich den Hörer aufgelegt. Die anderen Eltern wollten schließlich auch noch mitspielen …

Als ich am nächsten Morgen beim Frühstück in der Zeitung blätterte und die Überschriften las, konnte ich im ersten Moment kaum glauben, was ich sah. Langsam, wie in Zeitlupe, senkte ich meine gerade angehobene Tasse wieder ab.

»Das kann doch nicht möglich sein«, murmelte ich kopfschüttelnd vor mich hin.

»Was kann nicht möglich sein, Mama?«, fragte Paula. »Ist jemand gestorben?«

»Nein, Paula, niemand ist gestorben.« Was faszinierte mein Kind eigentlich in letzter Zeit so an toten Menschen? Musste ich mir Sorgen machen? »Es ist nur …«

»Zeig mal.« Paula wartete meine Antwort gar nicht ab, sondern riss mir einfach die Zeitung aus der Hand. »Kii-ta iim Läär-chen-weeg wiird iim koo-men-den Jahrr ge-baut«, buchstabierte sie mühsam vor sich hin. »Und was ist daran jetzt so aufregend?«, maulte sie und schob die Zeitung unwirsch von sich, um sich wieder ganz ihrem Nutellabrot zu widmen.

»Schau mal, Paula«, erklärte ich, »es ist wirklich eine ganz tolle Sache, auf die wir ganz lange gewartet haben. Denn siehst du, wenn wir jetzt eine neue Kita bekommen, dann kann zum Beispiel auch die kleine Helen einen Platz bekommen und dann kann Ines wieder …«

»Schmierst du mir auch ein Nutellabrot für die Schule, Mama?«, unterbrach Paula mich, an meinen Erläuterungen anscheinend so gar nicht interessiert.

»Nein, du kannst ein Wurst- oder ein Käsebrot mitnehmen. Du weißt doch …«

»Ich geh dann mal meine Sachen holen.«

Aha. Heute also kein Gesprächbedarf. Na gut. Ich machte mich daran, Paulas Pausenbrot zu schmieren, versuchte, nebenbei den Artikel über die Kita zu lesen, und überlegte, warum mich Marco gestern nach der Sitzung nicht gleich angerufen hatte. Schließlich wusste er doch, dass mir die Sache besonders am Herzen lag. Nun, ich würde ihn anrufen, sobald Paula aus dem Haus war.

»Hast du meine Haarspangen gesehen?«, fragte Paula, als sie wenige Minuten später wieder in die Küche kam.

»Nein, es ist ja auch nicht meine Sache, wo du deine …«

Ich stutzte, als mein Blick auf meine Tochter fiel. Sie sah ja plötzlich ganz anders aus. »Du hast doch schon mindestens zehn Spangen im Haar«, stellte ich dann fest.

Paula hatte zu meinem Bedauern sämtliche Locken straff nach hinten gesteckt und sie dort zusätzlich mit einem Haargummi zu einem Knoten zusammengebunden; nur eine widerspenstige Locke fiel ihr nach wie vor in die Stirn.

»Und mit der Locke in der Stirn siehst du eigentlich ganz süß aus«, fügte ich lahm hinzu.

»Nein, Locken sind doof. Keiner hat so doofe Locken, nur ich, aber jetzt sind sie weg, nur diese eine doofe hängt da noch.«

Mit düsterer Miene zog sie an der verwaisten Locke herum. Beim Loslassen zog sich diese aber sofort wieder lustig wippend zu einem Korkenzieher zusammen.

»Ich habe aber auch keine Haarspange mehr, Paula, da musst du wohl …«

»Dann schneide ich sie eben ab, die doofe Locke.«

Paula war bereits wieder auf dem Weg ins Bad.

»Warte!«, schrie ich panisch und rannte hinter ihr her. Ich war sicher, dass sie ihre Drohung ohne zu zögern in die Tat umsetzen würde. »Ich schau noch mal, ob ich nicht vielleicht doch noch eine Spange habe oder – vielleicht können wir die Locke ja auch mit einer von den anderen feststecken.«

Im Bad angekommen, machte ich mich sofort am neuen Styling meiner Tochter zu schaffen, löste eine der Spangen und wurstelte die verbliebene Locke mit hinein.

»Zufrieden?«, fragte ich, als Paula sich kritisch im Spiegel betrachtete.

Sie nickte.

Ich fand, dass sie plötzlich viel älter aussah. Seufzend ging ich in die Küche zurück und stopfte ihr Pausenbrot in die Schultasche.

»Wow, du siehst ja cool aus«, hörte ich Anneke rufen, die zur verabredeten Zeit vor der Tür stand. »Das muss ich heute Mittag auch ausprobieren.«

Na, dachte ich, Sandra wird begeistert sein. Aber wenigstens war dann mein Kind nicht das einzige, das plötzlich nicht mehr wie ein Kind aussah.

Als die Mädchen aus dem Haus waren, setzte ich mich noch mal in aller Ruhe hin und las den Zeitungsartikel. Nein, stellte ich dann fest, hieraus ging eindeutig nicht hervor, wie der plötzliche Sinneswandel eingetreten war. Nur dass es nun wohl tatsächlich Anfang nächsten Jahres zum Bau der Kita kommen sollte.

Um meine Neugierde endlich zu befriedigen, rief ich Marco an.

»Oh, hallo Nele, ich habe auch gerade zum Hörer gegriffen, um dich anzurufen. Hast du es schon in der Zeitung gelesen?«

»Ja, ich war total platt. Aber wieso hast du mich gestern nicht gleich nach der Sitzung angerufen? Ich war eigentlich davon ausgegangen, dass sich mal wieder nichts Entscheidendes getan hat, nachdem ich von dir nichts hörte«, sagte ich vorwurfsvoll.

»Moment mal! Ich habe es sehr wohl versucht, aber bei euch war ja dauernd besetzt. Tja, und dann bin ich auf dem Sofa eingeschlafen. Und dann war es Mitternacht, als ich wieder aufwachte.«

»Muss ja eine anstrengende Sitzung gewesen sein«, bemerkte ich sarkastisch.

»Du hättest deinen Spaß gehabt.«

»Wieso Spaß? Seit wann sind denn diese Sitzungen spaßig?«

»Nun, Baudezernent Schlüter hatte die Sitzung gerade eröffnet, als unerwarteter Besuch hereinschneite.«

»Besuch?«, fragte ich scheinheilig, obwohl ich schon ahnte, was jetzt kommen würde.

»Ja, Besuch. Und du ahnst nicht, wer es war.«

»Nee, sag schon!«

»Die sehr verehrte Frau Katthaus. Eva-Maria Katthaus. Die sagt dir doch was, oder?«

Ich grinste still in mich hinein. »Klar«, sagte ich dann laut, »unsere Frauenbeauftragte.«

»Genau die.«

»Und die hat den Herren dann die Leviten gelesen, und daraufhin sind sie alle zu Kreuze gekrochen und haben den Bau der Kita beschlossen?«

»Das hatte sie wohl vor, aber so weit kam es gar nicht.«

»Ach!« Nun war ich aber wirklich gespannt. Sie hatte doch keinen Vortrag gehalten? »Sind die Herren schon allein bei ihrem Anblick umgekippt, oder was?«

»Nee, nicht alle Herren, obwohl sie schon alle recht erschrocken aus der Wäsche guckten, als sie sie hereinrauschen sahen. Aber letztlich hat es dann nur einen umgehauen, und zwar unseren lieben Herrn Dezernenten.«

»Ich versteh nur Bahnhof.«

»Nun, unser sehr verehrter Herr Schlüter saß als Einziger mit dem Rücken zur Tür und hat gar nicht registriert, dass da jemand hereinkam, so sehr war er mit seinem eigenen Wortschwall beschäftigt. Nun, und diesmal sollte ihm die Tatsache, dass er sich am liebsten selbst reden hört und seine eigenen Sprüche für besonders witzig und geistreich hält, zum Verhängnis werden.«

»Nun komme schon zur Sache!«, rief ich ungeduldig. »Was ist passiert?«

»Also, Frau Katthaus betrat gerade die Bühne, als Herr Schlüter sich über die Rolle der Frau im Allgemeinen und die von Müttern im Besonderen ausließ.«

»Und was genau hat er gesagt? Zu blöd, dass ich nicht dabei war!«

»Nun, wenn du dabei gewesen wärst, hätte er sich vielleicht zurückgehalten. Aber so sagte er, als sie gerade zur Tür hereinkam: ... *und wenn sich die Weiber endlich auf die Rolle besinnen würden, die die Natur für sie vorgesehen hat, bräuchten wir keine verdammten Kitas zu bauen, und auch mit der Arbeitslosigkeit sähe es plötzlich ganz anders aus.* Tja, und zu allem Überfluss ließ er dann auch noch sein schmieriges Lachen vernehmen.«

»Wow!« Ich war völlig von den Socken. »Eine bessere Steilvorlage hätte er Frau Katthaus ja gar nicht liefern können.«

»Ja, ich muss sagen, bei der Erinnerung an ihren Gesichtsausdruck laufen mir jetzt noch kalte Schauer den Rücken hinunter.«

»Und was passierte dann? Hat sie ihn kastriert?«

»Nicht körperlich, aber mit Worten. Sie war für einen Moment wie erstarrt und blickte nur stumm in die Runde. Wir versuchten durch Zeichen, Herrn Schlüter auf sie aufmerksam zu machen, aber er war so vertieft in sein Gelaber ... nun, und da nahm das Schicksal seinen Lauf.«

Marco legte eine kurze Kunstpause ein, dann redete er weiter.

»Sie rannte also auf den Tisch zu und donnerte ihre Unterlagen, die sie mitgebracht hatte, mit einem lauten Knall direkt neben Herrn Schlüter auf den Tisch. Der ist vielleicht zusammengezuckt. Konnte von Glück sagen, dass er nicht herzkrank ist. Denn spätestens als er dann empört aufblickte, um denjenigen, der sich derartige Frechheiten erlaubte, zurechtzustutzen, hätte ihn ansonsten unweigerlich der Schlag getroffen. Beim Anblick von Frau Katthaus fielen ihm sämtliche Fassungen aus dem Gesicht und seine Gesichtsfarbe wechselte in Sekundenschnelle von Ampelrot auf Leichenblass.«

»Und was sagte Frau Katthaus?«

»Oh, ihre Stimme war kaum hörbar, als sie ihm wie eine Schlange zuzischte: *Ich nehme an, dass die gute Susanne Ihre Einstellung schon kennt, ansonsten werde ich sie gerne nachher davon in Kenntnis setzen. Und wenn Sie Ihre Potenzprobleme endlich durch ausreichendes Machogehabe und Wichtigtuerei kompensiert haben, widmen Sie sich doch bitte Ihrer Rolle und genehmigen Sie die Kita im Lärchenweg. Gut möglich, dass ansonsten morgen sehr Unerfreuliches in der Presse steht. Und Sie täten sicherlich auch gut daran, die Presse gleich nach der Sitzung über die erfreuliche Tatsache zu informieren, dass spätestens Anfang nächsten Jahres die Bauarbeiten beginnen. Dann steht es noch morgen in der Zeitung, was sicherlich in unser aller Interesse ist, nicht wahr, lieber Herr Schlüter!* Dann schnappte sie sich ihre Unterlagen und rauschte ohne ein weiteres Wort wieder hinaus.«

Ich lachte. »Cooler Auftritt! Aber wer ist eigentlich Susanne?«
»Na, seine Frau.«

»Ach, und die fände die Sprüche ihres Mannes vermutlich nicht so witzig.«

»Um nicht zu sagen gar nicht witzig. Die arbeitet nämlich in diversen Frauengruppen mit. Unter anderem fordert sie die kostenlose Bereitstellung von Kinderbetreuungsplätzen. Weiß der Himmel, was der ihr für Märchen in Sachen Kita Lärchenweg aufgebrummt hat. Na, ich sage dir, wenn die auch nur ansatzweise erfährt, was sich gestern zugetragen hat … puh! … dann täte er besser daran, sich einen Keuschheitsgürtel anschweißen zu lassen – ansonsten würde ich für sein bestes Stück keine Garantie mehr übernehmen. Die liebe Susanne muss schon nach der letzten Pressemeldung Amok gelaufen sein, habe ich gehört. Aber er konnte ihr wohl einreden, dass die Presse ihn falsch zitiert hätte.«

»Das klingt fast so, als hätte er zu Hause nicht die Hosen an. Und wie ging es dann mit der Sitzung weiter?«

»Er stammelte nur irgendwas von Beschlussvorlage und zur Unterschrift schreiten und löste, nachdem alles protokollarisch festgehalten war, die Sitzung in Windeseile auf. Vermutlich hat er sich dann erst mal ordentlich besoffen und liegt heute noch im Koma. Ich jedenfalls hätte es getan.«

»Ich komme gleich ins Büro, Marco, und bringe eine Flasche Sekt mit. Auf den Erfolg müssen wir anstoßen. Bis gleich!«

Na, besser hätte es ja gar nicht laufen können. Mal sehen, wann Herr Schlüter sich wieder auf die Bühne traut, dachte ich.

Vermutlich war er jetzt erst einmal für einige Zeit krankgeschrieben. Psychisches Trauma oder so.

Zufrieden vor mich hinpfeifend, verließ ich die Wohnung. Was uns in letzter Zeit alles gelang, war ja unglaublich. Jetzt musste nur noch unser Projekt starten und … Ach, wie konnte das Leben doch schön sein!

Als ich nachmittags, vom Sekt leicht angetütert, mit der immer noch verspangten Paula nach Hause kam und gerade die Wohnungstür aufschloss, schrillte mein Telefon wie verrückt.

»Das ist bestimmt Oma. Das hör ich am Klingeln!«, rief Paula und rannte los. Sie sagte ein paarmal »Ja« und »Nein« und kam dann auf mich zugesteuert.

»Sag Oma, ich will erst die Wäsche einstecken und rufe sie dann zurück«, winkte ich ab.

»Es ist aber nicht Oma. Es ist Sandra. Sie weint.«

»Dann sag eben Sandra … was? Sie weint?« Ich riss Paula den Hörer aus der Hand. »Was ist denn los, Sandra?«

»Kann ich mal kurz zu dir rüberkommen, Nele?«

»Klar. Ach nee, ich komme lieber zu dir. Kannst ja Anneke zu Paula schicken, dann können wir in Ruhe quatschen. Bin sofort bei dir.«

»Ist jemand gestorben?«, fragte Paula mit glänzenden Augen.

»Ich hoffe nicht.«

»Und warum weint Sandra dann?«

»Weiß ich noch nicht, aber ich gehe jetzt mal rüber.«

»Kommt Anneke dann zu mir?«

»Ja, aber macht keinen Blödsinn, wenn ich weg bin. Wenn irgendwas ist, kommt einfach rüber, okay?«

»Ja klar, Mama, wir sind doch keine Babys mehr!«

Auf dem Weg zu Sandra ereilte mich mein schlechtes Gewissen. Ich hatte mich seit Wochen kaum bei ihr sehen lassen und sie nicht einmal richtig gefragt, wie es ihr ging, nachdem Christoph so abgewatscht worden war. Na, ich war ja eine tolle Freundin!

Als Sandra die Tür öffnete, kam mir Anneke entgegengeschossen und schob mich energisch zur Seite. Anscheinend freute sie sich, zu Paula flüchten zu können. Im Vorbeihuschen bemerkte ich noch, dass nun auch Anneke mindestens ein Dutzend Spangen im Haar trug.

Sandra sah miserabel aus. Verquollene Augen, rote Nase, tränennasses Gesicht. Ich nahm sie in den Arm und strich ihr über den Kopf.

»Was ist denn los, Süße?«, fragte ich leise.

»Ach, ich halt es einfach nicht mehr aus, Nele!« Sie schniefte laut in ihr Taschentuch. »Seit sie Christoph quasi sein Lebenswerk unter dem Hintern weggezogen haben, ist er unerträglich. Ich komme überhaupt nicht mehr an ihn ran. Und er will auch nicht mit mir darüber sprechen. Sitzt nur mürrisch in der Ecke oder hockt stumpf vor dem Fernseher. Auch Anneke nimmt er kaum noch wahr. Sie leidet natürlich ganz furchtbar darunter. Heute Mittag war er kurz da, und sie wollte ihm etwas zeigen, was sie in der Schule gebastelt hat. Er hat sie total ignoriert, und sie war so enttäuscht!«

Sandra putzte sich die Nase und holte einmal tief Luft, bevor sie weitersprach.

»Da bin ich ausgerastet und hab ihn angeschrien, wir könnten ja schließlich nichts für die ganze Scheiße, warum er seinen Frust an uns auslassen würde und so. Und ... und da sagte er nur, dass ich dann ja froh sein könne, ihn eine Weile nicht sehen zu müssen, da er morgen mit Mathis nach Riga fliegt. Nach Riga. Morgen. Und das sagt er mir heute. *Das weiß er doch bestimmt schon seit Ewigkeiten!*«, schrie sie. »Wann hat Mathis es dir denn erzählt?«

»Noch gar nicht«, sagte ich dumpf. Ich fühlte mich, als hätte mir jemand eine Keule über den Kopf gezogen.

Hatten sich unsere Männer gegen uns verschworen?

»Wie, du wusstest es auch noch nicht?«

Vor lauter Überraschung hörte Sandra auf zu atmen und sah mich mit weit aufgerissenen Augen an.

»Nee, ich hatte keine Ahnung.«

Für einen Moment schwiegen wir beide, bis Sandra sich aus ihrer Verwunderung gelöst hatte. »*Was bilden sich die Kerle eigentlich ein!?*«, schrie sie in einer Lautstärke, die ich von Sandra noch nie gehört hatte. Ihre Traurigkeit schien sich nun in Wut zu verwandeln. Ich war dankbar, dass die Mädchen nicht hier waren. »Glauben die eigentlich, die können sich hier aufführen wie King Louis, und wir sagen zu allem Ja und Amen? Da hat sich mein Herr Gatte aber geschnitten, das kann ich dir sagen!«

»Und was hast du jetzt vor?«

»Das weiß ich noch nicht, aber es wird mir schon was einfallen. Das zahlt er mir heim, da kannst du sicher sein! Sitzt hier wochenlang nur rum, im Selbstmitleid versunken, mit seinem grausamen Schicksal hadernd, ignoriert Frau und Kind … und ich blöde Kuh versuche auch noch, ihn zu trösten, ihm Mut zuzusprechen, statt ihm ganz einfach einen Tritt zu versetzen und ihn zurück ins Leben zu befördern. Oh! Ich könnte ihn …«

Sandra schrie sich richtig in Rage, und ich ließ sie gewähren. Wahrscheinlich ging es ihr hinterher besser. Während sie durch die Wohnung tobte und ihre Möbel ab und an mit Fußtritten traktierte, zermarterte ich mir den Kopf, warum Mathis mir von seiner Reise nach Riga nichts erzählt hatte.

Sandra hatte recht. Die konnten das doch unmöglich so kurzfristig beschlossen haben. Ich meine, nach Riga flog man doch nicht einfach von jetzt auf gleich, oder?

Ich ging in die Küche, um einen Kaffee zu machen, und fand im Backofen einen herrlich duftenden Apfelkuchen. Er war noch warm. Wahrscheinlich hatte Sandra ihren frustrierten Ehemann damit trösten wollen.

Daraus war ja nun nichts geworden, und so beschloss ich, dass wir ihn verschlingen sollten. Also kramte ich im Kühlschrank noch nach Schlagsahne und schlug diese steif.

Als ich ins Wohnzimmer zurückkam, saß Sandra auf dem Sofa und starrte vor sich hin. Erleichtert stellte ich fest, dass sie wenigstens nicht mehr weinte.

»Hab deine Küche durchwühlt und diesen herrlichen Apfelkuchen gefunden. Ich nehme an, der war für niemanden Bestimmten bestimmt?«

»Nein, bestimmt für niemanden Bestimmten. Außer für uns beide vielleicht«, sagte Sandra und zeigte schon wieder ihr breites Grinsen.

»Na, dann lass uns mal loslegen!«

Wir ließen uns Kaffee und Kuchen in Unmengen schmecken und malten uns die schönsten Rachepläne für unsere Männer aus.

Aber als ich später nach Hause ging, sanken die Zweifel und die Fragen wieder bleischwer auf mich herab.

Warum hatte mir Mathis nichts gesagt?

»Nele, mein Schatz, weißt du, wohin ich morgen fliege?«, fragte Mathis, kaum dass er meine Wohnung betreten und mir einen Kuss aufgedrückt hatte.

»Nach Riga«, antwortete ich matt.

Mathis hielt in seiner Bewegung inne und schaute mich verdutzt an. »Woher weißt denn du das schon?«

»Sollte ich nicht?«, fragte ich und sah ihn herausfordernd an.

»Nee … ich meine … doch, schon … warum nicht, aber …«, stotterte er.

»Aber?«

»Ich bin nur etwas erstaunt, weil ich es auch erst seit heute weiß.«

»Das willst du mir nicht wirklich weismachen, oder?«

Ich fühlte Zorn in mir aufsteigen. Wenigstens ehrlich konnte er doch sein und zugeben, dass er vergessen hatte, es mir zu sagen – oder es mir, aus welchem Grund auch immer, bewusst erst heute erzählte.

Vielleicht hatte Christoph ihm von seinem Ärger mit Sandra erzählt, und nun hielt Mathis es für besser, so zu tun, als hätte er davon erst heute erfahren?

»He, was ist denn nun los? Wieso sollte ich dir denn was vormachen? Ich weiß es wirklich erst seit heute.«

Ich schluckte. Das klang ja fast, als würde es stimmen.

»Und was treibt dich so plötzlich ins Baltikum?«, hakte ich nach.

»Tja, das war nun schon eine Überraschung.« Bevor er weitersprach, machte sich Mathis am Kühlschrank zu schaffen und biss dann herzhaft in eine Salami. »Hm, ich habe Hunger. Sollen wir uns eine Pizza bestellen?«

»Meinetwegen. Aber nun erzähl schon«, sagte ich ungeduldig.

»Also, als ich heute Morgen ins Büro kam, sagte mir Frau Brenner, dass irgendwer aus Riga angerufen hätte und ich möge doch dringend zurückrufen. Und das habe ich dann auch getan, und siehe da, es war jemand, den ich in Stockholm getroffen hatte. Er sagte, er habe da irgendein Problem und habe sich erinnert, dass ich da Erfahrung habe. Es geht um irgendwelche Beschäftigungsgeschichten im Baubereich. Ganz schlau bin ich da auch nicht geworden. Auf jeden Fall stünden da Entscheidungen an, und das sehr kurzfristig, und er sei so dankbar gewesen, dass man ihm meinen Namen genannt habe und so weiter, und so weiter.«

»Und warum muss Christoph auch mit?«

»Das weißt du auch schon? Ihr Mädels seid ja wirklich auf Zack. Hm, irgendwie hatte sich das alles angehört, als ob das auch in Christophs Zuständigkeitsbereich fallen könnte, und da habe ich ihn kurzerhand gefragt, ob er nicht Lust hätte …«

»Damit hast du bei Wiegandts eine gewaltige Ehekrise ausgelöst, kann ich dir sagen.«

»Echt? Oh, das tut mir leid. War vielleicht etwas spontan. Aber man muss ja auch mal flexibel reagieren können.«

»Tust du mir einen Gefallen, Mathis?«

»Jeden, mein Schatz.«

»Rufst du bitte bei Sandra an und erklärst ihr die ganze Geschichte? Es könnte sonst sein, dass Christoph morgen nicht mehr in der Lage ist, dich zu begleiten.«

»So schlimm?«

»Schlimmer!«

»Ups, na gut, ich rufe an – aber unter einer Bedingung!«

»Und die wäre?«

»Du bestellst in der Zwischenzeit Pizza. Denn sonst bin ich morgen nicht mehr in der Lage mitzufliegen!«

Also taten wir beide, wie uns geheißen, und in mir machte sich eine große Erleichterung breit.

Gott sei Dank gab es nun doch keine neue Krise!

18

Knapp eine Woche später saß er mir gegenüber, der gute Herr Schlüter, und er sah reichlich mitgenommen aus. Denn wie man hörte, hing bei ihm der Haussegen schief. Die Vorkommnisse bei der Kita-Sitzung waren wohl doch nicht ganz hinter verschlossenen Türen geblieben. Bei sechs anwesenden Personen war das auch schwer vorstellbar.

Als ich den Raum betreten hatte, schaffte ich es nicht, mir ob des jämmerlichen Anblicks unseres Dezernenten ein Grinsen in Mathis' Richtung zu verkneifen.

Aber Mathis hatte es nicht erwidert. Überhaupt wirkte er ungewohnt ernst.

War etwas passiert, von dem ich noch nichts wusste?

»So«, eröffnete der Bürgermeister die Sitzung, nachdem sich außer Mathis und mir auch noch Marco und Christoph eingefunden hatten. »Heute soll es um die Fördermittel aus der EU gehen, die Sie, meine Dame und meine Herren«, er machte eine Pause und schaute uns der Reihe nach an, »für Ihr geplantes Projekt zugesagt bekommen haben. Für Ihr … äh … wirklich interessantes Projekt, wie ich hinzufügen möchte.«

Ich zwinkerte Mathis zu, aber er schaute wieder nur zur Seite. Was war nur los?

Prüfend schaute ich Marco und Christoph an, die mit verschränkten Armen auf ihren Stühlen saßen. Wenigstens sie erwiderten meinen Blick mit einem Lächeln, und ich lächelte dankbar zurück.

»Nun ja«, fuhr der Bürgermeister fort. »Wir, das heißt alle zuständigen Gremien, haben uns noch einmal eingehend mit der Sache beschäftigt und waren übereinstimmend der Meinung, dass es sich hier wirklich um eine … äh … spannende und … äh … durchaus auch logische Idee handelt. Aber ansonsten hätte es vor der EU ja auch wohl kaum Bestand gehabt, nicht wahr?«

Er grinste schwach in die Runde. Ich wollte auch ihm gerade ein Lächeln schenken, als Mathis' Stimme schneidend durch den Raum fuhr und infolgedessen des Meisters Grinsen auf der Stelle gefror.

»Wollen Sie nicht endlich zur Sache kommen, Herr Küsterer?«

Ich zuckte zusammen. Was war denn in den gefahren? Wir bekamen gerade ein nettes Lob für unsere Arbeit, und der keifte einfach den Bürgermeister an. Und dann ließ er auch noch die gewohnte Anrede weg. Seit wann sprach er denn den Bürgermeister mit seinem Namen an? Nicht, dass man das nicht täte, aber für Mathis war es untypisch. Ich sah, dass auch Marco und Christoph äußerst irritiert dreinschauten.

»Aber Mathis, lass doch den Herrn Bürgermeister …«, versuchte ich zu vermitteln, aber Mathis fuhr wieder sofort dazwischen.

»Nein, Nele, ich lasse ihn nicht. Und wenn er gleich gesagt hat, was er zu sagen hat, dann wirst du auch verstehen, warum. Also noch mal, Herr Küsterer, kommen Sie endlich zur Sache!«

Entsetzt starrte ich auf den Bürgermeister, denn mir dämmerte so langsam, was jetzt kommen würde. Marco und Christoph saßen jetzt stocksteif wie Spargel und in Habachtstellung auf ihren Stühlen.

»Also … äh … ja, also, es ist … äh … wie gesagt, ein sehr spannendes Projekt, aber …«

Der Bürgermeister wusste vor lauter Verlegenheit anscheinend kaum noch, wo er hinschauen sollte, denn sein Blick ging nun geradewegs zum Fenster hinaus.

»Aber?« Auch Marcos Stimme klang nun messerscharf.

»Nun ja, für diese Stadt ist es wohl doch … äh … wohl doch eine Nummer zu groß.«

»… wohl doch eine Nummer zu groß …« Die Worte hallten noch für Minuten in meinem Kopf nach. Minuten, in denen sich eine bleierne Stille über den Raum legte. Marco saß mit offenem Mund da und schien sich im falschen Märchen zu wähnen. Christoph war leichenblass geworden und starrte stumm auf den Fußboden. Mathis zeigte nach wie vor keinerlei Regung. Der Bürgermeister blätterte verlegen in seinen Unterlagen, und der Baudezernent – das konnte doch wohl nicht sein! – grinste still vor sich hin.

Christoph war schließlich der Erste, der das Schweigen brach.

»Ich geh dann mal«, sagte er dumpf, stand auf und ging zur Tür. Keiner versuchte ihn zurückzuhalten.

»Begründung?« Christophs Abgang schien auch Marco wieder unter die Lebenden zurückgeholt zu haben.

»Äh … Begründung?«, stammelte der Bürgermeister, der sich sichtlich unwohl in seiner Haut zu fühlen schien.

»Ja, genau, ich hätte von Ihnen gerne eine Begründung für die unglaubliche Farce, die hier gespielt wird!« Marco wurde ungewohnt laut, er kochte vor Wut. »Oder haben Sie uns etwa nicht erst vor ein paar Wochen erzählt, wie gut dieses Projekt der Stadt tun werde, wie blendend man es nach außen präsentieren könne, wie … ach … was erzähl ich hier eigentlich, Sie wissen ja selbst am besten, was Sie gesagt haben. Ja, Herr Küsterer, eine Begründung ist ja wohl das wenigste, was man in solch einer Situation erwarten kann, oder?«

»Tja, also …«

»Also, wenn ich dem Herrn Bürgermeister mal beispringen dürfte«, meldete sich nun der immer noch grinsende Schlüter zu Wort. »Es ist ja nun so, Herr Gerlach, dass wir Ihre Ideen für wirklich gut befinden. Aber Sie müssen doch auch sehen, dass die Umsetzung für diese kleine Stadt nun tatsächlich eine Nummer zu groß ist. Wenn Sie das in Berlin oder München oder …«

» … Pusemuckel«, äffte Marco mit unverhohlener Wut seinen Tonfall nach. »Sie wollen mir doch nicht wirklich diese billige Begründung verkaufen, oder? Ist es nicht vielmehr so, lieber Herr Schlüter, dass Sie sich einen Wolf ärgern, weil dieses brillante Projekt nicht Ihre Idee war?«

Ich schnappte erschrocken nach Luft. Wenn der sanfte Marco sich derart gehen ließ, konnte es passieren, dass er, nicht mehr Herr seiner Sinne, dem Dezernenten im nächsten Moment eine reinschlug.

»Marco …«, begann ich.

»Nein, Nele, hier wurde der Bogen endgültig überspannt. Hier geht es doch längst nicht mehr um die Sache. Meine Herren«, wandte sich Marco nun von mir ab, »ich kann Ihnen gar nicht sagen, wie mich das hier alles ankotzt!«

»Nun, da sich die Runde ja anscheinend langsam, aber sicher auflöst, werde ich mich wohl auch verabschieden«, sagte Mathis emotionslos, als Marco die Tür laut hinter sich hatte zufallen lassen. »Meine Herren, ich wünsche Ihnen noch einen angenehmen Abend.«

Ohne noch ein Wort zu sagen, folgte ich Mathis hinaus.

»Du hast es gewusst.« Teilnahmslos stocherte ich mit einem Stock im Kies herum. Mathis und ich waren in den Stadtpark gegangen und saßen nun auf einer Parkbank am Ententeich. Es war ein kühler Tag und dichte Nebelschwaden hingen über der Landschaft. Mathis hatte eine Hand voll kleiner Steinchen aufgelesen und warf sie nach und nach ins Wasser, das nach einem leisen *Plopp!* weite Kreise zog. Ein paar Enten und Blesshühner kamen neugierig angeschwommen, wohl in der Hoffnung, etwas zu fressen zu bekommen. Nachdem sie aber begriffen hatten, dass nichts für sie abfallen würde, zogen sie wieder von dannen.

»Ja.«

»Seit wann?«

»Der Referent vom Küsterer hat es mir kurz vor der Sitzung gesteckt.«

Das Wort Bürgermeister schien mit dem heutigen Tage endgültig aus Mathis Wortschatz gestrichen zu sein, was nichts anderes hieß, als dass sein Respekt vor dieser Person unwiederbringlich gestorben war.

»Hattest du damit gerechnet?«

»Nein, ehrlich gesagt, ich konnte mir bei dieser Sache überhaupt nicht vorstellen, dass irgendjemand sie ablehnen könnte. Nicht mal der Schlüter.«

»Er hat es aber anscheinend getan. Zumindest gehe ich davon aus, dass es nicht der Bürgermeister war, der blockiert hat.«

»Nein, aber er ist wie immer umgekippt. Das ist mindestens genauso verwerflich.«

»Und alle anderen haben es auch nicht begriffen? Ich meine, es ging doch durch alle Gremien, da hätte doch mal jemand …«

»Die haben es nicht gelesen. Sie haben einfach das abgenickt, was Schlüter ihnen vorgegeben hat.«

»Ja, aber da hätte doch wenigstens der Bürgermeister mal …«

»Dazu war keine Zeit. Auf der Tagesordnung stand noch *Politiker ehren Politiker*, wegen langjähriger Mitgliedschaft und so. Gegenseitiges Schulterklopfen. Das hat fast zwei Stunden gedauert. Und dann wollte natürlich jeder schnell nach Hause.« Mathis warf sein letztes Steinchen ins Wasser, schaute eine Weile seinen Kreisen nach und lehnte sich zurück. »Betrachte die ganze Sache einfach als Realsatire«, sagte er dann.

»Du hast gut reden. Nach Marcos Auftritt gerade dürfte das der letzte Auftrag gewesen sein, den wir von der Stadt bekommen haben.«

»Das glaube ich nicht. Das trauen die sich gar nicht. Du kannst sicher sein, die zwei Herren sitzen jetzt Blut und Wasser schwitzend in ihren Büros und beten inbrünstig zum lieben

Herrgott, dass er heute Nacht sämtliche Zeitungsdruckereien der Region in Flammen aufgehen lassen möge.«

»Du meinst …«

»Klar. Wenn die Presse Wind von der Sache kriegt, dann gnade ihnen Gott.«

»Aber die werden es doch sowieso mitbekommen.«

»Dass das Projekt abgelehnt wurde, ja. Aber die Hintergründe? Was wir alles vorhatten, wer alles davon profitiert hätte …«

» … wie viel Geld in den Wind geschossen wurde.«

»Genau. Einfach mal so sechs Millionen Euro nach Brüssel zurückschicken, welche Stadt würde sich das schon erlauben? Und du glaubst doch nicht, dass die hier in Zukunft auch nur noch einen müden Euro aus der Europa-Kasse sehen werden. Der Zug ist mit dieser Entscheidung für immer abgefahren. Für Brüssel ist diese Stadt von jetzt an Persona non grata.«

»Das muss den Herren doch vorher klar gewesen sein.«

»Müsste es eigentlich. Aber so, wie ich die Brüder kenne, ging ihnen das erst nach und nach auf. Wenn sie die Konsequenzen überhaupt schon in vollem Umfang erfasst haben. Hm. Vielleicht sollte man es ihnen auf irgendeinem Wege stecken.« Mathis grinste plötzlich verschmitzt. »Wäre doch schön, mit anzusehen, wie sie so richtig in Panik geraten.«

»Und wie sie versuchen, sich herauszureden.«

Auch ich war wieder zu einem Grinsen fähig. »Vielleicht winken sie die Sache ja doch noch durch, wenn man ihnen ein wenig Druck unter dem Kessel macht.«

»Für mich ist die Sache gegessen. Ich gehe nicht betteln. Die haben ihre Chance vertan, Pech gehabt. Jetzt sollen sie halt ein wenig schwitzen. Und selbst wenn sie jetzt angekrochen kämen – wer zu spät kommt …«

Ich schüttelte bedauernd den Kopf. »Schade um das schöne Projekt.«

»Ja, das ist es. Aber wer weiß«, fügte Mathis so leise hinzu, dass ich es kaum verstehen konnte, »vielleicht haben ja andere Interesse daran.«

»Du willst es woanders noch mal versuchen?«

»Es wäre eine Möglichkeit. Das Konzept müsste natürlich in Details angepasst werden. Aber sicherlich wäre es woanders willkommen.«

Ich wusste in diesem Moment nicht, was mich an Mathis' Bemerkung aufhorchen ließ. War es der betont gleichgültige Tonfall? Oder war es Mathis' Gesichtsausdruck, der sich bei seinen Worten veränderte und den ich nicht zu deuten wusste?

»Woanders?«, fragte ich verunsichert. »Was meinst du mit *woanders*? Ich meine, man kann doch nicht so einfach irgendwo …«

»Kann man nicht?«, unterbrach Mathis mich und sah mich mit einem so seltsamen Gesichtsausdruck an, dass mich fröstelte.

»Du … hast schon Pläne?«, fragte ich verunsichert.

»Pläne?«, fragte Mathis leise, und obwohl seine Augen dabei auf mich gerichtet waren, hatte ich doch den Eindruck, er nahm mich gar nicht wahr.

Was ging auf einmal in ihm vor?

Ich wartete darauf, dass Mathis fortfahren würde, aber er sagte nichts mehr. Stattdessen bückte er sich und nahm wieder eine Hand voll Steinchen.

In den nächsten Minuten war erneut nur ihr eintöniges Ploppen im Wasser zu hören. Umso mehr schreckte ich hoch, als Mathis abrupt aufsprang, den Arm hob und den Rest der Steine schwungvoll und mit einem »Ach Scheiße!« in den Ententeich schleuderte.

»Lass uns gehen!«, sagte er dann unwirsch.

»Was … ist denn los?«, stammelte ich verdattert.

Aber Mathis schüttelte nur den Kopf. Dann trat er mit schnellen Schritten den Rückweg an.

»Könntest du mir bitte mal erklären, was das hier soll?«, schnaubte ich wütend, als ich ihn schließlich eingeholt hatte. »Gerade noch war alles so friedlich, und plötzlich springst du auf und …«

»Friedlich?«, fuhr Mathis dazwischen. »Ich glaube nicht, dass das hier der passende Ausdruck ist.«

»Und worüber, bitte schön, regst du dich jetzt so auf? Noch vor wenigen Minuten hast du mir mitgeteilt, ich solle doch alles als Realsatire sehen, und jetzt bist du es, der hier den Aufstand probt.«

»Ich probe keineswegs den Aufstand, und außerdem, darum geht es doch gar nicht … ich hätte wirklich gedacht … ach, ist ja auch egal.«

»Was hättest du gedacht? Um was geht es?« Ich blieb stehen und stemmte die Arme in die Hüften. »Ich würde wirklich gerne verstehen, was mit dir los ist, Mathis, aber wenn du mich nur anmaulst …« Ich stockte.

Auch Mathis war nun stehen geblieben. Er starrte mich an, als sähe er mich zum ersten Mal.

»Schade«, sagte er dann leise, »wirklich schade.«

Dann drehte er sich um und lief davon. Ich rief hinter ihm her, er solle stehen bleiben. Aber er lief einfach weiter. Ich stand wie versteinert da und sah ihm nach, bis er im Nebel verschwunden war. Dann ließ ich mich auf die nächste Parkbank fallen.

Was war denn das gewesen? Warum war Mathis auf einmal so sauer geworden? Hatte ich etwas Falsches gesagt?

Minutenlang grübelte ich vor mich hin. Aber schließlich sagte ich mir, dass Mathis' seltsames Verhalten vermutlich nur eine Reaktion auf die große Enttäuschung war. Ich beschloss, das alles nicht so ernst zu nehmen. Er würde sich schon wieder beruhigen.

Aber irgendetwas tief in meinem Inneren sagte mir, dass es so einfach nicht war.

In der Nacht wälzte ich mich unruhig in meinen Kissen hin und her. Schließlich stand ich auf und schaltete den Fernseher ein. Aber auch da gab es nur Müll. Also legte ich mich wieder hin und nahm mein Buch zur Hand in der Hoffnung, es würde mich ablenken. Es half. Als mein Wecker um halb sieben schrillte, lag das Buch noch immer auf meinem Bauch, und in meinem Zimmer herrschte Festbeleuchtung.

»Mama, weißt du was?«

Paula kam mit einem großen Hüpfer zu mir ins Bett gesprungen, und dem Krachen des Lattenrostes nach zu urteilen, hatten soeben mindestens zwei Latten die Grätsche gemacht.

»Och nee, Paula ...«, stöhnte ich auf, was mein Kind aber völlig kaltließ.

»Wir fahren im Frühjahr auf Klassenfahrt«, teilte sie mir ungeachtet ihres Missgeschicks strahlend mit.

»Und wohin?«

»Weiß nicht. Unsere Lehrerin hat uns gefragt, wo wir hinwollen, aber wir konnten uns nicht ganz einigen.«

»So. Und was kamen da so für Vorschläge?«

»Also, ich habe gesagt, ich will nach Paris.«

»Paris«, bemerkte ich trocken.

Nobel geht die Welt zugrunde.

»Ja. Aber Anneke meinte, Rom wäre auch nicht schlecht, das fand aber der Benedikt doof.«

»Aha. Und wo wollte der hin?«

»Ju York. Das ist in Amerika. Ist auch cool, oder?«

»Klar.«

»Ja, aber unsere Lehrerin fand das irgendwie alles nicht so gut.«

»Wer hätte das gedacht. Und was hat sie für Vorschläge gemacht?«

»Hab ich vergessen. Klang aber auch nicht so schlecht.«

»Dann ist ja gut. Und wie lange soll die Fahrt dauern?«

»Drei Tage. Aber die Eltern bekommen noch einen Zettel. Die Lehrerin meint, die sollten ja auch Bescheid wissen, wo wir hinfahren und wann und so.«

»Das finde ich aber sehr aufmerksam von deiner Lehrerin.«

»Ja, die ist schon okay.«

»Sollen wir jetzt mal frühstücken?«

»Nee. Hab keinen Hunger. Kannst mir ja ein Pausenbrot schmieren.«

»Aber sicher doch, Madame.«

Paula sprang mit einem Satz aus dem Bett, und wieder vernahm ich das unheilvolle Knarren der Latten. Das konnte ja so nicht bleiben. Schließlich, wenn Mathis mal kam – was sollten bei dem Krach die Nachbarn denken? Nun, Mathis verstand sich ja auf Planken. Sollte der sich drum kümmern.

Eigentlich hatte ich nicht damit gerechnet, Marco an diesem Tag im Büro anzutreffen. Aber als ich kam, saß er bereits an seinem Schreibtisch. Oder besser gesagt, er hing an seinem Schreibtisch, den Kopf auf die Arme gestützt und starr vor sich hinblickend.

»Guten Morgen, Marco, ich dachte nicht, dich heute hier zu sehen«, rief ich ihm fröhlich zu.

»Ich auch nicht«, stöhnte Marco mit krächzender Stimme. Er hob den Kopf und sah mitleiderregend aus. Rot unterlaufene Augen, umrahmt von tiefschwarzen Ringen in einem leichenblassen Gesicht. »Aber nachdem ich in der Nacht zweimal den Teppich im Schlafzimmer vollgekotzt hatte, meinte Ines, sie hätte heute keine Lust auf mich. Da bin ich halt gegangen.«

»Aha. Klingt nach einem ausschweifenden Abend.«

»Christoph und ich haben etwas viel getrunken.«

»Aha.«

»Ist Vera schon da?«

»Nee, keine Ahnung, wo sie steckt.«

»Mist. Könnte jetzt einen Kaffee gebrauchen.«

»Wie wär's mit Selbermachen?«

»Na, heute haben sich ja wirklich alle gegen mich verschworen.«

Mühsam quälte sich Marco aus seinem Sessel, aber ich schob ihn mit sanftem Druck wieder zurück.

»Das kann man ja nicht mit ansehen! Bleib sitzen, ich mach dir einen. Am besten tiefschwarz, oder?«

»Danke.«

»Und wie war Christoph gestern drauf?«, fragte ich, als ich mit zwei dampfenden Tassen Kaffee wieder ins Zimmer kam. »Hat er sich auch so zugedröhnt?«

»Denke schon. Ich kann mich an nichts mehr erinnern.«

»Dann werde ich jetzt mal bei Sandra anrufen, ob alles in Ordnung ist.«

Marco nickte nur schwach, umklammerte mit beiden Händen seine Tasse Kaffee und begann langsam an ihr zu schlürfen.

»Hallo Sandra, hier ist Nele. Ist alles okay bei euch?«

»Bei mir schon. Zu Christophs Zustand kann ich nicht viel sagen, der liegt noch im Bett. Er kam irgendwann in der Nacht in einem Taxi angefahren und hat Sturm geklingelt, weil er anscheinend nicht mehr in der Lage war, den Schlüssel gerade ins Schloss zu stecken. Hast du schon was von Marco gehört?«

»Der sitzt hier an seinem Schreibtisch.«

»Echt? Dann hatte er wohl nicht ganz so viel wie Christoph, der könnte heute unmöglich …«

»Wenn du mich fragst, Marco auch nicht, aber Ines muss nach zwei ihren Teppich entweihenden Kotzattacken gnadenlos gewesen sein. Jedenfalls hängt er hier mehr tot als lebendig herum.«

»Hast du schon mit Mathis gesprochen?«

»Heute noch nicht. Aber ich denke, dass er bald hier auftaucht. So wie ich ihn kenne, hat er die halbe Nacht darüber nachgedacht, wie es jetzt weitergehen könnte. Vielleicht ist ihm ja etwas eingefallen.«

»Schön wär's. Dann hätte ja wenigstens einer etwas Kreatives geleistet. Vielleicht fällt ihm ja auch was für Christoph ein. Ich fürchte, der wird noch tagelang unter Schock stehen und gar nicht in der Lage sein, sich um die Zukunft Gedanken zu machen.«

»Das alles ist aber auch eine saublöde Geschichte, dass unser Dezernent …«

»Weißt du, Nele«, unterbrach mich Sandra, »wer weiß, wofür die ganze Sache gut ist. Ich meine, schließlich hatte Christoph doch schon lange die Schnauze voll von seinem Job. Und jetzt muss er sich zwangsläufig nach etwas anderem umsehen. Könnte doch auch 'ne Chance sein.«

»Das klingt, als wärest du über die Entwicklung der Dinge gar nicht so böse.«

»Mir tut es leid wegen der ganzen Arbeit, die ihr da hineingesteckt habt, und wer weiß, vielleicht hätte das Projekt auch in Christophs Job noch mal neuen Schwung gebracht. Aber ehrlich gesagt – besser ein Ende mit Schrecken …«

» … als ein Schrecken ohne Ende«, vollendete ich ihren Satz. »Ja, vermutlich hast du recht. Alles ist immer für irgendetwas gut. Es würde mich nur unheimlich beruhigen, wenn ich schon heute wüsste, wofür. Aber wenigstens steht ihr ja jetzt nicht ganz ohne Einkommen da. Nur gut, dass du die Idee mit Heinrich, dem Seehund, zur richtigen Zeit hattest. So könnt ihr euch doch eigentlich ganz entspannt zurücklehnen …«

»Das stimmt schon, aber hüte dich davor, Christoph gegenüber etwas Ähnliches auch nur anzudeuten. Dann führt er sich auf, als wolltest du ihn kastrieren.«

»Männer! Aber mit Mackergehabe hat das natürlich nichts zu tun.«

»Natürlich nicht.«

»Na, dann ist ja alles gut. Mach's gut, Sandra. Ich melde mich wieder.«

»Ciao Nele.«

Kaum, dass ich den Hörer aufgelegt hatte, klingelte es schon wieder. Ich schaute schnell zu Veras Schreibtisch hinüber, aber der Platz war immer noch verwaist. Also keiner da, der mich auf nette Art hätte verleugnen können.

Seufzend nahm ich den Hörer ab.

»Nele Martens.«

»Ach, Frau Martens, Sie sind ja da. Damit hatte ich gar nicht gerechnet.«

»Und wo sollte ich Ihrer Meinung nach sein, Herr Bürgermeister, auf Jobsuche vielleicht?«, entgegnete ich flapsig.

Woher nahm der Kerl nur die Unverfrorenheit, hier anzurufen?

»Haha, immer zu einem Scherz aufgelegt. Das freut mich aber, dass Sie sich unsere Entscheidung nicht zu sehr zu Herzen nehmen. Herr Wiegandt und auch Herr Gerlach waren ja gestern wohl ...«

»Stinksauer. Und sie sind es auch heute noch. Und wenn Sie annehmen, dass ich zu Scherzen aufgelegt bin, dann haben Sie sich schwer getäuscht. Ich habe mich nämlich mit den Herren solidarisch erklärt und bin ebenfalls stinksauer.«

»Oh.« Der Bürgermeister schluckte hörbar. »Aber ich kann Ihnen versichern, Frau Martens, dass das alles gar nicht gegen Sie gerichtet war, und auch nicht gegen Herrn Wiegandt oder ...«

»Oh, so wichtig habe ich mich auch gar nicht genommen, Herr Bürgermeister. Natürlich war es nicht gegen mich gerichtet.«

»Da bin ich aber beruhigt.«

»Aber vielleicht versuchen Sie mal, Ihre Entscheidung den mehreren Tausend Arbeitslosen in unserer Region zu erklären, die Sie gemeinsam mit Herrn Schlüter um ihre Chance gebracht haben, wieder auf dem Arbeitsmarkt Fuß zu fassen. Und den vielen Kindern, die wieder stolz auf ihre Mütter und Väter gewesen wären. Und den Steuerzahlern, die auch in Zukunft noch für den Lebensunterhalt dieser Menschen aufkommen müssen.«

Am anderen Ende herrschte sekundenlanges Schweigen.

»Sind Sie noch dran?«, rief ich schließlich in den Hörer.

»Ja ... äh ... sicher. Frau Martens, da ist eine Sache, um die ich Sie bitten wollte.«

»Und die wäre?«

»Wenn wir in dieser Sache die Pressearbeit vielleicht miteinander abstimmen könnten? Ich bekam heute Morgen bereits einen Anruf ...«

»Sie wollen der Öffentlichkeit die wahre Geschichte vorenthalten?«

»Ach, was heißt schon *vorenthalten*, aber manchmal ist es doch für alle besser ...«

»Und *alle* sind in diesem Fall Herr Schlüter und Sie ...«

»Aber Sie müssen doch verstehen, Frau Martens ...«

»Nein, Herr Küsterer, in diesem Fall verstehe ich nicht. Außer dass Sie offensichtlich nicht bereit sind, zu Ihren folgenreichen Entscheidungen zu stehen. Könnte es damit zusammenhängen, dass die nächsten Wahlen nicht mehr weit sind? Oder damit, dass die Konsequenzen einer Entscheidung mal wieder nicht in Gänze erfasst wurden?«

»Ich habe doch schon gestern versucht zu erklären …«

»Nun, dieser Versuch ist kläglich gescheitert, und ich wüsste auch nicht, welches Argument Sie vortragen müssten, um mich von der Richtigkeit Ihrer Entscheidung zu überzeugen. Ich werde mich in dieser Angelegenheit mit meinen Projektpartnern besprechen. Auf Wiederhören, Herr Küsterer.«

Ich legte auf, und erst jetzt wurde mir bewusst, dass ich am ganzen Körper zitterte. Aber ich war zufrieden mit mir. Sollten die Herren doch noch ein wenig weiterfiebern und ein paar Tage lang die Tageszeitung mit zittrigen Händen aufschlagen. Wenn meine Mitstreiter wieder nüchtern und eines klaren Gedankens fähig waren, würden wir weitersehen.

Komisch! Ich hatte nun schon zum wiederholten Male versucht, Mathis zu erreichen. Aber weder schien in seinem Büro jemand zu wissen, wo er steckte, noch war er auf seinem Handy erreichbar. Na ja, ich würde es von zu Hause aus noch mal versuchen.

Vera war auch den ganzen Tag nicht im Büro erschienen. Auch hier war mir nicht gelungen herauszufinden, wo sie steckte. Gut möglich, dass sie uns gesagt hatte, dass sie Urlaub hat. Wäre nicht das erste Mal, dass Marco und ich es beide verdrängt hätten.

Ich erledigte rasch noch ein paar Dinge, die termingerecht rausmussten, dann beschloss ich, nach Hause zu gehen.

Als ich an Marcos Büro vorbeikam, warf ich noch schnell einen Blick hinein. Es war leer.

Wo war der Kerl nun wieder? Spielten heute alle Verstecken mit mir, oder was?

Ich wollte gerade die Tür hinter mir zuziehen, als ich hinter ihr ein Rascheln hörte. Schnell schielte ich um die Ecke, und was ich sah, war so mitleiderregend, dass ich zum Telefon griff, um Ines anzurufen.

»Dein Mann liegt hier im Büro in Embryonalstellung auf dem Teppich. Ich wollte nur fragen, ob er seinen Schnuller dabeihat oder lieber am Daumen lutscht.«

Ines ließ ihr helles Lachen vernehmen. »Dann ist es ja noch schlimmer, als ich dachte. Wie sieht es mit seiner Verdauung aus?«

»Nichts zu sehen.«

»Na gut, dann kann er wieder nach Hause kommen. Aber ich fürchte, ich muss ihn holen, oder?«

»Kannst ihn auch liegen lassen. Irgendwo hier gibt es noch eine Wolldecke, die ich ihm überschmeißen könnte.«

»Und morgen reicht er dann die Scheidung ein. Wegen Vernachlässigung in schwierigen Zeiten. Nee, nee, lass mal. Wir brauchen unseren Ernährer noch.«

»Na gut, ich bring ihn dir. Dann brauchst du nicht noch die Kleine anzuziehen und so. Mit so einem kleinen Wurm ist ja alles immer gleich ein halber Umzug.«

»Das ist lieb von dir. Ich werde mich beizeiten revanchieren.«

»Ich komme darauf zurück.«

Also versuchte ich, Marco ins Leben zurückzuholen, was gar nicht so einfach war. Erst als ich ihm ein paarmal mit einem nassen Lappen durchs Gesicht gewischt hatte, zeigte er erste Regungen.

»Nele, was machst du denn hier?«, fragte er mit schleppender Stimme und versuchte krampfhaft, seine Augen offen zu halten.

»Arbeiten.«

»Hier?«

»Wo sonst?«

Marco ließ seinen glasigen Blick wie in Zeitlupe durch den Raum wandern, und ganz langsam schien ihm zu dämmern, wo er sich befand.

»W-was ist denn passiert?«

»Nichts. Dir stand nur anscheinend der Sinn nach einem Nickerchen. Und da Ines dich des Hauses verwiesen hatte …«

»Ines! Richtig! Puh, die war sauer!«

Marco rieb sich mit schmerzverzerrtem Gesicht seinen Kopf, so als hätte Ines ihm eins mit der Bratpfanne übergezogen.

»Nun, es wird dich freuen zu hören, dass deine Gattin dir wieder Asyl gewährt. Ich habe den Auftrag, dich nach Hause zu fahren.«

Nach mehreren Versuchen stand Marco schließlich auf wackeligen Beinen, hakte sich bei mir unter und ließ sich dann abführen.

Ines nahm ihn mit einem breiten Grinsen an der Haustür entgegen.

»Wenn dein Mathis mal herbeigeschafft werden muss, werde ich zur Stelle sein. Ich danke dir, Nele.«

»Keine Ursache.«

Zu diesem Zeitpunkt ahnte ich noch nicht, wie hellseherisch dieser Satz von Ines gewesen war.

»Kommt Mathis heute Abend?« Paula saß über ihren Hausaufgaben und kaute seit geraumer Zeit gedankenverloren auf ihrem Bleistift herum.

»Weiß ich nicht«, antwortete ich mürrisch, denn so langsam ärgerte ich mich wirklich, dass der Kerl nicht zu erreichen war.

Immer hatte ich nur die verdammte Mailbox dran. Er musste doch inzwischen gesehen haben, dass ich mir die Finger nach ihm wund wählte. Er konnte doch nicht immer noch schmollen. Und außerdem: Hatte er mir nicht erst im Urlaub versprochen, dass er sich bessern würde, was die Erreichbarkeit angeht?

Und kaum trat eine Krise auf …

»Ruf ihn doch mal an«, sagte Paula.

»Das findest du wohl sehr witzig, oder!«, zischte ich mein Kind an.

Paula blickte verwirrt von ihrem Heft auf. »Wieso bist du denn so böse, Mama?«

Reiß dich zusammen, Nele, dein Kind kann nichts dafür!

»Ach, ich bin gar nicht böse, Paula. Nur etwas entnervt, weil ich schon so oft versucht habe, Mathis zu erreichen. Er geht nicht ans Telefon.«

»Soll ich mal versuchen?«

Schweigend reichte ich ihr das Telefon, aber auch Paula hatte keinen Erfolg.

»Da ist nur der Anrufebeworter dran.«

»Anrufbeantworter heißt das.«

»Ja.«

»Was willst du denn eigentlich von Mathis?«

»Er soll mit mir rechnen. Das ist nämlich voll schwer.«

»Aber wieso fragst du mich denn nicht, wenn du nicht weiterkommst?«

»Ist zu schwer für dich. So was Schweres kann nur Mathis.«

»Jetzt gib schon her, das schaff ich gerade noch«, sagte ich entnervt.

»Na gut, kannst es ja mal versuchen.«

Mit einem zweifelnden Blick schob Paula ihr Heft über den Tisch und sprang dann von ihrem Stuhl auf.

»Wo willst du hin, Paula? Du sollst doch Hausaufgaben machen.«

»Ich will das Telefonbuch holen.«

»Wofür in Gottes Namen brauchst du denn das jetzt?«

»Ich will 'ne Telefonnummer raussuchen. Die von Mathis.«

»Aber die hast du doch gerade gewählt.«

»Nee, das war seine Handynummer. Aber der hat doch auch zu Hause ein Telefon, und da ruf ich ihn jetzt an. Weil wenn er sein Handy nicht angeschaltet hat, ist er bestimmt zu Hause.«

»Da kannst du ihn aber nicht anrufen!«, entfuhr es mir schärfer, als ich wollte.

»Aber warum denn nicht?« Paulas Augen wurden verdächtig feucht.

Nele! Reiß dich jetzt zusammen! Ich hole einmal tief Luft.

»Schau mal, Paula«, versuchte ich ruhig zu erklären, »Mathis wohnt doch bei seiner anderen Familie, und die wollen ganz sicher nicht, dass wir anrufen.«

»Aber ich will doch gar nicht mit denen sprechen, sondern mit Mathis.« Nun fing Paula tatsächlich an zu weinen. »Warum mögen die mich denn nicht leiden, Mama?«

Tröstend legte ich den Arm um meine kleine Tochter und strich ihr über die Haare.

»Ich weiß, Paula, es ist nicht leicht zu verstehen, aber es hat wirklich nichts mit dir zu tun. Es ist ... einfach eine schwierige Situation. Komm«, sagte ich in einem aufmunternden Tonfall, »nun lass uns mal zusammen deine Matheaufgaben machen. Bestimmt kriegen wir das auch ohne Mathis hin.«

»Meinst du?«, schniefte Paula und zog geräuschvoll die Nase hoch.

»Klar!«

»Aber wenn Mathis nicht kommen darf, könnten wir doch vielleicht bei Steffen anrufen. Ich meine, der ist doch Arzt, und ich glaube, die können auch ganz gut rechnen.«

Rums! Ich fühlte mich, als hätte mir jemand seine Faust in die Magengrube gerammt. Schon den ganzen Tag war mir Steffen nicht aus dem Kopf gegangen, als ich angesichts von Mathis' Schweigen über das Thema Zuverlässigkeit nachgedacht hatte.

Nun hatte ich ihn gerade so schön verdrängt, da tischte ihn mir Paula wieder brühwarm auf.

Ja, dachte ich entnervt, ich weiß, dass Steffen eine Alternative zu Mathis wäre. Und nicht nur, wenn es um Mathehausaufgaben geht.

Aber ich sagte nichts. Ich liebte Mathis, nur Mathis, und damit basta!

Auch wenn er gerade mal wieder nicht erreichbar war ...

»Komm, Paula, das schaffen wir schon ohne die Männer«, wiederholte ich und zog entschieden das Heft zu mir heran.

Während wir die Hausaufgaben machten, versuchte ich, einen gut gelaunten Eindruck zu machen, auch wenn es mir schwerfiel.

Paula beruhigte sich wieder und schien an ihren Aufgaben sogar Spaß zu finden. Im Gegensatz zu mir. Äußerlich ruhig, kochte ich innerlich weiter.

Es war nicht das erste Mal, dass Mathis sich den ganzen Tag nicht meldete, und damit auch eigentlich nichts Neues. Aber meine innere Stimme sagte mir, dass irgendwas falsch lief.

Wie konnte Mathis mich in einer solch verfahrenen Situation nur so hängen lassen! Erst gestern waren doch all unsere Hoffnungen auf eine spannende und gemeinsame berufliche Zukunft auf das Gemeinste zerstört worden, da konnte er sich doch denken, dass ich frustriert in der Ecke saß und ein wenig Zuspruch brauchte. Stattdessen hüllte er sich in Schweigen und ließ mich auflaufen. Ich war bitter enttäuscht.

Und dann noch der Auftritt von Paula! Wo gab es denn so was, dass ein kleines Kind den Freund ihrer Mutter und ihren Retter in Mathematiknöten anrufen wollte, und seine Mutter musste es ihm verbieten!

Je mehr ich mich in meine Wut hineinsteigerte, desto mehr verspürte ich Lust, irgendwelche Teller und Tassen an die Wand zu schleudern, und ich konnte mich nur mit Mühe zurückhalten. Schließlich wäre es ja sowieso ich gewesen, die neues Geschirr hätte anschaffen müssen. Mathis hätte das ja nicht interessiert, er würde wieder nur sagen, dass die Situation nun mal so sei, wie sie ist, und dass er daran auch nichts ändern könne. Schließlich hätte ich ja von Anfang an gewusst, worauf ich mich einlasse, er hätte mir nie etwas vorgemacht, bla, bla, bla …

Nun endgültig wutentbrannt, tat ich schließlich, was ich schon längst hätte tun sollen. Ich hatte die Schnauze voll davon, Rücksicht zu nehmen, Verständnis zu haben, die Frau für passende Gelegenheiten zu spielen. Jetzt war der Zeitpunkt gekommen, Mathis die Meinung zu sagen, ihn in die Wüste zu schicken, mein eigenes Leben zu leben, ohne Ehemann, Familienvater, Heute-habe-ich-leider-keine-Zeit-Kerl … kurzum ohne ständige Nerverei.

Und wieso drängte sich nun schon wieder Steffen in meine Gedanken? Fahr zur Hölle!

Ich griff zum Telefon, ging ins Wohnzimmer und wählte die verbotene Nummer.

Dir werde ich's zeigen, mich zu verarschen, mein armes Kind so auflaufen zu lassen …

»Hagena.«

Oh Gott, seine Frau! Ich hatte doch tatsächlich seine Frau ... ich spürte, wie mir die Röte ins Gesicht schoss und meine Knie weich wurden.

»Hallo?!«

»Ja ... äh ... ich ... ähm ... hätte gerne mit Mathis gesprochen.«

Noch während ich das sagte, fiel all meine Wut in sich zusammen, und ich fühlte mich ganz elend.

Mein Gott, was tat ich hier?

»Der ist nicht da. Kann ich was ausrichten?«

»Nein, bloß nicht!«, schoss es aus mir heraus.

»Wie bitte?« Dem Tonfall war nun deutlich anzuhören, dass sie mich für geistesgestört hielt.

»Äh ... nichts ... äh ... ich ruf dann wieder an.«

»Besser nicht.«

Es knackte in der Leitung, die Verbindung war getrennt. Ich sah das Kopfschütteln von Mathis' Gattin glasklar vor mir. Klar, die hielt mich für bescheuert. Hm. Hatte ich eigentlich meinen Namen genannt? Oh mein Gott, ich wusste es nicht mehr! War ich womöglich so blöd gewesen, meinen Namen zu nennen, und würden sich jetzt alle im Hause Hagena über mich totlachen nach dem Motto: *Da hat Papa aber eine beschrubbte Kuh ... etwas mehr Verstand hätte ich ihm ja durchaus ...*

Wieder schoss mir das Blut in den Kopf. Was hatte ich nur getan?

In meiner Hand tutete noch immer der Hörer vor sich hin. Völlig benebelt drückte ich ihn aus und legte ihn auf den Tisch, bevor ich mich ins Sofa sinken ließ. Ich wollte auf der Stelle tot sein.

»Ich bin fertig, Mama.«

»Womit?«

»Na, mit den Hausaufgaben.«

»Ach so. Na, dann zeig mal her.«

»Kann ich die Aufgaben mit dem Taschenrechner nachrechnen?«

»Auch gut. Mach nur.«
»Wen hast du denn angerufen?«
»Niemanden.«
»Und mit wem hast du dann gesprochen?«
»Mit mir selbst.«
»Echt? Das ist ja ganz schön dumm von dir!«
Paula kicherte.
»Glaub mir, Paula, deine Mutter ist sogar noch viel, viel dümmer!«

19

Am nächsten Tag stand mein Telefon nicht still. Alle waren auf der Suche nach Mathis. Christoph, Marco, der Bürgermeister, ja selbst seine Sekretärin riefen bei mir an in der Hoffnung, wenigstens ich wüsste, wo er sich aufhielt.

Aber ich hatte keine Ahnung. Mathis war verschollen und hatte offensichtlich nicht die kleinste Spur hinterlassen.

Seine Sekretärin wollte einen letzten Versuch starten, ihn zu Hause zu erreichen. Ungeduldig wartete ich auf ihren Rückruf, und als das Telefon klingelte, riss ich bereits nach dem ersten Läuten den Hörer ans Ohr.

»Haben Sie herausfinden können, wo er ist?«

»Wo wer ist?«

»Na, Herr … Mutter?« Im letzten Moment ging mir auf, dass es nicht die Stimme von Frau Brenner, sondern eindeutig die meiner Mutter war, die mich mal wieder im unmöglichsten Moment behelligte.

»Mutter, ich kann jetzt gerade nicht telefonieren, ich erwarte einen dringenden Anruf!«

»Wen suchst du denn? Deinen Architekten etwa? Kind, ich habe dir doch gleich gesagt, lass dich nicht …«

»Misch dich nicht in meine Angelegenheiten. Und jetzt leg bitte auf, ich habe keine Zeit, mit dir zu sprechen.«

»Stell dir vor, Nele …«, fuhr meine Mutter unbeirrt fort.

»Nein, Mutter, ich stelle mir gerade überhaupt nichts vor. Tschüss!«

Wann hatte ich eigentlich zum letzten Mal ein Telefonat mit meiner Mutter beendet, ohne am Schluss den Hörer aufzuknallen?

Als sich das Telefon erneut meldete, war ich vorsichtiger und warf zuerst einen Blick auf die Nummer im Display.

Mathis' Büronummer leuchtete auf.

»Frau Brenner?«, meldete ich mich und zwang mich zu einer ruhigen Stimme.

»Ja, Frau Martens. Ich habe gerade mit Frau Hagena gesprochen. Sie weiß auch nicht, wo ihr Mann ist. Sie hat ihn seit vorgestern Abend nicht mehr gesehen.«

»Hm, komisch. Und nun macht sie sich Sorgen.«

»Sorgen? Nein, so klang sie eigentlich nicht. Sie meinte, ich solle mich gedulden, Herr Doktor Hagena würde sich schon bei mir melden.«

»Ja, aber es ist doch nicht normal, dass einer einfach ohne ein Wort verschwindet, ich meine …«

»Ach, wissen Sie, bei Herrn Doktor Hagena ist das nicht so ungewöhnlich. Das habe ich schon öfter erlebt. Nur hat er sich immer spätestens am zweiten Tag gemeldet und durchgegeben, wann wir ihn zurückerwarten können.«

»Das gibt's doch nicht!«, rief ich aufgeregt. »Der kann doch nicht einfach alles stehen und liegen lassen …«

»Doch, Frau Martens, Herr Doktor Hagena kann«, sagte Frau Brenner mit ruhiger Stimme, »die Freiheit hat er sich schon immer genommen. Wir können nur abwarten, bis er sich meldet. Aber seien Sie beruhigt. Es wird sicherlich nicht mehr lange dauern. Ich melde mich, wenn ich etwas Neues weiß. Auf Wiederhören, Frau Martens.« Es klickte in der Leitung.

Wir können nur abwarten … Benommen starrte ich mein Telefon an. Wir können nur abwarten …

»Ich habe aber keine Lust abzuwarten!«, brüllte ich in den Raum und schlug mit der Hand auf den Tisch.

Nicht schon wieder warten. Ich hatte schon viel zu viel Zeit damit verbracht, auf Mathis Hagena zu warten!

Am nächsten Tag lud ich mich und Paula bei Sandra zum Abendessen ein. Von Mathis gab es immer noch kein Lebenszeichen, und ich hatte Angst davor, den Abend alleine zu verbringen und sinnlos vor mich hin zu grübeln. Das hatte ich schon den ganzen Tag im Büro getan und egal, was ich tat, es war mir nicht gelungen, mich von meinen trübsinnigen Gedanken abzulenken.

Das erhoffte ich mir jetzt durch ein Schwätzchen mit Sandra. Doch als ich vor ihr stand und Paula schnurstracks im Kinderzimmer verschwunden war, wäre ich am liebsten auf der Stelle wieder umgedreht. Ich konnte diese mitleidigen Blicke nicht ertragen!

Ja, okay, mein Kerl war abgehauen und hatte mich ohne ein Wort sitzen lassen. Das allein konnte einen zur Weißglut treiben. Aber diese Ach-du-Arme-hat-er-dich-schon-wieder-sitzen-lassen-aber-ich-habe-es-dir-ja-gleich-gesagt-Blicke gaben mir das Gefühl, vor lauter Scham sofort im Boden versinken zu müssen.

Mir selbst einzugestehen, dass natürlich mal wieder alle Skeptiker recht behalten hatten und ich mich besser nie auf Mathis samt seiner verfahrenen Situation eingelassen hätte, verursachte mir fast körperliche Schmerzen.

»Immer noch keine Nachricht von Mathis?«, fragte Sandra, kaum dass ich zur Tür herein war.

Ich schüttelte den Kopf. »Nee«, sagte ich, »nichts. Er ist wie vom Erdboden verschluckt. Gestern war ich noch bei Lars. Aber der wusste auch von nichts.«

»Wer ist Lars?«

»Na, Mathis' Sohn, der Künstler, du weißt doch …«

»Ja, klar, logisch, *der* Lars.« Sandra schlug sich mit der flachen Hand vor die Stirn. »Den Namen hatte ich völlig verdrängt. Und, was sagt der zum plötzlichen Abgang seines Vaters?«

»Das Gleiche wie Mathis' Sekretärin. Dass Mathis so was öfter bringt und man sich keine Sorgen machen muss.«

»Trotzdem. Man weiß ja nie.«

»Was weiß man nie?«

»Ob nicht vielleicht wirklich was passiert ist. Nachher tun wir ihm alle unrecht und er liegt irgendwo in der Gosse, hilflos, verletzt, tot ...«

»Na, du machst mir ja Mut!«

»Man darf vor nichts die Augen verschließen, Nele.«

»Natürlich nicht. Aber irgendjemand würde ihn doch finden und einsammeln, egal, wo er liegt.«

»Wahrscheinlich. Es sei denn, es war ein Verbrechen und man hat ihn ... verbuddelt?«

»Sandra! Hör bitte auf rumzuspinnen. Einen Kerl wie Mathis vergräbt man nicht einfach irgendwo. Der Kerl ist weg, auf und davon. So einfach ist das! Und vermutlich wird er in den nächsten Tagen wieder auftauchen und so tun, als wäre nichts gewesen.«

»Was du ihm hoffentlich nicht durchgehen lässt.«

»Natürlich nicht.«

Sandra warf mir einen zweifelnden Blick zu.

»Du glaubst mir nicht«, stellte ich fest.

»Glaubst du dir denn?«

»Ehrlich gesagt ... ich weiß es nicht. Ich weiß nicht, ob ich ihm widerstehen kann, wenn er vor mir steht. Und außerdem ... ich verstehe ihn ja auch, in Ansätzen zumindest. Die Sache war ja auch ein Schock für ihn, sie war für uns alle ein Schock. Und dass er da das Bedürfnis hat ...«

Sandra unterbrach mich abrupt, indem sie sich vor mir aufbaute, mit festem Griff meine Arme umklammerte und mich mit gerunzelter Stirn mehr als intensiv ansah.

Dann sagte sie in eindringlichem Tonfall: »Hallo! Erde an Nele! Er hat dich ohne ein Wort sitzen lassen! Er hat alle ohne ein Wort sitzen lassen! So etwas macht man nicht! Auch nicht, wenn man Mathis Hagena heißt und an der Welt verzweifelt!«

»Aber ...«

»Nein, Nele. Diesmal gibt es kein Aber.« Sandra ließ endlich meine Arme los. Sie hatte so fest zugedrückt, dass ich am nächsten Tag bestimmt blaue Flecken haben würde. »Und glaube mir, wenn sich Christoph so was erlauben würde, fände er seine Koffer gepackt und auf der Straße stehend, wenn er zurückkäme.«

»Ach, was weiß denn ich!«

Mit einem verzweifelten Seufzer ließ ich mich auf einen Stuhl sinken und vergrub mein Gesicht in den Händen. Sandra sagte für eine ganze Weile gar nichts mehr, sondern machte sich daran, das Abendessen vorzubereiten und Tomaten in winzige Stücke zu schneiden. Schließlich stand ich auf, nahm mir ein Holzbrett und unterstützte sie dabei.

»Heute gibt es Bruschetta mista«, murmelte sie und schob sich einen Löffel voll Tomatenstückchen in den Mund.

»Lecker«, sagte ich schwach. Ich fühlte mich müde und ausgelaugt. Am liebsten wäre ich gleich ins Bett gegangen.

Das Brot für die Bruschettas war gerade fertig getoastet, als Christoph nach Hause kam. Ich hatte ihn seit Bekanntgabe der Hiobsbotschaft nicht mehr gesehen. Er sah blass und übernächtigt aus, aber ich war bemüht, mir mein Entsetzen bei seinem Anblick nicht anmerken zu lassen.

Mein Gott, dachte ich, ihn hat es ja wirklich am schlimmsten von uns allen getroffen. Über Monate die Wechselbäder ertragen zu müssen, immer zwischen Bangen und Hoffen – und dann ein solches Ende!

»Hi Nele, alles klar?«, fragte er abwesend, als er mich erblickte. Er machte einen so apathischen Eindruck, dass ich erstaunt war, wie er mich überhaupt registrieren konnte.

»Geht schon«, antwortete ich lasch und warf Sandra einen fragenden Blick zu.

Aber sie zuckte nur mit den Schultern, so als wollte sie sagen: *Ich habe schon alles versucht, keine Ahnung, wie man ihn da rausholt.*

Christoph schnappte sich die Tageszeitung, blätterte sie aber in solch einem Affenzahn durch, dass er unmöglich auch nur eine einzige Überschrift wahrgenommen haben konnte.

»Was von Mathis gehört?«, fragte er nach einer Weile, während er teilnahmslos in den Bruschetta-Tomaten rührte.

»Nichts.«

Christoph nickte nur. Dann stand er auf und verließ schweigend die Küche. Nach einer Weile hörte man ihn lautstark vor sich hin fluchen und ein heftiges Rumpeln im Dielenschrank.

»Was hat er denn?«, fragte ich.

»Ich vermute, er sucht seine Laufschuhe. Die hat er aber im Keller stehen. Hat er wohl vergessen.«

»Er will jetzt joggen gehen?«

»Ja. Macht er momentan jeden Abend. Sonst würde er wahrscheinlich komplett verrückt werden«, sagte Sandra leise. Um ihm dann mit lauter Stimme zuzurufen: »Deine Schuhe stehen im Keller, Schatz!«

Aus der Diele war erneut ein Rumpeln sowie ein letztes Fluchen von Christoph zu vernehmen, dann hörte man Schritte auf der Kellertreppe und dann nichts mehr.

»Die Flucht von Mathis hat ihn arg mitgenommen«, sagte Sandra, als sie sicher war, dass er sie nicht mehr hören konnte. »Er ist schwer enttäuscht.«

»Das kann ich verstehen. Für ihn muss es besonders hart sein. Zuerst lässt man ihn auflaufen und dann auch noch das.«

»Ja. Er geht nun nur noch in die Firma, um sie abzuwickeln. Da könnte er gut ein wenig moralische Unterstützung von seinen Kumpeln gebrauchen. Marco ruft ja ab und zu mal an, ist aber auch schwer mit sich selbst beschäftigt.«

»Ja, er zweifelt momentan an jedem und allem und ist immer noch stinksauer. So eine Ausdauer habe ich bei ihm selten erlebt. Wenn ich's mir genau überlege, war es das letzte Mal, als unser Professor ihn durch die mündliche Diplomprüfung hatte fallen lassen. Er war damals so sauer, dass ich dachte, er würde in der Uni Amok laufen.«

»Na, Gott sei Dank hat er davon dann doch Abstand genommen.«

»Ja, aber ich glaube, es hat nicht viel gefehlt. Und – hätte er heute den Anruf vom Schlüter entgegengenommen, ich hätte für nichts garantieren können. Glücklicherweise war Vera so vorausschauend, ihn zu mir durchzustellen.«

»Der traut sich tatsächlich noch, euch anzurufen? Na, der hat Schneid! Was wollte er denn?«

»Es ging um die Kita. Er hat die Projektskizze verbaselt und braucht sie heute Abend. Ich sollte sie ihm zuschicken. Nur …« Ich machte eine Pause, sah Sandra mit gespielt verzweifelter Miene an und hob bedauernd die Arme.

»Nur? Sie ist doch nicht etwa auch euch abhandengekommen?«

»Tja, blöd, ich fürchte doch. Ist einfach weg. Hm. Wird wohl frühestens morgen wieder auftauchen. Saublöde Geschichte das.«

Sandra ließ einen tiefen Seufzer hören. »Tja, dann wird er sich heute Abend wohl ein wenig blamieren. Das ist aber doof für ihn. Fast tut er mir leid.«

»Ja. Er selbst tat sich auch sehr leid.«

»Meinst du, er hat den Braten gerochen?«

»Klar. Hatte aber nicht den Mumm, irgendetwas zu erwidern.«

»Und auch kein Wort zur Projektabsage?«

»Natürlich nicht.«

»Aha. Also auch noch feige.«

»Sieht so aus.«

»Da kann sich ja noch ein netter Kleinkrieg zwischen euch entwickeln.«

»Ach was. So Auge-um-Auge-Spielchen sind eigentlich gar nicht mein Ding. Und vielleicht war meine Reaktion heute auch ein wenig albern, aber …« Ich holte tief Luft und verschränkte grinsend die Arme hinter dem Kopf.

»Aber?«

»Es hat saugutgetan!«

Mit verheulten Augen und wahnsinnigen Kopfschmerzen stand ich am nächsten Morgen in aller Frühe auf. Meine

Gedanken waren die halbe Nacht um Mathis gekreist und hatten mich daran gehindert, wieder einzuschlafen. Ich hatte geheult und geheult und geheult. Vor Traurigkeit, aber auch vor Wut.

Zunächst hatte sich meine ganze Wut auf Mathis konzentriert, auf seine Verantwortungslosigkeit, seine Unzuverlässigkeit, sein ständiges Hin und Her. Aber je mehr ich mich in meine Wut hineingesteigert hatte, desto mehr hatte sie sich auch gegen mich selbst gerichtet.

Warum nur war ich nicht in der Lage, mich von diesem Mann emotional unabhängig zu machen? Warum hatte ich nicht gleich erkannt, dass er mir immer nur wehtun würde? Hatte er mir nicht schon nach kürzester Zeit wehgetan, damals, als er mich nach unserem gemeinsamen Segeltörn einfach hatte sitzen lassen? Warum nur war es mir nicht gelungen, ihm aus dem Weg zu gehen? Warum hatte ich mich auf die gemeinsame Arbeit mit ihm eingelassen, nur um hinterher zu erfahren, dass alles sowieso umsonst gewesen war? Warum hatte ich nicht meinem ersten Gefühl vertraut, das mir gesagt hatte, die Finger von ihm und dem Projekt zu lassen? Warum hatte ich mich von den Männern einwickeln lassen? Warum, warum, warum. In der Nacht hatte sich eines dieser Warums an das andere gereiht. Eine Antwort auf sie war ich mir schuldig geblieben.

Und nun, kaum dass ich aufgestanden war, überfiel mich schon das nächste Warum: Warum nur fiel mir beim Anblick meines Spiegelbildes die Rocky Horror Picture Show ein?

Wild vor mich hin schniefend schaufelte ich mir literweise eiskaltes Wasser ins Gesicht. Es half nichts. Auch danach war meine Ähnlichkeit mit einer Mumie nicht zu verleugnen.

»Boah, bist du blass! Bist du etwa krank, Mama?«, fragte Paula dann auch prompt, als sie etwa eine Stunde später in der Küche erschien.

»Nee, nur müde«, antwortete ich lahm.

»Du siehst aber ziemlich krank aus, so blass«, beharrte sie auf ihrer Diagnose.

»Ich hab nichts, Paula, glaub es mir einfach!«, sagte ich entnervt.

Paula verzog nur spöttisch den Mund, als wollte sie sagen: *Das glaubst du ja wohl selbst nicht!*, und stapfte Richtung Badezimmer davon.

»Ich weiß es!«, hörte ich sie wenige Minuten später rufen, während sie die Badezimmertür mit einem lauten Kracher gegen die Wand donnern ließ.

»Paula, pass doch auf, du machst doch die ganze Tapete …!«, rief ich empört zurück, aber im nächsten Augenblick stand sie schon mit erhobenem Zeigefinger und einem besserwisserischen Gesicht neben mir.

»Es ist nämlich wegen Mathis!«, sagte sie so feierlich, als hätte sie soeben das Perpetuum mobile erfunden.

Schlaues Kind! »Was ist wegen Mathis?«, fragte ich dennoch nach.

»Na, dass du so blass aussiehst! Hab ich recht?«

»Ja, vielleicht«, murmelte ich schwach.

»Du bist traurig, weil er so einfach verschwunden ist.«

»Wieso, wer sagt denn, dass er einfach verschwunden ist?« Verwundert hob ich den Blick. Ich hatte doch mit Paula gar nicht darüber gesprochen. Sie sollte doch glauben, dass er nur für ein paar Tage weggefahren war.

»Ach Mama, das ist doch sowieso klar. Das weiß doch jeder!«

»Wie, was weiß doch jeder?«

»Na, dass Mathis verschwunden ist und keiner weiß, wo er hingefahren ist!« Paula betonte jedes Wort einzeln, so als wäre ich die Letzte auf der Welt, die es noch nicht mitbekommen hätte.

»Und wer sagt so was?«, hakte ich nach, nun doch neugierig geworden.

»Sandra hat es zu Christoph gesagt, als Anneke zufällig in der Tür stand.«

»Zufällig, soso.«

»Ja. Aber Benedikt meint, das wäre nicht so schlimm, weil sein Uropa, der war auch öfter mal verschwunden, aber die haben ihn dann wiedergefunden. Da stand er dann irgendwo halb nackig am Bahnhof oder so.«

»Benedikts Uropa war sicherlich alt und krank und verwirrt«, gab ich zu bedenken.

»Ja, und ich dachte, weil Mathis ja auch schon so alt ist, vielleicht schauen wir mal am Bahnhof nach, ob …«

»Ich glaube, das wird nicht nötig sein«, sagte ich schnell. »Wieso weiß Benedikt eigentlich, dass Mathis weg ist?«

»Hab ich im Stuhlkreis erzählt.«

Na, bravo! Dann wusste ja inzwischen das ganze Lehrerkollegium, dass es bei uns zuging wie bei Hempels!

»Willst du ein Salamibrot mit zur Schule nehmen?«, versuchte ich sie abzulenken.

»Bist du sehr traurig, dass Mathis jetzt nicht mehr da ist, Mama?«, ging Paula nicht darauf ein.

Ich nickte. »Ja, Paula, traurig, aber auch wütend.« Warum sollte ich meiner Tochter auch weiterhin etwas vormachen?

»Meinst du, er kommt jemals wieder zurück?«

»Er wird bald wieder da sein, denke ich.« Meine Stimme klang überzeugter, als mir zumute war.

»Dann freust du dich sicher, oder?«

Das war eine gute Frage. Würde ich mich freuen, wenn Mathis zurückkam? Ich würde sicherlich erleichtert sein, ja, denn dann würde ich ja endlich wissen, was tatsächlich passiert war. Aber würde ich mich auch freuen? Was würde ich überhaupt tun, wenn er wie aus heiterem Himmel wieder vor mir stünde? Ich wusste es nicht.

»Und du, wirst du dich freuen, wenn er wieder da ist?«, stellte ich die Gegenfrage, ohne auf Paulas Frage zu antworten.

»Glaub schon. Mit Mathis kann man so lustige Sachen machen, und er ist eigentlich auch ganz nett. Und er kann gut Matheaufgaben machen«, fügte sie noch schnell hinzu.

»Ja, manchmal könnte man denken, er sei der perfekte Mann«, sagte ich leise, während ich Paulas Pausenbrot mit Salamischeiben belegte.

Marco warf mir einen prüfenden Blick zu, als ich ins Büro kam, sagte aber nichts. Warum auch? Er konnte sich ja denken, dass es mir miserabel ging. Er jedenfalls hatte sich von seinem Saufgelage wieder gut erholt und versuchte jetzt, Ordnung in die Zukunft unseres Unternehmens zu bringen.

Eigentlich hätte ich ihn dabei nach allen Kräften unterstützen sollen. Und ich versuchte es auch, so gut es eben ging. Aber mit meinen Kräften war es nicht allzu weit her. Hatte mir Zukunftsplanung früher immer sehr viel Spaß gemacht, weil es mir das Gefühl gab, in meinem Leben würde irgendetwas Neues passieren, so saß ich diesmal nur teilnahmslos in Marcos Büro herum und schaffte es kaum, mich auf das zu konzentrieren, was er mir an neuen Ideen vortrug.

Schließlich ließ er seinen Bleistift fallen, auf dem er gedankenverloren herumgekaut und mit dem er seine Geistesblitze stichwortartig in einen Block gekritzelt hatte.

»Du bist mir keine große Hilfe, Nele«, stellte er mit gerunzelter Stirn fest.

»Ich weiß. Entschuldige. Aber … es fällt mir momentan einfach schwer, mich zu konzentrieren«, erwiderte ich kleinlaut.

»Verstehe. Aber ständiges Grübeln bringt dich auch nicht weiter.«

Na, ich danke vielmals für die Erkenntnis! Ich schweig.

»Willst du dir ein paar Tage Urlaub nehmen?«

»Urlaub? Damit ich noch mehr ins Grübeln verfalle? Ist lieb gemeint, aber … nein, danke!«, winkte ich ab.

»Ach Nele, nun nimm es doch nicht so schwer. Du hörst doch, was allgemein gesagt wird. Mathis hat öfter solche Ausfälle. Bald wird er wieder auftauchen und dann geht's weiter.«

»Was geht weiter?«, fragte ich mürrisch. »Du glaubst also, er braucht nur geläutert vor mir zu stehen und ich empfange ihn mit offenen Armen und voller Verständnis? Glaubst du wirklich, dass es so einfach ist, Marco?«

»Natürlich ist es nicht einfach, das weiß ich auch. Aber willst du eure ganze Beziehung aufs Spiel setzen, nur weil Mathis sich mal eine Auszeit genommen hat?«

»Wie bitte?« Bei Marcos Worten schoss ich wie eine Furie vom Stuhl hoch. »Was heißt hier, ich setze die Beziehung aufs Spiel? Und was heißt hier Auszeit?«, schrie ich Marco an. »Der werte Herr lässt uns alle hier sitzen, und du kommst auf keine bessere Idee, als ihn in Schutz zu nehmen und Verständnis für sein unmögliches Verhalten einzufordern? Was soll das, Marco? Männersolidarität, oder was? Du kannst mich mal!«

Ich raffte meine Sachen vom Tisch, und noch ehe Marco etwas erwidern konnte, hatte ich sein Büro verlassen. Wutschnaubend lief ich aus dem Haus und wanderte eine halbe Ewigkeit ziellos durch die Stadt und an einer Straßenecke – buchstäblich in Steffens Arme.

Sein Auftauchen kam so unvermittelt, dass ich zunächst nur verlegen dastand und keinen Ton sagte. Steffen war deutlich souveräner und hatte sich nach einer kurzen Schrecksekunde erstaunlich schnell im Griff.

»Hallo Nele«, sagte er flapsig, »hatte ja gar nicht damit gerechnet, dass du so schnell in meine Arme zurückkehren würdest.«

»Sehr witzig«, antwortete ich ebenso flapsig und stand immer noch wie angewurzelt da, obwohl alles in mir danach drängte, die Beine unter die Arme zu klemmen und wegzulaufen.

»Du siehst etwas mitgenommen aus, mein Schatz, ist irgendwas nicht in Ordnung?«, fragte Steffen, und es klang ehrlich besorgt.

»Nee, nee«, beeilte ich mich ihm zu versichern, »alles gut.« Steffens Blick sagte mir jedoch, dass er mir kein Wort glaubte. »Kann ja nicht jeder so frisch aussehen wie du«, fügte ich nach einem Blick in sein nach wie vor sonnengebräuntes Gesicht hinzu. Er sah wie immer fantastisch aus.

»Bis zu meinem nächsten Patientenbesuch hätte ich noch eine Stunde Zeit und wollte gerade ein wenig spazieren gehen. Würde mich freuen, wenn du mich begleitest.«

»Ich weiß nicht, es ist nur so ...«, begann ich nach einer Ausrede zu suchen, aber Steffen unterbrach mich sofort.

»Wenn du verabredet bist, möchte ich natürlich nicht im Wege stehen.«

Ich schwieg. Natürlich hätte ich jetzt sagen können: *Ja, Mathis wartet auf mich, ich habe leider keine Zeit*, aber im gleichen Moment verließ mich die Kraft.

Außerdem war ich eine miserable Schauspielerin, und Steffen hätte mich sowieso sofort durchschaut.

»Also gehen wir«, sagte Steffen im nächsten Moment und hakte sich bei mir ein.

Am liebsten hätte ich sogleich meinen Kopf an seine Schulter gelehnt und ihm mein ganzes Leid geklagt, aber das ging natürlich nicht.

»Ach, guten Tag, Herr Doktor!«, rief uns plötzlich ein älterer Herr zu und zog im Vorbeigehen seinen Hut. »Da haben Sie aber recht, bei diesem schönen Wetter mit der Frau Gemahlin einen Bummel zu machen«, sagte er und fügte mit einem Augenzwinkern hinzu: »Wir berufstätigen Männer nehmen uns ja viel zu wenig Zeit für unsere Gemahlinnen – was sie uns ja selten danken. Einen schönen Tag wünsche ich!«

»Na, der kennt sich ja aus«, murmelte Steffen mehr zu sich selbst, und ich sah, dass sich auf seiner Stirn eine steile Falte gebildet hatte.

Er leidet immer noch, ging es mir schlagartig auf, auch wenn man ihm seinen Kummer äußerlich nicht ansieht.

»Und, Nele, bist du jetzt glücklich? Hattet ihr einen schönen Urlaub?«

»Ich … der Urlaub war sehr schön, ja.«

»Aber?« Steffen war stehen geblieben und sah mich forschend an.

»Kein Aber.«

»Es ist wirklich erstaunlich, dass ich dich all die Jahre, die wir uns nun schon kennen, so falsch eingeschätzt habe.« Steffen schüttelte in gespieltem Erstaunen den Kopf.

»Wie meinst du denn das jetzt schon wieder?« In meinem Kopf schrillten die Alarmglocken. Und tatsächlich wurden mir bei seinen nächsten Worten die Knie weich.

»Na, dein ausgeprägter Hang zum Masochismus war mir bisher fremd. Aber just heute Morgen lief mir Christoph über den Weg. Mann, den hat's ja böse erwischt, von jetzt auf gleich arbeitslos. Ja, und wie es der Zufall wollte, kam er auf deinen Mathis zu sprechen, der ja derzeit wohl für niemanden greifbar ist. Na ja, aber dich stört das ja sicherlich nicht, schließlich teilt ihr die Liebe zur Freiheit, nicht wahr?«

»Jetzt werde bitte nicht zynisch!«, zischte ich, nachdem ich mich von meinem Schock erholt hatte.

»Ach Nele, ich weiß wirklich nicht, was in dich gefahren ist. Was willst du dir eigentlich beweisen? Wie oft muss dich dieser Mann eigentlich noch verarschen, bis auch du merkst, dass das alles keinen Zweck hat?«

»Ich … glaube nicht, dass er mich verarscht«, sagte ich mürrisch, aber selbst für mich klang es wenig überzeugend.

»Das wiederum glaube ich dir nicht«, entgegnete Steffen auch prompt. »Du willst es nur nicht glauben. Du willst wie immer deinen Kopf durchsetzen und allen Leuten beweisen, dass du alleine recht und alle anderen unrecht hatten. Nur scheint dir dein Mathis da immer wieder ungeniert einen Strich durch die Rechnung zu machen. Blöd, eigentlich.«

»Und was wäre deiner Meinung nach die Alternative? Als die Frau vom Herrn Doktor durch die Lande zu ziehen und Hüte ziehenden Herren ein freundliches Lächeln zu schenken?«

»Du tust ja immer so, als wollte ich dich in einen goldenen Käfig sperren, Nele.« Steffen klang jetzt ehrlich empört.

»Willst du nicht?«

»Nein, will ich nicht. Aber für dich scheint es ja nur zwei Extreme zu geben. Ein Leben in uneingeschränkter Freiheit und den goldenen Käfig, ein …«

»Flüchten oder standhalten«, ergänzte ich seinen Satz.

»Wenn du meinst. Aber glaube mir, Nele, das Leben ist bunt und nicht schwarz-weiß.«

»Das ist ja mal eine echte Neuigkeit.«

»Ich war heute Morgen im Reisebüro«, ignorierte Steffen meine Bemerkung.

»Ja, und?«

»Ich würde gerne in den Herbstferien mit dir und Paula verreisen.«

Ich glaubte, nicht richtig gehört zu haben.

»Du willst *was*? Verreisen? Seit wann denn das? Du schwörst doch auf Urlaub auf Balkonien! Und was heißt eigentlich mit Paula und mir? Wie kommst du denn darauf, dass wir mit dir in Urlaub fahren?«

»Vielleicht weil ich, im Gegensatz zu dir, weiß, dass wir beide zusammengehören. Und natürlich …«, er machte eine bedeutungsvolle Pause und grinste mich an, »weil es nach Kanada geht. Da wolltest du meines Wissens doch schon immer mal hin, oder?«

Dieser Schuft! Klar, Kanada war eines meiner Traumziele. Das wäre natürlich schon klasse. Ich stellte es mir augenblicklich vor: Wir, in wunderschöner, urwüchsiger Landschaft, wohlig aneinandergekuschelt, dem gluckernden Bach lauschend, am Lagerfeuer sitzend und die selbst geangelten Fische grillend … Romantik pur.

Nur etwas lief falsch. In meinem Traum saß ich nämlich nicht in Steffens Arme gekuschelt, sondern in Mathis'. Unwillkürlich wurde mir schwindlig, und ich hielt mich schnell an einem Laternenpfahl fest.

»Na, na, wer hätte gedacht, dass dich das gleich so umhaut«, sagte Steffen, der mein leichtes Schwanken bemerkt hatte und mich schnell unter dem Arm fasste.

»Danke, Steffen, es geht schon wieder.«

»Du solltest mal zu mir in die Praxis kommen, um deinen Kreislauf checken zu lassen.«

»Nee, nee, schon gut, passiert mir sonst nie«, winkte ich ab.

»Na gut. Also? Was ist? Fahrt ihr mit mir nach Kanada?«

»Muss ich das jetzt sofort entscheiden oder lässt du mir Zeit, darüber nachzudenken?«, bemerkte ich etwas flapsig.

»Denk darüber nach, so viel du willst, Nele. Ich bin ja schon froh, dass du mir nicht gleich einen Korb gibst.«

Steffen sah mich traurig an, und ehe ich's mich versah, nahm er mich in den Arm und küsste mich, erst zärtlich, dann fordernder. Ich spürte, dass ich, wenn ich diesen Angriff nicht auf der Stelle abwehrte, gleich als willenloses Bündel in seinen Armen liegen würde. Mit letzter Kraft entzog ich mich seiner Umarmung.

»Ich ... muss darüber nachdenken, Steffen. Lass mir bitte etwas Zeit«, stammelte ich verwirrt.

»Natürlich, mein Schatz, aber denk dran, wir müssen auch noch die Tickets buchen.« Damit drückte er mir noch einen Kuss auf die Wange und verschwand im nächsten Augenblick in der Menschenmenge. Ich starrte ihm noch lange nach, auch als er schon längst außer Sichtweite war.

Erst als ich mich ein laut hupendes Auto aufschreckte und damit in die Realität zurückgewarf, gelang es mir, mich von der Stelle zu bewegen. Benommen schlug ich den Weg zu einem nahe gelegenen Café ein. Ich brauchte jetzt erst mal eine Stärkung.

Kaum im Café angekommen, ereilte mich der nächste Schock. Ich machte es mir gerade an einem Bistrotisch bequem und ließ dabei geistesabwesend meinen Blick in die Runde schweifen – als er an einer Frau hängen blieb, die alleine an einem Tisch saß und Zeitung las. Ich wusste, dass ich dieses Gesicht kannte, konnte es aber zunächst nicht zuordnen. Doch plötzlich fiel es mir wie Schuppen von den Augen, und ich spürte, wie mir schon wieder das Blut aus dem Kopf wich.

Die Frau war niemand anderes als Helga, Mathis' Exfrau! Mein Gott, blieb mir heute denn gar nichts erspart? Ich starrte Helga minutenlang nur an und wusste nicht, wie ich jetzt reagieren sollte.

War es Zufall oder Schicksal, dass ich sie hier traf?

Ich beschloss, dass es Schicksal war und dass ich diesen Wink nicht ungenutzt an mir vorbeiziehen lassen durfte. Ich wusste zwar nicht, warum mir das Schicksal ausgerechnet Helga vor die Füße stellte, aber es war mir in diesem Moment auch egal.

Noch ehe ich einen weiteren klaren Gedanken fassen konnte, stand ich auf und sprach sie an.

»Entschuldigen Sie, bitte.«

Helga sah zu mir hoch und blickte mich fragend an. »Ja, bitte?«

»Äh ... es ist mir etwas unangenehm, Sie einfach anzusprechen ... äh ...«, stotterte ich.

Helga runzelte die Stirn. Ihr Blick wanderte an mir hinunter und wieder hinauf.

»Brauchen Sie Geld?«, fragte sie.

Oh Gott! Sah ich schon so verloddert aus? Erschrocken winkte ich ab.

»Nein ... äh ... ganz und gar nicht«, sagte ich mit einem verlegenen Grinsen. »Es ist nur ... Sie sind doch Helga ... äh ...?« Verdammt! Wie hieß Helga eigentlich jetzt mit Nachnamen? »Tut mir leid«, fuhr ich fort und holte tief Luft, »aber ich weiß Ihren Nachnamen nicht. Aber Sie sind doch die Exfrau von Mathis Hagena, oder?«

Helga sah mich immer noch an, als käme ich von einem anderen Stern. »Da könnten Sie recht haben«, sagte sie. »Und mit wem habe ich das Vergnügen?«

»Mein Name ist Nele, Nele Martens«, antwortete ich, und beruhigt stellte ich fest, dass meine Stimme schon wieder viel sicherer klang. Ich streckte Helga zur Begrüßung die Hand entgegen.

Als sie meinen Namen hörte, überlegte sie nur einen kurzen Augenblick, dann erhellte sich ihr Gesichtsausdruck merklich. Sie nahm meine Hand und drückte sie kurz und fest.

»Oh, natürlich, entschuldigen Sie, aber wir waren uns ja bisher noch nicht begegnet, deswegen habe ich Sie nicht erkannt. Freut mich, Sie kennenzulernen«, sagte sie lachend, und ihr Gesicht schien plötzlich von innen zu strahlen.

Man hätte sie unweigerlich für einen Engel halten können, schossen mir Mathis' Worte durch den Kopf. So hatte er Helga beschrieben, als er mir zum ersten Mal von ihr erzählte.

Ja, er hatte recht, auch vierzig Jahre später schien ihr Lächeln etwas Überirdisches zu haben.

»Ich habe versucht, Mathis zu erreichen, aber er geht partout nicht ans Handy. Ist er wieder mal verreist?«, fragte Helga so direkt heraus, dass ich kurz zusammenzuckte.

Sie wusste also auch nichts.

»Ich … ich weiß es nicht«, stammelte ich und bemerkte, wie mir die Röte ins Gesicht schoss.

»Ach!«, Helga musterte mich mit einem wissenden Blick. »Also lebt er gerade wieder seinen Freiheitsdrang aus.«

Ich nickte. »Sieht so aus.«

»Ach, setzen Sie sich doch«, forderte sie mich nun auf, und ich zog mir vom Nachbartisch einen Stuhl heran.

»Danke«, murmelte ich und winkte dem Kellner, mir einen Kaffee zu bringen.

»Mathis hat viel von Ihnen erzählt«, bemerkte Helga im nächsten Moment.

»So, hat er das«, sagte ich nur dumpf.

»Ja. Sie planen ja wohl auch beruflich ein gemeinsames Projekt, oder?«

»Wir haben geplant. Die Umsetzung wird gerade von der Stadt boykottiert.«

»Oh. Na, da wird Mathis nun ja endgültig die Faxen dicke haben. Und seit wann ist er wieder unterwegs?«

Wieder unterwegs. Sie sagte nicht verschwunden oder abgehauen. Sie sagte »unterwegs«. So als wäre er nur mal eben verreist.

»Seit vier Tagen. Er war auf einmal weg. Keiner weiß, wo er ist. Mit Lars habe ich auch schon gesprochen.«

»Und, hat er sich gewundert, unser Sohn?«

»Nein, überhaupt nicht. Er schien es ganz normal zu finden, dass einer einfach abhaut.«

»Bei Mathis ist es ganz normal. Er wird bald wiederkommen.«

»Ja, das sagen alle.«

»Tut mir leid, dass ich Ihnen nichts anderes sagen kann.« Wieder sah mich Helga prüfend an, bevor sie weitersprach.

»Wenn Sie mit Mathis weiterhin eine Beziehung haben möchten, werden Sie lernen müssen, damit umzugehen. Er wird sich nicht mehr ändern. Er ist ein Globetrotter. Auch ich habe damals lernen müssen, damit umzugehen. Aber ehrlich gesagt, es ist mir nie schwergefallen.« Sekundenlang starrte sie in ihr Kaffeeglas und schien gedanklich ganz weit weg zu sein. Dann fuhr sie fort: »Es waren andere Zeiten damals. Bewegte Zeiten. Da war ein Kerl, der sich mal für ein paar Tage aus dem Staub machte, nichts Besonderes. Wir hatten mit ganz anderen Sachen zu kämpfen.«

»Sicher. Aber trotzdem. Wie Sie schon sagten, man muss damit umgehen können.«

»Und Sie können das nicht?«

»Ich weiß nicht, ob ich es kann. Aber«, sprudelte es aus mir heraus, und ich wusste selbst nicht, warum ich mir dessen auf einmal so sicher war, »ich weiß, dass ich es nicht will.«

Helga sah mich daraufhin lange schweigend an. »Nun, das können nur Sie entscheiden«, sagte sie dann.

»Ja, und das macht es für mich nicht gerade einfacher«, bemerkte ich mit einem schiefen Grinsen.

»Sie sind noch jung. Keiner zwingt Sie, sich an einen so unruhigen Geist wie Mathis zu binden. Aber«, fügte sie leise hinzu, »es wird Mathis sehr wehtun, wenn Sie ihn verlassen. Er liebt Sie sehr.«

Bei diesen Worten spürte ich einen tiefen Stich im Herzen. Mathis hatte Helga erzählt, dass er mich liebt! Oder hatte sie es sich nur ausgedacht, um mich noch einmal zum Nachdenken zu bewegen?

»Hat er das gesagt?«

»Mehr als einmal. Seiner Gefühle ist er sich offenbar sehr sicher.«

»Aber?«

Helga lachte unvermittelt auf, und wieder schien es im Raum etwas heller zu werden. »Sind ziemlich viele Abers, die wir hier heute bemühen, finden Sie nicht?«

»Das zeigt nur, wie verworren die Situation ist.«

»Verworren ist das, was Sie daraus machen. Akzeptieren Sie einfach, dass Mathis so ist, wie er nun mal ist, und plötzlich wird alles ganz klar.«

»Als ob das so einfach wäre.«

»Nichts ist einfach auf der Welt. Aber man kann es sich auch unnötig schwer machen.«

»Sie haben gut reden, Sie müssen es ja auch nicht mehr aushalten«, maulte ich.

»Das ist richtig. Dafür habe ich andere Päckchen zu tragen, glauben Sie mir.« Täuschte ich mich, oder war ihre Stimme um ein paar Nuancen abgekühlt?

»Klar. Entschuldigung, so war es nicht gemeint.«

»Schon gut.« Helga warf einen Blick auf die Uhr. »So, ich muss jetzt leider gehen. War nett, Sie mal kennenzulernen und mit Ihnen zu plaudern.«

Gerade, als sie aufstehen und ihren Mantel anziehen wollte, klingelte ihr Handy, und sie zerrte es aus ihrer Tasche.

»Da schau an«, murmelte sie nach einem Blick auf ihr Display und warf mir einen bedeutungsvollen Blick zu. Und beim nächsten Satz, den sie sagte, sackte mir das Herz in die Hose und mir wurde ganz furchtbar schwindlig.

»Hallo Mathis, wo steckst du denn?«

Auf Mathis' Antwort hin lachte Helga, und es folgten ein paar »Ja, ja« und »Verstehe«. Dann legte sie mit einem »Bis dann!« wieder auf und grinste mich an.

»Das war Mathis. Er ist in Riga. Morgen kommt er zurück.«

An diesem Abend hatte ich ein langes Gespräch mit Sandra, und nach vielen Gläsern Rotwein und noch mehr Tränen stand für mich fest, dass ich mich von Mathis trennen würde. Ich war nicht mehr bereit, die ständigen Wechselduschen zu ertragen. Unsere Beziehungskonstellation war auch ohne seine Ausfälle schon kompliziert genug.

Wenn ich mit einem Mann zusammen war, wollte ich, dass er für mich da war. Das war wegen Mathis' Zweitfamilie sowieso schon nur eingeschränkt möglich. Aber dann noch einfach Knall auf Fall zu verschwinden … nein, das war nichts für mich, das war eindeutig zu viel.

Sandra empfahl mir, Steffens Angebot anzunehmen und mit ihm nach Kanada zu fliegen.

»Auf diese Weise vergisst du am schnellsten und weißt nach der superromantischen Reise bestimmt kaum noch, dass es jemals einen Mathis Hagena in deinem Leben gegeben hat«, hatte sie beschwörend gesagt.

Nun, das musste ich mir erst noch durch den Kopf gehen lassen, aber vermutlich hatte sie recht. Auf Steffen konnte man sich jederzeit verlassen. Und ihn von der Bettkante zu schmeißen, fiel mir ja sowieso schwer. Mir zuliebe wollte er sogar verreisen. Ja, vermutlich war es am besten, wir würden unsere Beziehung wieder aufleben lassen. Das mit der Freiheit war ja sowieso alles Quatsch, ein Hirngespinst, von dem man sich besser befreite.

Sandra versprach, Paula am nächsten Tag zu nehmen, da wir beide damit rechneten, dass Mathis über kurz oder lang bei mir auftauchen würde.

Und genauso kam es dann auch.

20

Als es an der Tür klingelte, wusste ich sofort, dass es Mathis war. Ich stand von meinem Schreibtisch auf und holte ein paarmal tief Luft. Nicht nachgeben, Nele!, beschwor ich mich zum tausendsten Mal. Dann riss ich ruckartig die Tür auf.

Mathis zuckte angesichts dieses schwungvollen Empfangs erschrocken zurück, fasste sich aber schnell wieder.

»Hallo Nele«, sagte er dann. »Bist ja so forsch heute.«

»Was willst du hier?«, ignorierte ich seine Bemerkung und schaute ihn eisig an.

Guter Start, Nele!

»Ich bin dir eine Erklärung schuldig.«

»Ich habe genug von deinen Erklärungen.«

Mathis ließ sich nicht beeindrucken. »Darf ich reinkommen?«

Mach die Tür zu und öffne sie ihm nie wieder!, schrie mein Verstand.

Aber ich zögerte und wusste, dass ich es nicht tun dürfte. Ich würde es hinterher bereuen. Wenn ich ihn jetzt nicht hereinließ, würden alle Fragen, die an mir nagten, für immer ungeklärt bleiben und mir keine Ruhe lassen. Nein, ich wollte wissen, warum er mich schon wieder hatte hängen lassen, warum er mir schon wieder wehgetan hatte. Ja, es stimmte, er war mir eine Erklärung schuldig. Ich würde es ihm zu einfach machen, ihm jetzt die Tür zu weisen und ihn seiner Wege ziehen zu lassen. Er sollte mir Rede und Antwort stehen, sich in seinem schlechten Gewissen winden. Und dann sollte er mich in Ruhe lassen, ein für alle Mal in Ruhe lassen.

Wortlos hielt ich ihm die Tür auf und bedeutete ihm hereinzukommen.

»Danke«, sagte er leise und ging Richtung Wohnzimmer.

»Kaffee?«

»Nein danke. Aber wenn du ein Glas Wasser hättest …«

Wortlos ging ich in die Küche. Als ich Mineralwasser in zwei Gläser füllte, hatte ich bereits die ersten Tränen in den Augen. Ich griff hastig nach einem Glas und trank es in einem Zug aus.

Jetzt bloß keine Schwäche zeigen! Die Sache war klar. Unsere Beziehung hatte keine Zukunft. Ich gehörte zu Steffen. Jetzt Gefühle zu zeigen war völlig fehl am Platz. Ich atmete einmal tief durch und ging zurück ins Wohnzimmer.

»Es tut mir leid, Nele, dass ich dich schon wieder habe sitzen lassen. Ich … es war nicht meine Absicht, dir wehzutun, aber …«

»Ein einziger Anruf hätte genügt.«

»Ja. Ja, du hast recht.«

»Nur ein Anruf, Mathis! *Hallo, Nele, bin in Riga, melde mich dann wieder.* Das hätte schon gereicht. Aber nein, nicht einmal so fair konntest du sein!«

Ich merkte, dass meine Stimme anfing, vor unterdrückten Tränen zu zittern. Schnell griff ich wieder nach meinem Wasserglas. Aber Mathis' prüfender Blick sagte mir, dass er wusste, wie nah ich den Tränen war.

»Es … es tut mir wirklich leid, Nele, dass ich dich enttäuscht habe. Ich weiß auch nicht, was in mich gefahren ist, dass wieder du … doch«, unterbrach er sich selbst, »ich weiß, was in mich gefahren ist. Aber ich verstehe auch, wenn du jetzt keine Entschuldigung mehr gelten lässt. Trotzdem, glaube mir, Nele, ich wollte dir nicht wehtun. Ich wollte keinem wehtun.«

Mathis fuhr sich nervös mit den Händen durch die Haare, dann übers Gesicht. Er sah nun wirklich sehr verzweifelt aus. Für einen kurzen Augenblick keimte Mitleid in mir auf.

Aber er kann nicht halb so verzweifelt sein, wie ich es in den Tagen seiner Abwesenheit gewesen bin, dachte ich dann bitter. Und als ich mich an meine Tage und Nächte voller Grübelei und Tränen erinnerte, war das Mitleid sofort wie weggeblasen.

»Weißt du, Nele«, fuhr Mathis mit leiser Stimme fort, während ich beharrlich schwieg, »ich bin es nicht gewohnt, dass sich irgendwer um mich Gedanken macht. Niemand hat sich jemals wirklich dafür interessiert, wo ich mich aufhalte oder was ich gerade tue. Ja, dass sich jemand Sorgen um mich macht, ist eine völlig neue Erfahrung für mich.«

»Das ist keine Entschuldigung«, bemerkte ich brummig.

»Nein. Natürlich nicht.«

Wir schwiegen uns minutenlang an, jeder in seine Gedanken vertieft. Ich wünschte mir, mein Zorn der letzten Tage würde wieder in mir aufflammen, dann hätte ich meine Wut herausschreien und meiner Verzweiflung ein Ventil geben können. Aber ich fühlte mich nur müde und ausgelaugt.

»Gab es auch einen Grund für dein plötzliches Verschwinden?«, brach ich schließlich das Schweigen.

Mathis sah mich an, als hätte er meine Frage nicht verstanden, als wäre er schon gar nicht mehr bei mir.

»Einen Grund, Mathis. Für dein plötzliches Abtauchen muss es doch einen Grund gegeben haben«, legte ich noch einmal nach.

»Einen Grund?«, sagte er endlich. »Ja, sicher gab es einen Grund.«

»Aha. Und darf ich ihn erfahren, oder ist es ein großes Geheimnis?«

»Jetzt werde bitte nicht gehässig, Nele. Aber ich dachte, der Grund für mein Abtauchen sei klar. Vielleicht erinnerst du dich, dass man uns am Vortag ziemlich verarscht hatte? Ich hatte auf das ganze Theater keinen Bock mehr, brauchte mal Zeit für mich …«

»Brauchte mal Zeit für mich«, äffte ich ihn nach. »Na, das ist ja vielleicht mal ein guter Grund. Wenn alle so gemein zu einem sind, kann man ja ruhig alles stehen und liegen lassen und ohne ein Wort verschwinden. Sollen doch alle sehen, wo sie bleiben.«

Ich konnte nicht glauben, was ich da hörte! Mit beiden Händen schlug ich auf die Tischplatte vor mir. Mit etwas weniger Wut im Bauch sprach ich weiter. »Klar! Kommt mir einer doof, mache ich mich vom Acker! So einfach ist das also für dich, Mathis! Aber lass es dir gesagt sein, es ist nicht nur einfach, es ist in hohem Maße verantwortungslos. Und – wenn ich das noch hinzufügen darf – man war nicht nur gemein zu dir, Mathis, sondern *du* vor allem zu uns! *Du* hast uns einfach hängen lassen. *Du* hast uns nicht gefragt, wie es uns mit der ganzen Geschichte geht. Mit unserem Projekt sind wir gemeinsam untergegangen, Mathis, und wir hatten eigentlich gedacht, dass wir uns da auch gemeinsam wieder herausziehen. Aber nein, du ziehst es vor, dich in deinem Selbstmitleid zu suhlen und die Biege zu machen. Ich brauchte mal Zeit für mich ... *Pah!* Wenn alle bei der kleinsten Schwierigkeit gleich wegrennen würden, dann ...«

»*Für mich war es mehr als eine kleine Schwierigkeit, Nele!*«, donnerte Mathis jetzt so unvermittelt los, dass sogar ich, trotz meiner Wut, zusammenzuckte. »Sogar viel mehr.« Doch schon beim nächsten Satz senkte er seine Stimme wieder, und er klang jetzt sehr nachdenklich. »Ich hatte eigentlich angenommen, dass wenigstens du meine Beweggründe erkennen und vielleicht ... ja, vielleicht sogar ein Stück weit verstehen würdest. Bei dir hatte ich zum ersten Mal in meinem Leben das Gefühl, eine ... Seelenverwandte gefunden zu haben, eine, mit der ich mich quasi auf einer anderen Ebene verständigen kann, wenn du verstehst, was ich meine. Aber wie ich sehe ...«

»Jetzt schieb bitte nicht mir den Schwarzen Peter zu, Mathis!« Ich trat die Flucht nach vorne an, denn ich spürte, dass mich seine letzten Worte nachdenklich stimmten. Und ich wollte nicht mehr nachdenken.

»Den Schwarzen Peter? Nein, der liegt bei mir, und egal, was ich jetzt mache, der wird wohl nicht mehr von meiner Seite weichen. Aber trotzdem, Nele. Ich ... ich würde dir gerne erklären, warum ich gegangen bin. Deswegen bin ich ja eigentlich auch hergekommen.« Als ich nicht reagierte, wurde Mathis' Stimme flehend, und in seine tiefblauen Augen trat ein verzweifelter Ausdruck. »Bitte, Nele, gib mir wenigstens die Chance, es dir zu erklären!«

Scheiße, ich konnte diesen Augen immer noch nicht widerstehen!

»Hm, na gut, aber glaube nur nicht, dass du mich mit deiner Mitleidstour um den Finger wickelst!«

Ich funkelte ihn böse an, aber ich spürte auch Angst in mir aufsteigen. Angst, dass es ihm und diesen verdammten blauen Augen doch wieder gelingen würde, mich mit einer erschütternden Beichte auf seine Seite zu ziehen.

Mathis stand auf und ging zum Fenster. Die Herbstsonne warf ihre warmen Strahlen auf sein Gesicht. Er schloss die Augen, und minutenlang stand er einfach nur da, die Hände tief in den Hosentaschen vergraben. Erst jetzt fiel mir auf, wie blass er war. Seine Stirn zeigte tiefe Falten. Er sah um Jahre gealtert aus.

Sein Anblick schnürte mir die Kehle zu, und alles in mir drängte danach aufzustehen, sein Gesicht in meine Hände zu nehmen und mit zarten Küssen ein Lächeln in seine blauen Augen zu zaubern. Aber ich zwang mich, sitzen zu bleiben.

Er hat dir wehgetan, Nele, rief ich mich zur Räson. Lass dich durch seinen Anblick nicht weichkochen. *Lass es endlich vorbei sein!*

»Es kam einfach über mich.«

Mathis' Stimme riss mich aus meinen Gedanken, und ich sah auf. Er hatte sich nicht von der Stelle gerührt. Nur umklammerte er jetzt die Fensterbank, als wollte er daran Halt finden.

»Ich hatte mir geschworen, mich nicht mehr aus der Bahn bringen zu lassen. Ich dachte, ich könnte es schaffen, mich zu distanzieren, einfach nur meine Arbeit zu machen.«

Mathis begann, im Zimmer auf und ab zu laufen. Er sah mich nicht an. Er schien überhaupt nichts wahrzunehmen.

»Als mir der Referent vom Küsterer sagte, dass aus unserem Projekt nichts werden würde, war ich zunächst geschockt, dann sauer. Ich befahl mir, locker zu bleiben, das alles nicht so ernst zu nehmen. Das gelang mir auch … bis zu dem Zeitpunkt, als ich mit dir im Park saß und … ganz schlimm wurde es, als ich mitten in der Nacht erwachte. Ich war schweißgebadet und … ich war verzweifelt. Ich spürte eine so tiefe Verzweiflung, wie ich sie seit fast dreißig Jahren nicht mehr empfunden hatte. Bis zum Morgen habe ich über mein Leben nachgedacht, was ich alles getan und gemacht hatte und vor allem … wie ich mich bei alledem gefühlt hatte. Und mir wurde klar, dass ich mir die ganzen Jahre etwas vorgemacht hatte.«

Mathis zögerte, blieb plötzlich stehen und nickte ein paar Mal stumm mit dem Kopf.

»Ja«, sagte er dann mit deutlich stärkerer Stimme, »tatsächlich, mir wurde klar, dass ich mir die ganzen Jahre in die Tasche gelogen hatte. Und schlimmer noch. Ich hatte mich selbst verleugnet.«

Mathis wandte sich mir zu und sah mir in die Augen.

»Jahrzehntelang habe ich eine Rolle gespielt. Eine Rolle, die mit mir nichts, aber auch gar nichts zu tun hatte. Jahrzehntelanges Theater … und eine Lebenslüge, wie sie größer kaum sein kann.«

Mit diesen Worten ließ er sich in einen Sessel fallen, griff nach seinem Wasserglas und drehte es gedankenverloren in den Händen.

»Ja, so war das. Das alles ging mir in dieser Nacht auf. Und dann bin ich gegangen, allein. Und ich habe es keinem gesagt. Denn ich hatte Angst. Angst, dass, wenn ich es jemandem sagte, man sofort wieder an meiner schwächsten Stelle ansetzen würde: meinem schlechten Gewissen, meinem, wie ich es nenne, Versorgungstrauma. Meine Frau hätte mir sofort gesagt, ich sei ein schlechter Vater, der seine Kinder im Stich lasse, in meinem Büro hätte ich zu hören bekommen, ich könne doch nicht einfach alle Termine absagen. Und ihr«, Mathis machte eine Pause und sah mich nachdenklich an, »Marco, Christoph und du, ihr hättet mir vermutlich vorgeworfen, euch in einer schwierigen Situation hängen zu lassen. Genauso hast du es ja auch gerade gesagt. Und ich? Ich wäre wahrscheinlich geblieben, hätte mir die Zeit zum Nachdenken nicht genommen, wäre meinem Versorgungsauftrag nachgekommen, hätte alle Erwartungen erfüllt, wie ich es in den letzten Jahrzehnten immer gemacht habe – und hätte dabei gelitten wie ein Tier. Das konnte und wollte ich mir nicht mehr antun.«

Mathis sah mich an, aber ich erwiderte seinen Blick nicht. Seine Worte berührten etwas in mir, etwas, das ich zu diesem Zeitpunkt nicht fassen konnte. Nervös strich ich mir die Haare aus dem Gesicht.

»Und was war vor dreißig Jahren?«, fragte ich, um mich von meinen eigenen Gedanken abzulenken.

»Vor dreißig Jahren?«

»Du hast gesagt, dass du seit dreißig Jahren nicht mehr so verzweifelt warst. Was hat dich denn damals in die Verzweiflung getrieben?«

»Damals. Hm.« Mathis überlegte einen Augenblick. »Es kam damals einiges zusammen. Ich hatte dir doch schon erzählt, dass ich für ein Jahr segeln war?«

»Ja. Du warst verbeamtet worden, hast alles hingeschmissen, bist segeln gegangen und zurückgekommen, bist Architekt geworden und hast geheiratet.«

»Genau. So knapp kann man es in einem Satz zusammenfassen. Aber es steckte eine ganze Menge mehr dahinter. Wenn du willst, kann ich es dir erzählen.«

Als ich zögerte, fügte er hinzu: »Wenn man es genau nimmt, war meine Flucht nach Riga eine – zugegebenermaßen sehr verzögerte – Reaktion auf die Ereignisse von damals.«

»Na gut. Lass hören.«

Mathis lehnte sich zurück und faltete die Hände über dem Bauch. Diese Geste weckte in mir Erinnerungen an frühere

Situationen, als Mathis aus seiner Vergangenheit erzählt hatte. Oft hatte ich mich dabei in seine Arme gekuschelt und glücklich seiner ruhigen Stimme gelauscht. Der Gedanke daran versetzte mir einen Stich ins Herz.

»Es waren die wilden Siebziger«, begann Mathis. »Ich hatte mich gerade von Helga getrennt. Warum, das hatte ich dir ja schon erzählt. Das änderte aber nichts an meiner Einstellung zur politischen und gesellschaftlichen Situation, in der sich unser Land damals befand. Der Aufstand unserer Generation gegen die verkrusteten und autoritären Strukturen, die unsere Gesellschaft auch nach dem Zweiten Weltkrieg fest im Griff hatten und sie zu ersticken drohten, fand meine volle Unterstützung. Ich nahm nach wie vor an allen Demonstrationen teil, verweigerte den uneingeschränkten Konsum, rauchte mit Freunden mein Haschpfeifchen, hatte viel Sex. Mit den terroristischen Aktivitäten aber wollte ich nach wie vor nichts zu tun haben.«

Er fuhr sich mit den Händen über das Gesicht. Mit ernstem Ausdruck sprach er weiter.

»Dann wurden sie alle verhaftet. Baader, Ensslin, Raspe, Meinhof und noch viele mehr. Isolationshaft. Isolationsfolter. Das waren die Worte, die damals schnell die Runde machten. Es gab immer wieder Tote unter den RAF-Gefangenen. Siegfried Hausner, Holger Meins. Wir wussten, sie hätten nicht sterben müssen. Für uns war klar, man hatte sie bewusst draufgehen lassen. Unsere Wut über die Rechtsverletzungen des angeblichen Rechtsstaates stiegen ins Unermessliche. Während tage- und nächtelanger Wachen vor dem Gefängnis in Stammheim schrien wir unsere Wut heraus, forderten humane Haftbedingungen. Ohne Erfolg.«

Mathis ging in die Küche, um sich ein zweites Glas Wasser zu holen. Es war bereits leer, als er weitersprach. Er atmete schwer. Dann starb Ulrike Meinhof. Es wurde viel von Selbstmord gefaselt, aber für uns stand damals sofort fest: Es war Mord. Man hatte sie umgebracht. Wenn nicht physisch – was bis heute nicht ganz klar ist –, dann in jedem Fall psychisch. Wir gingen wieder auf die Straße, schrien diesmal noch lauter, machten unserer Empörung Luft. Es half nichts.

Und dann geschah das Gleiche wie vor einer Woche. Ich wachte auf, es war der Tag, an dem ich als Lehrer verbeamtet werden sollte. Aber ich spürte nur Wut und Verzweiflung. Mit diesem Staat wollte ich nichts mehr zu tun haben. Ich ging zur Schule, man überreichte mir die Urkunde, ich zerriss sie vor aller Augen, schulterte meinen Seesack und fuhr nach Italien.

Im Hafen von Venedig lag mein Segelboot, dort wartete bereits mein Kumpel Hannes auf mich. Wir legten ab. Ohne Ziel segelten wir in die Welt hinaus. Ich weiß noch, dass ich mich an der Hafenausfahrt an die Reling stellte und *Ihr könnt mich alle mal!* zurückschrie. Dann ließ ich mich der Länge nach auf die Planken fallen und heulte. Heulte alles aus mir heraus. Als ich wieder aufstand, war von der Küste nichts mehr zu sehen. Wir waren frei.«

Mathis machte eine längere Pause, und ich fragte mich, ob das alles gewesen war. Ich wusste nun, was ihn damals getrieben hatte, alles stehen und liegen zu lassen und sich auszuklinken. Und ich konnte es verstehen. Und ich wusste, dass er auch diesmal wieder in Verzweiflung geraten war.

Aber was hatte das eine mit dem anderen zu tun? Und wo war die Lebenslüge, von der er gesprochen hatte?

»Ich verstehe nicht ganz, was das alles mit der jetzigen Situation zu tun hat«, sagte ich, und ich merkte, dass meine Stimme vorwurfsvoller klang als beabsichtigt. »Das, was du gerade erzählt hast, ist zwar interessant, erklärt aber noch immer nicht, warum du mich hast sitzen lassen.«

»Es war aber wichtig für die Zusammenhänge.«

»Aha. Und wie ging's dann weiter?«

»Das erzähle ich dir gleich. Aber jetzt könnte ich eigentlich einen Kaffee gebrauchen.«

»Kannst du haben.«

Wenig später und mit einem Kaffee in der Hand fuhr Mathis mit seiner Erzählung fort.

Die sengende Sonne brannte erbarmungslos auf das Schiff herab. Mathis wischte sich mit dem Arm den Schweiß von der Stirn. Aber es nutzte nichts. Es dauerte nur wenige Sekunden, bis er ihm erneut in Strömen das Gesicht herunterlief. Schon den ganzen Tag kämpfte er mit heftigen Kopfschmerzen. Das dumpfe Pochen in seinem Kopf war von Stunde zu Stunde heftiger geworden. Mathis massierte sich die schmerzenden Schläfen und fluchte leise vor sich hin, machte sich dann aber wieder daran, den Motorschaden zu beheben.

Er versuchte gerade, eine weitere Schraube an einer verflixt unzugänglichen Stelle des Motors festzuziehen, als er an Deck ein lautes Poltern und Gelächter hörte. Notdürftig wischte Mathis seine ölverschmierten Hände an einem alten Leinentuch ab und stieg die Stufen hoch, um zu sehen, was da oben vor sich ging. Kaum dass er seinen Kopf aus der Luke gesteckt hatte, sah er die Bescherung: Ein paar herrenlose Flaschen Rum kullerten über die Planken, zwei von ihnen waren zerbrochen, ihr Inhalt ergoss sich in ausladenden Lachen über das Deck. Hinter sich vernahm er albernes Gekicher, unterbrochen von lautem Rülpsen.

Er drehte sich um und blickte geradewegs auf eine zwischen zwei Masten befestigte Hängematte, die, nur knapp über dem Boden hängend, wild hin- und herschaukelte. An einer Seite hing ein schlankes, sonnengebräuntes Bein heraus, das rhythmisch auf und nieder wippte.

Mathis schüttelte angewidert den Kopf. Hatte Hannes schon wieder eine von diesen Schlampen abgeschleppt, die nichts Besseres zu tun hatten, als sich den lieben langen Tag auf den Bootsstegen herumzutreiben, während sich ihre Männer um den Einkauf von Schiffsausrüstung, Proviant und sonstige Geschäfte kümmerten.

»So Deppen wie ich«, murmelte Mathis vor sich hin, »die die Arbeit machen, während andere sich amüsieren.« Entnervt versetzte er dem Steuerrad einen festen Tritt.

»He, Mathis, was ist, hast du Lust auf einen flotten Dreier?«

Anscheinend durch das laute Geräusch aufmerksam geworden, steckte Hannes seinen hochroten Kopf über den Rand der Hängematte und grinste ihn mit einem lüsternen Gesichtsausdruck an.

Angeekelt schaute Mathis auf seinen betrunkenen Freund. »Ach, leck mich doch am Arsch!«, rief er ihm dann zu.

Dafür erntete er grölendes Gelächter.

Er ging wieder hinunter in den Maschinenraum. Wenn die Schlampe weg war, würde er ein Hühnchen mit Hannes rupfen. So ging es jedenfalls nicht weiter.

Mit gerunzelter Stirn beugte er sich über den Schiffsmotor. Es hatte ihn böse erwischt letzte Nacht, bei dem heftigen Sturm auf See. Und nicht nur den Motor. Auch einige Segel hatte es gefetzt. Er würde einige Tage Arbeit investieren müssen, um das wieder auf die Reihe zu kriegen. Auf Hannes' Unterstützung konnte er dabei wohl kaum zählen.

Von dem Schrecken muss ich mich erst einmal erholen, hatte der verkündet, als sie nach der Tortur endlich sicher im Hafen angelegt hatten. Und wie diese Erholung aussah, konnte man gerade an Deck beobachten, dachte Mathis bitter.

Himmel, war das ein Unwetter gewesen in der vergangenen Nacht! Und Mathis und Hannes draußen auf dem Atlantik. Sie hatten die afrikanische Küste nicht mehr rechtzeitig erreichen können, und die peitschenden Wellen hatten ihr Schiff, die Rieke, wie ein Spielzeugboot hin- und hergeworfen. Für Mathis und Hannes war klar gewesen: Sie würden diese Nacht nicht überleben. Aber dann hatte der Sturm plötzlich nachgelassen, das Meer war wieder ruhig geworden.

Nach einem Blick in den Maschinenraum war Mathis schnell klar geworden, dass sie es aus eigener Kraft nicht mehr in den nächsten Hafen schaffen würden. Die Rieke war manövrierunfähig.

Mathis hatte rot geschossen. Nach einer halben Ewigkeit war ein kleines Frachtschiff gekommen und hatte sie ins Schlepptau genommen. Bei Sonnenaufgang hatten sie in einem senegalesischen Hafen angelegt.

Mathis war völlig ausgebrannt und erschöpft einfach nur in sich zusammengesackt. Hannes aber war an Land gesprungen, hatte sich auf den Boden geschmissen und ihn geküsst und lautstark geschworen, dass er in seinem ganzen Leben nie wieder eine Schiffsplanke betreten würde.

Dann war er für Stunden verschwunden gewesen, bis er mit der Schlampe wieder auftauchte.

»Wir müssen die Segel flicken lassen«, sagte Mathis zu Hannes, als sie abends gemeinsam an Deck saßen, beide ein Glas Rum in der Hand. Ein herrlich lauer Wind wehte vom Meer her, und Mathis genoss die Dunkelheit, die ihn davor bewahrte, von der erbarmungslosen afrikanischen Sonne gegrillt zu werden.

»Das hat Zeit«, knurrte Hannes und griff nach der Flasche Rum, um sich erneut nachzuschenken. »Jetzt heißt es, das Leben zu genießen. War verdammt knapp letzte Nacht.«

Mathis schaute nachdenklich hinauf in den sternenklaren Himmel. So viele Sterne wie hier hatte er in seinem ganzen Leben noch nicht gesehen. Und mitten unter ihnen stand der Mond. Nein, korrigierte er sich, der Mond stand nicht. Vielmehr lag er am Himmel. Wie ein kleines Fischerboot sah er aus. Ein Fischerboot in einem Meer funkelnder Lichter.

»Hast du nicht auch manchmal das Gefühl, mal wieder etwas Sinnvolles machen zu müssen?«, fragte er, ohne den Blick vom Himmel abzuwenden.

Hannes brummte nur und stand auf, um sich eine neue Schachtel Zigaretten aus der Kajüte zu holen. »Etwas Sinnvolles?«, knurrte er, als er zurückkam und sich mit dem Rücken zu Mathis an die Reling lehnte. »Wir machen doch schon seit fast einem Jahr etwas Sinnvolles.«

»Wir haben das gesamte Mittelmeer bereist, die Kanarischen Inseln umschifft und sind jetzt an der Küste Westafrikas«, zählte Mathis auf.

»Eben. Alles sehr sinnvoll. Oder hat es dir etwa keinen Spaß gemacht?«

»Doch, klar, wir haben viel erlebt. Aber wie lange soll es denn noch so weitergehen?«

»He, Seemann!«, rief Hannes aus, wandte sich Mathis zu und sah ihn mürrisch an. »Was ist denn in dich gefahren? Kriegst du jetzt etwa Heimweh, oder was?«

»Quatsch!«, wehrte Mathis ab. »Darum geht es doch gar nicht. Aber es kann doch nicht ewig so weitergehen.«

»Und warum nicht? Was ist daran verkehrt, sich mal die Welt anzuschauen?« Als Mathis nichts erwiderte, fügte Hannes hinzu: »Du hast doch Beschäftigung genug, schraubst den lieben langen Tag am Motor rum, willst neue Segel besorgen ...«

»... während du irgendwelche Weiber abschleppst«, ergänzte Mathis im gleichen süffisanten Tonfall.

»Ach, darum geht es.« Hannes grinste anzüglich. »Fühlt sich vernachlässigt, der gute Herr Hagena. Ich sag dir was, Mathis. Morgen ziehen wir gemeinsam los und tun auch für dich eine ganz Knackige auf. Wirst sehen, dann geht es dir gleich besser.«

»Lass den Quatsch!«, rief Mathis wütend und schleuderte mit einem kräftigen Wurf sein Glas ins Hafenbecken. Er hörte es an der Kaimauer zerschellen. »Kann man mit dir denn gar nicht mehr vernünftig reden?«

Hannes sah ihn schweigend an, und Mathis fühlte sich plötzlich sehr müde. Was war nur los mit ihm? Und warum verspürte er auf einmal so eine Aggression gegen seinen Kumpel Hannes? Sie hatten sich doch die ganze Zeit bestens verstanden, hatten ihren Mittelmeertrip genossen, viele Menschen kennengelernt, nette und weniger nette, neue Freundschaften geschlossen, die Freiheit genossen. Und jetzt?

»Entschuldigung, Hannes«, murmelte er. »Ich ... wir sprechen morgen weiter. Vielleicht bin ich dann wieder besser drauf.« Er stand auf und stieg in die Kajüte hinab. Er wollte nur noch schlafen.

Mathis erwachte mitten in der Nacht nach ein paar Stunden unruhigen Schlafes. Sein Kopf schmerzte rasend, und zudem hatte er wohl verkrampft gelegen, mit dem Resultat, dass jetzt auch noch sein Nacken steif war.

Er stand auf und warf sich zwei Aspirin ein. Dann ging er hinaus an Deck und legte sich in die Hängematte. Er atmete tief durch. Es tat gut, an der frischen Luft zu sein. Er lauschte in die Nacht.

Die See lag ruhig da, und es war schwer vorstellbar, dass da draußen gestern noch der heftigste Sturm gewütet hatte, den Mathis jemals auf See erlebt hatte. Er hörte das Knarren der Masten, das leise Zerren des Windes an den Leinen der Boote, das sanfte Plätschern des Wassers, das sich an den Schiffsrümpfen brach.

Ja, das war seine Welt! Mathis seufzte und schloss die Augen. Das sanfte Schaukeln der Rieke ließ ihn wieder einnicken.

Nach weiteren acht Tagen an Land legten Mathis und Hannes schließlich ab und verließen den Senegal Richtung Kanaren.

»Wir sollten vielleicht doch mal eine Segelpause machen«, sagte Hannes eines Tages, als die Sonne mal wieder besonders erbarmungslos vom Himmel brannte und sie in einer Kneipe auf Lanzerote saßen und ein kühles Bier tranken. »Nach einem Jahr auf dem Segelboot wäre es ganz schön, mal wieder festen Boden unter den Füßen zu haben. Meine Beine fühlen sich schon an wie Pudding. Und diese verdammte Sonne hält ja auch kein Mensch auf Dauer aus.«

Mathis nickte. Ja, auch er hatte in der letzten Zeit viel darüber nachgedacht, was er mit seinem weiteren Leben anfangen sollte. Er war aus Deutschland geflüchtet, vor den Ungerechtigkeiten, den an ihn gestellten Erwartungen und – vor sich selbst.

Er hatte gedacht, in der Freiheit das Glück zu finden. Aber er hatte schnell feststellen müssen, dass man zwar vielem entfliehen konnte, aber nie sich selbst. Egal, wohin er ging, er hatte sich immer mitgenommen. Und sein schlechtes Gewissen. Schließlich hatte er einen Sohn, um den er sich kümmern musste und an dem er sehr hing.

Ja, der kleine Lars fehlte ihm sehr.

»Vielleicht muss ich einfach lernen, standzuhalten und meinen Verpflichtungen nachzukommen«, sagte Mathis, mehr zu sich selbst als zu Hannes.

Er schaute aufs Meer hinaus, das in der Sonne glitzerte und sich weit draußen am Horizont in einer Dunstwolke verlor. Und er wusste, es würde ihm unendlich schwerfallen, sich von ihm zu trennen.

»Ja, lass uns nach Hause fahren und herausfinden, was wir mit unserem weiteren Leben anfangen wollen«, schlug er Hannes vor, der zustimmend nickte. »Und wenn es uns da nicht mehr gefällt, hauen wir einfach wieder ab«, fügte er leise hinzu.

Und er meinte es auch so, damals, in Lanzerote. Nichts war schließlich einfacher, als seine sieben Sachen zu packen und in die Welt hinauszuziehen. Hannes und er hatten es doch unter Beweis gestellt.

Als Mathis aufhörte zu erzählen, fing es draußen bereits an zu dämmern. Ich machte ein paar Lichter an und nutzte die Gelegenheit, mir hastig ein paar Tränen aus den Augen zu wischen.

Plötzlich schoss mir ein Gedanke durch den Kopf, den ich schnell wieder von mir stieß: Die Tage waren schon wieder deutlich kürzer, bald schon würde es bereits nachmittags dunkel sein, und es würde kälter werden.

Und ich? Ich würde die langen Abende wieder alleine verbringen. Kein Mathis, der käme, um mich aufzumuntern, der uns ein leckeres Essen kochte, der mir schöne Geschichten erzählte, dem ich meine Sorgen mitteilen könnte.

Aber Steffen wird da sein!, schalt ich mich. Und du wirst mit ihm glücklich sein. Ein heftiges Schütteln durchfuhr meinen Körper, als würde ich von einer plötzlichen Kältewelle erfasst.

»Stimmt was nicht, Nele?« Mathis sah mich prüfend an.

»Nee, geht schon, ich musste nur gerade daran denken, dass der Winter nicht mehr weit ist und …«

»Und?«

»Ach, nicht so wichtig. Wie ging es dann mit dir weiter, hier im kalten Deutschland?«, lenkte ich schnell ab.

»Nun, ich versuchte wieder Fuß zu fassen. Aber hatte ich geglaubt, man würde mich hier mit offenen Armen empfangen, so wurde ich schnell eines Besseren belehrt. Obwohl die Zeiten auf dem Arbeitsmarkt damals deutlich besser waren als heute, kam und kam ich bei der Jobsuche nicht voran.

Mein Auftritt bei meiner Verbeamtung hatte sich natürlich herumgesprochen, und mir wurde bald klar, dass dieser Zug für mich abgefahren war. Dass du jemandem einfach deine Urkunde, in Einzelteile zerrissen, vor die Füße schmeißt, verzeiht dir in diesem Land keiner. Niemals.

Wenn du die Gesichter gesehen hättest, als die meinen Namen lasen! Sie sahen aus, als würden sie mich jeden Moment wegen Landesverrats einbuchten.

Tja, also blieb nur noch die Architektur. Aber auch da meldete niemand Bedarf an meiner Person an. Also beschloss ich, mich selbstständig zu machen, mich an Ausschreibungen zu beteiligen und abzuwarten, dass der ein oder andere Auftrag für mich abfiel. Das brachte natürlich zunächst kein Geld, nur Arbeit. Und wie es der Zufall wollte, lief mir in jenen Tagen mein alter Schulfreund Erwin über den Weg. Er erzählte mir, dass er schon seit Jahren Erdbeeren anbaut und damit gutes Geld verdient.

Als ich ihm sagte, dass ich ohne Job sei, bot er mir an, sich ihm anzuschließen.

Was willst du in einem dunklen und stickigen Büro hocken, wenn draußen die Natur lockt!, sagte er mir, und schon nach wenigen Tagen Arbeit auf dem Erdbeerfeld verstand ich, was er damit meinte.

Die Arbeit an der frischen Luft und in der warmen Sonne weckte neue Lebensgeister in mir. Ich begann, wieder Spaß am Leben zu haben.«

»Trotzdem hast du auch damit wieder aufgehört.«

»Ja. Nach zwei Jahren habe ich auch damit aufgehört. Ich hatte mich, wie geplant, immer mal wieder an Architektenwettbewerben beteiligt. Bei einem Projekt dann hatte ich mich mit meinem heutigen Partner Horst Kleinert zusammengetan. Sein Büro lief zu der Zeit auch nicht so prickelnd. Wir trafen uns abends und arbeiteten wie besessen an einem Entwurf für ein neues Stadtzentrum, das irgendwo in Süddeutschland entstehen sollte. Und irgendwie hatte uns der Ehrgeiz gepackt.

Unsere Mühe wurde belohnt. Unser Entwurf wurde zum Gewinner des Wettbewerbs gekürt, und – was auch nicht immer selbstverständlich ist – er kam sogar zur Umsetzung.«

»Und da hast du deinen Erdbeerfreund sitzen lassen.«

Mathis ging nicht auf meinen sarkastischen Tonfall ein. »Ich musste mich entscheiden. Beides ging jetzt nicht mehr. Und ich bildete mir ein, dass das meine große Chance sei, wieder ins heimische Leben zurückzukehren.«

Mathis machte eine kurze Pause, und auf sein Gesicht trat ein nachdenklicher Ausdruck.

»Heute weiß ich«, fuhr er mit leiser Stimme fort, »dass diese Entscheidung der erste Schritt in eine totale Abhängigkeit war. Hatte ich auf dem Erdbeerfeld immer die Möglichkeit gehabt, mich wieder auf und davon zu machen, war es jetzt mit der Freiheit endgültig vorbei. Ich hatte mich vertraglich verpflichtet und trug wieder Verantwortung; für das Bauprojekt und auch für die Mitarbeiter, die wir hatten einstellen müssen.«

Er räusperte sich und fuhr sich mit der Hand gemächlich über den Seemannsbart.

»Mir kamen sehr schnell Zweifel an der Richtigkeit meiner Entscheidung. Ich fühlte mich immer mehr wie ein Gefangener. Ich begab mich in eine Therapie, aber auch die brachte mich nicht weiter. Im Gegenteil. Je mehr ich von mir erzählte, desto häufiger schüttelte mein Therapeut den Kopf.

Was machen Sie eigentlich hier?, sagte er. *Das ist doch kein Land für Sie! Gehen Sie nach Afrika Brunnen bauen! Gehen Sie in die Welt hinaus!*

Aber dazu war es zu spät. Also beschloss ich, meine Unruhe und mein Fernweh zu verdrängen, und stürzte mich in die Arbeit. Ich musste mir einfach beweisen, dass ich es konnte, das

Sesshaftwerden und Braver-Bürger-Spielen. Es wurde schließlich wie ein Zwang. Ich fuhr nicht einmal mehr in Urlaub.«

Mathis trank den letzten Rest Kaffee aus der Tasse vor ihm.

»Und dann lief mir Karin über den Weg. Wir heirateten, das erste Kind wurde geboren. Das Windeln wechseln und Breichenfüttern war die perfekte Ablenkung, und es machte mir auch sehr viel Spaß. Nichts ist schließlich schöner, als seine Kinder aufwachsen zu sehen! Dazu kam, dass ich keine Zeit mehr hatte, mir über mich selbst Gedanken zu machen.

So gingen die Jahre ins Land, und ich hatte beinahe vergessen, dass es auf der Welt auch noch etwas anderes gab als Arbeit und Familie. Bis …«

»Bis?«

»… ich dich traf.«

»Ach.«

»Ja. Durch dich habe ich plötzlich alles infrage gestellt. Und vor allem wurde mir auf einmal bewusst, in welche Abhängigkeiten ich mich begeben hatte. Aber auch diesmal zwang ich mich dazu, es zu ignorieren, einfach weiterzumachen. Aber es gelang mir nicht … du warst überall und … ach, was erzähl ich dir. Du warst ja dabei.«

Ich nickte nur.

»Und wenn ich es auch jetzt wieder vergeigt habe, Nele, eines will ich noch loswerden.« Mathis räusperte sich, so als müsste er sich die Worte erst noch zurechtlegen. »Die Zeit, die wir zwei miteinander verbracht haben, bedeutet mir sehr viel. Es war … nun, sie gehörte zu den glücklichen Zeiten in meinem Leben.«

Sie war … sie gehörte … Als Mathis so in der Vergangenheit sprach, spürte ich, wie sich mein Herz beinahe schmerzhaft zusammenzog. Mir wurde ganz schummrig im Kopf. Ich hatte die ganze Zeit gewusst, dass unsere Beziehung beendet war. Aber Mathis sprach es mit diesen Worten unumwunden aus. Mit ihnen hatte er den Schlussstrich gezogen.

»W-was wirst du jetzt tun?«, stammelte ich und schluckte die aufsteigenden Tränen hinunter.

»Ich werde das tun, was ich tun muss, Nele, was ich bereits vor dreißig Jahren hätte tun sollen.«

»D-du wirst diese Stadt verlassen.« Es war keine Frage. Ich musste nicht mehr fragen. Ich kam nur seiner Antwort zuvor.

»Ich … ich werde nicht nur diese Stadt verlassen, Nele«, sagte er so leise, dass ich ihn kaum verstehen konnte. »Das alleine würde nicht ausreichen. Nein, wenn ich diesen Schritt gehe, dann muss ich ihn richtig gehen.«

Warum redete er nicht weiter? Warum sah er mich nur mit diesem seltsamen Blick an?

»Also?«, forderte ich ihn mit blecherner Stimme auf weiterzureden. »Es … es wird nicht dadurch einfacher, dass du es nicht aussprichst.«

»Es hat nichts mit dir zu tun.«

»Natürlich nicht«, sagte ich trocken. »Hier hat ja nie irgendetwas mit mir zu tun.«

»Ich liebe dich wirklich, Nele. An meinen Gefühlen hat sich nichts …«

»… geändert. Ich weiß. Jetzt komm zur Sache, Mathis! Ziehst du hoch an die Küste?«

»Ich ziehe an die Küste, ja.« Erst nach einigen Sekunden und einem weiteren langen Blick fügte er den Satz hinzu, der alles so endgültig machte: »Ich gehe nach Riga.«

Ich hatte den Eindruck, als würde mir der Boden unter den Füßen weggezogen. Hätte ich nicht schon gesessen, spätestens jetzt hätte es mich umgehauen.

»N-nach Riga«, stammelte ich. »A-aber was willst du denn da?«

»Du weißt doch, dass ich vor einigen Wochen zum Kongress nach Riga geflogen bin. Nun, schon damals hat mir der Kollege, den ich im Sommer in Stockholm getroffen hatte, angeboten, in einzelne Projekte mit einzusteigen. Projekte, bei denen ich viel reisen könnte, mir die Welt ansehen. Das Angebot klang sehr reizvoll, und ich war drauf und dran, auf der Stelle zuzusagen.

Aber dann ... als ich im Hotelzimmer darüber nachdachte, packte mich wieder mein nur allzu vertrautes schlechtes Gewissen. Ich dachte an meine Verpflichtungen hier, meine Familie, an dich und Paula ... und natürlich an unser Projekt, das in den Startlöchern stand. Ich war der Meinung, ich könne euch damit nicht hängen lassen. Also habe ich abgesagt. Schon am nächsten Tag.«

»Und dann ist das Projekt gescheitert.«

»Genau. Und dann bin ich erneut nach Riga geflogen und habe nachgefragt, ob das Angebot noch steht. Der Kollege war vor Freude ganz aus dem Häuschen und hat sich spontan zwei Tage freigeschaufelt, um mit mir alles durchzusprechen und mir alles zu zeigen.«

»Und die Sache ist endgültig?«

»Ja.«

»Wann wirst du den Vertrag unterschreiben?«

»Er ist bereits unterschrieben.«

»Er ist bereits ...«

»Ja. Es gibt kein Zurück mehr. Ich muss gestehen, ich wollte es schnell hinter mich bringen, weil ich ...«

»... in Deutschland wieder eingeknickt wäre«, vollendete ich seinen Satz.

»Ja, so ähnlich. Ich wusste, wenn ich dir gegenüberstehe, würde ich es vielleicht nicht mehr schaffen.«

Ich saß wie versteinert in meinem Sessel und hatte Mühe, das eben Gesagte in meinem Kopf auf die Reihe zu kriegen. Mathis würde nach Riga ziehen, er würde nicht mehr in meiner Nähe sein, er würde ... mich vergessen?

»Ich werde jetzt gehen, Nele.«

Mathis stand auf und war bereits an der Haustür, bevor seine Worte überhaupt zu mir durchgedrungen waren. Apathisch taumelte ich hinter ihm her.

»W-wann wirst ... du nach Riga gehen?«, würgte ich hervor.

»Nächste Woche schon. Ich werde danach wohl noch ein paarmal herkommen, um hier noch einige Dinge zu regeln. Ich ... Nele?«

Im Fallen hörte ich noch, wie Mathis meinen Namen rief. Dann wurde alles um mich herum dunkel.

Als ich wieder zu mir kam, lag ich in Mathis' Armen, und er streichelte mir über den Kopf. Ich vergrub mein Gesicht in seinem Pullover, und endlich ließ ich meinen Tränen freien Lauf. Ich weinte und weinte, bis Mathis sanft meinen Kopf hob und mir tief in die verheulten Augen sah.

Dann sagte er leise: »Eines hatte ich noch vergessen zu fragen, Nele.«

»Was denn jetzt noch?«, fragte ich gequält.

»Kommst du mit mir nach Riga?«

21

»Sag das noch mal! Er geht, bitte schön, wohin?« Sandra stand, mit Gummistiefeln, Gartenhandschuhen und allerlei Gartengeräten bewaffnet, auf ihrer Terrasse und sah mich mit großen Augen an. Eigentlich hatte sie das schöne Herbstwetter nutzen wollen, um ihre etwas verwahrlost aussehenden Blumenbeete instand zu setzen.

Nach meinem Erscheinen aber schien sie es sich anders zu überlegen. Sie stellte die Gartengeräte beiseite und streifte die Handschuhe ab. Dann schnappte sie sich zwei Stühle und stellte sie so, dass uns die Sonne auf den Rücken schien.

»Nach Riga«, antwortete ich matt und setzte mich.

»Einfach so, von jetzt auf gleich?«

Einfach so, von jetzt auf gleich?

Ich dachte an Mathis' ellenlange Erklärung, die er mir vorhin gegeben hatte. Nein, er machte es nicht einfach so, von jetzt auf gleich, auch wenn es auf den ersten Blick so aussah.

»Nein«, sagte ich dann auch. »Er hat seine Gründe.«

»Aha. Und wie sehen die aus, diese Gründe?«

Sandra starrte mich düster an. Sie konnte sich anscheinend nicht vorstellen, dass es für Mathis' Verhalten Gründe gab, die man gelten lassen konnte. *Aha, bist du also doch wieder eingeknickt!,* schien dieser Blick zu sagen.

Nein, sie verstand nichts. Wie sollte sie auch.

»Es … ist nicht ganz einfach zu erklären«, sagte ich. »Dazu müsste ich seine ganze Lebensgeschichte vor dir ausbreiten. Und die«, ich grinste Sandra schief an, »ist ziemlich lang und kompliziert.«

Sandra zog fragend die Augenbrauen hoch. »Ich verstehe kein Wort. Na ja, ist ja auch egal. Fakt ist aber, dass er geht, oder?«

»Ja, er geht, nächste Woche schon.«

»Und kommt nicht mehr zurück.«

Ich hob die Schultern.

»Na prima. Geht einfach so weg und lässt alles und jeden im Stich. Dich, Paula, seine Kinder, seinen Job. Ein toller Kerl, dein Mathis, wirklich, ein toller Kerl!« Sandra war aufgesprungen, lief in den Garten und begann, hier und da einen Büschel Unkraut aus dem Beet zu reißen. »Und du, was sagst du dazu?«, rief sie zu mir herüber, als sie gerade einen zermatschten Apfel über den Gartenzaun pfefferte.

Ich seufzte. Als ob ich auf diese Frage eine Antwort wüsste! Als ob das alles so einfach wäre!

»Er hat mich gefragt, ob ich mitkomme«, sagte ich dann.

»Ob du … *mitkommst*?« Sandra sah fassungslos zu mir rüber. »Du sollst mit ihm nach Riga gehen?«

Ihrem Gesichtsausdruck nach zu urteilen, lag diese Möglichkeit weit außerhalb ihrer Vorstellungskraft.

»Und warum nicht?«, fragte ich trotzig.

»Weil man nicht einfach so mal nach Riga geht, ob mit oder ohne Mathis!«, schleuderte Sandra mir entgegen. »Wo kämen wir denn hin, wenn jeder einfach mal so nach Riga ginge!«

»Und wo kämen wir dann hin?«, fragte ich provozierend.

»Nele, du weißt doch selbst, dass das Quatsch ist, oder? Denk an Paula, an deinen Job«, Sandra machte eine ausladende Bewegung, »an das alles hier. Willst du das alles aufgeben, für einen Kerl, bei dem du nie weißt, was er als Nächstes anstellt? Und dann hockst du da, alleine in der Fremde, ohne Freunde …«

Ich nickte. Ja, vielleicht hatte sie recht. Vielleicht aber auch nicht. Ich wusste es nicht. Alles, was ich wusste, war, dass ich jetzt eine Entscheidung treffen musste.

Mathis jedenfalls hatte seine Frage ernst gemeint. Wir hatten noch einige Minuten zusammengesessen, und er hatte mich eindringlich gebeten, die Chance zu ergreifen und mit ihm zu gehen. Mit ihm ein neues Leben zu beginnen.

Ich hatte ihm gesagt, ich würde darüber nachdenken. Dann war er gegangen.

Und jetzt saß ich da und konnte keinen klaren Gedanken fassen.

»Und was ist mit Steffen?«, sagte Sandra in meine wirren Gedanken hinein.

»Wie, was ist mit Steffen?«, fragte ich schroff. »Was hat der denn damit zu tun?«

»Oh, meine liebe Nele, der hat eine ganze Menge damit zu tun, und das weißt du genauso gut wie ich. Und eines will ich dir jetzt mal ganz ehrlich sagen, Nele. Steffen liebt dich, und er würde dir alles zu Füßen legen, was sich eine Frau nur wünschen kann. Kurzum, er wäre der perfekte Mann für dich, er wäre für jede Frau der perfekte Mann.«

Sandra warf ein Büschel Unkraut zur Seite, bückte sich nach einem Stein, der ihrer Meinung da ganz und gar nichts zu suchen hatte. Dann sprach sie weiter.

»Aber der Arme musste sich ja in dich verlieben, in eine Frau, die das alles überhaupt nicht zu schätzen weiß. Was sie allerdings nicht davon abhält, sich ihm immer wieder anzubieten, mit ihm ins Bett zu gehen, kurzum, ihn zu verarschen.

Ich weiß nicht, was in dich gefahren ist, Nele, dass du einem Mann wie Mathis hinterherrennst. Klar, auch er ist nett, sieht gut aus, ist erfolgreich. Aber ebenso ist er ein Spinner und ein Träumer, der meint, sein Glück überall zu finden, nur nicht da, wo er gerade ist. Er ist kein Mann für dich, Nele!

Du musst auch an Paula denken. Du hast es doch gesehen, als Paula diesen Unfall hatte. Und? Von Mathis war weit und breit nichts zu sehen. Er stromerte mit wem auch immer durch die Weltgeschichte, war für niemanden erreichbar und kümmerte sich einen Scheiß darum, was hier mit euch geschah.«

Diesmal musste ein Käfer unter Sandras Schuhen daran verzweifeln, an der falschen Stelle gelegen zu haben.

»Nicht so Steffen. Er war sofort zur Stelle, hat sich um alles gekümmert, war Tag und Nacht erreichbar. Aber anstatt diese Gelegenheit beim Schopfe zu packen und ihn dir endlich zu schnappen, schickst du ihn nach getaner Arbeit in die Wüste und folgst der Unzuverlässigkeit in Person nach Skandinavien.

Und jetzt das! Der Kerl verschwindet tagelang, du machst dir Sorgen, hockst hier auf einem Berg voller Probleme und was ist? Nichts!

Er kommt wieder, winselt um Verzeihung und die gute, alte und … entschuldige! … blöde Nele knickt ein und fängt nun vollends an zu spinnen.

Sie will mit ihm nach Riga auswandern. Hat man schon mal so was Dämliches gehört? Sag mal, Nele, was um alles in der Welt erhoffst du dir davon? Was kann Mathis dir geben, was du nicht auch bei Steffen bekommen würdest?«

Sandra sah mich nach dieser langen Ansprache herausfordernd an.

»Freiheit?«, murmelte ich.

»Freiheit!«, schnaubte Sandra. »Ach Nele, nun werde doch endlich mal erwachsen. Jeder von uns hat seine Verpflichtungen, vor denen er nicht so einfach davonlaufen kann. Und die wirst auch du haben, egal, wo in der Welt du dich gerade aufhältst.

Denk alleine an Paula! Das Kind braucht Sicherheit, keine Mutter, die sich immer nur weit weg wünscht. Diese Sicherheit kann euch Steffen geben, ein Mathis Hagena wird dazu nie in der Lage sein.«

»Vielleicht will ich ja gar keine verdammte Sicherheit!«, schrie ich. »Vielleicht will ich einfach nur mein Leben leben, Sandra. Und das muss ja nicht zwingend hier sein.«

»Du steigerst dich da in irgendwas rein, Nele. Nun komm doch bitte wieder runter«, beschwor mich Sandra.

»Ach Scheiße, was weiß denn ich!«, zischte ich und trat verzweifelt mit dem Fuß auf.

»Bitte, Nele, sei doch vernünftig«, sagte Sandra und ihre Stimme klang plötzlich ganz sanft. Sie nahm mich in den Arm. »Ich meine es doch nur gut.«

»Ich … muss mal über alles nachdenken«, sagte ich matt.

»Nimm dir Zeit, Nele«, sagte sie. »Das ist keine Entscheidung, die man übers Knie bricht. Wenn ich dir helfen kann …«

»Schon gut«, winkte ich ab. »Sei mir nicht böse, aber ich will erst mal in Ruhe darüber nachdenken.«

»Klar. Verstehe ich. Mach mal, Süße.«

»Könntest du … Paula für ein paar Tage nehmen?«

Sandra guckte verdutzt. »Ich soll Paula … und du?«

»Ich würde gerne für ein paar Tage wegfahren. Irgendwohin, wo ich meine Ruhe habe. Wie du schon sagtest, es ist keine Entscheidung, die man einfach übers Knie bricht.«

Sandra zögerte zunächst, nickte dann aber zustimmend. »Ja, vermutlich brauchst du jetzt Ruhe. War ja auch alles ein wenig viel. Natürlich kann ich Paula nehmen. Die ganze nächste Woche, wenn du willst.«

»Das ist lieb. Danke. Ich sag dir dann Bescheid. Muss erst mal Marco anrufen, ob das ginge.«

Ich gab Sandra einen Kuss auf die Wange, dann wandte ich mich zum Gehen.

Wer um alles in der Welt hatte mir nur diesen Kerl geschickt?, dachte ich auf dem Weg nach Hause.

Wäre ich doch damals nur nicht an die Nordsee gefahren! Dann wäre mein Leben jetzt noch in Ordnung.

Der Akkordeonspieler lachte zu mir herüber, als er sein Instrument auf einem Stuhl abstellte. Anscheinend wollte er für ein paar Minuten Pause machen. Ich saß hier bereits seit einer Stunde, und er hatte fast ununterbrochen gespielt. Schwungvolle Pariser Chansons. Ich liebte diese Musik. Und ich liebte diesen sonnigen Platz auf den Stufen der Sacre Coeur, hoch über den Dächern von Paris. Den Dächern meiner Stadt.

In grauer Vorzeit hatte ich hier mal für einige Zeit gelebt, nach dem Abitur. Und seit meiner Ankunft heute Morgen ließ mich ein Gedanke nicht mehr los: Wie hatte ich auf diese einzigartige Stimmung, dieses besondere Lebensgefühl, diese ganz eigene Atmosphäre dieser wunderbaren Stadt nur so lange verzichten können? Warum eigentlich war ich damals nach Deutschland zurückgekehrt? Ich hatte hier so viele glückliche Stunden erlebt, damals, mit meinen Freunden – und alleine, mit einem Buch in der Hand bei Café au lait und Croissant in den Straßencafés des Quartier Latin, vor dem Centre Pompidou, wo es nur so wimmelte von Straßenkünstlern, tanzenden Menschen, lachenden Kindern. Und natürlich hier oben, bei den Künstlern des Montmartre und auf den Stufen der Sacré Coeur.

Es war eine wunderschöne Zeit gewesen.

Als Marco mich gefragt hatte, wohin ich mich denn zurückziehen würde, hatte ich spontan gesagt: »Paris.«

Der Name war auf einmal da gewesen. Ja, für mich war es der richtige Ort, um über mein weiteres Leben nachzudenken.

»Warum bist du so traurig, junge Frau, bei diesem schönen Wetter? Die Sonne lacht vom blauen Himmel und es ist ein herrlicher Tag!«, rief mir der Akkordeonspieler zu und wischte sich ein paar imaginäre Tränen aus den Augen.

Erstaunt fuhr ich mir mit den Fingern über die Augen. Tatsächlich, sie waren ganz nass. Ich hatte gar nicht bemerkt, dass mir die Tränen über das Gesicht liefen.

Verlegen grinste ich den jungen Künstler an. Er sah nett aus, mit seiner nur bis zu den Waden reichenden Jeans, seinem rot karierten Hemd, seinem Dreitagebart, seinem dunklen Haar, das in Wellen über die Schultern fiel. Er kam zu mir herüber und setzte sich neben mich.

»Kummer?«, fragte er und strich mir über die Wange.

»Geht schon«, antwortete ich leise.

Seltsamerweise hatte ich gar nichts dagegen, dass er mich berührte. Es war, als würde ich ihn schon seit Ewigkeiten kennen.

»*L'amour?*«, fragte er. Nur dieses eine Wort.

Ich grinste. Für Fragen der Liebe hatten die Franzosen wirklich ein Gespür.

»Ja«, sagte ich dann. »Natürlich ist es die Liebe, was sonst.«

»Ich mache jetzt mal Pause, wollen wir uns da oben etwas zu essen kaufen und ein Picknick machen?« Er deutete auf einen kleinen Verkaufsstand, an dem es belegte Baguettes zu kaufen gab.

Ich nickte. »Gerne!«

Er gab einem Jongleur, der ein paar Meter weiter seine Keulen durch die Luft wirbelte, einen kurzen Wink, auf seine Sachen zu achten, dann sprangen wir schnell die Stufen hinauf und steuerten auf den Verkaufsstand zu.

Auch das hatte ich damals oft gemacht, dachte ich bei mir, irgendwo an einem der zahlreichen Stände ein Baguette gekauft, mich auf einen belebten Platz gesetzt und gegessen.

Der Akkordeonspieler wurde von dem Verkäufer herzlich mit einem »*Salut Eric!*« begrüßt und die beiden Männer wechselten ein paar schnelle Worte.

»Was möchtest du essen?«, fragte Eric mit einem Blick auf mich, und ich entschied mich für ein Thunfisch-Baguette und dazu eine Cola.

»Deine neue Freundin?«, fragte der Verkäufer neugierig, aber Eric lachte nur und schüttelte den Kopf. »Nein, nur ein trauriges Mädchen aus Deutschland, das getröstet werden muss.«

Verlegen guckte ich auf meine Schuhe.

»*Oh, là, là, l'amour!*«, rief der Verkäufer, verdrehte die Augen und hob gespielt verzweifelt die Arme. Dann grinste er mich an. »Eric ist der beste Tröster von Paris«, sagte er dann mit einem Augenzwinkern und brach in schallendes Gelächter aus, das so ansteckend war, dass Eric und ich im nächsten Moment mit einstimmten.

Schon deutlich besser gelaunt, sprang ich mit Eric wieder ein paar Stufen hinab, und wir setzten uns mit unseren Errungenschaften auf die Stufen, in die Nähe seines Akkordeons. Herzhaft biss ich in mein Baguette und genoss für ein paar Minuten still den Blick über die Stadt.

Es war ein herrlicher Herbsttag. Es würde sicherlich einer der letzten Tage in diesem Jahr sein, an dem man hier oben so unbeschwert sitzen, musizieren, jonglieren oder malen konnte.

Ich beschloss, ihn in vollen Zügen zu genießen.

»Du bist ganz alleine nach Paris gekommen?«, fragte Eric, nachdem er mich eine Weile von der Seite betrachtet hatte.

»Ja. Ich wollte ein wenig nachdenken.«

»*Oui.* Hier oben ist ein wunderbarer Platz zum Nachdenken«, sagte Eric verträumt. »Ich komme sehr oft hierher.«

»Und was machst du, wenn du gerade nicht Akkordeon spielst?«

»Hm. Manchmal spiele ich auch Saxofon.«

»Sonst nichts? Ich meine, du studierst nicht oder so?« Irgendwie, fand ich, sah er aus wie ein Student.

»Oh, ich habe mal angefangen zu studieren. Aber es ist kein Leben für mich. Über verstaubten Büchern zu sitzen und nachzulesen, was andere irgendwann mal gedacht haben. Nein, äh …«, er sah mich fragend an. »Wie war doch gleich dein Name?«

»Nele. Ich heiße Nele.«

»Nele. Hm.«

Er sagte meinen Namen ein paarmal vor sich hin, und das Ergebnis klang mehr nach »Nölö«. Aber ich versuchte nicht, es zu korrigieren. Es klang ganz niedlich.

»Also, Nele«, fuhr er dann fort, »ich habe beschlossen, das zu machen, was mir Spaß macht. Und so mache ich Musik.«

»Und das reicht zum Leben?«, fragte ich und warf einen zweifelnden Blick in die Mütze, die vor seinem Akkordeon lag und in der nur ein paar kleinere Münzen lagen.

»*Mais oui*, es reicht zu allem, was ich zum Leben brauche. Und mehr, als man braucht, braucht man ja nicht.«

Da hatte er wohl recht. »Und was machst du im Winter, wenn es hier draußen kalt und nass und windig ist?«

»Dann ziehe ich Richtung Süden. Wie die Vögel. Ich bin wie sie. Ich bin ein Vagabund.«

Er biss in sein Baguette und schaute für eine Weile nachdenklich dem Treiben vor der Kirche zu. Sein Blick blieb an einer Gruppe Kinder hängen, die ausgelassen über die Stufen sprangen, sich gegenseitig zu fangen versuchten und dabei so befreit lachten, wie nur Kinder es können.

»Schau dir diese Kinder an, wie sie lachen, wie frei sie sich fühlen. Es ist herrlich. Aber es wird nicht mehr lange so sein. Sie werden größer und größer und«, Eric machte eine kurze Pause und sah mich bedeutungsvoll an, »man wird sie einsperren, jeden Tag ein bisschen mehr. Bis sie nicht mehr frei und unbefangen sind – und ihr Lachen erstirbt.«

Ich schluckte. Bei seinen Worten hatte ich plötzlich ein Frösteln gespürt, das langsam meinen Körper hinaufkroch. Schnell zog ich meine Jacke enger um mich.

»Willst du mir von deinem Kummer erzählen?«, fragte Eric und schaute mich prüfend an. Ihm war meine Reaktion auf seine Worte nicht entgangen.

»Uff«, sagte ich, »es ist eine so lange Geschichte und … nein«, unterbrach ich mich, »eigentlich ist sie gar nicht so lang. Nur ein bisschen kompliziert vielleicht. Oder vielleicht nicht mal das.«

Komisch, auf einmal wusste ich selbst nicht mehr, wie ich meine eigene Geschichte, die Geschichte von Mathis und Nele, sehen sollte. Hier, neben Eric, dem Vagabunden, kam mir plötzlich alles so leicht vor, so unkompliziert und unbedeutend.

Aber, und auch das wusste ich genau, diese kurze Zeit mit Eric war nur eine Momentaufnahme. Spätestens zu Hause würde wieder alles über mir zusammenbrechen. Es sei denn … ich hatte inzwischen eine Lösung gefunden, meine Lösung.

»Wenn du Zeit hast, werde ich dir gerne meine Geschichte erzählen.«

»Vagabunden haben alle Zeit der Welt«, antwortete Eric mit einem Lachen und sprang auf. »Aber zuerst sollten wir noch die Sonne genießen und ihr zu Ehren ein wenig Musik machen. Denn nur ihr verdanken wir es doch, dass wir überhaupt auf dieser wundervollen Erde leben und jeden Tag genießen dürfen.«

Überschwänglich griff Eric nach seinem Akkordeon und schnallte es sich um die Schultern. Nach ein paar kraftvollen Tönen, die er den Tasten entlockte, fing er an zu spielen und sang dazu. Er versprühte mit seinen Liedern so viel Lebensfreude, dass mir schon wieder Tränen in die Augen stiegen.

Mein Gott, es gab tatsächlich Menschen, denen es gelang, ihr Leben einfach nur zu genießen. Und Eric war einer von ihnen. Von seiner guten Laune angesteckt, versammelte sich schon bald eine große, klatschende Menschenmenge um ihn herum. Manche stimmten lauthals in seine Lieder mit ein, einige tanzten ausgelassen um ihn herum.

Irgendwann bemerkte ich, dass Eric dem Jongleur mit den Augen bedeutete, auf mich zuzugehen. Und ehe ich mich versah, stand dieser vor mir, reichte mir die Hand und zog mich hoch. Lachend wirbelte er mich im nächsten Moment im Kreis herum, und ich folgte seinen Bewegungen ganz automatisch.

Ich wusste hinterher nicht, wie es mir gelungen war, beim Tanzen nicht ein einziges Mal über die Stufen zu stolpern. Als mich der Jongleur schließlich wieder losließ, war ich ganz außer Atem und völlig durchgeschwitzt – und ich fühlte mich unendlich glücklich und befreit. Strahlend fiel ich erst dem Jongleur, dann Eric um den Hals, soweit es die Ausmaße seines Akkordeons zuließen. Um uns herum stand eine wild applaudierende Menge. Ich strahlte in die Runde. Es ging mir wirklich ausgezeichnet.

Wir hielten uns noch für einige Stunden auf den Stufen auf. Eric machte Musik, und ich genoss es, ihm nur zuzuhören und ansonsten gar nichts zu tun.

Nur zwischendurch stand ich einmal kurz auf, um eine Ansichtskarte zu kaufen. Ich hatte Paula versprochen zu schreiben. Und wenn die Karte noch vor mir ankommen sollte, dann schickte ich sie am besten noch an diesem Tag ab.

Als Eric schließlich sein Zeug zusammenpackte, war bereits die Dämmerung hereingebrochen, und ohne die Sonne wurde es schnell kühl.

»*Allons*«, sagte Eric. »Lass uns gehen. Was würdest du jetzt gerne machen?«

Ich überlegte. »Gibt es hier irgendwo ein hübsches kleines Restaurant, wo man gemütlich sitzen, einen Rotwein trinken und sich ein wenig unterhalten kann?«, fragte ich.

»Hier oben gibt es Hunderte von diesen Restaurants«, erklärte Eric. »Aber ich werde dir ein ganz besonderes zeigen.« Er schmiss sich sein Akkordeon über, und wir stiegen die Stufen hinauf. »Lass uns noch kurz bei mir vorbeigehen, dann kann ich meine Sachen abladen und einen Pullover überziehen.«

»Kein Problem.« Ich war gespannt, wo und wie er wohl wohnte.

Wir gingen durch schmale Straßen, bis Eric plötzlich in eine enge Gasse einbog und wenige Meter weiter eine Haustür aufschloss. In dem schmalen Treppenhaus wand sich eine noch schmalere Holztreppe in engen Serpentinen nach oben. Am dritten Absatz machte Eric halt und zog einen weiteren Schlüssel aus der Tasche. Wir betraten eine kleine, schmucklose Diele, von der vier Türen abzweigten.

»Komm«, sagte Eric, stellte sein Akkordeon ab und nahm mich bei der Hand. »Ich will dir was zeigen.«

Er zog mich durch einen kleinen Raum, in dem lediglich ein abgenutztes Sofa und ein kleiner Fernseher standen. Der Raum endete an einer Glastür. Eric öffnete sie und trat hinaus auf den Balkon. Er schien auf den ersten Blick ziemlich klein zu sein.

Auf den zweiten Blick aber ...

»Oh!«, hauchte ich, als wir um eine Hausecke traten. »Das ... ist ja Wahnsinn!« Fasziniert schaute ich mich um. Ich stand auf der herrlichsten Dachterrasse, die ich jemals gesehen hatte. Überall um mich herum grünte und blühte es, in riesigen Terrakottatöpfen standen Palmen, und zwischen zwei Eisenstangen hing eine kunterbunte Hängematte. Aber das Beste war die Aussicht. Von der Terrasse aus hatte man einen gigantischen Blick über die ganze Stadt, in der langsam die Lichter angingen. »Eric, das ist ja … einfach fantastisch«, flüsterte ich. »Phänomenal!«

Ich drehte mich zu ihm um, aber er war verschwunden. Ich ließ mich in die Hängematte fallen und meinen Blick über die Stadt schweifen. In der Ferne erkannte ich den Eiffelturm, und gerade als ich meine Augen wieder abwenden wollte, erstrahlten an ihm die Lichter, eines nach dem anderen, bis auch das letzte oben an der Spitze brannte. Ich konnte mich gar nicht losreißen von diesem herrlichen Anblick.

Und als ich gerade dachte, es könne nicht mehr besser kommen, ertönte hinter mir leise Saxofonmusik. Ich drehte mich um. Da stand Eric, die Augen geschlossen, und spielte eine wunderschöne Melodie. Ich lauschte gebannt und schloss ebenfalls die Augen.

»*Pour toi*«, sagte Eric, als er das Saxofon absetzte. »Für dich, damit du nicht mehr traurig bist.«

Ich sprang auf und gab ihm einen Kuss auf die Wange. »Danke!«, hauchte ich ihm ins Ohr.

»Und nun lass uns gehen«, sagte Eric und rieb sich seinen Bauch, »ich habe Hunger.«

Ja, Hunger hatte ich auch, riesigen Hunger sogar, aber es fiel mir schwer, mich von dieser herrlichen Dachterrasse loszureißen. Bedauernd hob ich die Schultern und folgte Eric hinaus.

Auf der Straße kam uns eine junge Frau entgegen, die Eric mit einem strahlenden Lächeln begrüßte und ihm ein paar Küsse auf die Wange hauchte. Sie wechselten ein paar Worte, und ihnen entnahm ich, dass die beiden Nachbarn waren. Die Frau schaute mich fragend an.

»Das ist Nele aus Deutschland«, stellte Eric mich vor. »Nele, das ist Aurélie.«

»Hallo«, sagte ich und streckte ihr die Hand hin.

Aber sie ignorierte sie und tat, als würden wir uns schon lange kennen, umarmte mich und gab mir ebenfalls Küsschen, auf jede Wange zwei. Dann verabschiedete sie sich und zog ihrer Wege.

»Wohnst du ganz alleine in der Wohnung?«, fragte ich Eric.

»Ich teile sie mit meinem Bruder, Dominicque. Er ist viel unterwegs und ich, nun ja, ich bin ja den Winter über die meiste Zeit nicht da. Manchmal sehen wir uns monatelang nicht. Es klappt ganz gut.«

Ein paar Straßen weiter blieb Eric an einer unscheinbar wirkenden Tür stehen und ging hinein.

Als meine Augen sich an das schummrige Licht gewöhnt hatten, sah ich mich in dem kleinen Raum um. Er hatte hell gestrichene Wände, an denen unmittelbar nebeneinander acht kleine Tische standen. Sie ließen zwischen sich nur noch einen sehr schmalen Gang, in dem es keine zwei Personen aneinander vorbei schaffen würden. Auf jedem der Tische befand sich eine Kerze, und es hatten maximal zwei Personen daran Platz.

»Es ist nicht sehr groß hier«, bemerkte Eric, »aber dafür gibt es hier ganz wunderbares Essen. *Délicieux!*«

Bis auf zwei Tische waren noch alle frei, und wir setzten uns in die Nähe der Theke, die sich am Ende des Raumes befand. Eric bestellte uns eine Auswahl aus der Speisekarte, und bereits nach dem ersten Probieren war mir klar, dass er recht gehabt hatte: Das Essen war einfach fantastisch.

Ich kämpfte gerade mit einer Weinbergschnecke, als Eric mir seine Hand auf den Arm legte und mich ansah.

»Ich hoffe, es geht dir schon etwas besser als heute Morgen?«

»Viel besser«, lächelte ich.

Ja, es stimmte, mir ging es bereits viel besser. Es war eine gute Idee gewesen, sich mal aus allem auszuklinken, der Biedermannstadt mit all ihren kleinkarierten Problemen zu entkommen und für ein paar Tage nach Paris zu fahren.

Ich nahm einen großen Schluck Rotwein und beschloss, Erics Frage als Aufforderung zu verstehen, ihm von meinem Kummer zu erzählen.

Zunächst wusste ich nicht so recht, wie ich beginnen sollte. Aber nach anfänglichem Zögern und Stottern gelang es mir schließlich, meine ganze Geschichte der Reihe nach und zusammenhängend zu erzählen.

Ich erzählte von Paula und Mathis, unserem Urlaub an der Nordsee, der gemeinsamen beruflichen Arbeit, von Marco und Ines, Sandra und Christoph, unserer Stadt und seinen Politikern – und natürlich von Steffen. Und schließlich erzählte ich von Mathis' plötzlichem Verschwinden, meiner Enttäuschung und meiner Wut, seinem Wiederauftauchen und seiner Ankündigung, nach Riga zu gehen. Und davon, dass er mich gebeten hatte, mit ihm zu kommen.

»Tja, so ist das alles«, beendete ich schließlich, nach mehr als einer halben Stunde, meine Erzählung und schaute Eric an, der die ganze Zeit nur still dagesessen und mich nicht ein einziges Mal unterbrochen hatte.

Das Einzige, was mir während des Erzählens auffiel, war, dass sein Gesichtsausdruck mit der Zeit immer nachdenklicher wurde und sich auf seiner Stirn eine steile Falte abzeichnete. Täuschte ich mich, oder lag in Erics dunklen Augen ein gewisses Unverständnis?

Als er Minuten später immer noch nichts sagte, wurde ich nervös und begann, mit meinem Messer Muster in die Tischdecke zu malen. Er sah mir eine Weile dabei zu, und dann sagte er etwas, was mich völlig aus der Bahn warf.

»*Et alors?*«, fragte er ruhig. »Na und?«

Ich sah ihn entsetzt an. »Wie, *na und!?* Ist das alles, was du dazu zu sagen hast?«

Eric verzog seinen Mund zu einem kaum wahrnehmbaren Lächeln und guckte mich spöttisch an. »Du hast tatsächlich mehr erwartet.«

Er sagte es mit einem gewissen Erstaunen in der Stimme. Ich war nun völlig verwirrt und verspürte nicht wenig Lust, ihn anzubrüllen.

Ich breitete hier meine ganze Lebensgeschichte und meinen Kummer vor ihm aus, und er hatte nichts anderes dazu zu sagen als »Na und?«.

Ich überlegte gerade, ob ich angesichts dieser Demütigung in Tränen ausbrechen und einfach gehen sollte, als Eric mir eine

Frage stellte, die ein stetiges, wenn auch langsames Umdenken in meinem Kopf in Gang setzte.

»Was ist so schlimm daran, dass Mathis endlich sein eigenes Leben leben will?«

»Was so schlimm daran ist?«, fragte ich verblüfft. Hatte er denn nicht verstanden, worum es ging? Nach kurzem Nachdenken sagte ich: »Natürlich kann er sein eigenes Leben leben, das ist doch gar nicht die Frage. Aber er kann doch nicht so einfach ...« Ich zögerte.

»Was? Was kann er nicht so einfach?«

»Alles stehen und liegen lassen«, sagte ich trotzig.

»Du meinst, er kann dich nicht einfach so sitzen lassen und eure Beziehung gegen ein selbstbestimmtes Leben eintauschen.«

»Ja ... nein, ich weiß nicht.«

Was sollte diese ganze Fragerei? Konnte er mir nicht einfach sagen, was ich jetzt machen sollte, und dann war's gut?

Aber Eric setzte noch eins drauf.

»Und du«, fragte er, »hast du nie darüber nachgedacht, an deinem Leben etwas zu ändern?«

»Ich? Doch, klar, aber so einfach ist das ja nicht.«

»Warum?«

»Warum? Na, das liegt ja wohl auf der Hand. Da ist mein Kind, mein Job, meine Verpflichtungen ...«

»Das Kind kannst du mitnehmen, arbeiten kann man überall, und was deine restlichen Verpflichtungen angeht ... kann es sein, dass es gar keine wirklichen Verpflichtungen sind und sie sich nur als Entschuldigung für deine Unentschiedenheit ganz gut machen?«

Ich schwieg. Was sollte das werden? Eine Gehirnwäsche? Was wusste der schon von meinen Verpflichtungen, dachte ich trotzig.

»Wovor hast du Angst, Nele?«

Na, das wurde ja immer besser. »Angst? Ich habe keine Angst. Ich bin nur ... verunsichert.«

»Doch, Nele, du hast Angst. Angst vor der Ungewissheit. Denn was du jetzt hast, das weißt du, das kennst du. Aber was kommt danach, wenn du dich entscheidest, neue Wege zu gehen, deine festgetretenen Pfade zu verlassen? Das weißt du nicht. Diese Ungewissheit macht dir Angst.«

»Aber«, protestierte ich, »ich habe doch schon so viel gemacht in meinem Leben, bin viel gereist, habe längere Zeit in Paris gelebt, in der Karibik. Oft genug schon habe ich alles hinter mir gelassen, um …«

»… dann doch zurückzukehren«, ergänzte Eric meinen Satz. »Du warst nicht konsequent, Nele.«

»Aber«, sagte ich schwach, »man kann sich doch nicht so einfach von allem lösen und … einfach nur das tun, wozu man Lust hat.«

Ich wusste, es war eine schwache Verteidigung. Und natürlich ließ Eric sie nicht gelten.

»Wo steht das?«, fragte er prompt.

»Wenn das jeder machen würde, dann …«

»Es macht aber nicht jeder, Nele. Und glaube mir, die wenigsten wollen es überhaupt. Die meisten brauchen das Einerlei, den Alltag, einen festen Job, ein Haus, eine Familie – kurz, sie brauchen die Sicherheit, das Klare. So wie dein Steffen. Menschen wie uns gibt es nur wenige. Das sind die Neugierigen, die Forscher, die Entdecker. Das sind die Menschen, die wissen wollen …«

» … was hinter dem Horizont ist?«

Eric sah mich mit großen Augen an, und es schien ihm für einen Moment die Sprache verschlagen zu haben.

»*Ja!*«, rief er dann voller Begeisterung und so laut, dass sich schon die anderen Gäste nach uns umschauten. »Genau! Sie wollen wissen, was hinter dem Horizont ist. Menschen wie wir, Nele!«

»Ich bin nicht wie du«, nörgelte ich.

Eric lachte laut auf. »Doch, Nele, du bist ganz genau wie ich. Das war mir schon klar, als ich dich heute Vormittag auf den Stufen der Sacré Coeur sitzen sah. Du bist neugierig, kannst deine Neugier aber nicht ausleben in der Enge deiner biederen

Stadt. Du bist eine Vagabundin, Nele, genau wie ich. Und«, fügte er hinzu und schaute mich bedeutungsvoll an, »genau wie dein Mathis.«

Ich spürte, wie sich plötzlich alles in meinem Kopf anfing zu drehen. Ich begann zu ahnen, dass Eric recht hatte. Aber ich wollte diesen Gedanken nicht zulassen. Er ... hätte alles infrage gestellt, was ich in den letzten Jahren gemacht hatte. Also verstieg ich mich wieder in meine Verteidigungsposition.

»Ich habe aber anscheinend mehr Verantwortungsbewusstsein als Mathis. Ich renne nicht einfach weg. Ich denke darüber nach wegzurennen, aber ich tue es nicht so einfach.«

»Wenn ich es richtig verstanden habe, ist Mathis alles andere als verantwortungslos. Ganz im Gegenteil. Er hat in den vergangenen Jahrzehnten so viel Verantwortung getragen, wie es schon für zwei Menschenleben reicht. Nein, mich wundert es gar nicht, dass er jetzt geht. Mich wundert vielmehr, dass er es erst jetzt tut. Aber besser spät als nie. Ich für meinen Teil wünsche ihm *bonne chance*, viel Glück. Es wird nicht einfach für ihn werden, man wird auf ihn einprügeln, von allen Seiten. Seine Familie, seine angeblichen Freunde, seine Kollegen und ... du vielleicht? Oh, glaube mir, ich habe das alles schon hinter mir. Was gab es für ein Geheul und Geschrei.« Eric sah gedankenverloren in die Ferne, dann fügte er hinzu: »Aber es ist doch besser, die anderen weinen und schreien für kurze Zeit als ich mein ganzes Leben lang, oder?«

Puh! Was sollte ich darauf noch sagen? Es war alles so gar nicht das, was ich erwartet hatte. Oder erhofft?

»Über eines solltest du noch nachdenken, Nele.«

Ich sah ihn mit gerunzelter Stirn fragend an. Was kam denn jetzt noch?

»Du solltest darüber nachdenken, warum Mathis ausgerechnet dich mit nach Riga nehmen will. Kann es sein, dass er es genauso sieht wie ich? Dass du eine Vagabundin bist, genau wie wir? Dass er annimmt, dass es auch für dich das Beste wäre zu gehen, ehe du in deinem Land versauerst, wie es ihm so lange passiert ist? Noch bist du jung, Nele, da kannst du alles machen, was du willst. Für Mathis aber ist es die letzte Chance. Wenn er jetzt nicht handelt, ist es vorbei. Er weiß es. Und vielleicht will er dich davor bewahren, den gleichen Fehler zu machen.«

»Und warum will er mich auf einmal mitnehmen? Aus Mitleid? Zuerst hat er doch verkündet, er würde alleine gehen«, gab ich zu bedenken.

»Nein, Nele, nicht aus Mitleid. Weil er dich liebt. Weil er dich so sehr liebt, dass er seine Freiheit nicht alleine, sondern mit dir erleben möchte. Weil er weiß, dass es mit dir möglich ist, weil du genauso denkst wie er.«

»Ich müsste noch mal ganz von vorne anfangen«, murmelte ich und starrte auf mein Glas.

»*Et alors?*«, fragte Eric und grinste breit.

Bis in die frühen Morgenstunden liefen wir durch Paris. Eric zeigte mir Orte und Plätze, an denen ich noch nie gewesen war. Ab und zu kehrten wir ein, um etwas zu trinken. Und wir redeten und redeten. Er erzählte mir seine Lebensgeschichte, und immer wieder kamen wir auch auf meine zu sprechen. Und eines wurde mir im Laufe der Nacht immer klarer: Eric hatte recht. Ich war eine Vagabundin. Genau wie er und Mathis träumte ich davon, ferne Länder zu bereisen, fremde Menschen und Kulturen kennenzulernen, einfach unterwegs zu sein und neue, vor allem aber meine eigenen Wege zu gehen.

Das alles war mir zwar nicht neu. Aber ich begriff auf einmal, dass es genau das war, was Mathis und mich verband. Genau wie er verspürte ich den Drang nach Freiheit, den Wunsch, der Enge meines Daseins zu entkommen – den Blick hinter den Horizont zu wagen.

Und je länger ich darüber nachdachte, wie es zu Mathis' plötzlichem Entschluss, noch einmal ganz von vorne anzufangen, hatte kommen können, desto mehr verstand ich ihn. So bitter die Niederlage auch gewesen war, die wir mit dem Scheitern unseres gemeinsamen beruflichen Projektes hatten einstecken müssen, so erkannte ich darin doch erstmals auch eine Chance, einen Wink des Schicksals.

Denn was wäre eigentlich passiert, wenn unser Projekt gelungen wäre? Mathis hätte sich wieder auf Jahre hinaus an dieses Projekt gebunden, hätte sich weiterhin gegen sein Naturell gestellt – und wäre vermutlich mit jedem Jahr unglücklicher und frustrierter geworden.

Bis ihn der Kummer aufgefressen hätte.

Gut möglich, dass angesichts der Ausweglosigkeit auch unsere Beziehung über kurz oder lang gescheitert wäre. Womöglich hätte Mathis seiner Liebe zu mir die Schuld daran gegeben, dass er nach wie vor wie ein Gefangener durch ein Leben schritt, das nicht seines war.

Ich hatte ihm unrecht getan. Ich hatte mich blenden lassen von der Empörung anderer, die kein Verständnis für Mathis' Verhalten aufbringen wollten oder konnten, hatte mir diese Empörung zu eigen gemacht, anstatt sie infrage zu stellen.

Obwohl ich es besser hätte wissen müssen.

Denn genau genommen hatte sich Mathis zu eben jenem Schritt entschlossen, den ich schon seit Jahren ersehnte. Der mich bis in meine Träume verfolgte. Vielleicht hatte sich, als Mathis plötzlich weg war, genau daraus meine Wut gespeist, meine Enttäuschung. Nur hatte sie eigentlich nicht Mathis gegolten, sondern mir selbst. Mathis war auf einmal derjenige gewesen, der mir zeigte, dass es auch anders ging. Dass man nicht gezwungen war, für immer und ewig an ein und demselben Lebensentwurf festzuhalten. Dass es Alternativen gab. Ja, Mathis hatte mir nicht nur seine, sondern auch meine Lebenslüge vor Augen geführt.

Aber anstatt ihm dafür dankbar zu sein und die Chancen darin zu erkennen, hatte ich ihm eine Szene gemacht, hatte geschmollt und genörgelt. Ich hatte ihn zu Erklärungen genötigt, auf die ich eigentlich von alleine hätte kommen müssen.

»Ich hatte eigentlich angenommen, dass wenigstens du meine Beweggründe erkennen und vielleicht ... ja, vielleicht sogar ein Stück weit verstehen würdest«, das waren Mathis' Worte gewesen.

Es hatte vorwurfsvoll geklungen, vor allem aber traurig. Er war von meiner Reaktion auf seinen Ausbruch bitter enttäuscht gewesen. Er hatte Verständnis erwartet und spießiges Rumgezicke bekommen.

Kein Wunder, dass er sich zunächst entschieden hatte, lieber alleine einen Neuanfang zu wagen. Meine Reaktion ließ für ihn keinen anderen Schluss zu, als dass er sich in mir getäuscht hatte.

»Was wirst du jetzt tun?«, fragte Eric.

Es war inzwischen halb sieben, der Autoverkehr auf den Straßen war schon wieder recht dicht, die Dämmerung zog auf, die ersten Vögel fingen an zu zwitschern. Wir standen am Ufer der Seine und schauten aufs Wasser, das ruhig plätschernd seiner Wege zog.

»Ich werde zu Mathis gehen und mich entschuldigen«, antwortete ich.

Ja, jetzt hatte ich das Gefühl, Mathis eine Erklärung schuldig zu sein.

»Und dann? Wirst du mit ihm gehen?«

Ich stützte meine Hände auf die Uferbalustrade und schaute gedankenverloren zum gegenüberliegenden Ufer hinüber, auf Notre-Dame, die sich nur schwach im Morgendunst abzeichnete.

»Ich … weiß es noch nicht«, sagte ich schulterzuckend. »Weißt du, für Mathis' Schritt Verständnis aufzubringen, ist eine Sache. Aber diesen Schritt selbst zu gehen … ich weiß nicht, ob ich dazu den Mut habe. Ob ich es meinem Kind antun kann. Paula ist so glücklich, mit ihren Freundinnen, in der Schule. Und auch wenn es mir schwerfällt, muss ich akzeptieren, dass Paula sich da, wo wir leben, zu Hause fühlt. Es ist ihre Heimat, und ich will sie ihr nicht wegnehmen.«

»Paula wird sich schnell an einen anderen Ort gewöhnen. Sie wird neue Freunde haben und – vor allem wird sie viel lernen. Es gibt keine bessere Schule als die Welt da draußen.«

»Das sagst du so einfach, und vermutlich hast du sogar recht. Nein«, verbesserte ich mich, »ich weiß, dass du recht hast. Aber dennoch ist es nicht allein meine Entscheidung, es ist auch Paulas Leben, an das ich denken muss.«

»Sicher. Aber weißt du, Mütter haben schnell die Tendenz, bei allem Nachdenken über das Glück ihrer Familie ihr eigenes Glück aus den Augen zu verlieren. Meine Mutter zum Beispiel. Im Grunde ihres Herzens war auch sie eine Vagabundin, eine Nomadin. Aber sie hat es verdrängt, sie blieb bei ihrem Mann, ihren Kindern. Sie opferte ihre Freiheit für ihre Familie. Ich sah sie häufig am Fenster stehen und gedankenverloren in die Welt hinausschauen. Sie sah dabei so verloren aus, so unendlich traurig. Ich habe sie oft gefragt, ob sie traurig ist, aber sie hat immer abgewinkt. *Es geht schon, meine Junge, mach dir um mich keine Sorgen,* sagte sie dann.« Eric Stimme war beim Sprechen immer leiser geworden.

»Wo lebt deine Mutter jetzt?«

»Sie starb, als ich sechzehn war. Sie hatte Krebs.«

Ich blieb noch drei Tage in Paris. Mein Hotelzimmer blieb während der ganzen Zeit unbenutzt, ich übernachtete bei Eric.

Der Abschied von ihm fiel mir sehr schwer, ich konnte meine Tränen nicht zurückhalten.

Aber Eric lachte mich nur mit seinen strahlenden Augen an.

»Es gibt keinen Grund, traurig zu sein«, sagte er, »zumindest so lange, wie du dein Leben lebst. Und es wird dein Leben sein, das du lebst, Nele. Das weiß ich ganz genau. *Bonne chance!*«

Er drückte mir ein Küsschen auf die Stirn, als ich in den Zug einstieg. Die fröhlichen Klänge seines Akkordeons begleiteten mich noch, als mein Zug den Bahnhof schon längst verlassen hatte.

»Kann ich auf diesem Schiff auch ein Piratendiplom machen?«, fragte Paula, als wir die Fähre bestiegen.

»Gut möglich«, keuchte ich unter der Last meiner schweren Tasche. »Sonst können wir ja *Mensch ärgere dich nicht* spielen.«

»Och nö«, maulte Paula. »*Mensch ärgere dich nicht* ist doch doof. Lass uns dann doch lieber *Schiffe versenken* spielen.«

»Ich weiß nicht, ob das so passend ist«, murmelte ich und hievte meinen Koffer in die Kabine.

»Mathis wird sich bestimmt mächtig freuen, wenn er uns sieht, oder?«, strahlte Paula.

»Mathis weiß gar nicht, dass wir kommen. Es soll … eine Überraschung sein.«

Ich hatte mich ganz spontan zu dieser Reise entschlossen. Wochenlang hatte ich darüber nachgedacht, ob ich einen Neuanfang wagen sollte, Unmengen Literatur über das Baltikum verschlungen – und jeden Tag eine andere Entscheidung getroffen. Nur eines war über all die Wochen gleich geblieben: Meine unendliche Sehnsucht nach Mathis.

Wir hatten ab und zu mal miteinander telefoniert, aber das hatte alles nur noch schlimmer gemacht. Und als die Herbstferien kamen, hatte ich es nicht länger ausgehalten. Ich musste ihn sehen.

Kurz entschlossen hatte ich Tickets für die Fähre nach Riga gelöst, zwei Tage später nun waren wir an Bord.

»Trotzdem freut er sich bestimmt, er hat uns doch so lange nicht gesehen.«

»Ja, ich denke auch. Meinst du denn, dass es dir in Riga gefallen wird, Paula?«

»Klar. Wenn du da bist und Mathis. Da können wir doch einen lustigen Urlaub machen.« Ich nickte nur abwesend.

Mit jeder Stunde, die wir auf der Fähre waren, steigerte sich meine Nervosität, und ich wünschte mir schon nach der ersten Stunde, dass ich mich doch für das Flugzeug entschieden hätte. Dann wären wir schon fast da.

Ob Mathis sich wirklich freuen würde, wenn er uns sah? Vielleicht hatte er sich ja längst an ein Leben ohne uns gewöhnt. Am Telefon hatte er immer so positiv geklungen, so als hätte er endlich das gefunden, wonach er so lange gesucht hatte. Passten Paula und ich da überhaupt noch rein? Und ich? Würde mir

Riga gefallen? Wie würde ich mich entscheiden, wenn ich mir ein Bild gemacht hatte, wenn ich bei Mathis gewesen war?

Meine Beine fühlten sich an wie Pudding, als wir die Fähre schließlich verließen, und mir war furchtbar schlecht. Nicht, weil ich seekrank geworden war, ich war nur so furchtbar aufgeregt.

Als wir schließlich vor Mathis' Haustür standen, holte ich ein paar Mal tief Luft, klingelte und – wartete vergeblich. Es machte keiner auf.

Enttäuscht setzte ich mich mit Paula auf die Treppe. Irgendwann musste er ja schließlich nach Hause kommen.

Aber eine halbe Stunde lang passierte gar nichts. Ich wollte es auch nicht auf seinem Handy versuchen, dann wäre es ja schließlich keine Überraschung mehr gewesen.

Schließlich beschlossen Paula und ich, uns ins Café gegenüber zu setzen und den Hauseingang im Auge zu behalten.

Doch gerade, als wir aufstehen wollten, kam jemand die Treppe heraufgeschlurft. Es war ein älterer Herr, der uns interessiert ansah.

»Wir ... warten auf Herrn Hagena«, stammelte ich und zeigte auf Mathis' Haustür.

Mir fiel gar nicht auf, dass ich Deutsch gesprochen hatte, bis der ältere Herr antwortete – ebenfalls in Deutsch.

»Mathis ist um diese Zeit meistens auf seinem Boot«, sagte er und deutete auf seine Armbanduhr.

»Und ... wissen Sie auch, wo das ist?«, fragte ich hoffnungsfroh.

»Sicher. Unten im Yachthafen. Ist nicht weit von hier. Wenn Sie hinlaufen wollen, zeige ich Ihnen den Weg. Die Taschen können Sie solange bei mir abstellen.«

Ich nahm das Angebot dankend an, und wenige Minuten später waren wir auf dem Weg zum Hafen. Er lag nur etwa zehn Fußminuten von Mathis' Wohnung entfernt.

Als ich die ersten Masten auftauchen sah, fing mein Herz wie wild an zu schlagen. Gleich würde ich ihn sehen!

Wir mussten nicht lange suchen, bis wir Mathis' Kutter gefunden hatten.

»Da ist es!«, rief Paula plötzlich und fuchtelte wie wild mit den Armen. »Da hinten am Steg liegt die *Spieker*!«

Tatsächlich. Da lag es und schaukelte sanft auf den Wellen. Paula rannte wie angestochen los, ich konnte kaum Schritt halten. Aber kurz bevor sie Mathis' Schiff erreichte, bremste sie unversehens ab, sodass ich beinahe mit ihr kollidiert wäre. Verlegen schaute sie zum Anleger hinüber, anscheinend unschlüssig, was sie nun tun sollte.

Ich sah mich um. Von Mathis war weit und breit nichts zu sehen. Ich suchte mit den Augen alle Stege ab, und auch Paula sah sich um. Nichts.

Enttäuscht setzte ich mich auf eine Holzbank. Paula setzte sich zu mir und legte ihren Kopf in meinen Schoß.

»Ich bin so müde«, murmelte sie. »Wo ist Mathis denn nur?«

Ich strich ihr still über den Kopf und blickte auf die Ostsee hinaus. Die Sonne würde jeden Augenblick in ihr versinken. Wir mussten uns auf den Rückweg machen.

Seufzend bat ich Paula aufzustehen. In diesem Moment fiel ein Schatten auf mein Gesicht.

Als ich mich umdrehte, sah ich zunächst nur etwas Gelbes im Wind flattern. Mit wild pochendem Herzen ließ ich meinen Blick langsam nach oben wandern.

»Willkommen hinter dem Horizont«, sagte Mathis.

ENDE

Printed in Germany
by Amazon Distribution
GmbH, Leipzig

20111903R00280